現代ラオスの中央地方関係

京都大学
東南アジア研究所
地域研究叢書
28

県知事制を通じた
ラオス人民革命党の
地方支配

瀬戸裕之 著

京都大学
学術出版会

はしがき

　本書は，ラオス人民民主共和国（以下，ラオスと略称）の地方行政と，中央集権・地方分権の政治動態に焦点をあてながら，ラオス人民革命党が地方を支配するメカニズムを明らかにすることを目的としている。

　ラオスは，東南アジアの内陸国であり，東南アジア諸国連合（以下，ASEANと略称）を構成する国の1つである。日本との関係をみると，日本とラオスは1955年に国交を樹立して以降，外交関係が継続しており，2015年には国交樹立60周年を迎える。さらに，二国間援助でみると，日本はラオスにとって最大の政府開発援助提供国である。しかし，日本国内では，ラオスはヴェトナム戦争期に報道されて以降，メディアで大きく取り上げられることも少なく，一般の人々には，近隣のタイ，ヴェトナム，カンボジアなどと比較しても知名度が低い国である。ラオスについて紹介する本も，近年，数が増えてきているものの，近隣諸国に関する本の数に比べれば到底及ばない。学術書，研究書については，海外の文献を含めても数が限られており，ラオスに関する地域研究自体が，まだまだ発展途上であるといえる。この背景として，ラオスでは，文書の形で歴史的な記録，資料として残されているものが少なく，また，一般に公開されていない場合もあり，アクセスも制限されていることが障害になっている。また，ラオス国内でも，ラオス人自身による本の執筆，出版自体が非常に少ない。これらの事情が国内・海外の研究者による学術的な研究を制約し，困難にしており，日本で，ラオスが一般の人々にあまり知られていない，理解されていない原因の1つになっていると考えられる。

　上記の状況に加えて，ラオスの政治体制に関する分析になると，その特徴と概要を，端的に，かつ的確に指摘することは，なかなか困難な作業である。政治体制からみると，ラオスは，中華人民共和国（以下，中国と略称），朝鮮民主主義人民共和国，ヴェトナム社会主義共和国（以下，ヴェトナムと略称）と共に，冷戦の終焉後においてもアジアで社会主義型の政治体制を維持している国の一つである。現行の憲法（2003年改正憲法）においても，前文で，社会主義への移行を国家建設と改革事業の目標とすることが明記されている。政治制度につ

いても，マルクス＝レーニン主義を党の思想とし，社会主義への移行を目標にするラオス人民革命党を政治制度の中核とする，と規定されており，国家機関の組織も民主集中制の原則に従うことが定められているなど，社会主義型の政治制度の基本原則が維持されている。

　しかし，観光，あるいは国際交流などでラオスを訪問する人たちが，旅行中にこのようなラオスの政治体制について意識させられる機会は，ほとんどないと推測される。ラオスに実際に滞在して感じる社会は，社会主義体制という言葉からイメージされる「統制」，「緊張感」から，およそかけ離れており，むしろ，控えめで穏やかなラオス人たちの人柄，のんびりとした時間と空気の流れ，托鉢に回る僧侶たちの列，メコン河の岸辺で沈む夕日をみながら飲むビール（ビア・ラーオ）に魅了されることも多い。さらに，ラオスが，「癒しの国」，「ほほ笑みの国」として紹介されることすらある。このような，ラオスの政治体制と実際の社会の雰囲気とのギャップは，ラオス政治を観察する者にとって，その特徴を端的に示すことを困難にさせている。

　本書では，ラオスの政治体制と党支配のメカニズムについて，文献資料とインタビューに基づき，可能な限り実証的に分析し，その特徴を明らかにする。従来，ラオスの政治体制については，近隣で同じ社会主義型の体制を維持しているヴェトナムから類推して考察されることが多かった。その背景には，政治，外交におけるヴェトナムとラオスの間の緊密な関係がある。ラオスの政権党であるラオス人民革命党は，ヴェトナム共産党と同じく，1930年に結党されたインドシナ共産党に起源を有し，1951年にインドシナ共産党が解党されて各国共産党が設置されるにともなって，1955年に設立された（当時の名称はラオス人民党，1972年に現在の名称に改称された）。つまり，ラオス人民革命党とヴェトナム共産党は兄弟関係にあるといえる。さらに，インドシナ戦争，ヴェトナム戦争といった戦争・内戦期に，ヴェトナムから技術支援から軍事支援まで様々な援助を得ながら革命闘争を行い，1975年に現在の政権が樹立されて以降も，ラオス政府とヴェトナムとの関係は，「特別な関係」と表現される友好関係が現在に至るまで継続している。こうした点を踏まえて，1980年代前半までのラオス政治史を分析した，ブラウンとザスロフ（MacAlister Brown and Joseph. J. Zasloff）は，ラオスの共産主義者を「見習いの革命家たち（Apprentice Revolutionaries）」と表現している（MacAlister Brown and Joseph J. Zasloff 1986）。実際に，1975年から現在までのラオスとヴェトナムの党の政策変化をみても，

両国には多くの共通点があり，ラオス政治と外交に関するこのような分析視点の有効性は，現在でも失われてはいない。

　しかし，政治制度，行政組織についてヴェトナムとラオスの制度を比較すると，多くの共通性がみられる一方で，大きな相違点もある。特に注目されるのが地方行政のシステムである。ヴェトナムでは，地方に人民評議会が設置され，人民評議会によって選出される人民委員会によって行政が実施されるシステムを採用している。このシステムは，各国によって名称に若干の違いがあるものの，中国の制度とも共通性があり，起源をみれば，かつてソヴィエト社会主義共和国連邦（以下，ソ連と略称）で採用されていた制度である。ラオスでも 1975 年以降に，ヴェトナムに「見習って」，選挙によって選出される地方人民議会が置かれ，地方人民議会によって選出される地方人民行政委員会が地方行政を行うシステムが導入されたものの，その後，1991 年の憲法制定にともなって，これらの制度は廃止され，中央から任命される県知事，郡長によって地方行政が行われる中央集権的なシステムへと転換された。ヴェトナムとラオスの間の友好関係に変化が生じた，あるいは両国の党の政策路線に大きな相違が生じたわけではないこの時期に，なぜラオスで独自のシステム変化が生じたのか。本書では，地方行政の形成過程を詳細に分析することによって，この質問への回答を試みている。

　さらに，ラオスの地方行政は，法令上でみるかぎり中央集権的なメカニズムであるにも関わらず，現地で勤務する外国人専門家，あるいはラオス人の中央省庁の職員からは，ラオスでは県知事が地方の政策実施において大きな権限を有しており，中央省庁の発布する命令・通達ですら地方で充分に実施できない，ということをよく耳にする。こうした指摘が正しいとすると，なぜ県知事に権限が集中するという現象が生じるのか。また，2000 年以降，ラオスでは地方分権化政策が実施されてきたが，一党支配体制下で地方分権化政策を実施する意図は何か。果たして，県知事にどれぐらいの権限が与えられているのか。本書では，財務，人事，事業計画策定という 3 つの分野をとりあげて，県知事の影響力を分析し，一党支配体制下での中央集権と地方分権の動態を明らかにすることで，こうした問いに答えたい。

　これらの分析を通じて，冷戦下の状況，冷戦の終結といった環境下で，ラオス人民革命党がどのようにして地方支配を形成したのか。そして，冷戦後の東南アジア地域統合の中で，党が抱える課題とは何かについて浮き彫りにするこ

とができたのではないかと考える。

目　次

はしがき ―― i

序　章

1. 本書の研究目的とラオスの地方行政の抱えてきた課題 ―― 3
2. ラオスの地方行政と中央地方関係の特徴 ―― 7
3. ラオスの地方行政の変化に関する時期区分 ―― 13
4. 先行研究 ―― 16
5. ヴィエンチャン県の特徴と調査方法 ―― 22
6. 本書の構成 ―― 25

第1章　県知事の政治的地位と県党委員会との関係
―― ヴィエンチャン県を事例に ――

第1節　県知事の政治的地位 ―― 31
1. ラオスの地方行政の構成 ―― 31
2. 法律に定める地方行政機関の任免権 ―― 33
3. 党規約にみる地方党組織の構成と県党書記の地位 ―― 35
4. 県知事の党中央委員会における地位 ―― 36

第2節　県知事を通じた党中央の地方統制 ―― 40
1. 県知事の任命過程 ―― 40
2. 全国の県知事の人事異動 ―― 40

第3節　県知事と県党委員会の構成と職掌分担 ―― 44
1. ヴィエンチャン県の行政機関の概要 ―― 44
2. 県党執行委員会の構成 ―― 48
3. 県党指導部内での職掌分担 ―― 50

第 4 節　県党書記と他の県党委員の関係 —— 52
　1. 県党執行委員の人事異動 —— 52
　2. ヴィエンチャン県知事，県党副書記，県副知事の人物像 —— 54

第 2 章　党の政策変更と地方行政の形成過程

第 1 節　新体制発足後の地方行政の特徴 —— 63
　1. 1975 年以前のラオスの地方行政制度 —— 63
　2. 1975 年以降の地方行政の形成 —— ヴェトナムモデルの導入 —— 65

第 2 節　地方行政の形成と体制の強化 —— 1976 年～1981 年 —— 69
　1. 旧ラオス王国政府職員の再教育と採用 —— 69
　2. 地方人民議会を通じた民族間の融和の強調 —— 70
　3. 地方党委員会と地方人民行政委員会の活動 —— 71
　4. 中越戦争の影響と少数民族の抵抗に対する体制の強化 —— 73

第 3 節　経済建設と改革路線の中での地方行政の変化
　　　　　—— 1982 年～1989 年 —— 75
　1. 国内団結から経済建設への転換 —— 75
　2. 1980 年代前半における党組織の問題 —— 76
　3. 議会強化の方針と兼任体制の決定 —— 78
　4. 国家行政機関の簡素化 —— 党組織と行政機関の補助機関の統合 —— 79

第 4 節　1991 年以前の中央地方関係の変化 —— 81
　1. 治安対策のための地方分権化 —— 1978 年～1983 年 —— 81
　2. 経済建設と改革路線による地方分権化 —— 1984 年～1988 年 —— 84
　3. 財政の中央集権化の開始 —— 1989 年以降 —— 86

第 5 節　第 5 回党大会における政治制度改革
　　　　　—— 1991 年憲法による行政首長制の導入 —— 88
　1. ソ連と東欧諸国からの教訓 —— 党の指導的役割の強化 —— 88
　2. 党中央委員会における地方行政改革に関する議論 —— 92
　3. 1991 年の時点での党組織の問題 —— 党員のレベルと県党大会 —— 95
　4. 1991 年憲法の制定による県知事制と郡長制の導入 —— 96
　5. 県党書記と県知事の兼任体制の採用 —— 97

第 6 節　1991 年地方行政改革による部門別管理制度の導入 ——— 99

1. 財務管理の中央集権化 ——— 99
2. 憲法制定後の中央地方関係に関する議論 ——— 100
3. 党政治局第 21 号決議に定める中央各省，地方の党，地方行政首長の職掌分担 ——— 102

第 7 節　開発と治安維持のバランス
　　　　—— 1996 年以降の地方分権化政策 ——— 104

1. 第 6 回党大会と ASEAN への加盟 ——— 104
2. 開発における地方の主体性の強化 —— 1998 年の党決議 ——— 105
3. 2003 年の憲法改正における県知事制の維持 ——— 107
4. 村の統合と管理の強化 —— 2004 年以降 ——— 109

第 3 章　県知事制形成の背景
—— ヴィエンチャン県党委員会の変遷 ——

第 1 節　ヴィエンチャン県党委員会の形成過程と権力掌握 ——— 116

1. ヴィエンチャン県党委員会の設立 —— 1950 年代 ——— 116
2. ラオス王国政府との戦闘の激化と敵の攪乱 —— 1960 年代 ——— 119
3. 権力の掌握と新しい行政の形成 —— 1970 年代前半 ——— 122

第 2 節　新体制下での行政の確立と治安の維持 ——— 124

1. 党中央からの指導部の異動と人民行政委員会の統一戦線的性格
　—— 1976 年 ——— 124
2. 党委員会による基層建設・農林指導の強化 —— 1977 年～1980 年 ——— 127
3. 新しい党委員のリクルート —— 1980 年～1981 年 ——— 130
4. ヴィエンチャン県の分離による治安維持の強化 —— 1981 年～1983 年 ——— 130

第 3 節　県の経済政策と党内の混乱 —— 経済建設と改革路線の影響 ——— 134

1. 県党書記と行政委員長の分離の試行 —— 1983 年～1986 年 ——— 134
2. 党中央委員の県人民行政委員長への赴任と新しい経済政策
　—— 1986 年～1989 年 ——— 138
3. 憲法制定の準備と県人民議会選挙 —— 1988 年 ——— 141
4. 治安と財政政策をめぐる県党委員会の混乱 —— 1989 年～1991 年 ——— 142

第4節　県知事制下でのヴィエンチャン県党指導部の変遷 ── 146

1. 反政府勢力に対抗した治安強化 ── 1991年～1993年　── 146
2. 第1回県党大会の開催と行政の安定 ── 1993年～1998年　── 147
3. 第2回県党大会の開催と基層建設の強化 ── 1998年～2001年 ── 149
4. 県内の治安の重視 ── 2001年～2005年　── 151
5. サイソムブーン特別区の統合と県第3回党大会の開催 ── 2005年 ── 153

第4章　県知事と県党委員会の財務への影響力
── ヴィエンチャン県の予算管理制度 ──

第1節　1991年以降の財務・予算管理政策の変化 ── 164

1. 1991年以降の予算管理の中央集権化 ── 164
2. 1994年国家予算法にみる県知事への支出命令権の委譲 ── 166
3. 1999年の財政・予算管理に関する地方分権化政策 ── 168
4. 首相訓令第01号による歳入確保のための地方の統制強化 ── 169
5. 予算制度の中で県知事に裁量権が与えられている費目 ── 171

第2節　ラオスにおける予算の構成と予算管理の問題点 ── 173

1. 全国の予算の構成 ── 173
2. 地方部局の予算管理に関する地方分権化政策の背景 ── 180
3. 2000年以降の地方の歳入確保の強化と実施上の困難 ── 181
4. 地方での関税徴収の管理と制度上の問題 ── 182
5. 地方から中央への税収の移転と地方の債務の問題 ── 184

第3節　国家予算編成の過程にみる中央と地方の調整過程 ── 185

1. 国家予算編成過程にみる財務省と県の間の調整関係 ── 185
2. 国会での予算案審議後における県の予算案の編成 ── 187
3. 国家歳入予算の編成にみる中央と県の関係 ── 188

第4節　県知事の予算管理への影響力 ── 190

1. 地方の歳入管理の状況と問題点 ── 190
2. 地方の歳出管理の状況と問題点 ── 192
3. 地方予算案の編成と執行過程 ── 県知事と県党委員会の役割 ── 193

第 5 節　県知事裁量予算の実施 —— 195
　1．県調整費と地方予備費の実施状況 —— 195
　2．計画超過報奨金制度の実施 —— 197

第 5 章　県知事と県党委員会による地方人事の統制
—— ヴィエンチャン県の事例 ——

第 1 節　職員管理体制にみる県知事と県党委員会の裁量権 —— 204
　1．1991 年以降の人事管理の中央集権化と県知事，地方党委員会の権限 —— 204
　2．党による人事管理全体の中での地方統制のメカニズム —— 206
　3．人事管理制度の運用にみる県知事と県党委員会の影響力 —— 210
第 2 節　郡長人事に対する県知事と県党委員会の影響力 —— 212
　1．県知事と県党委員会の地方での人事管理に関する権限 —— 212
　2．郡長・副郡長の任命過程にみる県知事と県党委員会の影響力 —— 214
　3．郡長と副郡長の配置状況 —— 216
第 3 節　県知事と県党委員会の人事権限 —— 県官房と郡官房の人事管理 —— 219
　1．県官房と郡官房職員の任命過程 —— 219
　2．県官房と郡官房職員の配置状況 —— 222
第 4 節　省庁の地方出先機関に対する県知事と県党委員会の影響力 —— 224
　1．中央省庁による地方出先機関の職員管理の権限 —— 224
　2．財務省地方出先機関の職員の任命過程 —— 225
　3．全国の県財務局長・次長の配置状況 —— 227
　4．ヴィエンチャン県財務局職員の配置状況 —— 231

第 6 章　プロジェクト形成における県知事と県党委員会の職掌分担
—— ヴィエンチャン県の計画・事業管理 ——

第 1 節　公共事業の構成と計画制度の変化 —— 242
　1．公共事業計画にみる中央と地方の事業予算の構成 —— 242
　2．ラオスの計画制度と中央での担当機関の変遷 —— 245

第 2 節　地方分権化政策と事業形成における県知事の権限 —— 248
  1.　1998 年以降の党の地方分権化政策の意図 —— 248
  2.　2000 年以降の計画事業管理に関する地方分権化政策 —— 250
  3.　県知事による計画策定・事業形成に関する権限 —— 252

第 3 節　中央での公共事業投資計画策定過程にみる中央地方関係 —— 254
  1.　法令に定める公共事業投資計画の策定過程 —— 254
  2.　公共事業投資計画策定にみる県の計画策定に対する中央の統制 —— 256

第 4 節　計画策定過程にみる県知事の権限と県党委員の職掌分担 —— 258
  1.　ヴィエンチャン県における公共事業の構成 —— 258
  2.　県内の計画策定に関する中央省庁，県知事，県党委員会の職掌分担 —— 259
  3.　県の公共事業投資計画策定過程にみる県知事と県党委員会の影響力 —— 261
  4.　県知事の指導による事業形成 —— 264

第 5 節　公共事業形成における県の役割
　　　　　　── ヴィエンチャン県工業局の事業管理 —— 265
  1.　送電線事業の管理体制 —— 265
  2.　県工業局における公共事業投資計画の策定過程 —— 267
  3.　中央が管理する送電線プロジェクトの特徴 —— 268
  4.　県が管理する送電線プロジェクトの特徴 —— 271

第 6 節　ヴィエンチャン県工業局の事業形成過程
　　　　　　── 県知事と県副知事の職掌分担 —— 273
  1.　ヴァンヴィエン郡-メート郡送電線建設プロジェクトの形成目的 —— 273
  2.　ヴァンヴィエン郡-メート郡送電線建設プロジェクトの事業形成過程 —— 274

終　章

  1.　県知事を軸とした集権と分権の動態 —— 283
  2.　ラオスの地方行政，中央集権・地方分権をめぐる今後の展望 —— 293

付録 1 —— 303
付録 2 —— 327
付録 3 —— 333

参考文献	339
あとがき	349
索　引	355

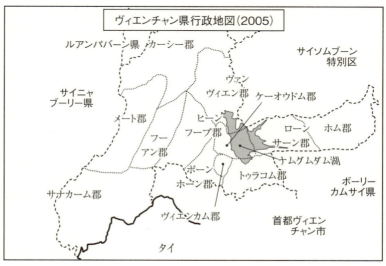

序　章

1. 本書の研究目的とラオスの地方行政の抱えてきた課題

　本書は，ラオス人民民主共和国（以下，ラオスと略称）の地方行政の中で権限が集中しているとされている県知事の政治的地位と地方での政策決定への影響力に焦点をあてながら中央集権と地方分権の政治動態を分析することで，県知事制の下でラオス人民革命党が地方を支配するメカニズムを明らかにすることを研究目的とする。特に，各県の中で党組織の形成が比較的遅れていたヴィエンチャン県を事例として考察することで，県知事制の下で，党中央が県知事を通じて地方の治安を統制しつつ，地方党委員会を通じて経済開発に地方の状況を反映させるメカニズムが形成されていることを明らかにする。

　筆者が本書のテーマであるラオスの県知事，あるいは県知事制に関心を持ったきっかけは，1998 年から 2001 年にラオスに留学した際に，ラオスの地方での政策決定においては，県知事が大きな決定権を持っている，と聞かされたことである。中央省庁でも，地方において中央の定めた法令が実施されないという問題があり，その原因として地方の職員人事と税の決定について県知事に多くの権限が与えられていることが指摘されていた[1]。同様に，国際援助機関の報告書でも，地方における事実上の政策決定権限が県知事に集中していると指摘されてきた（UNDP 2001: 106）。しかし，ラオスの政治制度は，ラオス人民革命党が政治制度の中心となる社会主義型の一党支配体制である。政治制度の組織原理も，他の社会主義諸国でみられるように民主集中制が採用されており，中央集権的な組織原則が維持されている。そのような政治体制において，ラオスの県知事はどのような存在であるのか，どの程度の権限を持っているのか，なぜそのような制度が形成されたのか，について関心を持ったことが，本研究を始めるきっかけになった。

　ラオスは，1975 年 12 月 2 日に開催された全国人民代表大会において国王が退位を宣言し，ラオス王国政府が解体されて以降，ラオス人民革命党（Phak Pasāson Pativat Lāo；以下，党）を中心とする社会主義型の一党支配体制が成立して現在に至っている。1975 年に現政権が国家建設を行う中で，地方行政の形成において抱えてきた課題について考察すると，以下のような経済的課題，歴

---

1) 財務省および計画協力委員会における聞き取り（2003 年 10 月）に基づく。

史的課題，民族的課題，地理的課題がみられる。

　第1に，経済的課題をみると，ラオスでは，国内のインフラストラクチャーが整備されていない中で統一的な地方行政を実施することが課題となってきた。ラオスは開発途上国であり，現在でも国連で最貧国と位置づけられている。2005年の政府統計によれば，面積が23万6,800平方キロメートルであり，人口は，562万1,982人（女性：282万1,431人）である。2004年の国内総生産（GDP）は，1兆4,278億2,840万キープであり，一人当たり国内総生産は481万5,687キープ（452USドル）に過ぎない。GDPに基づく国内産業構造から経済の構成をみると，農業が45％，工業が29％，サービス業が25％，関税収入が1％であり，経済の多くが農業部門に依存している。国内に産業が発達していないことは貿易にも影響を与えており，2004年の貿易額では，輸入が7億1,275万2,000USドル，輸出が3億6,330万USドルであり，輸入超過の状況である（Lao P. D. R. Committee for Planning and Investment, National Statistical Center 2006: 22, 29, 33, 71, 72）。さらに，国家予算でも外国援助に依存しなければならない状況である。例えば，2003-2004年度の国家歳出総額の27％，特に資本支出の62％は，外国の政府開発援助（ODA）によるものであった（Lao P. D. R. Ministry of Foreign Affairs 2005: 3）。教育の開発も遅れており，成人非識字率が31.3％に達している。また，貧困ライン（1日1ドル）以下の人口は，26.3％を占める（国連開発計画2005：276）。

　ラオスでは，国内のインフラストラクチャーも十分に整備されていない。2001年の状況においても道路の舗装率は全道路の13.4％に過ぎず，舗装されている道路も簡易舗装であるために痛みが大きく，実際の舗装率は数値以下であることが指摘されている。また，雨期には一部区間の道路が水没するために交通が遮断され，通年の交通が確保されていない部分も多い。電気通信についても，2000年前後の携帯電話が本格的に普及する以前の統計ではあるが，電話普及率は，国民100人当たり0.8台であり，国民の80％以上が電気通信サービスの基本である電話サービスさえ受けることができない状況であった（金・足立2003：85, 112, 113）。近年は，地方の状況は改善されつつあるが，ラオス政府は，首都にある各省庁と地方に置かれている出先機関の間の連絡も十分に行われない状況の中で地方行政を実施しなければならない課題を抱えてきた。

　第2に，歴史的課題をみると，ラオスでは，全国で統一して行政を行った歴史が短く，国内で行政官が不足しているという課題がある。ラオスは，フラン

ス植民地以前，フランス植民地時代，植民地からの独立後も全国的に統一した行政が行われず，1975年の現体制成立以降ようやく国家統合が開始されるなど，統一国家の歴史が短かった。ラオスの領域には，かつてラーンサーン王国という統一国家があったが，1707年と1713年に，ヴィエンチャン王国，ルアンパバーン王国，チャンパーサック王国の3つの王国に分裂し，隣国のシャム（現在のタイ王国）に従属していた。フランスは，1893年にシャムとの間でフランス＝シャム条約を締結し，メコン河の左岸をフランスの保護領とし，1899年にラオスの領域をインドシナ連邦に編入して植民地とした。しかし，フランス植民地統治下でルアンパバーン王国は1つの県の領域を統治するに過ぎず，その他の地域は，フランス人の理事長官によって直接に統治が行われていた（桜井＝石澤 1991：37, 38, 65-67, 79）。

第二次世界大戦後，フランスは，1946年8月にラオス王国と暫定協定を調印してラオス国内の統一と内政自治を認め，1949年にラオス＝フランス独立協定を締結してフランス連合内でのラオス王国の独立を承認し，1953年に締結したフランス＝ラオス連合友好条約によって完全独立を認めた（桜井＝石澤 1991：164, 372-384）。しかし，フランスの再侵略に抵抗するグループは，タイのバンコクに亡命し，さらに，1949年のラオス王国政府の樹立後，ヴェトナムと協力するグループはヴェトナムに移って1950年に自由ラオス戦線を組織した。そして，ヴェトナム国境近くにあるラオス国内の山岳地帯に根拠地を建設しながら，ラオス王国政府に対する抵抗を続けた。その後，周辺のインドシナ戦争およびヴェトナム戦争の影響を受けながら，ラオス王国政府と革命勢力による抵抗政府との間で，3回の連合政府の成立期間を除いて内戦状態が続いた。つまり，1975年12月2日に革命勢力が現政権を樹立したことで，ようやく全国が統一した行政の下に置かれるようになった（菊地 2003：161-168）[2]。

しかし，現政権は，全国で統一した行政を建設する際して，人材不足という課題に直面した。それまでラオスの山岳地帯で戦争を行ってきた革命家たちは，行政の経験が乏しかった。しかも，かつての旧ラオス王国政府の官僚の多くが難民として海外へ流出してしまった（Stuart-Fox 1997：171, 172）。その結果，党は，国内に行政を担当できる人材が少ない中で国家建設を行い，地方行政を形成しなければならない，という課題を抱えることになった。

---

2) 旧ラオス王国政府の高官および軍人はタイへ亡命し，ラオス難民は31万人にのぼった（桜井＝石澤 1991：451）。

第3に，民族的要因による課題をみると，ラオスは，現在でも国内に多くの少数民族を抱える多民族国家であり，国民統合が重要な課題となっている。ラオス国内では，1950年以降，国内の民族について，低地ラーオ（Lāo lum），山腹ラーオ（Lāo Teung），高地ラーオ（Lāo Sūng）という居住地域に従った3つのグループ分けが広く用いられてきた。そして，1975年12月に成立した現体制も，この3分類法を用いてきたが，1995年の国勢調査においては，47に分けた民族分類で調査を行い，2000年には，49に分けた民族分類法を発表している（Evans 1999: 26，安井 2003 : 173-177）。2005年の国勢調査によれば，多数派民族であるラーオ族は，人口の54.6％を占めるに過ぎない（Lao P. D. R., Khana-sī-nam samlūat Phonla-mēuang thūa-pathēt 2005: 15）。

　このような国内の多民族状況に対して，ラオス政府は，少数民族との共存および融合を進める政策を掲げてきた。例えば，現行の憲法であるラオス改正憲法第8条第1項は，民族の地位について，「国家は，様々な民族の間における団結および平等を促すための政策を実施する。すべての民族は，各民族および国民の美しき伝統的習慣および文化を保護しおよび発展させる権利を有する。民族を分裂させるあらゆる行為および民族間の差別をするあらゆる振舞は，禁止する。」と規定している。また，同条第2項では，「国家は，すべての民族の経済＝社会水準をより一層強化しおよび向上させるためのあらゆる対策を実施する。」と，定めている（Lao P. D. R., Saphā-hāēng-sāt 2003a; 瀬戸 2007 : 374）。しかし，内戦期にアメリカ軍と協力した少数民族，特にモン族は，海外の支援も得ながら，新政権が発足後も反政府活動を続けていた。従って，ラオス政府は，2000年代半ばまで，これら反政府活動による治安の悪化に対応する必要があった。

　第4に，これまで注目されてこなかったが，ラオスが置かれている地理的な要因も，ラオスの地方行政の形成に大きく影響している。ラオスはメコン河の中流域に位置する内陸国であり，中国，ヴェトナム，カンボジア，タイ，ミャンマーの5カ国と国境を接している。特に，タイ王国（以下，タイと略称）とは1,835kmに渡って国境を接しており，多くの地点においてメコン河を境として国境が形成されている。首都のヴィエンチャンですらメコン河沿いに位置しており，町の中心部からメコン河の対岸にタイを眺めることができる。他の国では，国境は首都から遠く離れた「辺境」に位置することが多いが，ラオスの場合は，首都に国境が存在しているのである。

このような国境状況は，現政権による体制の形成にとっては大きな課題であった。1975年にラオスが社会主義型の一党支配体制に移行した後，ラオス政府は，自らを「東南アジアにおける社会主義陣営の前線基地」として位置づけた。それは，長く国境を接する隣国タイの政治体制が王制であり，アメリカを中心とする自由主義諸国の同盟国だったためである。1980年代に入ってからも，かつてのラオス王国政府と関係する反政府グループは，タイを拠点としてラオスに侵入し，地方において混乱を引き起こすことがあった。本書で取り上げるヴィエンチャン県も，首都であるヴィエンチャン中央直轄市の後背地に位置しており，首都からのアクセスが非常によい県であるにも関わらず，タイから国境を超えて反政府勢力が侵入するルートに位置していたために，しばしば地方行政に混乱が生じ，党組織の形成も遅れていた。このように，メコン河という容易に越えることができる国境線は，ラオスの党支配の形成・確立にとって障害となっていた。

　以上で述べたように，ラオスの国家形成の経済的，歴史的，民族的，地理的要因による課題の中で，ラオスの党は地方を統制し，行政を確立するという課題を負ってきたといえる。

2. ラオスの地方行政と中央地方関係の特徴

2-1. 地方行政の特徴 —— 県知事制と兼任体制

　本書の研究は，ラオスの地方行政の中で権限が集中しているとされている県知事に焦点をあてながら，ラオスの政治制度の中における県知事制の枠組み，県知事の政治的地位，地方行政の各分野（人事，計画，予算）において果たしている影響力を考察することによって，県知事制の下で党が地方を支配するメカニズムを明らかにすることを研究目的とする。したがって，ラオスの地方行政と中央地方関係の基本的な枠組みについて整理しておく必要がある。

　はじめに，ラオスの地方行政の特徴についてみると，ラオスの政治体制は，ラオス人民革命党を政治制度の中心とする社会主義型の一党支配体制である。現行のラオス2003年改正憲法第3条は，政治制度における党の指導的役割について定めており，「諸民族人民の祖国の主人たる権利は，ラオス人民革命党を指導的中核とする政治制度の活動により行使し，保障する。」と規定している（Lao P. D. R., Saphā-hāēng-sāt 2003a; 瀬戸2007：373）。つまり，地方行政機関を

含めて，ラオスのあらゆる国家機関が党の指導を受けることを原則としている。

　政治制度の中での党の指導的役割は，ラオスの政治制度だけにみられる特徴ではなく，他の社会主義諸国においても共通してみられる基本原則である。その一方で，1991年に形成された現在のラオスの地方行政の基本枠組みには，中国，ヴェトナムなど，現在もアジアにおいて社会主義体制を維持している国々とは異なった地方行政の特徴が存在する。ラオスの地方行政の特徴を理解するうえで重要となるのは，次の2つの点である。

①県知事制，郡長制の採用と地方議会の廃止

　ラオスの地方行政の第1の特徴は，県知事と郡長を地方行政の中心とする制度が形成されている点である。地方行政法によれば，ラオスの地方行政は，県と中央直轄市からなる県レベル，郡と市からなる郡レベル，各村からなる村レベルの3つのレベルによって構成されている。各レベルには行政首長として，県に県知事，中央直轄市に中央直轄市長，郡に郡長，市に市長，村に村長が置かれている。県知事と中央直轄市長は，国家主席によって任免され（首相の提案に基づく），郡長と市長は，首相によって任免され（県知事の提案に基づく），村長は，村の会議によって選出された後に郡長が認証する（Lao P. D. R., Saphā-hāēng-sāt 2003c）。このように，県知事，郡長が中央から任命される中央集権的な制度である。

　また，ラオスでは，他の社会主義国においてみられるような地方人民議会（地方ソヴィエト）が設置されていない。例えば，中国では，地方行政単位は，省レベル，地区レベル，県レベル，郷レベルの4つのレベルから構成されており，各レベルに人民代表大会という議会が置かれ，県レベル以下では住民による直接選挙，地区レベル以上では，1つ下のレベルの人民代表大会によって議員が選出される。行政機関として，各レベルの人民政府の幹部は，同レベルの人民代表大会によって選出される（高原1998：28, 34-40）。ヴェトナムでは，地方行政単位は，省レベル，県レベル，社（市町村）レベルの3つのレベルから構成されており，各レベルに人民評議会という議会が置かれ，住民による直接選挙によって議員が選出される。そして，行政機関である各レベルの人民委員会は，同レベルの人民評議会によって選出される（野本2000：250-262）。

　社会主義諸国において地方人民議会と，それによって選出され，行政を担当する地方人民行政委員会は，地方レベルにおける行政上の意思決定を行う機関

である。例えば，ヴェトナムにおいて地方予算の編成，採択の過程は，地方人民委員会が地方予算案を編成して地方人民評議会に提出し，地方人民評議会によって予算配分が決定される（本多2004：300）。

　ラオスにおいても，1991年以前は，地方議会として，県レベル，郡レベル，区レベル（現在は廃止）に人民議会が設置され，行政機関として，地方人民議会によって選出される人民行政委員会が各レベルに設置されていた。しかし，地方人民議会，地方人民行政委員会は，1991年の憲法制定にともなった地方行政改革によって廃止されたため，現在は地方議会が設置されていない。つまり，ラオスの地方行政の特徴を知るためには，1991年に地方人民議会および地方人民行政委員会を廃止した背景を明らかにし，これらの機関が廃止されたことによって，党が地方を支配するメカニズムがどのように変化したかを考察することが重要である。

②県党書記と県知事の兼任体制

　ラオスの地方行政の第2の特徴は，地方に置かれている地方党委員会（県党委員会，郡党委員会）の長である書記と地方行政首長（県知事，郡長）を1人の人物が兼任する，兼任体制を実施している点である。ラオスでは，1986年の第4回党大会以降，地方党委員会書記が地方行政委員長を兼任する体制が採用されている（Lao P. D. R., Phak pasāson pativat lāo 1986: 209, 210）。また，1991年の地方行政改革によって新たに設置された県知事についても，1991年12月に開催された第7回全国組織会議において，県党書記が兼任することが決定された（Lao P. D. R., Khana-chattang sūng-kāng phak 2001: 104）。さらに，県知事（県党書記）は，党中央執行委員を兼任している。

　中国においても，省党委員会第1書記の多くは，党中央委員の職務を兼任している（磯部2008：26, 27）。しかし，通常，地方行政機関の長は，同レベルの党委員会の副書記レベルが担当する（高原1998：42）。さらに中国では，改革開放路線が進行する過程で，1979年6月に党の指導を強化すると同時に革命委員会の役割を十分に発揮させることを理由に，省レベルの第一書記と革命委員会主任（行政の長）を同一人物が兼任しないことが中央組織部によって通知された（唐1997：267）。その結果，地方党委員会書記は，地方行政の長を兼任しないことを原則としている。

　ヴェトナムにおいても，省レベルの人民委員長は，党内で大臣クラスと同じ

ランクに位置づけられている。ドイモイ以前は、地方において人民評議会が機能せず、地方党書記が人民委員会委員長を兼任するなど、1人の人物が党と国家機関を代表していたが、刷新路線（ドイモイ）の過程で、党書記、人民評議会議長のポストを分離し、役割と機能を明確にするように改革を行った（齋藤・佐藤1998：228, 229, 235, 241）。例えば、ヴェトナムの省レベル（ラオスでは県レベルに相当）のハノイ市の事例では、人民評議会議長は市党委員会常任副書記が担当し、人民委員長は別の市党委員会副書記が担当するなど、市党書記が行政の長を兼任しているわけではない（寺本2004：342）。

　このように、中国では、1979年以降の改革開放路線、ヴェトナムではドイモイなどの改革路線を進める中で、地方党書記と行政の長の役割分担を明確にしてきたのに対して、ラオスでは、改革路線を採用して以降に県行政の長と県党機関の長の間の兼任体制を強化している点が大きな特徴である。このように、ラオスの県知事は、地方レベルの行政の長という役割の他に、地方党組織の長として地方の党組織を統率する役割という2つの顔を持っているといえる。したがって、県知事が行政の長として有する影響力の他に、地方党委員会を統制し、地方党組織を通じて地方に影響を与える状況についても考察することが重要である。

2-2. 中央地方関係の特徴-部門別管理制度

　中央地方関係について分析する上では、中央集権化、あるいは地方分権化という枠組みで考察されることが多い。開発途上国の地方分権化について、コーエンとピーターソンは、分権化を4つの種類に分類している。第1に「政治的分権化（political decentralization）」は、意思決定権限を市民に対して移転する、あるいは市民によって選出された代表機関に対して移転する場合である。第2に「空間的分権化（spatial decentralization）」は、地方に製造業の中心地、あるいは農業市場の中心地となりうる潜在力を持つ成長の核を形成することによって、大都市への過度の集中を回避するという意味で、政策形成の立案者によって用いられる用語である。第3に「市場的分権化（market decentralization）」は、市場メカニズムに従って財やサービスが生産・提供されるようにすることであり、特に、公共サービスが企業、共同体、NGOによって提供されるようになることを指して用いられる。第4に、「行政的分権化（administrative decentralization）」は、権限と職責を、中央政府と中央政府以外の政府機関の間で配分す

ることである (Cohen & Peterson 1999: 22, 23)。

　ラオスにおける中央地方関係を考察する上では，民主集中制 (民主主義的中央集権制) の原則について踏まえる必要がある。ラオスも他の社会主義体制と同様に，本来は党の組織原則である民主集中制が，国家機関の組織原理にもなっている。ラオス 2003 年改正憲法においても，第 5 条で「国会およびすべての国家機関は，民主集中制の原則に従って組織し，活動する」と規定している (Lao P. D. R., Saphā-hāēng-sāt 2003a; 瀬戸 2007：373)。この民主集中制の持つ重要な点は，地方自治の概念が否定されていることである。それは，地方自治の概念は，社会主義における国家の存在意義を否定する無政府主義などと結びついて国家の統一を破壊する，また，社会主義下において全人民の権力である国家権力に地方の利益を対置する誤った理論である，と理解されているためであった (樹神 1991：61)。この原則に従って，ラオスでも地方自治の概念は否定されており，地方に権限が移転される場合でも，先の定義であげられている「政治的分権化」の枠組みではとらえることができない。

　一方で，「行政的分権化」については，ロンディネリとシーマによって，さらに 3 つの種類に分類されている。第 1 に，「分散 (deconcentration)」は，中央政府から中央政府の出先機関に対して行政上の職責を移転する場合であり，政策実施を移転するものの意思決定権については移転されない。第 2 に，「委譲 (devolution)」は，中央政府から権限が一定の自律性を持った下級レベルの政府に移転される場合であり，中央政府が監督権，財政的支援を維持しながらも，地方政府がその職務を主に担当する。第 3 に，「委任 (delegation)」は，特定の業務に関する意思決定または管理が，政府機関の外に置かれた準独立的な機関に対して移転される場合であり，中央政府から公社，団体，プロジェクト実施団体等に権限が移転される (Rondinelli & Cheema 1983: 18–24)。

　ラオスの地方分権化政策をみると，1975 年から 1991 年の時期と 1991 年以降では，地方行政のメカニズムが大きく変化している。従来，社会主義諸国での中央地方関係は，地方各部局が地方行政機関による管理を強く受ける場合を「地域別管理」，上級機関である省庁 (部門) による管理が優先される場合を「部門別管理」として分析が行われてきた (樹神 1987：100–118)。ラオスでは，1975 年から 1991 年の時期は，村を除く地方レベル (県レベル，郡レベル，区レベル) に，人民から直接選挙で選出される地方人民議会が設置されており，法律上は，地方の人事，計画策定，予算について決定できる権限を有していた。地方の行

政機関としては，法律上，地方人民議会によって選出される地方人民行政委員会が設置されており，地方人民行政委員長を議長とする合議体によって意思決定が行われ，行政の各専門部局（教育課，財務課など）は，地方人民行政委員会に直接に付属する（Lao P. D. R., Saphā-pasāson sūng-sut 1978b）。したがって，各部局は地方の指導を強く受ける「地域別管理」である。この時代の地方人民行政委員会は，地方政府として位置づけることができる。また，1984年から1989年まで，県行政委員会に対して地方での人事，予算管理に関する権限の委譲が行われるが，この時の地方分権化は，先にあげた定義によれば，中央政府から地方政府への権限の「委譲（devolution）」である。

一方で，1991年憲法が制定されて以降の地方行政制度は，村を除く地方レベル（県レベル，郡レベル，村レベル）に，中央から任命される県知事，郡長が置かれ，従来設置されていた地方人民議会と地方人民行政委員会は廃止された。また，1993年に各専門部局が中央省庁に付属することになり，中央省庁の地方出先機関として再編された。従って，地方の各部局は中央省庁の管理が強く及ぶ「部門別管理」へと転換した。つまり，県知事は，各専門部局に対して，あくまでも部局間の調整権限を有しているにすぎない（Lao PDR., Phak pasāson pativat lāo, Kom-kān-mēūang sūn-kāng phak 1993）。また，1990年代の後半から，ASEANあるいは東南アジアの経済統合に参加する過程で地方分権化政策が行われているが，先の定義によれば，この時期の地方分権化は，1980年代の場合とは異なって，省庁の地方出先機関への権限の「分散（deconcentration）」である。

このように述べると，1991年以降の地方行政において県知事が地方の専門行政の決定に果たしている役割は小さいように感じられる。しかし，本書で明らかにするように，ラオスの県知事が地方の行政において有している裁量権は決して小さくない。すでに述べたように，ラオスの県知事は県党書記が兼任することになっており，県内に設置された党組織はすべて県党委員会に付属することになっている。しかも，地方人民議会，地方人民行政委員会が存在しないため，地方レベルでの事実上の意思決定機関は地方党委員会のみである。従って，ラオスの県知事制の下での党の地方支配のメカニズムを考察するためには，県知事が県党委員会を通じて地方の人事，計画策定過程，予算の編成過程の中でどのような影響力を行使しているかを明らかにすることが重要である。

3. ラオスの地方行政の変化に関する時期区分

　ラオスは，1975 年に政権を獲得して以降，ラオス人民革命党を政治制度の中核とする社会主義型の一党支配体制を維持してきた。ラオス人民革命党は，1930 年に設立されたインドシナ共産党に起源を有している。1951 年の第 2 回党大会においてインドシナ共産党が解党されて，インドシナの各国別に共産党を設立する方針が採択された後に，ラオスでも党設立の準備が進められ，1955 年にラオス人民党（Phak Pasāson Lāo）が結党された。その後，1972 年の第 2 回党大会において現在の名称に変更され，1975 年 12 月に政権党になった。党の目標は，「社会主義の目標に従い，平和，独立，民主，統一，繁栄のラオス国家を建設し，大衆を指導し，改革事業を行い，人民民主主義体制を建設することにより，社会主義へと漸進するための基礎条件を築くこと」であり，2001 年 3 月の第 7 回党大会時において，全国の党員数は 10 万人以上である（瀬戸 2003：101-105）。

　1975 年以降に党がラオスの国家建設を行うに際しては，先に述べたような行政上の課題を克服しながら，近代国家を形成することが一貫した課題であったが，その他にも，1975 年から現在までの間に，党が直面した課題に対応して定めた政策の変更が，地方行政の形成に対しても大きな影響を与えてきた。1975 年にラオスで現体制が樹立されて以降，地方行政は，決して単線的な過程によって形成されたわけではない。現体制が地方行政の形成を行った 1975 年後半から 1990 年代はじめの時期は，地域的に，あるいは世界的にみても社会主義体制が大きく動揺し，変化を遂げた時期であった。したがって，国際情勢の変化から影響を受けて党の政策もめまぐるしく変化し，地方行政の形成にも影響を与えていくのである。

　特に，ラオスの地方行政，中央地方関係をみるうえでは，① 1975 年から 1981 年までの体制の強化と治安の維持が重要課題であった時期，② 1982 年から 1988 年までの経済建設と改革路線の実施が重要課題であった時期，③ 1989 年から 1995 年までの冷戦の終結の中で一党支配体制の維持が重要な課題であった時期，④ 1996 年以降の東南アジア地域での経済統合に対応することが重要である時期，の 4 つの時期区分が重要である。

①第1の時期（1975年～1981年）── 体制の強化と治安の維持

　1975年から1985年は，1979年の党中央委員会第7回総会において民間による製造業と商業への参加を緩和するなど，経済改革政策がみられるものの（Stuart-Fox 1986: 97, 98, 100, 101），党が体制の強化と治安の維持に政策の重点を置いていた時期である。ラオスでは，党の結党時から1975年以降に政権を得るまで，一貫してヴェトナムとの友好関係を保ち，軍事・技術に関する支援を得ながら革命運動を行った。ラオス革命史を研究したブラウンとザスロフ（MacAlister Brown & Joseph J. Zasloff）は，ラオスの共産主義者を「見習いの革命家たち（Apprentice Revolutionaries）」と表現している（Brown & Zasloff 1986）。地方行政についても，1978年に導入された制度は，各地方行政レベルに地方人民議会を設置し，地方人民議会によって選出される地方人民行政委員会が行政を担当するヴェトナムモデルであった。しかし，この時期にラオスでは，かつてのラオス王国政府の高官，少数民族による抵抗が続いていた。国際情勢においても，中越戦争などにより緊張が高まるなど，党にとって，体制を強化し，国内の治安を安定させることが重視されていた。

②第2の時期（1982年～1988年）── 経済建設と改革路線の開始

　1982年から1988年は，旧ソヴィエト社会主義共和国連邦（以下，ソ連と略称）とヴェトナムの影響を受けながら，経済開発と改革路線の実施を行った時期である。1982年には，第3回党大会において，経済開発を重視するように政策を転換し，1986年の第4回党大会では，市場経済原理の導入を中心とする改革路線（ネオターン・ピアンペーンマイ）が本格化した。国有企業の自律の向上，公定価格と市場価格の格差の解消，国内の商品流通の自由化，並びに中央銀行と商業銀行の分離などの経済改革を実施するとともに，法整備を進めることが課題となった（Saignasith 1997: 25, 26, 28-33）。1984年以降は，県ごとに経済を発展させるために，地方に対する人事，計画・事業管理，財務に関する権限委譲が行われるなど，開発促進のための地方分権化政策が実施された。

③第3の時期（1989年～1995年）── 冷戦の終結と体制の維持

　1989年から1995年は，1989年のベルリンの壁の崩壊，1991年のソ連の崩壊にみられるように，冷戦の終結にともなってソ連と東欧の社会主義体制が大きく動揺した時期である。社会主義体制であるラオスにとっても，一党支配体

制をいかに維持するかが大きな課題となっていた。1989年10月に開催された第4期党中央執行委員会第8回総会では，ヴェトナムと同様に，社会主義の目標と党の指導を堅持することを含んだ6つの原則が採択された。また，1991年1月に開催された第4期党中央執行委員会第10回総会では，政治制度改革の方針について，国家機関に対する党の指導的役割を増大させる方針が出されていた（瀬戸 2005b：76-79）。1991年8月に，現体制下で初めて制定された憲法において規定された地方行政には，中国，ヴェトナムのような近隣の社会主義国と異なって地方人民議会および地方人民行政委員会の制度を設けず，代わりに中央が任命する県知事および郡長を置く首長制度が導入された（瀬戸 2005a：184, 185）。また，地方の行政を担当する各部局は，中央省庁の出先機関として位置づけられ，県知事の命令系統ではなく中央省庁の命令系統に従って活動する部門別管理が採用された（瀬戸 2005b：81, 83-87）。すなわち，この時期の政治制度改革の結果，ラオスでは，一党支配体制を維持し，強化するために，より中央集権的な地方行政制度を形成したといえる。

④第4の時期（1996年以降）—— 地域統合への参加と治安の維持

1996年以降は，ラオスが1990年代以降の東南アジアでの地域統合の動きに参加していく中で，地方開発を進めることで，経済発展をいかに加速するかが課題となった時期である。ラオスは，1997年に東南アジア諸国連合（ASEAN）に加盟し，ASEAN自由貿易地域（AFTA）の枠組みに参加していくことになった。その前年に開催された1996年の第6回党大会では，当時，ASEAN共同体が発足する予定とされていた2020年までに，ラオスが低開発国から脱却する国家目標が掲げられた（Lao P. D. R., Phak Pasāson pativat lāo 1996: 29）。地方分権化政策についても，1998年の第6期党中央執行委員会第6回総会に県レベルと郡レベルの行政の管理能力の強化を定め，2000年に地方の開発を促進するために，「県を戦略単位として建設し，郡を計画・予算単位として建設し，並びに村を実施の基礎単位として建設することに関する首相訓令第01号」が公布された（Lao. P. D. R., Nā-nyok-latthamontī 2000b）。

一方，政治的側面からみると，1990年後半に，ラオスでは，アジア通貨危機の影響を受けて政治不安がみられ，山岳少数民族であるモン族がシエンクアーン県で1998年末からゲリラ活動を行い，1999年および2000年に政府軍との間で戦闘を行った。その後も，2003年にヴィエンチャン県で，モン族反

政府組織の犯行とされるバスおよびトラックの襲撃事件が発生していた（木村 2000：247，山田 2001：249，山田・天川 2004：256）。このような社会不安と行きすぎた市場化による警戒心から，2001 年に開催した第 7 回党大会の政治報告では，マルクス＝レーニン主義と社会主義の目標を堅持する方針が出された（鈴木 2001：29）。つまり，経済発展と治安維持のバランスが重要であることが認識された。2004 年以降は，党は政治局通達第 09 号を公布して村レベルでの支配強化に重点を移し，地方党組織の改編により郡党委員会による村の掌握を強化すると同時に，村レベルで商品作物生産を拡大することによって経済統合とグローバル化に対応するように変化している（Lao P. D. R. Phak pasāson pativat lāo, Kom-kān-mēūang sūnkāng phak 2004）。その後，2006 年には，従来，治安が悪かったとされるサイソムブーン特別区が廃止されるなど，地方での治安が大きく改善された。

　以上でみたように，ラオスでは，1975 年から 2006 年までの間に党の政策が大きく転換しており，その政策の変化が地方行政の形成にも影響を与えてきた。従って，地方行政のメカニズムである県知事制がどのように形成されたのか，地方分権化政策の下で党がどのように地方を支配しているのかを考察するためには，各時期の地方行政の変化をみることによって制度形成・変化の要因を分析することが重要である。

4．先行研究

4-1．ラオスの地方行政と歴史的変化に関する研究

　ラオスの地方行政と中央地方関係に関する先行研究をみると，ラオスの地方行政に関する制度の歴史的変化について，日本国内と海外においていくつかの先行研究がなされてきた。例えば，日本国内では，生江が 1990 年代はじめのラオスの地方制度を概観し，ラオスの地方行政の特徴として，県知事の党内序列が高く，予算の関係においても県知事の独自性・独立性が強く，地方の公務員採用権限を地方党委員会が有しているため，あたかも地方が独立した権限を持っているようにみえる傾向があることを指摘した。そして，当時の地方行政の問題点について，地方において党と行政の間での命令系統の混乱が生じていると指摘した（生江 1995：161-168）。また，鈴木は，ラオスの行政制度全体に

ついて概観する中で，1991年憲法下での地方行政について県知事制をはじめとする基本的な制度上の特徴を説明し，公務員制度について概観している。この中では，ラオスの地方行政が中央集権的な特徴を持ち，県知事と郡長によって地方行政が実施されていることが指摘されている（鈴木 2000：12, 25）。

近年では，2011年に山田がラオスの党の地方管理について分析している。この研究では，従来のように1986年を起点として党の改革路線を検討するのではなく，1970年代からの国民国家の形成過程として現在のラオスを位置づけている。特に，党の地方管理については，党中央委員会に占める県行政委員長の割合を分析し，1980年代前半の政治改革で地方の掌握を完了したと結論付けている（山田 2011a：80）。この研究は，政府の内部情報を利用して行われた研究であり，従来，詳細に分析されていなかった1980年代の地方行政を考察した研究であると評価できる。しかし，本書では，以下の理由から，これらの先行研究とは異なった視点で分析を行うことにする。

第1に，1980年代前半に，県人民行政委員長と党中央執行委員の兼任が行われているが，この1980年代前半の改革でラオスの地方支配のメカニズムが完成したとみることはできない。1982年の政治制度改革によって機構改革が行われたのは中央レベルであり，地方行政については，基本的に制度の変更が行われていない。現在の地方行政のメカニズムである県知事制，郡長制が導入されたのは1991年の憲法制定からであり，それ以前は，他の社会主義国と同様に地方人民議会，地方人民行政委員会を通じて地方行政が行われていた。

第2に，1986年以降の改革路線の展開，1990年前後の冷戦の終結は，ラオスの党の地方支配のメカニズムに対しても大きな影響を与えていた。現在の県知事制が形成された1991年は，ラオスにとって，東欧とソ連の社会主義体制が崩壊するという状況の中で，一党支配体制をどのように維持するかという課題に直面していた重要な時期である。従って，現在の県知事制，郡長制による党の地方支配のメカニズムを明らかにするためには，1980年前半の政治制度改革を考察するのみでは不十分であり，1991年の地方制度改革についても分析することが必要である。

海外の研究では，スチュアート-フォックス（Martin Stuart-Fox）が，1980年代のラオス政治制度全体を概観する中で，1975年以降における地方制度の特徴について言及し，ラオスが中央集権的な社会主義体制でありながら，実情において地方が大きな自律性を有していることを指摘した。そして，この背景と

して，ラオス内戦が行われた時期に，ラオスの革命勢力であるパテート・ラーオの地方幹部は，地勢および通信手段が困難なため，地域的な事項について多くの裁量権を与えられており，並びに，1975年以降にも食料を輸送する手段が乏しいために県が食料供給において自給自足になるように促進する政策が行われる必要があり，地方の自立性がさらに強化されたためである，と指摘している（Stuart-Fox 1986: 78, 79）。

1986年から本格化した経済管理メカニズムの導入における中央地方関係の影響を考察したフンク（Bernard Funck）の研究は，次のように指摘している。1986年の第4回党大会において地方政府を財政的に自立させることを決定したことによって地方の自律性がさらに増大し，県および郡レベルの税担当機関が県知事の管轄下に置かれ，中央レベルの税担当機関との連絡が行われなくなった。また，県行政機関は県に設置された中央銀行の支店に対して影響力を及ぼすことができたため，財政的地方分権化によって，歳入の豊かな県が歳入の多くを自らの歳入として確保した一方で，中央政府は，財源の乏しい県が最低限の行政サービスの提供を行えるように財政的支援を行わなければならなくなったために中央政府の財政が圧迫した。さらに，県レベルの銀行は中央の機関からの命令を受けずに融資政策を行う問題を引き起こした（Funck 1993: 133, 142, 143）。

クーレールスとシーブンフーアン（Patrick Keuleers & Langsy Sibounheuang）は，ラオスの中央地方関係の歴史的変化について，現体制が成立して以降について3つの時期に区分し，政策の変化を説明している。それによれば，1975年に現体制が成立して以降の10年間（1975年から1986年）は，地方レベルの国家機関として，地方の各レベル（県，郡，区）に人民議会を設置し，地方人民議会によって選出された人民行政委員会を設置した時期である。ラオス政府は，銀行および産業の国有化，農業合作社の設置，並びに計画経済の導入を行い，中央集権的制度の実施を行ったが，県および郡などの地方政府は独自の予算を有し，県が食料生産について自給し，各県の間での通商が禁じられ，事実上，地方は中央に対して緩やかに結びついているだけであったと指摘している。第4回大会で市場経済原理の導入が行われた1986年以降の時期（1986年から1991年）は，計画経済を放棄したことによって，県への権限の委譲がさらに増大した時期である。中央政府は地方政府の支出に対する統制を失い，各省庁は県および郡レベルの技術的サービスに対する権限を失ったために，地方での行政

サービスの低下を招いた。その結果，憲法が制定されて以降（1991年以降）は，地方分権化した国家組織から，政府がより中央集権的に管理するメカニズムへと転換した，と指摘している（Keuleers & Sibounheuang 1999: 199, 201, 203-206）。

　ブールデット（Yves Bourdet）は，1986年から1990年までの経済システムの改革について分析する中で中央地方関係についても考察し，1975年以降，各県ごとに食糧の自給を確保することで県に自立性を与え，県の間の通商を制限し，国有企業と中央銀行の地方支店に対する監督権限を県に付与したことに加えて，第4回党大会では県および郡レベルに税行政についての監督権限を県に付与したため，経済管理の責任が中央政府から県行政機関へ委譲されたと指摘している。しかし，県の経済余剰で外国から消費財を購入し，県の間の通商に対して課税するなどの問題が見られ，さらに県の間の経済的格差をもたらしたため，1990年以降に，ラオス政府が中央政府と地方政府の権限分担の改革を行い，各県にある中央銀行の支店に対する県行政機関の権限を無くし，租税および関税を中央の財源とし，県の支出に対する中央政府の統制を増大させ，並びに国有企業の監督権を中央の権限とする改革を行った，と指摘している（Bourdet 2000: 23, 24）。

　これらの海外の研究では，1991年の地方行政改革が行われた背景として，1991年以前に中央が地方の財務を管理できなかったという財政的要因を重視している共通点がある。すでに述べたように，ラオスは国家統合の過程にあり，道路などのインフラストラクチャーが整備されていない中で，地方の税収を中央に移転し，中央が地方の財務を監督することは困難であった。しかし，1991年に地方行政改革が議論された時期は，ソ連と東欧の社会主義体制が大きく動揺していた時期であり，党の関心は，財務管理の問題ばかりではなく，ラオス人民革命党による一党支配体制をいかに維持するかに向けられていた。このことから，1991年に現在のラオスの地方行政の形成を分析するためには，1991年の地方行政改革での一党支配体制維持の工夫についても考察することが重要である。

4-2. 1991年憲法下の中央地方関係に関する研究

　1991年憲法体制の下での中央地方関係を考察するうえでは，県知事制の導入による一党支配体制の強化という側面に加えて，地方の財務と専門行政を中央集権化するために導入された部門別管理体制について明らかにすることも重

要である。すでに述べたように，1991年憲法体制において，地方に設置された部局は，中央省庁の命令系統に従うように中央集権化された。

　財務管理体制に関する中央地方関係に関する海外の研究では，ブールデトは，ラオスの財政政策について分析する中で，ラオスの財政改革にとって中央地方関係が重要であったことを指摘している。1986年に，ラオス政府は県レベルの税管理機関を県行政機関の監督の下に置くことを容認したが，1990年初めには中央集権化を行い，県と郡レベルの税管理機関に対する県行政機関の監督権を奪い，各県に置かれていた中央銀行の支店に対する権限を県行政機関から中央銀行へ移管し，さらに県の監督下に置いていた国有企業を企業の民営化を担当する国家機関に移管する改革を行った（Bourdet 2000: 98）。

　クーレールスとシーブンフーアンは，ラオスの予算制度は中央集権化されており，国会によって国家予算が採択後は，各省庁およびその出先機関，並びに地方行政機関が執行を担当し，また，県行政機関は，官房，党委員会および大衆団体など，自らに直属する機関の予算計画の執行を担当するのみであると指摘している。また，県に独自の財源はなく，国会で承認された歳出を執行するのみであると指摘している（Keuleers & Sibounheuang. 1999: 215, 216）。

　日本のJICAの報告書においても，ラオスの財政の課題として，徴税を担当する県の財務部局が業務を実施するにあたって県知事の監督下に置かれ，徴収された税が中央に納められることなく県が自らの歳出分として保留する慣行が行われているという問題が指摘され，県知事の行財政に関する権限が大きいことが，行財政上の管理の課題として指摘されている（富田2008：286, 287, 291）。

　しかし，これらの研究は，ラオスの財務管理制度が中央集権的な制度であることを指摘するのみで，地方での歳入と歳出の管理について地方行政機関がどのような役割を果たしているかについては明らかにしていない。本書で明らかにするように，県知事は，中央各省の地方出先機関の予算も管理しており，県党常務委員会が地方の部局の歳出予算の配分，歳入予算の各郡への割当を決定している点，地方人民議会が設置されていない中で，地方党委員会が本来は地方人民議会と地方人民行政委員会が果たすべき役割を代行し，党機関が裁量権を行使している点を考察する必要がある。

　地方の職員管理に関する中央地方関係については，クーレールスとシーブンフーアンは，中央の省庁が，地方に設置された出先機関の職員の採用，任命および異動に関する権限を有しているにも関わらず，実際には，地方行政機関が

地方での人事決定過程において統制を行う権限を有していると指摘している（Keuleers & Sibounheuang 1999: 213, 214）。しかし，この研究では，県知事および県党組織委員会にどの程度の人事管理権が認められており，その背景は何かについて明らかにされていない。この問題を考察するためには，党の人事管理制度を分析し，党が地方に設置されているすべての国家機関と職員を統制するために，県党委員会に対して県内の職員の管理が委託されている点を明らかにすることが重要である。

　計画管理の研究については，クーレールスとシーブンフーアンの研究において，中央の国家計画委員会が計画策定についての訓令を公布し，村の計画が郡の計画の中に統合され，郡の計画が県の計画に統合され，県の計画が国家計画に統合されるという過程で策定されることになっているが，実際には，村および郡レベルでは計画策定能力が弱いため，県レベルから計画の策定を開始すること指摘している（Keuleers & Sibounheuang 1999: 213, 214）。また，パンナシットとスリントーンは，計画管理制度について概観し，ラオスの地方分権化政策が，中央が政策を設計することに責任を負い，県がそれらの政策を地方の文脈および条件に適合する責任を負うことで，中央と地方が補完的な関係を形成すること目指している点が指摘されている（Pannhasith & Soulinthone 2000: 260）。

　これらの海外の先行研究では，地方内部の政策決定過程を実証的に分析していないため，県知事および県党委員会が計画管理で，地方のプロジェクトの審査権，並びに各部局の事業予算の配分決定権を有している点が明らかにされていない。また，県の公共事業では，県知事および県党常務委員会が，地方での少数民族対策，治安対策のためのプロジェクトを形成し，管理しており，地方の開発を進めるために，県に対して一定の事業の管理権が委譲されていることが重要である。

　一方，日本国内の研究では，山田がラオスでの経済・社会開発計画作成過程を分析し，計画策定において党と国家が明確に分離していると結論付けている（山田 2011b：129）。しかし，筆者がヴィエンチャン県において経済・社会開発計画と公共事業計画，県の予算案編成過程を分析した結果，経済・社会開発計画，事業計画の基本方針，県予算の配分などは，国家機関によってではなく，県党常務委員会で決定が行われている。したがって，ラオスの地方行政，中央地方関係の特徴は，党と国家機関が明確に分離している点にみられるのではなく，むしろ，県党書記と県知事の兼任体制，地方人民議会と地方人民行政委員

会の廃止に由来する地方党委員会による意思決定の代行といった，党と国家機関の関係の曖昧さにあると考える。

本書では，これまでの先行研究を踏まえつつも，ラオスの政治制度の中で県知事がどのように位置づけられているのか，その特徴はなにか，地方の政策決定の中でどのように影響力を行使しているのか，を分析することに重点を置いてラオスの県知事制の下で党が地方を支配するメカニズムを明らかにする。

5. ヴィエンチャン県の特徴と調査方法

5-1. ヴィエンチャン県の特徴

本研究では，ヴィエンチャン県を事例に，ラオスの県知事制下における党の地方支配のメカニズムを分析する。したがって，本書においてヴィエンチャン県を事例として取り上げる理由，ヴィエンチャン県の特徴について説明する必要がある。

ヴィエンチャン県は，ルアンパバーン県，サイソムブーン特別区（現在，サイソムブーン県），ヴィエンチャン中央直轄市，サイニャブーリー県に接し，さらに西側ではタイと97kmにわたって国境を接している。ヴィエンチャン県はラオス中部に位置し，ラオス北部の県とヴィエンチャン中央直轄市との間の連絡地点である。したがって，ヴィエンチャン県は，ヴィエンチャン中央直轄市の後背地として戦略的に重要である。

ヴィエンチャン県は，2006年の統計で，人口が全国で第4位の大きな県であるが，財政的にみると，2002-2003年度で県での歳入徴収額が全国で第7位，歳出額が全国第9位であり，首都ヴィエンチャン市，サヴァンナケート県，チャンパーサック県のように歳入徴収が豊かな県ではなく，また，ポンサーリー県，ホアパン県およびセーコーン県のように財政規模が小さな県でもない中規模の県である。また，ヴィエンチャン県は，首都ヴィエンチャン市に隣接しているため，中央からのアクセスが比較的に容易な県である。したがって，ヴィエンチャン県を事例に地方行政を一般化するのは，限界があるのではないかと懸念される可能性がある。しかし，ヴィエンチャン県を事例にラオスの地方行政の形成過程と党の地方支配のメカニズムを分析することは，次のようなメリットがある。

第1に，ヴィエンチャン県は首都に隣接しているため，通常であれば中央か

らの目が届き易く，党中央が県を掌握するためには比較的に有利な場所に位置しているはずである。しかし，実際は，ヴィエンチャン県は，全国の県の中でも党組織の形成が遅れてきた県である。本書で明らかにするように，1980年代のヴィエンチャン県は反政府勢力が県内で活動するなど治安の面で混乱があり，党組織についても県レベルの党大会さえも開くことができない状態であった。したがって，ヴィエンチャン県を事例として地方行政の形成を分析することで，ラオスの地方行政の形成と党の地方支配の確立においては，地方の治安の問題が重要だったこと，その問題が現在の県知事制の下での中央地方関係にも影響を与えていることを明らかにすることができる。

　第2に，ヴィエンチャン県は，首都が置かれているヴィエンチャン市に接しており，中央からのアクセスがよいことから，党中央によって地方行政の形成に関する実験が行われていた。特に，1980年代には，ベトナムの地方行政のメカニズムを参考にして，県党書記と県人民行政委員長の分離が試みられている。したがって，ヴィエンチャン県における行政の変化と県知事制の形成過程をみることは，現在のラオスの地方行政の特徴である県知事制，郡長制，そして地方党書記と地方行政首長の兼任体制を形成した過程を考察する上でも重要な視点を得ることができる。さらに，ヴィエンチャン県では1986年から党中央執行委員が派遣されて行政の長を担当しているが，その後に生じた問題をみることで，1991年の専門行政の中央集権化の背景を明らかにすることができる。

　以上の理由から，本研究では，ヴィエンチャン県を中心に県知事制の形成過程，人事，計画・事業形成，財務管理における中央地方関係と県知事の権限を考察することによって，ラオスの県知事制下での党の地方支配のメカニズムを明らかにする。

5-2．研究方法

　本書は，各章での考察を行うに際して，次の2つの方法で分析を行った。

　第1に，法令および規則を含む文献に基づく分析である。ラオスは，2003年に憲法を改正し，新たに地方行政法を制定した。2003年に採択された1991年憲法の改正憲法（2003年改正憲法）では，地方行政に関する条文が改正され，郡レベルに新たに市（thēt-sabān）を設置すると規定した（第75条第1項；Lao P. D.

R., Saphā-hāēng-sāt 2003a)[3]。しかし，首相府行政・公務員管理庁（現在，内務省）での聞き取りによれば，2006年4月の時点で地方行政法の施行令は制定されておらず，各行政首長の権限は地方行政法に従っているものの，人事，計画策定および予算管理などに関する中央地方関係については，それまでに公布された各法令に準拠していると説明されていた[4]。したがって，本書では，県知事と県党委員会の法令上の権限について，地方行政法，各機関が定めた法令，通達を考察するだけでなく，一般に公開されていない党の内部規則も用いながら考察した。

第2に，地方行政制度の形成過程，地方行政および地方党委員会の実際の構成，並びに地方の予算管理，人事管理，計画策定の実態を明らかにするため，2003年10月から2012年2月までの時期に，年に数度の現地調査を行った。中央レベルの各機関（首相府，党中央組織委員会，財務省，計画投資省など），並びに，ヴィエンチャン県の各機関で聞き取り調査を行うことで，ラオスの地方行政と中央地方関係に関する可能な限り実証的な分析を試みた。

本書の地方行政と中央地方関係の分析は，各章の主要な内容に関する現地調査を終了した時点での状況に基づいている。従って，県知事の人事と地方での人事管理に関する分析では，2006年9月までの状況に基づいて考察し，公共事業形成過程に関する分析では，2005年9月までの状況に基づいて考察し，予算管理に関しては，2005年3月までの状況に基づいて考察している。その結果，2006年以降における歳入予算管理に関する中央集権化の動向については終章で補足的に概観するにとどめるが[5]，本論で明らかになっているように，2006年以前でも歳入の管理は，財務省などの中央省庁による主導で行われて

---

[3] 地方行政法によれば，市は郡と同格であり，人口1万人以上の都市で，人口の密集地域に設置し，部分的に独自の財源を有すると定めている（第37条3号；Lao P. D. R., Saphā-hāēng-sāt 2003c）。また，地方行政法は，中央各省の郡レベルの出先機関の副課長について，従来は担当大臣による任命であったが，新たに県知事が任命すると定め，県知事の任命権の強化を行った点を特徴としている（第14条13号；ibid.）。

[4] 行政・公務員管理庁およびヴィエンチャン県党組織委員会における聞き取り（2006年4月）に基づく。

[5] JICAの報告書によれば，2005年3月の関税法の改正により，従来，県の権限・責任で運営されていた地方の関税担当機関の組織および人事に関する権限が，財務省関税局に直接に従属することになり，並びに2006年12月の予算法の改正によって，地方の租税面での財務省の管理権限が強化されるなど，歳入に関する中央集権化が行われていると指摘されている（富田 2008：290，291）。

おり，本論文の主張そのものに大きく影響をあたえるものではない。

5-3. 機関の名称および表記

本書でとりあげる機関の名称については，主に調査時の名称を用いることにする。特に，かつての国家計画委員会は，2004年に計画協力委員会に改組し，2007年11月に計画投資省へと名称が変更された[6]。また，かつての工業手工芸省は，工業分野，電力分野および鉱業分野を統括していたが，2006年7月に機構変更が行われ，それまで工業手工芸省に属していた工業局が商業省に移管されて，工業商業省へと名称変更し，さらに，電力局，鉱業局など残った部局を統合して，エネルギー鉱業省が新たに設置された。本書において分析を行っている電力部門は，現在はエネルギー鉱業省に属している[7]。しかし，これらの機関について，本書では調査当時の名称である，計画協力委員会（以下，計画委員会），工業手工芸省（以下，工業省）の名称を用いる。同様に，これらの省庁の県レベルの出先機関の名称についても，県計画協力局（以下，県計画局），県工業手工芸局（以下，県工業局）の名称を用いる。これらの組織変更も，本書が分析対象とする公共投資事業計画の策定過程および許認可権限の分析に影響するものではない[8]。

本書でのラオス語の表記については，アメリカ合衆国議会図書館（ALA-LC）翻字表の規則を参考にし，若干の修正を加えて用いている。

6. 本書の構成

本書は，ラオスの地方行政の中で権限が集中しているとされている県知事の政治的地位と，地方行政の中で行使している影響力に焦点をあてながら，ラオスの中央集権化と地方分権化をめぐる政治動態を分析することによって，県知事制の下で党が地方を支配するメカニズムを明らかにすることを研究目的とす

---

[6] 計画投資省は，2004年以前は，計画協力委員会という名称であり，経済社会開発計画の策定および公共事業投資計画の策定の他に，外国投資および外国からの援助を統括する権限を有していた。2004年に，それまで計画協力委員会に属していた外国協力局を外務省に移管して，名称を計画投資委員会に変更するとともに，外国援助に関する権限については，外務省の権限とした。計画委員会における聞き取り（2007年9月）に基づく。

[7] エネルギー鉱業省官房における聞き取り（2007年9月）に基づく。

[8] 計画委員会における聞き取り（2007年9月）に基づく。

る。特に，全国の中で党組織の形成が比較的遅れていたヴィエンチャン県の事例を考察し，県知事制の下で党中央が県知事を通じて地方の治安を統制しつつ，地方党委員会を通じて経済開発を促進するメカニズムを形成していることを指摘する。

　本書の構成を述べると，第1章では，ヴィエンチャン県の事例に基づきながら，ラオスの現体制下での県知事の政治的地位，県党委員会の構成を分析することによって，県知事制下で党中央が県知事を通じて地方を統制するメカニズムを考察する。そのためには，県知事がラオスの政治制度の中でどのような地位を占めているのか，中央から派遣されて就任しているのか，それとも地方の党委員会から選出されているのか，県知事と県党委員会の他のメンバーとの間では，どのような職掌分担が形成されているのか，といった点について明らかにしなければならない。本章では，これらについて考察し，党中央が県知事を派遣して地方党委員会を統制するメカニズムを明らかにする。

　第2章では，ラオスの地方行政を特徴づける基本構造である県知事制，県党書記と県知事の兼任体制，地方の専門部局が中央省庁の命令系統に服する部門別管理制度が形成された過程を考察する。ラオスの地方行政が形成された1970年後半から1990年代前半の時期は，アジア地域だけでなく世界的に社会主義体制が動揺した時期である。ラオスの地方行政の形成過程も，国際情勢と党の政策変更から大きく影響を受けている。本章では，党中央の文書に基づきながら，各時期の党の基本政策と地方行政への影響について考察し，県知事制が形成された背景と当時の政権担当者の問題認識を明らかにする。

　第3章では，ヴィエンチャン県での党組織の形成と行政の変化を具体的に考察することによって，ラオスの党組織と行政の形成が抱えてきた課題と，1991年に県知事制が導入された背景について考察する。1991年の地方行政改革では，県知事制，兼任体制，部門別管理制度が導入されたが，その改革をもたらすことになった地方の実情については，これまで十分に明らかにされていない。本章では，内戦期から2006年までの各時期におけるヴィエンチャン県党委員会の変遷と，各時期の党組織，地方行政の状況について考察し，1980年代に地方が治安上の問題を抱えており，地方党組織の形成が遅れていたことが，地方行政改革にも影響を与えた可能性が大きいことを明らかにする。

　第4章では，ラオスの予算管理制度において県知事が有している影響力について考察する。1991年の部門別管理制度の導入によって，地方の専門部局の

中央集権化が行われるが，その目的は財務・予算管理を中央集権化することであった。しかし，1999年以降には，財務に関する地方分権化政策も実施されている。これらの財務・予算管理政策の変化の中で，県知事にはどのような権限が与えられ，地方の財務・予算管理にどのように影響力を及ぼしているのか，さらに，地方議会がない中で，地方で予算をどのように編成しているのかを考察し，財務・予算管理をめぐる党の地方支配のメカニズムを明らかにする。

第5章では，県内に置かれている各部局の人事決定に対する県知事の影響力を考察し，県知事と県党委員会を通じた党の地方人事管理のメカニズムについて明らかにする。ラオスでは，部門別管理体制によって，地方の専門部局は中央各省の命令系統に置かれ，省庁がこれらの部局の人事権を有している。その一方で，首都に置かれている中央省庁が，地方で勤務する職員の活動を監督することは現実には困難であり，地方に職員の管理が委任されている。本章では，ヴィエンチャン県を事例に，部門別管理体制，党の職員管理体制の下で，県知事が地方の各部局の人事決定に有している影響力について検証する。

第6章では，2000年以降に行われている計画・事業管理に関する地方分権化政策の中で，県知事と県党委員会が果たしている役割と権限を分析し，ラオスの地域統合の過程で党が地方での開発を促進するメカニズムについて考察する。1996年以降にラオスが東南アジアの地域経済統合に参加する過程では，開発と貧困削減を行うことが大きな政策課題になっている。しかし，経済開発は，人事管理と異なって，中央から統制を行うばかりではなく，地域の状況・必要性に対応して地域の主体性が発揮されなければ成果をあげることが困難な領域である。本章では，ヴィエンチャン県でのプロジェクト形成を事例に，党中央が地方分権化政策の下で，県知事と県党委員会に事業形成に関する裁量権を与えながら，地方で治安と体制強化を促進するメカニズムを明らかにする。

終章では，各章での分析結果を整理して，ラオスの県知事制下で，党中央が県知事を通じて地方の治安を統制しつつ，地方党委員会を通じて経済開発に地方の状況を反映させるメカニズムが形成されていることを明らかにする。

第 1 章
県知事の政治的地位と県党委員会との関係
―― ヴィエンチャン県を事例に ――

本章では，ラオスの現体制下での県知事の政治的地位，県党委員会の構成を分析することで，県知事制の下で党中央が県知事を通じて地方を統制するメカニズムを明らかにする。

　県知事制の下での党の地方支配のメカニズムを明らかにするためには，県知事がラオスの政治制度の中でどのような地位を占めているかについて明らかにしなければならない。序章で指摘したとおり，ラオスの地方行政の特徴は，1991年の地方行政改革の中で形成された県知事制である。特に，ラオスの県知事は県党書記を兼任しているため，県党書記が党内でどのような地位を占めているかについて考察する必要があり，さらに，県知事は中央から派遣されているのか，それとも地方から昇進するのか，県知事と県党委員会はどのような関係にあり，他のメンバーとの間でどのような関係を形成しているのか，といった点について明らかにする必要がある。しかし，従来の研究では，法令上の制度を中心とした考察が多かったために，県知事が党中央委員会で占める地位，あるいは地方党委員会での役割について明らかにされてこなかった。

　本章では，ヴィエンチャン県の事例に基づきながら，県知事の党内での政治的地位，県知事の人事異動，県党委員会の構成，県党委員会のメンバーの職掌分担，県知事と他の県党委員の関係について分析することで，党中央が県知事を通じて地方党委員会を統制するメカニズムを明らかにする。

第1節　県知事の政治的地位

1. ラオスの地方行政の構成

　まず本節では，地方行政法での県知事の地位，県知事の党内での序列，県知事の任命過程，全国の県知事の人事異動について分析し，県知事の政治的地位を考察することで，党中央と県知事の関係を明らかにする。

　ラオスの地方行政は，県，郡，村の3つのレベルによって構成されている。2006年の統計に基づく，ラオス全国の県の面積，人口，郡および村の数は，表1-1の通りである。県レベルでは，1つの中央直轄市（首都ヴィエンチャン市）

表 1-1 ラオスの地方行政の基本情報 (2006 年)

	県名	面積 (km²)	人口 (人)	郡の数	村の数
1	首都ヴィエンチャン市	3,920	711,919	9	500
2	ポンサーリー県	16,270	168,152	7	589
3	ルアンナムター県	9,325	149,082	5	380
4	ウドムサイ県	15,370	272,050	7	553
5	ボーケーオ県	6,196	149,287	5	335
6	ルアンパバーン県	16,875	415,218	11	840
7	ホアパン県	16,500	288,174	8	751
8	サイニャブーリー県	16,389	347,834	10	474
9	シエンクアーン県	16,358	246,153	8	566
10	ヴィエンチャン県	22,554	429,579	12	614
11	ボーリーカムサイ県	14,863	232,843	6	326
12	カムムアン県	16,315	345,070	9	803
13	サヴァンナケート県	21,774	842,340	15	1,288
14	サーラヴァン県	10,691	332,648	8	715
15	セーコーン県	7,665	87,499	4	248
16	チャムパーサック県	15,415	616,642	10	847
17	アッタプー県	10,320	115,097	5	198
	全国	236,800	5,747,587	139	10,027

統計に基づき筆者作成 (Lao P. D. R. Committee for Planning and Investment, National Statistical Center 2007: 20, 22)

と16の県から構成されているが，中央直轄市と他の県は同格であり，行政機関の構成，首長の権限も同等である。県レベルには，2006年まで1つの特別区（サイソムブーン特別区）が設置されていたが，現在は廃止されている。そして，特別区内にあった3つの郡（サイソムブーン郡，タートーム郡，プーン郡）のうち，サイソムブーン郡とプーン郡が合併してサイソムブーン郡となり，ヴィエンチャン県に編入された。また，タートーム郡は，シエンクアーン県に編入された (Lao P. D. R. Committee for Planning and Investment, National Statistical Center 2007 : 19)。その後，サイソムブーン郡は，2013年12月に，サイソムブーン県として再編されている。

次に，法令の規定からラオスの地方行政の構成と県知事の地位について確認する。ラオスの地方行政は，2003年5月に制定された改正憲法によって基本構造が規定されているが，その他に，2003年10月21日に国会で採択され，11月5日に公布された地方行政法によって規定されている。

地方行政法 (Lao P. D. R., Saphā-hāēng-sāt 2003c) によれば，ラオスの地方行政は，県レベルには，県と中央直轄市が置かれ（必要である場合は，特別区を設置

する），郡レベルには，郡と市が置かれ，村レベルには村が置かれている。

　県の設置条件は，①地理的に行政に適し，国防治安上の戦略的な位置にあること，②経済社会開発の条件を有していること，③インフラストラクチャーが発展していること（通信，道路，市場，電気，水道，学校，病院など），④12万人以上の人口を有すること，⑤県内に5つ以上の郡が設置されていること（特別な場合は，政府が国会に提案し，国会が検討し承認する），と定められている。例えば，2006年の統計では，セーコーン県，アッタプー県は，人口が12万人以下であるが，戦略上，県として認められている。

　一方，中央直轄市の設置条件は，①大都市で，経済，政治，文化社会，観光，行政，商業，通信・運輸および国際交流の中心であること，②国家の経済社会開発を促進する役割を有すること，③8万人以上の人口を有すること，④インフラストラクチャーが発展し，公共活動が発展していることである。2014年現在においても，中央直轄市は，首都ヴィエンチャン市のみである。

　郡の設置条件は，①地理的に行政に適した位置にあること，②平野部では3万人以上の人口を有し，山岳部では2万人以上の人口を有すること，③インフラストラクチャーが整い，経済社会開発の条件を有していることである。一方で市の設置条件は，①1万人以上の人口を有する人口密集地であること（特別な場合は，政府が決定する），②経済，文化社会が発展し，インフラストラクチャーが制度的に発展していること，③市の歳出に見合った必要レベルの歳入を有すること，である。地方行政法では，都市部に市を設置することを定めているが，現在でも，まだ設置されていない。

　村の設置条件は，①地理的に行政に適した位置にあること，②都市部においては1,000人以上の人口を有し，平野部では500人以上の人口を有し，山岳部および遠隔地では200人以上の人口を有すること，③安定した経済社会開発の条件を有することである。

2．法律に定める地方行政機関の任免権

　現在のラオスの地方行政は，ヴェトナムなど他の社会主義国とは異なって集団指導体制ではなく，各レベルの行政首長が行政を担当する制度である。各レベルの地方行政機関の長として，県に県知事，中央直轄市に中央直轄市長，郡に郡長，市に市長，村に村長が置かれている。

地方行政法の定めに従って，各機関の任免権者と任期をみると，県知事と中央直轄市長は，首相の提案に従って，国家主席によって任命，異動，または罷免される。県知事と中央直轄市長の任期は5年と定められ，同一の県・中央直轄市に2期を超えて在職することはできない。

　県知事，中央直轄市長には，補佐する機関として県副知事，中央直轄市副市長が置かれている。副県知事と中央直轄市副市長は，県知事，中央直轄市長の提案に従って，首相によって任命，異動，または罷免される。副県知事と中央直轄市副市長の任期も，同じく5年であり，再任については制限がない。

　郡長および市長は，県知事または中央直轄市長の提案に従って，首相によって任命，異動または罷免される。郡長および市長の任期は5年と定められ，同一の郡・市に2期を超えて在職することはできない。郡長および市長を補佐する機関として副郡長・副市長が置かれており，郡長の提案に従って，県知事または中央直轄市長によって任命，異動または罷免される。副郡長および副市長の任期は5年であり，再任については制限がない。

　村長は，村内の有権者によって選出され，郡長または市長によって認証される。必要である場合には，郡長または市長は，村長を任命または罷免することができる。村長を補佐する機関として副村長が置かれており，村長の提案に従って，郡長または市長によって任命または罷免される。村長と副村長の任期は3年であり，再選または再任されることができる。

　県（中央直轄市）の行政機関の構成についてみると，県（中央直轄市）行政機関は，県官房（中央直轄市官房）と県（中央直轄市）に所在する中央省庁の出先機関の局によって構成される。県（中央直轄市）に所在する中央省庁の出先機関の局は，県行政機関を構成する組織であり，中央から地方への管理権限と責任の分散に従って，関係部局に関する行政活動を行い，中央省庁と県，中央直轄市を補助する。

　郡レベルについても，郡の行政機関は，郡官房と郡に所在する中央省庁の出先機関の課によって構成されると定められ，課は，県，中央直轄市，中央省庁による権限の分散に従って，自らの部局の行政活動を行い，上級レベルの法令，県または中央直轄市の経済社会開発計画，郡の経済社会開発計画を実施する役割を有すると定めている。

　このように，地方行政法では，地方に設置されている各省庁の出先機関に対する省大臣と県知事の命令系統が明確に規定されていない。地方行政法の起草

を担当した首相府の行政・公務員管理庁（現在の内務省）によれば，地方行政法に加えて中央地方関係を規定する規則の制定を準備したが制定されず，1993年に制定された「部門別管理の方針および原則に関する党政治局決議第21号」（以下，党政治局第21号決議と略称）に従って中央省庁がこれらの部局の人事権，計画策定権を有しているとされている[1]。

ラオスの県知事の行政上の地位について考察すると，県知事は，直接首相の指揮下に置かれており，内務省など中央の地方統括機関の下に置かれていない[2]。例えば，タイの地方行政においても，県に行政首長として県知事が置かれているが，中央省庁の1つである内務省に付属し，内務省から県知事が派遣されている（橋本1998：204）。一方で，ラオスの場合は，県知事は，首相の提案に従い，国家主席によって任命されることになっており，同様に，首相の提案に従い，国家主席によって任命される中央各省大臣と同格である（2003年憲法第67条第4号；Lao P. D. R., Saphā-hāēng-sāt 2003a）[3]。したがって，県知事は，行政機関の中において相対的に高い地位にある。

3. 党規約にみる地方党組織の構成と県党書記の地位

ラオスの地方行政の特徴は，序章でみたとおり，県知事と県党書記を同一人物が兼任する，兼任体制を採用していることである。したがって，県知事の党内での政治的地位を考察するためには，地方党組織と県党書記の関係についてもみる必要がある。党規約では，県党書記は，県党委員会の長として位置づけられており，県党委員会において選出されることになっている。

2006年3月に開催された第8回党大会以降では，党中央の機関として党書記局が設置されているが，本研究では，2006年よりも前の時点での県知事の地位を分析するため，2001年第7回党大会の規約に基づいて説明する。第7回党大会（2001年3月）による党規約（Lao P. D. R., Phak pasāson pativat lāo 2001b）では，党組織は，①中央レベル，②省庁，県および中央直轄市レベル，③郡，

---

1) 行政・公務員管理庁における聞き取り（2007年8月）に基づく。
2) ラオスの内務省は，警察活動のみを担当する機関であり，2002年に治安省と名称を変更した。また，行政・公務員管理庁は，2012年に格上げされて内務省になった。しかし，県知事の任免に関する権限はなく，従来から変更はない。
3) 各省大臣については，首相が任命，異動または罷免について国会に提案し（政府法第12条3号），国会が承認した後に，国家主席が任命し，異動させ，または罷免する（憲法第67条4号）。

部局レベル，④基層レベル，の4つのレベルにより構成されている。

中央レベルには，5年に1度開催する党大会によって選出される党中央執行委員会が設置されている。党中央執行委員会第1回総会において，党政治局，党中央執行委員長，党中央検査委員会が選出される。

党組織上は，中央レベルの下に各省庁党委員会と県レベル党委員会が同じレベルに位置づけられている。中央各省庁には，各省党委員会が設置されている。5年に1度党大会が開催され，各省党執行委員が選出される。

県レベル，郡レベルでは，県党大会，郡党大会が5年に1度開催され，県党執行委員会，郡党執行委員会が選出される。県党執行委員会第1回総会において，県党常務委員会，県党書記，県党副書記，県党検査委員会が選出される。同様に，郡党執行委員会第1回総会において，郡党常務委員会，郡党書記，郡党副書記および郡党検査委員会が選出されることになっている。県レベルと郡レベルの党執行委員会は，原則として3ヶ月に1度開催され，県および郡党常務委員会は，月に1度開催されることになっている。県党書記，郡党書記は，同一の県または郡に，2期を超えて在職することができない。

党の基層レベルとは，村，企業，学校，病院，役所，軍の部局に設置された党組織のことである。正党員が3名以上所在する場合には，党組を設置することができる。また，多くの党員が所在する部局では，部局の党委員会を設置することができる。

県知事が兼任している県党書記とは，県党委員会のトップであり，地方党組織内で最高位である。ラオスの国家機関と党組織の構成については，図1-1を参照のこと。

4．県知事の党中央委員会における地位

ラオスの県知事は，行政組織でみると首相に直属し，中央各省大臣と同格であることをすでに指摘したが，党組織の中においても高い序列に位置している。

表1-2は，2003年2月における中央執行委員と国家機関の職務の兼任関係を示している。県知事の地位を確認すると，首都であるヴィエンチャン中央直轄市長は党政治局員が兼任しており，国家主席，国会議長，国家副主席，首相，副首相，国防大臣と並ぶ，高い地位に位置している。また，各県知事（サーラヴァ

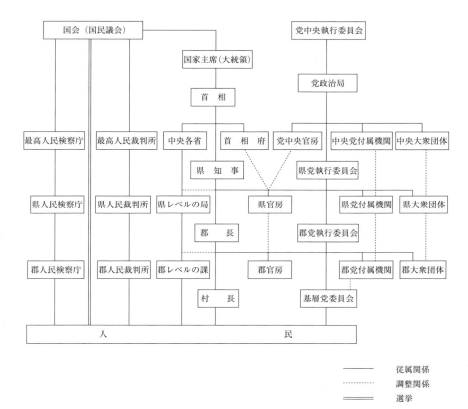

図 1-1　ラオスの国家機関および党の組織構成（2003 年）
（首相府行政局の資料 [Department of Public Administration and Civil Service 1996] に基づき筆者が加筆作成）

ン県を除く）と特別区長（県知事と同格）は，党中央執行委員が兼職しており，人民検事総長，各省大臣（司法省を除く），ラオス国立銀行総裁と並ぶ地位にある（瀬戸 2003：109）。したがって，県知事（県党書記）は，行政上の任命関係においても，党内における政治的地位においても，中央各省大臣と同格であり，県によっては大臣よりも高い序列に位置している。

　中国においては，省レベルの第 1 書記の多くは，党中央委員の職務を兼任しており（磯部 2008：26, 27），ヴェトナムにおいても省レベルの人民委員長は党内で大臣クラスと同じランクに位置づけられており（齋藤・佐藤 1998：241），ラオスと他の社会主義諸国との間で共通点が見られる。

　これまでの検討から，ラオスにおける県知事は，3 つの職務を兼任する存在

表1-2　党中央執行委員会にみる省大臣と県知事の地位（2003年2月）

	国家機関・省大臣		県知事・中央直轄市長
1	カムタイ・シーパンドーン（国家主席）		
2	サマーン・ヴィニャケート（国会議長）		
3	チュームマリー・サイニャソーン（国家副主席）		
		4	トーンシン・タムマヴォン（ヴィエンチャン中央直轄市）
6	ブンニャン・ヴォーラチット（首相）		
8	アーサーン・ラーオリー（副首相）		
9	トーンルン・シースリット（副首相・計画協力委員長）		
10	ドゥアンチャイ・ピチット（国防大臣）		
13	ソムサヴァート・レンサヴァット（副首相：外務大臣）		
		14	ブンフーアン・ドゥアンパチャン（ルアンパバーン県）
		16	シールーア・ブンカム（サヴァンナケート県）
17	チャンシー・ポーシーカム（財務大臣）		
18	ピムマソーン・ルーアンカムマー（教育大臣）		
19	カムパーン・ピラーヴォン（人民検事総長）		
20	ソムパン・ペーンカムミー（労働社会福祉大臣）		
21	パーニー・ヤートートゥー（国会副議長）		
22	サイソムポーン・ポムヴィハーン（国会外務委員長）		
		23	カムマン・スーンヴィルート（ポンサーリー県）
		24	トーンヴァン・シーハーチャック（チャンパサック県）
25	オーンヌーア・ポムマチャン（工業手工芸大臣）		
		27	ソムペット・ティップマーラー（サイソムブーン特別区）
28	プーミー・ティッパヴォーン（ラオス銀行総裁）		
29	ブアトーン・ヴォンローカム（通信運輸郵便建設大臣）		
		31	スカン・マハーラート（シエンクアーン県）
32	スリヴォン・ダーラーヴォン（観光商業大臣）		
35	スッチャイ・タムマシット（治安大臣）		

	国家機関・省大臣		県知事・中央直轄市長
37	パンドゥアンチット・ヴォンサー（情報文化大臣）		
		38	ブンポーン・ブッタナヴォン（ウドムサイ県）
		39	カムクート・ヴーンカム（アッタプー県）
		40	カムブン・ドゥアンパンニャー（セーコーン県）
		41	セーンニョン・ヴォンチャンカム（ルアンナムター県）
		42	ソムバット・イーヤリーフー（サイニャブーリー県）
		43	トーンバン・セーンアーボーン（ボーリーカムサイ県）
		44	チューイーン・ヴァーン（ホアパン県）
		45	レー・カーカンニャー（カムムアン県）
		46	ブアラーン・シリパンニャー（ボーケーオ県）
48	スバン・サリッティラート（国家主席府官房長）		
50	シアン・サパントーン（農林大臣）		
51	ポーンメーク・ダーラーローイ（保健大臣）		
		53	シーホー・バンナヴォン（ヴィエンチャン県）

（首相府からの情報に基づき筆者作成，2003年）
（表中の数字は，党内序列を表し，二重線より上は政治局員。国家機関の職務者のみを抜粋）

であることがわかる。第1に，国家主席によって任命され，国家機関の中で首相に直属しており，中央政府の政策を地方で実施する地方行政の長である。第2に，党中央でも党中央執行委員を兼任するなど，各省大臣と同格の地位を有する存在である。第3に，県知事は，県の中では県党書記を兼任し，地方党組織の最高位を占めている。このことから，県知事は，ラオスの政治体制において高い位置を占めており，中央の政策を地方で実施するための要となる存在であるといえる。

第2節　県知事を通じた党中央の地方統制

1. 県知事の任命過程

　前節での考察によって，ラオスの県知事は，党中央執行委員を兼職していることが明らかになった。一方で，党規約では県党書記は，県党大会後に開催される県党執行委員会第1回総会において選出されると規定されているため，県内で選出された地方政治家が，党中央において高い地位を占めているようにもみえる。

　しかし，県知事の任命過程をみると，県党委員会によって選出された党書記が党中央委員会に進出し，県知事という高い地位を独占していると理解することはできない。党中央組織委員会での聞き取りによれば，県知事の任命過程は，党規約に定められたように県党大会を経て選出される場合と，異動によって任命される場合の2つの場合がある（資料1：過程1-1を参照のこと）[4]。

　さらに過程をみると，県党大会を経て県知事が選出される場合でも，県党大会の準備過程で党中央組織委員会の職員が参加し，県党書記の候補者の選出について事前に党政治局の承認を得た後に県党大会が開催されている。したがって，県党大会において選出される場合でも，実質的に県知事の人事を決定しているのは党中央（党政治局）であると考えられる。また，県知事が移動によって任命される場合には，党政治局が主導して候補者を選出し，党中央執行委員会でそれを承認して人事を決定している。これらの点から，県知事の人事については，党政治局が決定を行っており，地方党組織が決定しているのではないことがわかる。

2. 全国の県知事の人事異動

　次に，2003年2月における全国の県知事の前職と転出先を示した表1-3を

---

[4]　党中央組織委員会における聞き取り（2004年3月）に基づく。

表 1-3　全国県知事（2003 年 2 月）の前職および転出先

	県名	知事	前職	転出先（2006 年 9 月）
1	ヴィエンチャン市	トーンシン・タンマヴォン	党中央組織委員長	国会議長
2	ルアンパバーン県	ブンフーアン・ドゥアンパチャン	ヴィエンチャン市長	（現職）
3	サヴァンナケート県	シールーア・ブンカム	情報文化省大臣	党理論政治研究所長
4	ボンサーリー県	カムマン・スーンヴィルート	党国家検査委員会副委員長	ボーケーオ県知事
5	チャムパーサック県	トーンヴァン・シーハーチャック	サーラヴァン県知事	退職
6	サイソムブーン特別区	ソムペット・ティップマーラー	国防省補給局長	ヴィエンチャン県知事
7	シエンクアーン県	スカン・マハーラート	チャムパーサック県党書記	チャムパーサック県党書記
8	ウドムサイ県	ブンポーン・ブッタナヴォン	ラオス革命青年団議長	（現職）
9	アッタプー県	カムクート・ヴーンカム	サーラヴァン県党常務委員	党中央副官房長
10	セーコーン県	カムプン・ドゥアンパンニャー	サーラヴァン県党執行委員	サーラヴァン県知事
11	ルアンナムター県	セーンニョン・ヴォンチャンカム	県財務局長	退職
12	サイニャブーリー県	ソムバット・イーヤリーフー	県党執行委員	党中央書記局員
13	ボーリーカムサイ県	トーンバン・セーンアーボーン	県副知事	治安省大臣
14	ホアパン県	チューイーン・ヴァーン	県党副書記	観光庁副長官
15	カムムアン県	レー・カーカンニャー	県党常務委員	労働福祉省副大臣
16	ボーケーオ県	ブアラーン・シリパンニャー	トンプン郡長（県内）	スポーツ委員会副委員長
17	ヴィエンチャン県	シーホー・バンナヴォン	ラオス国家建設戦線副議長	ラオス国家建設戦線副議長
18	サーラヴァン県（代行）	ポーサイ・シーハーチャック	党国家検査委員長	退職

（2003 年 2 月の首相府からの情報および 2006 年 9 月の現地調査に基づく）

もとに，県知事がどのような職務から異動し，県知事の職務の後にどのような職務に就いているかをみることによって，党中央が県知事人事の決定に際して行使する影響力を考察する。

全国の県知事の前職をみると，中央の機関の長，又は次長から異動した県知事は，7つの県（ヴィエンチャン市，サヴァンナケート県，ポンサーリー県，サイソムブーン特別区，ウドムサイ県，ヴィエンチャン県，サーラヴァン県）でみられる。また，他県の県知事・県党書記から異動した県知事は，3つの県（ルアンパバーン県，チャムパーサック県，シエンクアーン県）でみられ，他の県の県党常務委員または県党執行委員から異動した県知事は，2つの県（アッタプー県，セーコーン県）でみられる。これら12の県の県知事は，県内の職務から昇進していないため，党中央組織委員会と党政治局の判断により決定された人事であると考えられる。

　一方で，県内の役職から昇進して県知事に就任した知事は，6つの県の県知事（ルアンナムター県，サイニャブーリー県，ボーリーカムサイ県，ホアパン県，カムムアン県，ボーケーオ県）のみである。これらの県知事の人事は，党中央組織委員会と県党常務委員会の間の協議で合意され，政治局の承認を得て任命が決定された人事であるといえる。さらに，聞き取りでは，この表のすべての県知事は，党政治局による任命であり，県党大会を経て選出された人物はいないとの説明であった[5]。

　県知事を務めた後の転出先をみると，中央から派遣された県知事が，就任後に中央の職務に戻る場合と，地方で勤務していた職員が県知事としての勤務を経て，中央の職務に異動する場合があり，中央の役職との間の人事交流が多く行われていることを示している。

　表1-3をみると，県知事が中央の役職に異動した場合が9の県でみられる。このうち，中央から派遣されていた県知事が中央に戻る場合は3つの県（ヴィエンチャン市，サヴァンナケート県，ヴィエンチャン県）でみられ，地方で勤務していた職員が県知事を経て中央の職務に異動になった場合は6の県（アッタプー県，サイニャブーリー県，ボーリーカムサイ県，ホアパン県，カムムアン県，ボーケーオ県）でみられる。従って，県知事は，中央での勤務経験を積んでいた職員が地方での経験を積むために赴任させられる場合，または県党委員会で役職を務めていた人物が県知事での経験を評価された後に，中央での経験を積むために異動になる場合がある。また，1つの県の県知事を務めた後に他の県に異動した場合が4つの県（ポンサーリー県，サイソムブーン特別区，シエンクアーン県，

5）　党中央組織委員会における聞き取り（2007年9月）に基づく。

表 1-4　全国の県知事および県党書記（2006 年 9 月）

	県名	氏名	前職
1	ヴィエンチャン市	ソムバット・イーヤリーフー（県党書記）	サイニャブーリー県知事
		シンラヴォン・クッパイトゥーン（市長）	首相府副官房長
2	ルアンパバーン県	ブンフーアン・ドゥアンパチャン	ヴィエンチャン市長
3	サヴァンナケート県	ヴィライヴァン・ポンケー	党中央外交委員会副委員長
4	ポンサーリー県	カムサーン・スヴォン	県副知事
5	チャムパーサック県	スカン・マハーラート（県党書記）	シエンクアーン県知事
		ソーンサイ・シーパンドーン（県知事）	県官房長
6	シエンクアーン県	カムシン・ダーサーオブアン（県党書記）	（不明）
		シーヴォーン・ヤーヨンニーヤ（県知事）	サイソムブーン特別区副区長
7	ウドムサイ県	ブンポーン・ブッタナヴォン	ラオス革命青年団代表
8	アッタプー県	シナイ・ミヤンラーヴァン	県党常務委員
9	セーコーン県	カムパン・ポムマタット	国家政治行政学院副院長
10	ルアンナムター県	ピムマソーン・ルーアンカムマー	教育省大臣
11	サイニャブーリー県	リアン・ティケーオ	計画投資委員会副委員長
12	ボーリーカムサイ県	カムパーン・ピラーヴォン	人民検事総長
13	ホアパン県	パンカム・ヴィパーヴァン	首相府（人的資源開発担当）
14	カムムアン県	カムバイ・ダムラット	県副知事
15	ボーケーオ県	カムマン・スーンヴィルート	ポンサーリー県知事
16	ヴィエンチャン県	ソムペット・ティップマーラー	サイソムブーン特別区長
17	サーラヴァン県	カムブン・ドゥアンパンニャー	セーコーン県知事

（下線は，第 8 期党中央執行委員。2006 年 9 月の現地調査に基づき筆者作成）

セーコーン県）でみられるが，2 つの県では就任前の県に戻っていることから，県知事が欠けたときに，他の県から代わりの県知事を派遣したと考えられる。

　同様に，第 8 回党大会後の，2006 年 9 月における全国の県知事の配置および前職を示した表 1-4 においても，任命された県知事の多くが県外での役職からの異動であることが示されている。

　表 1-4 からは，3 つの県（ヴィエンチャン市，チャムパーサック県，シエンクアーン県）においては，県党書記が県知事を兼任していない。この理由は，2006 年に新たに党中央委員になったシンラヴオンとソーンサイに県知事としての経験を与え，ソムバットとスカンを県党書記に就任させて，その後見役としたためとされる。また，2 つの県（シエンクアーン県，サイニャブーリー県）は，県党書記が党中央執行委員を兼任していない。この理由は，党中央委員になるための

条件を満たすことができなかったためと説明されている[6]。これらの人事は，兼任体制の原則の変更ではなく，2011年3月の第9回党大会後も，サヴァンナケート県を除いて，党中央委員が県党書記と県知事を兼任するなど，原則は維持されている[7]。

　県党書記と県知事の前職をみると，7つの県（ヴィエンチャン市党書記，ルアンパバーン県，チャムパーサック県党書記，シエンクアーン県，ボーケーオ県，ヴィエンチャン県，サーラヴァン県）の県知事は，他の県の県知事から異動しており，8つの県（ヴィエンチャン市長，サヴァンナケート県，セーコーン県，ルアンナムター県，サイニャブーリー県，ボーリーカムサイ県，ホアパン県）の県知事は，中央の機関で職務を行っていた人物である。従って，20名の県知事のうち15名は，県外の職務からの異動してきた人物であり，県内の役職者から異動した県知事は，4つの県（ポンサーリー県，チャムパーサック県，アッタプー県，カムムアン県）の県知事にすぎない。

　県知事（県党書記）の人事異動からみると，県知事（県党書記）の人事決定は，党中央（党政治局）が主導して決定しているといえる。つまり，地方の有力者が県知事に選出されて党中央委員になるのではなく，党政治局が，信頼がおける党中央委員を県党書記に採用し，県知事に任命させていることがわかる。

　以上の点から，党中央（党政治局）が中央の役職者を地方に派遣し，または，県内から党中央が信頼できる人物を県党書記として採用して県知事に就任させることによって，党中央が県党書記（県知事）を通じて地方を直接に統制するメカニズムが形成されているといえる。

第3節　県知事と県党委員会の構成と職掌分担

1．ヴィエンチャン県の行政機関の概要

　前節では，党政治局は，信頼がおける中央の職員または地方の職員を県党書

---

6)　現地調査（2007年9月）に基づく。
7)　内務省地方行政局における聞き取り（2014年12月）に基づく。

表1-5　ヴィエンチャン県に設置されている郡（2006年）

郡名	郡名
1　ポーンホーン郡	7　サナカーム郡
2　トゥラコム郡	8　メート郡
3　ケーオウドム郡	9　ヴィエンカム郡
4　カーシー郡	10　ヒーンフープ郡
5　ヴァンヴィエン郡	11　ホム郡
6　フーアン郡	12　サイソムブーン郡

(Lao P. D. R., Committee for Planning and Investment, National Statistical Center 2007: 17 に基づき，筆者作成）

記に採用し，県知事として任命することによって地方を統制していることを指摘した。その一方で，各県の中で県知事（県党書記）が地方を支配するメカニズムを考察するには，県知事と県党委員会の関係についても考察する必要がある。従来の先行研究では，県党委員会の構成，県党書記（県知事）と他の地方党委員（県副知事）との職掌分担について考察が行われてこなかったため，県知事が地方党委員会を統制するメカニズムが明らかにされてこなかった。

本節では，ヴィエンチャン県を事例として県知事と県党委員会の関係を分析することによって，党政治局によって選任されて地方に派遣された県知事（県党書記）と県党委員会のその他のメンバーとの間の職掌分担を考察し，県知事を通じた党中央の地方統制のメカニズムを明らかにする。

ヴィエンチャン県は，ラオス中部に位置し，首都のヴィエンチャン中央直轄市に隣接した県である。2006年度の統計によれば，面積は，2万2554平方キロメートル，人口は，42万9579人（うち女性21万0908人）である。ヴィエンチャン県には，12の郡が設置され，村の数は，614村で，6万9128世帯が居住している。2006年に設置されている郡は表1-5のとおりである。表1-6は，1999年の県内各郡における少数民族の人口構成を示している。ヴィエンチャン県では，ヒーンフープ郡，フーアン郡，ヴァンヴィエン郡，カーシー郡，メート郡，サナカーム郡，ホム郡，ローンサーン郡が山間部として位置づけられているが，山間部において少数民族が人口の多数を占めていることがうかがえる。かつては，ホム郡とローンサーン郡という2つの郡が置かれていたが，2004年に2つの郡は合併してホム郡となった。また，2006年にサイソムブーン特別区が廃止されたことにより，サイソムブーン郡が，新たにヴィエンチャン県に編入された (Lao P. D. R., Committee for Planning and Investment, National Statistical Center 2007: 19, 20, 22)。2003年のヴィエンチャン県の地方行政と党の

表1-6 1999-2000年におけるヴィエンチャン県各郡の民族人口構成

	郡名	低地ラーオ※		クム族		モン族	
1	ヴィエンカム郡	15,640	98.6%	127	0.8%	86	0.5%
2	トゥラコム郡	42,652	89.6%	195	0.4%	4,764	10.0%
3	ケーオウドム郡	17,517	97.9%	357	2.0%	29	0.2%
4	ポーンホーン郡	42,172	82.0%	3,050	5.9%	6,213	12.1%
5	ヒーンフープ郡	10,299	44.2%	12,210	52.4%	787	3.4%
6	フーアン郡	20,603	53.1%	6,436	16.6%	11,783	30.4%
7	ヴァンヴィエン郡	29,245	72.1%	4,869	12.0%	6,430	15.9%
8	カーシー郡	13,868	58.0%	9,586	40.1%	444	1.9%
9	メート郡	11,195	79.5%	1,797	12.8%	1,082	7.7%
10	サナカーム郡	29,617	91.4%	2,177	6.7%	612	1.9%
11	ホム郡	147	2.3%	8	0.1%	6,241	97.6%
12	ローンサーン郡	3,415	20.8%	1,960	11.9%	11,049	68.3%
	合計	236,370	71.9%	42,772	13.0%	49,520	15.1%

(ヴィエンチャン県国家建設戦線の資料(Lao P. D. R., Nēo-lāo-sāng-sāt Khwāēng Vīangchan 2001)に基づき筆者作成)
※低地ラーオはラオス政府による分類であり、多数派民族のラーオ族、プータイ族、ルー族などTai語族の民族が含まれる(Evans 1999: 7, 安井2003:174, 175)。

組織図は、図1-2のとおりである。

ヴィエンチャン県第3回党大会(2005年11月)の政治報告によれば、ヴィエンチャン県には、6,941人(うち女性2,396人)の公務員が在職している。職員の教育レベルは、博士号が2人(女性0人)、修士号が19人(女性5人)、学士号レベルが1,497人(女性397人)、中等専門教育が3,485人(1,284人)、初等専門教育が1,703人(653人)、普通科教育のみ253人(女性57人)である。また、県全体で、党組が677組設置されており、7,750人(女性1,205人)の党員が存在する(Lao P. D. R., Phak pasāson pativat lāo, Khana bōlihān-ngān phak khwāēng Vīangchan 2005: 12, 13)。2006年の時点で、県の党大会は、第1回大会(1993年4月)、第2回大会(1998年1月)、第3回大会(2005年11月)の3回開催されていた[8]。

ラオスの地方行政では、1991年の地方行政改革によって、各専門部局が中央省庁に付属することになった。表1-7は、ヴィエンチャン県に置かれている部局を示しているが、各部局は職能に従って、①経済グループ、②文化・社会グループ、③司法グループ、④政治グループ、⑤軍・警察の5つのグループに

---

[8] ヴィエンチャン県官房における聞き取り(2006年4月)に基づく。

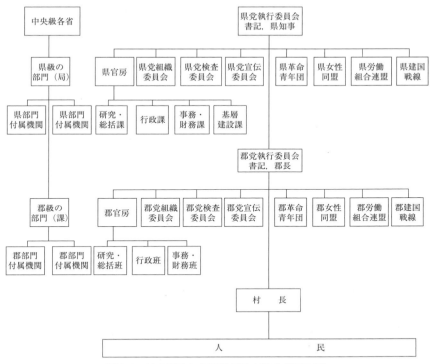

図 1-2　地方行政および党組織の構成（2003 年）
（ヴィエンチャン県で提供された図に筆者が加筆し作成，2003 年）

表 1-7　ヴィエンチャン県に置かれている県レベルの部局

1	経済グループ	県計画協力局，県財務局，県商業局，県工業手工芸局，県農林局，県通信運輸郵便建設局
2	文化・社会グループ	県情報文化局，県教育局，県保健局，県労働社会福祉局
3	司法グループ	県司法局，県人民裁判所，県人民検察庁
4	政治グループ	県官房，県党組織委員会，県党宣伝委員会，県党国家検査委員会，県労働組合連盟，県国家建設戦線，県ラオス革命青年団，県女性同盟
5	軍・警察	県軍司令部，県治安司令部

（2004 年 3 月のヴィエンチャン県官房研究総括課における聞き取りに基づき筆者作成）

分類されている。これらの部局のうち，県知事に付属する部局は，県官房と県党組織委員会を含む，④の政治グループの部局のみである。その他の部局，例えば，県計画協力局，県工業手工芸局等は，中央省庁の地方出先機関として位

表1-8 ヴィエンチャン県知事付属事務所

1	県国際交流事務所	6	県土地開発計画作成事務所
2	県国防治安事務所	7	県観光事務所
3	県技術環境事務所	8	県スポーツ事務所
4	県麻薬剤撲滅委員会書記局	9	県赤十字事務所
5	県企業改善事務所		

(2004年3月ヴィエンチャン県官房局における聞き取りに基づき筆者作成)

置づけられ,中央の管轄省庁に付属している[9]。

また,これらの部局の他に,県知事に直属する事務所として,県知事付属事務所が設置されている。2004年3月における県知事付属事務所は表1-8のとおりであり,9つの県知事付属事務所が設置されていた[10]。

2. 県党執行委員会の構成

前節では,ラオスの県党書記が党政治局の主導によって選出され,その後に県知事として任命されていることを明らかにしたが,次は地方党委員会の中で県党書記(県知事)がどのような役割を果たしているのか,県党書記以外のメンバーとの違いをみることで考察する。

2003年10月のヴィエンチャン県党執行委員会のメンバーは,表1-9に示されている。この表によれば,この時点での県党執行委員会のメンバーは,全部で20名であり,そのうち,上位の6名が県党執行委員会の常務機関である県党常務委員会を形成している。聞き取りによれば,本来ヴィエンチャン県党執行委員の数は21名であり,県党常務委員の数は7名であるが,1名が中央へ異動になったため6名になっていると説明されている[11]。党規約(本書36頁)でみたとおり,県党執行委員会の会議は年に4回開催され,県の経済社会開発計画などを採択するが,県党組織の重要な政策決定は,県党委員会の意思決定機関である県党常務委員会で行われる。

県党常務委員の構成メンバーをみると,すでに指摘したとおり,県委員会のトップ・リーダーである県党書記は県知事を兼任している。その他に,県党副

---

9) ヴィエンチャン県官房次長からの聞き取り(2004年3月)に基づく。
10) ヴィエンチャン県官房における聞き取り(2004年3月)に基づく。
11) ヴィエンチャン県党組織委員会における聞き取り(2003年10月)に基づく。

表 1-9　ヴィエンチャン県党執行委員（2003 年 10 月）：下線は，第 5 期国会議員

	氏名	党委員	職務
1	シーホー・バンナヴォン	党中央執行委員，県党書記	県知事
2	カムベン・シンナヴォン	県党第 1 副書記	（職員業務指導）
3	<u>カムムーン・ポンタディー</u>	県党第 2 副書記	県第 1 副知事
4	サニット・サーンカム	県党常務委員	県国家建設戦線議長
5	カムチェーン・ヴォンポーシー	県党常務委員	県第 2 副知事
6	シーサヴァート・ケーオマーラーヴォン	県党常務委員	県国防治安司令部長
7	シーパー・ソーラーンクーン	県党執行委員	県教育局長
8	ヴァンサイ・ソンサーニュー	県党執行委員	県党宣伝委員長
9	トーンヴァン・ヴィライフーアン	県党執行委員	県党国家検査委員長
10	スーン・トーンカム	県党執行委員	県党組織委員長
11	フーアットケオ・ケーンマニー	県党執行委員	県労働組合連盟議長
12	プートーン・センースリンター	県党執行委員	ヴィエンカム郡長
13	カオケーオ・ソムチャンマヴォン	県党執行委員	トゥラコム郡長
14	カムパー・チャンタムンクン	県党執行委員	カーシー郡長
15	チャンタブーン・ラッタナヴォン	県党執行委員	県官房長
16	<u>インカム・パンダーラー</u>	県党執行委員	県女性同盟議長，第 10 区国会議員
17	ブンスック・チョームヴィサーン	県党執行委員	フーアン郡党書記：郡長
18	ヴィナット・シースヴォン	県党執行委員	ケーオウドム郡党書記：郡長
19	ドーンシー・パーイーヤヴー	県党執行委員	ローンサーン郡党書記：郡長
20	カムマイ・アーヌソーン	県党執行委員	県軍司令部政治部長

（2003 年 10 月の現地調査に基づき筆者作成）

書記が 2 名置かれており，そのうち県党第 1 副書記が職員業務を統括している。また，県党第 2 副書記は，県第 1 副知事を兼任している。その他の 3 名の県党常務委員は，それぞれ，県第 2 副知事，県国家建設戦線議長，県国防治安司令部長を兼任している。そのため，県党常務委員会は，県の行政，職員管理，大衆団体（戦線），軍・警察という県内の重要な分野を統括している。

県党常務委員を除いた県党執行委員の構成をみると，県官房長，県党付属委員会の委員長（県党宣伝委員長，県党国家検査委員長，県党組織委員長），県レベル大衆団体議長（県労働組合連盟議長，県女性同盟議長），県内の 6 つの郡の郡長（ヴィエンカム郡長，トゥラコム郡長，カーシー郡長，フーアン郡長，ケーオウドム郡長，ローンサーン郡長）など，県知事の直属機関の長および郡長が多いが，中央省庁の出先機関の局長である県教育局長も含まれている。また，中央に転出

した1名は，県財務局長だったことを踏まえると[12]，県党執行委員会は県内の重要な部局の長か，あるいは郡長を兼任し，県党常務委員会が下した決定を県内で執行する役目を果たす機関であることがわかる。

3. 県党指導部内での職掌分担

　県知事と他の党幹部の役割の違いをさらに考察するために，県の党幹部である県党書記（県知事），県党副書記，県副知事の間での職掌分担を詳細に考察する必要がある。2003年10月におけるヴィエンチャン県党指導部の職掌分担は，表1-10のとおりである。

　表をみると，県党書記（県知事）が全分野の総括を担当すると共に，県国防治安委員長として県の国防・治安を担当している。一方，県第1副書記は，職員人事業務と大衆団体を担当し，県第2副書記（県第1副知事）は，経済・投資について担当し，県第2副知事は，官房を担当している。このことから，県知事が県の行政全般の統括と軍事・治安を統括する一方で，県党副書記が人事と党付属機関を統括し，県副知事が経済分野と一般行政を統括する職掌分担が形成されていることがわかる。

　さらに，ラオスでは，県が国会議員選挙の選挙区として機能しているが[13]，1つの選挙区の中で，中央推薦の議員と地方推薦の議員が存在する。2003年の時点での第10区（ヴィエンチャン県）の国会議員団は6名から構成されており，その中で4名が県推薦，2名が中央推薦であった。第10選挙区の国会議員の構成を示した表1-11によれば，2003年時点においてヴィエンチャン県の地方推薦の国会議員は，全員が県党執行委員であり，その中には，県副知事であるカムムーンが含まれていた[14]。県副知事は国会議員を兼務することで，国会において県の事業および公共事業計画を説明することができるのである。

　次に，県党常務委員会内における県党書記の権限について，ヴィエンチャン県党組織委員会での聞き取りに基づき考察する。県党常務委員会の会議は，10〜15日間に1度開催され，多数決により議決が行われる。会議においては，県党書記が議長を務めるほかに，会議の日程および議題を決定する権限を有し

---

12) ヴィエンチャン県党組織委員会における聞き取り（2003年10月）に基づく。
13) 国会議員選挙法第14条（Lao P. D. R., Saphā-hāēng-sāt 2001）。
14) 第10区国会選挙区事務所長からの聞き取り（2005年3月）に基づく。

表1-10　ヴィエンチャン県における県党書記，副書記および県副知事の職掌分担（2003年10月）

	氏名	役職	職掌
1	シーホー・バンナヴォン	党中央執行委員，県党書記兼県知事	全体の総括，国防・治安（県国防治安委員長），国際交流の統括担当
2	カムベン・シンナヴォン	県党第1副書記	組織・職員，検査，宣伝，県国家建設戦線，県大衆組織の統括担当
3	カムムーン・ポンタディー	県党第2副書記兼第1副知事	県知事の補佐，経済・投資，文化・社会の統括担当
4	カムチェーン・ヴォンポーシー	県第2副知事	県知事の補佐，行政（官房），農村開発の統括担当

（2005年8月のヴィエンチャン県党組織委員会における聞き取りに基づき筆者作成）

表1-11　第10区（ヴィエンチャン県）国会議員団の構成（2003年10月）

	氏名	県内の役職（国会内の所属委員会）
1	サニット・サーンカム	県国家建設戦線代表，第10区国会事務所常務，第10区国会議員団長（民族委員会）
2	カムシーン・サイニャコーン	国会経済計画財務委員会副委員長（経済計画財務委員会）
3	ヴェーントーン・ルーアンヴィライ	ラオス労働組合連盟代表（外務委員会）
4	カムムーン・ポンタディー	県副知事（法律委員会）
5	カムマイ・アーヌソーン	県軍司令部政治部長（国防・治安委員会）
6	インカム・パンダーラー	県女性同盟代表（文化・社会委員会）

下線は，中央推薦である（2005年3月および8月の調査に基づき筆者作成）

ている。また，県党書記は，自らの意見と他の常務委員の意見が異なるときに議決を行わず，再検討を求める権限を有すると説明されている[15]。つまり，県党書記は，県党常務委員会の意思決定において，事実上の拒否権を有しているといえる。

　以上，ヴィエンチャン県を事例に，県知事と県党委員会の関係を考察した結果，ヴィエンチャン県党委員会の意思決定機関である県党常務委員会の中で，県党書記は県知事として行政全般を統括するほか，県の軍事・治安について統括職責を担う地位であることが明らかになった。さらに，県党書記として県党常務委員会の会議議長を務め，議決においては拒否権を有するなど，県党常務

15）ヴィエンチャン県党組織委員会における聞き取り（2005年8月）に基づく。

委員会の意思決定を行い，統率する職責を有している。つまり，党中央は，中央執行委員を県党書記，県知事として地方に派遣することで県党委員会を統制し，地方で軍事・治安を統括させているといえる。

第4節　県党書記と他の県党委員の関係

1. 県党執行委員の人事異動

　県党書記（県知事）とそれ以外の党幹部の関係を考察するためには，県党委員会内部での職務上の職掌分担に加えて，県党書記と県党委員会のメンバーの人事異動から経歴の違いについても明らかにする必要がある。先ほど示した2003年10月のヴィエンチャン県党執行委員会のメンバーの前職と出向先をみることによって，県党執行委員の経歴について考察する。

　県党執行委員の就任前の職務は，表1-12に示されている。この表からみる限り，県党常務委員の中で，中央の役職から派遣された人物は，県党書記（県知事）と県治安司令部長のみである。すでにみたように，県党書記は，県のすべての分野全般を統括し，県国防治安委員長として軍・治安を統括しているため，党中央は，県党書記（県知事）と軍・治安担当者については，中央から職員を派遣することによって，地方党委員会と軍・治安業務を統制する体制が形成されていることがわかる。

　一方で，県副書記と県副知事については，県内の役職を経験してきた人物が任命されている。この背景として，県の人事管理，経済開発については，職員のこれまでの活動，県の経済状況について十分に把握している人物が担当する必要があり，県内の職務から昇進してきた県の事情に精通する県党常務委員に担当させていると考えられる。また，県教育局長のように，中央の出先機関の局長が中央から派遣された後に，県党執行委員に選出される場合もある。

　続いて，県党執行委員の転出先については，表1-13に示されている。表をみると，県知事は任務を離れた後に県知事に就任する前の中央での役職に戻ったほか，国防治安部長も就任する前に所属していた治安省に戻っている。した

表 1-12　ヴィエンチャン県党執行委員会（2003 年 10 月）の構成および前職

	氏名	職務	前職
1	シーホー・バンナヴォン	党中央執行委員，県党書記：県知事	ラオス国家建設戦線副議長
2	カムペン・シンナヴォン	県党第 1 副書記	県官房長
3	カムムーン・ポンタディー	県党第 2 副書記：県第 1 副知事	県計画財務局長
4	サニット・サーンカム	県党常務委員：県国家建設戦線代表	ポーンホーン郡長
5	カムチェーン・ヴォンポーシー	県党常務委員：県第 2 副知事	県官房長
6	シーサヴァート・ケーオマーラーヴォン	県党常務委員：県国防治安司令部長	治安省（役職不明）
7	シーパー・ソーラーンクーン	県教育局長	教育省教員研修所長
8	ヴァンサイ・ソンサーニュー	県党宣伝委員長	国家政治行政学院教員
9	トーンヴァン・ヴィライフーアン	県党国家検査委員長	県党宣伝委員長
10	スーン・トーンカム	県党組織委員長	ヴァンヴィエン郡長
11	フーアットケーオ・ケーンマニー	県労働組合連盟議長	トゥラコム郡長
12	プートーン・センースリンター	ヴィエンカム郡長	県農林局長
13	カオケーオ・ソムチャンマヴォン	トゥラコム郡長	ポーンホーン郡長
14	カムパー・チャンタムンクン	カーシー郡長	カーシー郡党検査委員会副委員長
15	チャンタブーン・ラッタナヴォン	県官房長	国家スポーツ委員会副委員長
16	インカム・パンダーラー	県女性同盟議長，第 10 区国会議員	ポーンホーン郡党検査委員会副委員長
17	ブンスック・チョームヴィサーン	フーアン郡長	フーアン郡党検査委員長
18	ヴィナット・シースヴォン	ケーオウドム郡長	サナカーム郡長
19	ドーンシー・パーイーヤヴー	ローンサーン郡長	ローンサーン郡党検査委員会副委員長
20	カムマイ・アーヌソーン	県軍司令部政治部長	県軍司令部人員課長

（2003 年 10 月および 2007 年 9 月の現地調査に基づき筆者作成）

がって，これらの職が，中央からの出向者によって担当される役職であることを裏付けている。また，中央から派遣されていた県官房長も中央に戻っている。表の中で県の役職から異動して県党執行委員になった人物の中で，その後に中央の役職に昇進した人物は，農林省副大臣に昇進した県副知事のカムチェーンのみであり，その他は，県内の政治機関の長と郡長の間を異動している。したがって，中央から派遣された職員が元の中央の役職に戻る場合を除くと，県党執行委員が中央の職務に昇進することは少なく，県党委員のままで県内での役

表 1-13　ヴィエンチャン県党執行委員会の構成および転出先

	氏名	職務	転出先（2007 年 2 月）
1	シーホー・バンナヴォン	党中央執行委員，県党書記：県知事	ラオス国家建設戦線副議長
2	カムペン・シンナヴォン	県党第 1 副書記	死去
3	カムムーン・ポンタディー	県党第 2 副書記：県第 1 副知事	（現職）
4	サニット・サーンカム	県党常務委員：県国家建設戦線議長	退職
5	カムチェーン・ヴォンポーシー	県党常務委員：県第 2 副知事	農林省副大臣
6	シーサヴァート・ケーオマーラーヴォン	県党常務委員：県国防治安司令部長	治安省技術局長
7	シーパー・ソーラーンクーン	県教育局長	退職
8	ヴァンサイ・ソンサーニュー	県党宣伝委員長	県党国家検査委員長
9	トーンヴァン・ヴィライフーアン	県党国家検査委員長	県党組織委員長
10	スーン・トーンカム	県党組織委員長	県政治行政学校長
11	フーアットケーオ・ケーンマニー	県労働組合連盟議長	県国家建設戦線議長
12	プートーン・セーンスリンター	ヴィエンカム郡長	ポーンホーン郡長
13	カオケーオ・ソムチャンマヴォン	トゥラコム郡長	（現職）
14	カムパー・チャンタムンクン	カーシー郡長	退職
15	チャンタブーン・ラッタナヴォン	県官房長	首相府（役職不明）
16	インカム・パンダーラー	県女性同盟議長，第 10 区国会議員	（現職）
17	ブンスック・チョームヴィサーン	フーアン郡長	県労働社会福祉局長
18	ヴィナット・シースヴォン	ケーオウドム郡長	県官房長
19	ドーンシー・パーイーヤヴー	ローンサーン郡長	退職
20	カムマイ・アーヌソーン	県軍司令部政治部長	退職

（2003 年 10 月および 2007 年 2 月の現地調査に基づき筆者作成）

職を担当し，退職を迎える場合が多いことが窺える。

　以上から，県党書記（県知事）が党政治局によって人事が決定され，党中央執行委員が県に派遣されることで県党委員会を統制し，国防・治安を統括する一方で，県の役職から昇進してきた党幹部は，県党副書記および県副知事として県内の人事および経済を統括し，県党書記（県知事）を補佐する職務を負っていることがわかる。

2. ヴィエンチャン県知事，県党副書記，県副知事の人物像

　次に，公開されている情報に基づいて，2003 年 10 月時点のヴィエンチャン県の県知事，副知事，県党副書記の経歴の違いをさらに考察し，県党書記（県

シーホー・バンナヴォン
Lao PDR. National Assembly of the Lao PDR. 2000. The National Assembly of the Lao People's Democratic Republic directory. Vientiane: UNDP.

ヴィエンチャン県知事：シーホー・バンナヴォン

出生：1937年9月15日生（ヴィエンチャン県ポーンシダー村）
教育：1968年に，ポーランド（ワルシャワ）医科学校卒業
経歴：1955-1960年：ヴィエンチャン・マホーソット病院初級医師。ラオス愛国戦線から使命を与えられて，ヴィエンチャンの学生および公務員をラオス愛国戦線のメンバーになるように勧誘し，ヴィエンチャンが右派に攻撃された時に，200名の青年を指導してシエンクアーン県へ移動。
1961-1968年：ポーランド・ラオス人留学生会長。1967年に，友人と協力してフランスにラオス人進歩学生連盟を設立。
1968-1975年：ホアパン県解放区保健局長兼10月12日織物工場労働組合書記。
1975-1980年：ヴィエンチャン県人民議会議員，ヴィエンチャン県人民行政委員，ヴィエンチャン県保健局長。
1981-1991年：ヴィエンチャン中央直轄市人民議会議員，ヴィエンチャン中央直轄市人民行政委員会副委員長。
1993-1997年：第3期国会議員文化社会委員会副委員長。
1997-2001年：第4期国会議員，ラオス国家建設戦線議長代行，ラオス世界平和連帯委員会代表，ラオス・タイ友好協会副代表。
2001年：党中央執行委員

知事），県党副書記，県副知事の関係を明らかにする。

2-1．県知事の経歴

2003年10月時点でヴィエンチャン県党書記兼県知事であった，シーホー・バンナヴォンの履歴は，上記のとおりである（National Assembly of the Lao P. D. R. 2001: 37）。

県知事（県党書記）は，革命運動に参加した経験があり，東欧（ポーランド）

で教育を受け，かつての解放区での職務を行った人物である。また，地方人民行政委員会副委員長として地方行政を担当した経験を有する。その後，1993年から中央で勤務しており，ラオス国家建設戦線議長代行という中央での職務を経験した後に，ヴィエンチャン県知事に異動されている。従って，党中央と強い関係を持ち，政治的信頼を受けていると考えられる。一方で，ヴィエンチャン県生まれで，1980年代にはヴィエンチャン県人民議会議員を務めた経験を持っているため，ヴィエンチャン県の状況も把握している人物であるといえる。

2-2. 県党副書記の経歴

次に，2003年10月時点で，ヴィエンチャン県党副書記であった，カムベン・シンナヴォンの履歴は，下記のとおりである（National Assembly of the Lao P. D. R. 2001: 110）。

県党副書記は，革命運動に参加した経験があり，ヴェトナムで教育を受けて

ヴィエンチャン県党副書記：カムベン・シンナヴォン

出生：1942年6月6日生（ヴィエンチャン中央直轄市シムマノー村）
教育：1966年に，ヴェトナム（ハノイ）農林学校卒業
経歴：1957-1958年：調停裁判所において契約職員。ヴィエンチャンにおいて秘密活動。
1959-1962年：秘密活動職員，ヴィエンチャン県およびシエンクアーン県において活動。
1962-1966年：ヴェトナム（ハノイ）農林学校において学習
1966-1968年：サムヌーア（ナーカイ村）の経済生産課で森林職員。
1968-1971年：サムヌーアで森林課長，生産課労働組合副議長，生産課党組書記，生産課青年団長，基層党組書記
1971-1975年：農林省組織局長，農林省基層党委員会書記，中央組織学校において組織業務を学ぶ。
1975-1981年：ヴィエンチャン市党執行委員，ヴィエンチャン市人民行政委員，農林省組織局長，サイセーッター郡党副書記，ヴィエンチャン中央直轄市農林局次長，ヴィエンチャン中央直轄市革命青年団書記
1981-1989年：ヴィエンチャン県党執行委員，県人民行政委員，県農林局長，県工業局長，ヴィエンチャン県基層建設業務担当。
1989-1992年：ヴィエンチャン県党執行委員，県党執行委員常務員，県官房長，ヴィエンチャン県基層建設業務担当，第2期最高人民議会議員
1992-1997年：県党常務委員，県党副書記，第3期国会議員（国会議員団長），農村開発指導委員会委員長，人的資源指導委員会委員長，大衆団体指導，商工会長
1997-県党副書記，第4期国会議員（国会議員団長），司法機関指導担当

カムベン・シンナヴォン
Lao PDR. National Assembly of the Lao PDR. 2000. The National Assembly of the Lao People's Democratic Republic directory. Vientiane: UNDP.

いる。かつての解放区で農林分野の職務を行ったが，1971 年から 1981 年まで農林省で組織業務（職員業務）を担当してきたほか，組織業務の研修を受けたこともあり，農林分野，特に組織業務の専門家である。

また，1981 年以降，ヴィエンチャン県で県党執行委員として継続して勤務し，県官房長を経て県副書記（職員管理担当）に就任している。従って，ヴィエンチャン県の状況をよく把握している人物であるといえる。

2-3. 県副知事の経歴

2003 年 10 月時点で，ヴィエンチャン県党副書記兼県副知事であった，カムムーン・ポンタディーの履歴は，次頁のとおりである（Pathēt Lāo 2006: 2, 11 および 2005 年 8 月の聞き取り）。

県副知事は，県知事と副書記に比較して年齢が若く，革命活動の経験が少ない。ヴィエンチャン県出身で，県外で職務を行った経験はなく，出身地のカーシー郡で教育課長を務めた経験を有するのみである。一方で，ヴェトナムで経済管理と政治理論の専門教育を受け，帰国後に，カーシー郡（現在はメート郡に相当する地区）での基層建設活動を経て，県党執行委員，県計画・財務局長に昇進し，2 年で県党常務委員，県副知事に昇進している。したがって，県党執行部が，県の経済分野を担当する幹部職員として養成した職員であるといえる。

つまり，県知事は，県内の出身者であっても，中央での活動経験が豊富な人物が任命されており，党中央執行委員として党中央の信頼を得た人物が任命さ

カムムーン・ポンタディー
Lao P.D.R. Phak pasāson pativat lāo. 2011. Āēkkasān Kōngpasum-nyai khang-thī 8 khōng Phak pasāson pativat lāo.（ラオス人民革命党第9回党大会文書）. Vīangchan.

ヴィエンチャン県副知事：カムムーン・ポンタディー

出生：1953年11月25日生（ヴィエンチャン県カーシー郡ナーノム村）
教育：経済管理上級（大学卒レベル），党建設上級（政治理論）
経歴：1960-1964年：ヴィエンチャン県カーシー郡ナーノム村で教育を受ける。
1968-1972年：ドンドーク師範学校において教育を受ける。
1973-1975年：ヒーンフープ郡学区，カーシー郡学区において教師。
1975-1976年：カーシー郡ナーノム区教育副班長
1976-1979年：ドンドーク師範学校において教育を受ける。
1979-1981年：カーシー郡教育研究課長
1981-1983年：カーシー郡教育課長兼カーシー郡党国家検査委員会副委員長
1983-1984年：カーシー郡教育課長
1984-1988年：ヴェトナムにおいて経済管理および政治理論を学習
1988-1991年：基層建設に参加（メート郡）
1991-1993年：ヴィエンチャン県党執行委員，県計画・財務局長
1993-1998年：ヴィエンチャン県党常務委員，県副知事
1998年：ヴィエンチャン県党副書記，県副知事

れているといえる。一方で，県党副書記には県内での職務経験が長い人物が就任し，県副知事には経済管理の知識を有する人物が県によって養成されて就任していた。県党副書記と県副知事は，就任後も長期間に渡って在職している点が特徴であり，県内の状況を熟知していることが条件になっているといえる。

　以上，ヴィエンチャン県の党執行委員の人事異動から県知事（県党書記）と県党副書記，県副知事の経歴を考察した結果，県党常務委員会の中で県知事と国防治安担当は中央から派遣されており，特に，県知事は中央での役職を経験し，中央との関係が深い人物が派遣されている。その一方で，県党副書記，県

副知事は，県内で長期にわたって職務を経験してきた人物が就任しており，彼らが党副書記，県副知事として人事，経済を統括する役割を担当することで，県知事を補佐し，地方の政治と経済状況を県の政策決定に反映できる職掌分担が形成されていることが裏付けられた。

小括

　本章では，ヴィエンチャン県の事例に基づきながら，ラオス現体制下での県知事の党内での地位，人事異動，県党委員会の構成，県党委員会内での職掌分担，県知事と他の県党委員との関係を分析することによって，党中央が県知事を通じて地方を統制するメカニズムを考察した。その結果，次の点が明らかになった。

　第1に，党内序列と任命過程から県知事の政治的地位を分析した結果，ラオスの県知事は，国家機関でも党組織でも高い地位にあることが明らかになった。ラオスの県知事は首相に直属し，首相の提案に基づいて国家主席によって任命されるため，行政上の地位は，中央各省大臣と同格である。また，党内の地位においても，各省大臣と同様に党中央執行委員を兼任している。したがって，県知事は党中央のメンバーとして，党中央の決定した政策を地方において直接に命令し，実施することができる要のような存在である。

　ラオスの県知事は県党書記を兼任しており，党規約上では，県党書記は県党執行委員会総会において選出されることになっているため，県党委員会の実力者が県知事に選出されて，党中央執行委員会に進出するようにもみえる。しかし，県知事の任命過程を分析した結果，県党大会を開催する前に，党政治局が候補者の人選を行って県党大会に立候補させているため，党政治局が県党書記・県知事人事を決定していることが明らかである。全国の県知事の人事異動からも，中央の役職担当者が派遣される場合，あるいは他県の職員が異動する場合が多く，県内の職員が昇進する場合は少なかった。このことから，党中央（党政治局）が県知事の人事を掌握し，信頼できる党中央執行委員を県党書記に採用し，県知事として地方に赴任させていることが明らかになった。

　第2に，ヴィエンチャン県を事例として県党委員会内での職掌分担を分析したところ，党政治局に選任されて地方に派遣される県知事（県党書記）は，県内において行政全般の統括，軍事・治安分野の統括を担当している。その一方で，県党副書記，県副知事は，職員業務，経済指導を担当する職掌分担が形成

されていた。また，県党書記は，県レベルでの党の意思決定機関である県党常務委員会で議長を務め，議決においては拒否権を有するなど，県党委員会の中で意思決定を行い，県党委員会を統率する権限を有している。

県党委員の人事異動と県知事，県党副書記，県副知事の経歴を考察した結果，県知事，国防治安担当者が中央の役職から異動して就任している一方で，県党副書記，県副知事は，県内での経験が長く，県内の政治，経済の状況について把握している人物が就任していた。このことから，県党副書記と県副知事が県知事（県党書記）を補佐することで，地方の政治および経済状況を県の政策決定に反映できる体制が形成されていることが明らかになった。

以上から，県知事制の下で，党中央（党政治局）は中央執行委員を県党書記，県知事として派遣することで地方党委員会を統制し，国防・治安を統括させる一方で，県内での業務経験が長く，地方の状況を熟知している県党常務委員に県党副書記，県副知事を担当させ，人事・経済について県知事を補佐する体制を形成することで地方を支配するメカニズムが形成されているといえる。

第 2 章
党の政策変更と地方行政の形成過程

本章では，党文書と法令から，ラオスの地方行政の特徴である県知事制，県党書記と県知事の兼任体制，部門別管理制度が形成された過程について考察する。序章で示したように，これらの特徴は，1991年8月の憲法制定とその後の規則の制定によって形成された。
　党は1975年12月に政権を獲得して以降，ラオスが抱える歴史的，経済的，地理的課題の中で，統一した行政を確立し，党支配を強化するための努力を継続的に行ってきた。その企ては，現在でも進行中である。しかし，その過程は決して単線的なものではなかった。なぜなら，ラオスで党が国家形成を行った時期，あるいは地方行政を形成しようとした時期である，1970年代後半，1980年代，1990年代前半は，地域的にみて，あるいは世界的にみても社会主義体制が大きく動揺し，変化した時期だったからである。ラオスで党が政権を樹立した1975年以降，1978年12月にはヴェトナムとカンボジアのポルポト政権の間で戦争がはじまり，翌年の1979年2月には中越戦争が行われた。経済改革についても，ヴェトナムで1979年以降に各生産現場の経営自主権をみとめる新経済政策が開始され，1986年には刷新路線（ドイモイ）として改革路線が確立していく。さらに，1989年以降には，中国の天安門事件，東欧社会主義の崩壊，1991年にはソ連の崩壊というように社会主義体制が大きく動揺した。その結果，ラオスにおける地方行政の形成，党の地方掌握の過程も，国際情勢と党の問題認識の変化に大きく影響されたのである。
　本章では，県知事制を含む現在のラオスの地方行政の基本構造が形成された背景を明らかにするために，ラオスの党の政策変更によって地方行政と党組織がどのように変化したか，制度形成を行った党の側の視点から考察する。

第1節　新体制発足後の地方行政の特徴

1. 1975年以前のラオスの地方行政制度

　1975年12月2日にラオス愛国戦線によって開催された全国人民代表者大会の中で，ラオス人民民主共和国体制の設立が宣言された。それ以前のラオスの

地方組織と地方行政については，まとまった先行研究がない。従って，1975年以前の革命勢力の組織について分析しているザスロフ (Joseph J. Zasloff) 等の研究に基づいて概観する。

　1975年12月に現体制が政権を獲得する以前，ラオス国内は，ヴィエンチャンを中心とするラオス王国政府と，ヴェトナム国境沿いの山地部を支配する革命勢力（現政権側）の間で内戦が行われていた。1975年以前のラオス王国政府時代における地方行政制度は，県レベル，郡レベル，区レベル，村レベルから構成されており，県には内務省によって任命される県知事が置かれ，郡には県知事によって任命される郡長が置かれていた。そして区レベルには村長の投票により選出される区長が置かれ，村レベルには村で選出される村長が置かれていた (Kerr 1972: 512)。

　一方で，パテート・ラーオ (Pathet Lao) と呼ばれた革命勢力は，ヴェトナム国境に近い地域を中心に解放区を建設し，ヴィエンチャンを中心とするラオス王国政府とは異なった政治制度を形成していた。ザスロフによれば，革命勢力の支配地域では，党組織，大衆動員機関である戦線組織と行政機関が並行して組織されており，革命根拠地であるホアパン県サムヌーアにある最高司令部を中心に，サムヌーア地方本部，シエンクアーン地方本部，南部ラオス地方戦略本部を通じて各県の党支部を指導する体制になっていた (Zasloff 1973: 31, 51)。

　ラオス人民革命党の前身であるラオス人民党 (Phak pasāson lāo) には，1965年の時点で，約1万2000人の党員がいた。地方組織は，地方レベルと県レベルに党委員会が設置され，書記と党付属部局（ラオス愛国戦線担当部局，行政部局，組織部局，宣伝訓練部局，経済財務部局，軍事部局）が置かれていた。郡レベルと区レベルにも同様に党委員会が設置されていた (Zasloff 1973: 30, 32, 33)。

　解放区の地方行政は，ラオス王国政府の行政組織と似た組織構造になっていたとされる。県レベルには，県知事，副知事と7〜9人からなる委員会が設置され，各委員が専門部局（警察，軍事，経済，公共事業・輸送，教育，芸術文化，宣伝，人口統計）を担当していた。また，郡レベルには郡長が設置されて行政を行っていた。しかし，ラオス王国政府と違う点は，各レベルに設置されたラオス愛国戦線の議長が実質的な決定権限を有し，県知事の活動を監督していた点であると説明されている (Zasloff 1973: 51, 52, 56)。

　当時，解放区での行政組織の問題点は，質の良い行政官吏が不足していたことであった。そのため，党は新しい支配地域を獲得すると，それまでラオス王

国政府で働いていた下級職員をそのまま行政官吏として利用していた。また，中央のサムヌーアとその他の地域の関係は，革命勢力が地方にいる民族の族長と取引するかたちで，ゆるやかに中央と結びついているのみであったと指摘されている（Zasloff 1973: 56, 65）。

このように，内戦時代に革命勢力の支配下に置かれた地域では，党本部が置かれていたサムヌーアを中心に，党組織と行政組織が軍事的支配地域の獲得と共に拡大されていたが，内戦という状況下で行政官の養成が遅れ，ラオス王国政府の役人を利用し，あるいは伝統的な地方勢力と結びつく形で行政を行っていたと指摘されている。

2. 1975年以降の地方行政の形成 —— ヴェトナムモデルの導入

1975年4月にヴェトナム戦争が終結した影響を受けて，ラオスでも党の指導下で，各地でラオス王国政府から支配権を奪取するための蜂起が組織された。その結果，1975年12月1日と2日にヴィエンチャンで全国人民代表大会が開催され，この会議の中で王制の廃止とラオス人民民主共和国の建国，国家主席の任命，最高人民議会の設立と議員の任命，並びに中央省庁の編成と政府団の構成に関する決議が採択された（Lao P. D. R., Nēo-lāo-hak-sāt 1976: 7-9, 45, 46, 48-50, 51-57）。しかし，各決議の内容は，党の政治綱領と各機関のメンバーの任命を定めたのみで，各機関がどのような権限を有するかは定められておらず，憲法に相当するような法令ではなかった。また，地方行政についても明確な規則が存在していなかった[1]。

2-1. 地方人民議会

1975年12月以降に，はじめて定められた地方行政に関する法律は，「各級人民議会および人民行政委員会組織法（1978年7月30日）」（Lao P. D. R., Saphā-pasāson sūng-sut 1978b；以下，1978年地方行政組織法と省略）である。退職職員とのインタビューによれば，1975年12月以降も，各省庁の本省機能が革命根拠

---

[1] 1980年代のラオスの政治制度について分析したノリンダーによれば，地方行政として，県，郡，区および村のレベルに，「革命行政委員会（the revolutionary administrative committees）」が置かれていたとされる。また，この革命行政委員会は，かつてのラオス愛国戦線の地方委員会を引き継いだものであると指摘している（Norindr 1982: 54）。

地のサムヌーアに残されており，完全にヴィエンチャンに移ったのは1978年であるとされる[2]。つまり，革命後の国家機構の整備は，1978年以降に本格化したと考えられる。

同組織法によれば，地方行政は，県レベル，郡レベル，区レベルの3つのレベルで構成されていた。この法律には，村に関する規定がない。そして，各レベルに人民議会と人民行政委員会を設置することになっていた。この当時の地方行政の組織は，図2-1のとおりである。

地方人民議会は，地方における国家権力機関と位置づけられられており，人民が直接に選出する。議員の任期は，県レベルの人民議会は3年，郡レベルと区レベルの人民議会は2年と定められていた。各レベルの議員数と選挙方法は，別に法律で定めると規定され，明確な規定がない。地方人民議会の会議は，各レベルの人民行政委員会が招集し，県レベルと郡レベルは6ヶ月に1回，区レベルは3ヶ月に1回に開かれる。各人民議会には常務機関が設置されていなかった。

地方人民議会の職責は，地方での法律の執行を確実にし，地方における秩序，治安，国有財産，集団的財産，市民の財産を保護することであった。また，地方の経済，文化および社会に関する問題を決定し，実施するための規則（決議）を公布する権限を有していた。地方人民議会は，自らのレベルの人民行政委員会と人民裁判所を選出し，罷免する権限も有していた。

各レベルの地方人民議会の権限についてみると，県レベルの人民議会は，県の経済・文化・公共利益活動に関する発展計画を承認し，県の予算案と県の歳入を決定し，並びに県の治安，市民の健康と衛生について規則を制定する権限を有していた。郡レベル，区レベルにおいても同様に，規則の制定権，経済・文化発展計画，予算案を承認する権限を有していた。

このように，中国の地方人民代表大会，ヴェトナムの人民評議会と同様に，ラオスでも地方ソヴィエト組織を設けていたのである。中国でも1979年以前は地方人民代表大会に常務委員会が存在せず，ヴェトナムでもドイモイ以前は人民評議会に常務委員会が設置されていなかった。ヴェトナムの人民評議会も地方の経済，社会，国防，治安などの各分野の問題を決定し，同レベルの行政機関である人民委員会（ラオスの「人民行政委員会」に相当する）を選出する権限

---

2) ヴィエンチャン県での退職職員からの聞き取り（2012年11月）に基づく。

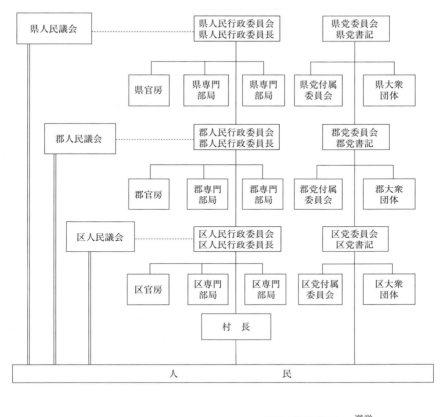

図 2-1　地方行政および党組織の構成 (1978 年)
(1978 年地方行政組織法および聞き取り調査 (2007 年 2 月) を基に筆者作成)

を有している (高原 1998：36; 齋藤・佐藤：236, 237)。つまり，ラオスの制度も他国の制度と共通するものだった。

2-2. 地方人民行政委員会

　1978 年地方行政組織法の規定に基づいて，各行政レベルに地方人民議会の執行機関，地方行政機関として，地方人民行政委員会が設置されていた。地方人民行政委員会は，自らのレベルの人民議会に責任を負い，報告を行うと同時

に，上級行政機関に対して報告を行う職責を有しており，二重に従属していた。

地方人民行政委員会は，地方人民行政委員長，副委員長，書記（官房長），委員により構成され，地方人民議会第1回会議で選出されると定められている。委員の数は，県レベルが9～15名，郡レベルが7～11名，区レベルが5～9名である。委員は，人民議会議員が兼職すると定められていた。任期は，地方人民議会の任期と同一であり，毎月1度会議を開催することになっていた。

地方人民行政委員長は，委員会の業務全体を指導し，会議を主宰し，同レベル人民議会の決議，上級の人民行政委員会と上級機関の決議・命令を実施する職責を有していた。副委員長は，委員長を補佐し，委員長が不在の時に職務を代行する職責を有し，書記は，人民行政委員会の日常業務の処理を行う職責を有していた。

教育局，工業局などの各レベルの専門部局は，現在は中央省庁によって設置されているが，当時は，各レベル人民行政委員会が設置または廃止する権限を有しており，上級機関（省庁）は，技術および専門分野について指導するにとどまっていた。

各レベルの地方人民行政委員会は，地方において，生活，政治，経済，文化，社会，国防治安に関するあらゆる行政活動を管理し，同じレベルの人民議会の決議と上級の国家機関の決議・命令を実施する権限，地方人民議会を招集し，審議すべき地方の重要事項を提案する権限，そして，付属する専門部局を指導する権限を有していた。

各レベルの人民行政委員会の権限についてみると，県人民行政委員会は，組織，職員採用，職員，給与を管理し，県の経済文化発展計画を策定・実施し，並びに県の予算を編成し，実施する権限と，予算の歳入と歳出業務を管理し，価格を管理し，治安を維持し，県の防衛隊を養成する権限を有していた。郡行政委員会も県レベルに似ているが，商業税を徴収する権限を有していた。区行政委員会は，租税を徴収する権限と，農業合作社（サハコーン）を支援する権限を有していた。

つまり，この当時のラオスの地方行政は，基本的には，中国の地方人民政府，ヴェトナムの地方人民委員会に類似した制度であった（高原1998：37-39；齋藤・佐藤：238-241）。ラオスは，革命闘争期からヴェトナムとの関係が強いため，1975年以降，ヴェトナムの地方制度をモデルとして導入したと考えられる。この制度は，人々が選挙によって地方人民議会を選出し，地方人民議会が地方

人民行政委員会を選出するという制度であり，県内の各部局の命令系統は，地方人民行政委員会に従うことになっていた。

第2節　地方行政の形成と体制の強化 —— 1976年〜1981年

1. 旧ラオス王国政府職員の再教育と採用

　本節では，党が権力を掌握して以降，第3回党大会を開くまでの党の政策変更，地方行政と党組織への影響について考察する。1976年から1981年の時期は，党が支配体制を確立するために，旧ラオス王国政府の職員，民族の代表を体制に取り込む統一戦線的な政策を行いながら，中越戦争など国際的な緊張状況と国内の反政府活動に対処しなければならない時期であった。

　1975年に党が政権を掌握した後に，新たに国家建設を進める中で党が必要としていたのは，行政を実施することができる官僚であった。1976年に開催された第1期最高人民議会第1回会議において，カイソーン・ポムヴィハーン首相（当時）は，1976年から1978年までの業務課題に関する報告を行っている。その中で，行政機関の改善について，「……各レベルの行政機関は，研修による改造を経て良くなった旧体制の公務員と専門職員が革命職員となり，新体制と人民のために良く貢献するように，彼らの資質と能力に応じて，並びに業務の必要性に応じて，彼らを研修し，配属させるように補助することに配慮しなければならない。」と指示している（Kaisōn Phomvihān 1976: 36）。

　1977年に，党は新しい体制が樹立されて以降，はじめてとなる党中央執行委員会を開催した。第2期党中央執行委員会第4回総会では，ラオスにおける社会主義体制の建設に向けた方針を示しているが，その中で，ラオスが「東南アジアにおける社会主義陣営の前線基地」であるために，帝国主義，国内の反動勢力が我が国の革命を破壊しようとしている，との認識が示されている（Kaisōn Phomvihān 1977: 43）。

　会議で示された1977年の方針では，社会主義建設の目標として，資本家企業を廃止し自営経済を改造する，民間企業と農民の間の直接の売買を無くす，

などの社会主義建設に向けた政策方針が示されている。しかし，農業合作社（サハコーン）の建設については，条件が整っていないために一度に行わない，という方針が示されるなど，緩やかなテンポでの改造が考えられていた。また，方針では，国境に接している県について，人々の需要を満たすために対岸の県との国境交易が推奨されていた（Kaisōn Phomvihān 1977: 70, 72, 72, 98）。

　行政権力については，郡レベル，区レベルの行政の建設の必要性が強調され，必要な場合は，上級が有能な職員を送り込む，と定めている。また，全国各地の再教育セミナーでの研修を増大させることを求めていた（Kaisōn Phomvihān 1977: 118-120）。

2. 地方人民議会を通じた民族間の融和の強調

　1978年に開催された第2期党中央執行委員会第5回総会の報告では，1978年の基本目標として，(1) 国内の諸民族人民の団結の増大，(2) 人民の国防力と人民の治安力の増大，(3) 社会主義への改造および建設の結合および促進，の3つの課題を掲げている（Lao P. D. R. Phak pasāson pativat lāo 1978: 33）。つまり，当時の党の基本方針は，社会主義建設の目標を掲げながらも，国内の諸民族人民の団結と国防・治安を優先していた。

　党の基本方針を反映して，地方行政機関の改革業務については，「……県レベルと郡レベルが，地方での治安・国防業務を実施し，地方での生産・流通分配，教育，保健および移動の指導および管理を行うのに十分な能力を有するように，建設し，改善することに力を入れなければならない。……」と指示し，「……区人民行政委員会および区人民議会は，区レベルの様々な階層の代表人物を参加させることができる。……」と指示されている（Lao P. D. R. Phak pasāson pativat lāo 1978: 66, 67）。すなわち，県と郡レベルの行政能力の強化と共に，国内の団結を促進するために，区レベルにおいて各階層の代表者を含めることを奨励していた。この当時，地方人民議会は，民族間の融和を促進し，演出するために必要とされていたのである。

　1979年1月に開催された最高人民議会と閣僚会議の合同会議の報告においても，党は，人民議会が国民の代表機関であることを強調し，行政機関に民族の代表を参加させることで，国内の団結を強化する考えを示していた。会議の中でカイソーン首相（当時）は，地方人民議会と地方人民行政委員会の活動に

ついて，次のように指示している。

「……重要なことは，各レベルの人民議会議員は，法律の規定を定め，改正し，および追加するために，人民と親密度を深めて，人民の要望，労働状況および生活を把握し，自らのレベルの人民行政委員会の法律の実施を検査し，並びに人民が公布された法律に定めた各規則を自覚して実施するように動員しなければならない。……」このように，会議では人民議会の重要性が指摘されている（Kaisōn Phomvihān 1979a: 93, 94）。

会議では，県人民行政委員会および郡人民行政委員会について，「……県人民行政委員会と人民郡行政委員会は，県を経済分野の戦略単位として建設し，郡を基層レベルの経済単位であり，農業，林業および工業の間の調整を行う地域となるように建設するという任務を実施するために，十分な能力を有するように改善されなければならない。……」と指示しており，行政機関としての能力向上が主張されている一方で，「……各レベルの行政機関には，適切な割合で，その区域の各民族の代表を置かなければならない……」とも指示しており，地方人民行政委員会も民族の融合に配慮することが主張されていた（Kaisōn Phomvihān 1979a: 94, 95）。

後に述べるように，1980年代に入ると地方人民議会は形骸化していくが，この時点では，民族の融和と地域の人々の動員のために，地方人民議会が積極的に活動することが求められていた。

3. 地方党委員会と地方人民行政委員会の活動

1978年から1980年の期間においても，民族の融和と治安を重視する基本方針が引き続き維持されている。1979年11月に開催された第2期党中央執行委員会第7回総会では，ラオスの3カ年（1978年から1980年まで）の方針，革命任務および計画を決定している。その中では，引き続き，(1) 国内の諸民族人民の団結を増大させること，(2) 人民による国防および治安を増大させること，(3) 社会主義への改造の促進と社会主義建設を結合させること，の3つが全体目標として掲げられている（Kaisōn Phomvihān 1979b: 240–242）。

同会議では，党と国家機構の関係について，党委員は地方人民行政委員会幹部を兼任するにとどめ，他の行政委員については，有能および信頼できる職員であるならば，党員以外からも積極的に採用すべきであると指示されている。

政治報告では,「……当面の間,人民行政委員会と党委員会は,明確に分離した2つの機関としなければならない。党委員会は,委員のうち何名かを人民行政委員長,並びに治安業務,国防業務および治安業務を担当する人民行政副委員長など,人民行政委員会の中で必要かつ主要な職務を担当させるのみにしなければならない。その他については,行政機関を真に諸民族人民の代表機関とし,特に,党が行政機関を指導および検査することができるようにするために,人民行政委員会を開放すべきであり,信頼でき,有能な職員を配属させるべきである(党外のベテラン職員を含む)。……」と指示されている(Kaisōn Phomvihān 1979b: 433, 434)。当時の状況で行政を担当できる党員ではないベテラン職員とは,旧ラオス王国政府の職員以外には存在せず,革命後の行政官僚不足の中で,旧ラオス王国政府職員を地方行政委員として活用することが指示されているといえる。

一方で,同会議では,革命運動を経てきたが教育レベルが低い職員と,教育レベルは高いが信頼されていない旧ラオス王国政府の職員の間で不和が生じていることを指摘している。報告では,「……抵抗運動を経た公務員および抵抗地区から来た公務員は威張っており,功績を鼻にかけているが,自らの文化レベル(教育レベル;筆者)が低いために自らを低く見がちである。一方,新しい公務員(旧ラオス王国政府の職員;筆者)は,自らが信頼されていないとみなしており,多くの人物が,臨時契約職員のように仕事を行っており,何人かは新植民地主義に従った生活を懐かしみ残念に思っており,何人かは,抵抗運動を経た公務員は文化レベル(教育レベル;筆者)が足りないと見下し,軽蔑している。」と述べられている(Kaisōn Phomvihān 1979b: 119, 120)。

そのような問題を抱えながらも,党が旧ラオス王国政府の職員を地方人民行政委員として採用しなければならない理由として,当時の党員と職員の質の問題がある。同会議では,職員の教育レベルについて,「……職員統計では,公務員数7万5000名の中で,非識字者が7%,小学校卒業者(多くは読み書きができる程度)が60%,中学校卒業者が25%,高校卒業者が3.5%である。そして,大学卒業レベルは940名に過ぎず,多くは中央の各部門(省庁;筆者)に集中している。……」と指摘している。さらに,地方の党幹部の教育レベルについては,「……郡党委員会の職員518名の教育レベルをみると,254名が小学校1,2年生レベルであり,これは文字が読めるだけであることを意味している。そして,14名が高校で勉強中であり,高校卒業者は1名のみである。県党委員156名

のうち，55名が小学校1，2年生レベルであり，6名のみが高校で勉強中であり，高校卒業者は1名のみである。大学レベルは1名もいない。……」と指摘している (Kaisōn Phomvihān 1979b: 70)。当時の地方党委員は読み書きしかできないメンバーが多く，実際の行政担当能力を有していなかったため，旧ラオス王国政府の職員を地方人民行政委員に採用し，行政の運営を任せなければならなかった。従って，地方党委員会と地方人民行政委員会の分離が必要であったのである。

4. 中越戦争の影響と少数民族の抵抗に対する体制の強化

1980年12月10日から30日に，第2期党中央執行委員会第8回総会が開催された。この総会の重要な点は，新体制になって，はじめてとなる経済社会5カ年計画（1981年〜1985年）が採択されたことである。一方で，この会議では，中越戦争の影響を受けて，中国（北京膨張主義）との闘争が強く主張されている点が特徴である (Kaisōn Phomvihān 1980: 6)。

会議では，建国以降の路線について，国内・国外との団結を政策の優先課題としており，国内では民族の団結，改造教育・研修を実施し，国外との関係では，ヴェトナム，ソ連，インドシナ3国の団結を強めたことが強調されている。党の政策として，広範な全国統一戦線政策を実施し，抵抗を指導した上級将官を改造（再教育）に送り，国王と王室の高名な者を体制内に取り込んでいたが，「……これらの者の何名かが敵と結合して革命に抵抗したため，我々はこれら者たちを改造（再教育）に送った。」と指摘している (Kaisōn Phomvihān 1980: 18-20)。1977年にかつての国王と王族は逮捕され，サムヌーアにある再教育キャンプに送られ，国王はそこで死亡したとされる (Evans 2002: 183)。

会議での報告では，この時の体制の脅威として，アメリカ，タイ，中国を挙げ，国内反政府が外国の政敵と結びついていることを指摘している。反政府勢力としては，かつての支配階層，ルアンパバーン，チャンパーサック，シエンクアーンの王族，商人，華僑，旧体制の将官，ヴァンパーオ特殊部隊の残党，帝国主義からの支援を受けた抵抗勢力などが挙げられている。また，「アメリカは，北京反動勢力（中国を指す；筆者）がラオスの反政府勢力を動員し，アメリカの配下の勢力（ヴァンパーオ，コーンレー，インペーン等）と連絡を取ることを容認している。」と指摘している。さらに，中国は，反動・反政府勢力を1

万人近く動員してラオスを侵略する部隊（ラーンナー大隊）を組織し，モン族，ヤーオ族，コー族，ホー族など民族を積極的に動員し，さらに再教育中の旧体制の将官とも連絡を取ろうする動きがあったことが報告されている（Lao P. D. R., Phak pasāson pativat lāo 1980: 13–17, 35, 37, 38）。

タイとの関係についても，1980年にタイが国境封鎖を行い，アメリカ，中国と協力して軍事的，経済的な策動を行っていることが非難されている。この様な状況を受けて，外国との経済関係について，社会主義諸国に依存することでタイの市場に依存しなくてもよくなるかもしれない，と指摘されている（Lao P. D. R., Phak pasāson pativat lāo 1980: 237–239）。このように，当時の国際的な緊張関係のために，党は社会主義諸国との関係の重要性を強く意識せざるを得なくなっていた。

国内では，ラオス中部にあるビーア山において，モン族の抵抗が続いていた。報告書では，「……国内のいくつかの場所では，我々は政治的基層を建設し，傀儡軍の武装解除を行うための部隊が不足している（例えば，ビーア山）……」と指摘している。また，全国のすべての場所で状況が徐々に平常に戻り，従来に比べて治安がよくなっていると指摘している一方で，自警団の組織について北部と南部の組織状況がよいことが報告されており，北部，南部よりも，むしろ中部の方が基層の掌握が遅れ，治安が悪かった状況がうかがえる（Kaisōn Phomvihān 1980: 38–40, 44）。

行政に関する課題としては，党員である職員の90％が，ようやく小学校卒業レベルの教育を備えているに過ぎず，愛国心は十分だが，社会主義に関する知識は低い，と評価している（Kaisōn Phomvihān 1980: 121）。

このような状況に対して党の基本方針は，各レベルの行政を建設し，改善し，権威を高めるために，特に，郡レベル，区レベル，村レベルに重点を置くことが主張されている。また，国内の団結，人民と民族の団結を増大させることの他に，党内の団結，特に党中央執行委員会，各レベル党委員会の内部での団結が重要であることが指摘されており，地方行政機関の職責として，地方における敵の状況を研究し，問題の解決を詳細に明らかにすることが定められている。さらに，1978年地方行政組織法を厳格に実施することが指示され，行政機関の中では長が上級と党委員会に対してより大きな責任を負い，すべての業務の組織と統制に責任を負うことが強調されている。そして，郡レベル，県レベル党委員会の定数を増員し，郡党委員の何人かが区党書記に赴任し，県党委員会

の5分の1が郡党書記を担当するように方針を定めている（Kaisōn Phomvihān 1980: 174, 175, 188, 337, 338, 379–381）。

中越戦争，国内での民族（特にモン族）の抵抗，旧ラオス王国政府の高官による反政府活動という国内外の厳しい状況の中で，党は，党員の教育の低さ，公務員の不足といった課題を抱えており，党の基本方針でも，党内団結，基層強化など体制強化と治安の維持が強調されていた。

以上でみたように，1980年までの党の政策変更と地方行政，党組織の変化をみると，当初，党は，新体制の確立と強化のために，様々な社会階層が行政に参加することを奨励していたことが窺える。党にとっては，旧ラオス王国政府の職員を再教育して新体制の公務員として採用する一方で，国内外の状況から，国内の治安を安定させるために各民族との融和にも配慮する必要があった。地方人民議会，地方人民行政委員会にも様々な階層と民族を取り込むことが重要視され，地方党委員会の役割として，地方の反政府勢力の情報を集めて対処する治安対策が最も重要であった。

第3節　経済建設と改革路線の中での地方行政の変化
　　　　── 1982年～1989年

1．国内団結から経済建設への転換

本節では，第3回党大会によって，国防を重視する方針から経済建設を重視する方針に転換して以降，政治制度改革の準備が始まる1989年までの時期における党の政策変更と，地方行政への影響について考察する。

1982年3月27日から30日に開催された第3回党大会は，1975年に新体制が樹立されて以降，はじめて開かれた党大会であり，内戦中に開催された第2回党大会（1972年）からは10年ぶりの開催であった。党大会の政治報告においてカイソーン党書記長（当時）は，「……全党，全人民および全軍は，祖国の防衛および社会主義の建設という2つの戦略的任務を常に把握し，並びに同時に実行しなければならない。2つの任務は，どちらも最も重要であり，密接に結

合し，相互に補助し，互いの条件を作り出している。それにも関わらず，最も基本的で決定的な職務は，社会主義建設の任務である。……」と述べている。この大会では，経済政策について，農林業の発展を基礎に工業化を行って自然経済から社会主義的大規模生産へと移行するという方針が示されている (Lao P. D. R., Phak pasāson pativat lāo 1982: 47–49)。

この政策変更にともなって，党大会では，職員業務について，階層の代表，民族の代表という要素ではなく，社会主義建設の目的のために，職員の経済・文化の知識，政治性および階級性を重視していく方針に転換することが示されている。報告では，職員の選抜，養成および昇進において，政治，経済，文化に関する確実な知識を持つ職員を選抜し，労働者階級，集団農業者，社会主義的知識人および革命家族の出身者を重視しなければならないと指示されている (Lao P. D. R., Phak pasāson pativat lāo 1982: 113)。当時の国際状況と国内情勢の困難からヴェトナム，ソ連など社会主義諸国との関係強化が重要であることを再認識させられた結果，党は，社会主義建設を前面に出した報告を行ったと考えられる。

2. 1980年代前半における党組織の問題

一方で，1980年代の前半でも，党組織と国家組織の建設は，まだ多くの課題を抱えていた。1984年に開催された第6回全国組織会議の資料には，党組織の問題が示されている。特にこの時期には，県レベルを含む地方党組織がまだ弱体であった。

会議資料によれば，1984年の時点で基層建設の活動が良いと評価されているのは，ホアパン県 (サムヌーア)，シエンクアーン県，サヴァンナケート県，チャンパーサック県である[3]。つまり，かつての革命根拠地，ヴェトナムに国境を接している地域，そして南部である。さらに，当時は，すべての区に党員がいるわけではなかった。報告によれば，党員がいる区は，1980年に全国の67％，1984年で80％であった。この報告でも，県内のすべての区に党員がいる県として評価されているのは，ホアパン県 (サムヌーア)，サーラヴァン県，アッタプー県，ウドムサイ県など，北部と南部の県である。一方で，基層建設

---

3) 基層レベルとは，村，企業，学校などに設置された党組など，党組織の末端レベルのことである。

が進んでいないのは，国境沿い，戦略的道路沿いの県である，と評価されており，その理由として，いくつかの郡に敵が侵入して状況が混乱しているためであると報告されている（Lao P. D. R. Khana-chattang sūn-kāng phak. 1984: 5, 6, 8, 9）。

さらに，県レベルでさえも，県党組織の形成において問題を抱えていた。会議報告によれば，1984年第1四半期に，基層レベルと郡レベルの党大会を開催し，さらに県レベルの党大会の準備を行ったが，当時，全国の県の中で，1975年からこの時点までに県党大会を開くことができた県は，7つの県に過ぎず，それ以外の5つの県では，まだ1度も県レベル党大会を開催したことが無いという。県党大会を開いたことが無い5つの県をあげると，ヴィエンチャン中央直轄市，ヴィエンチャン県，ボーケーオ県，ルアンナムター県，カムムアン県である（Lao P. D. R. Khana-chattang sūn-kāng phak. 1984: 13, 15）。これらすべてが，当時，ラオスが外交上対立していた中国，タイと国境を接している県である。

同組織会議では，地方党組織において党大会を開催できた場合でも組織上の問題が生じていることが指摘されている。例えば，地方党委員会が党大会において選出された後に，地方党委員会自らがメンバーを変更してしまう場合があるという。さらに，党大会についても規則通りに開催しない，あるいは形式的に開催しているに過ぎない場合があり，いくつかの県では県党委員会のメンバーについて党中央から承認を得られないために，党中央にメンバーの指名を依頼してしまう場合があると報告されている（Lao P. D. R. Khana-chattang sūn-kāng phak. 1984: 14）。

また，地方党委員会メンバーの教育レベルについても問題を抱えていた。報告によれば，党大会を開催することができた7つの県の党委員会のメンバーは全部で157名であるが，その教育レベルをみると，小学校卒が72名，中学卒が59名，高校卒業以上は22名であった。1979年の状況に比べれば教育レベルが向上しているが，それでも経済管理などの専門分野を担当するには困難があったと考えられる。会議でも，「……いくつかの場所では，重要な部門を担当できる同志が存在しない。……」と指摘されている（Lao P. D. R. Khana-chattang sūn-kāng phak. 1984: 13, 14）。すなわち，この当時，基層レベルだけでなく，県レベルでさえも党組織の形成は発展途上段階にあったのである。

3. 議会強化の方針と兼任体制の決定

　1986年に開催された第4回党大会は，ソ連のペレストロイカ政策，ヴェトナムのドイモイ政策と同様に，経済管理機構を改革し，市場経済原理を導入していくことを決定した大会である。大会では，ラオスでも他の社会主義体制と同様に，議会制度を改善することが指示されている。

　政治報告は，「……国家機関の改善に関しては，我々は何よりも先ず，各レベルの人民議会を改善し，各レベルにおける国の最高権力機関にしなければならない。各レベルの党委員会は，自らのレベルの人民議会の組織および活動を指導することに配慮しなければならない。各レベルの行政機関は，各レベルの人民議会を尊重し，その監督の下に服さなければならない。人民議会議員は，人民議会の活動が徐々に現状に即し，これまでよりも効果的になるように，自らの職責を実施しなければならない。……」と指示している (Lao P. D. R., Phak pasāson pativat lāo 1986: 194)。

　この指示から，当時，人民議会が十分な活動を行っていなかったことが窺える。ラオスでは，1975年11月に郡レベルと県レベルの地方人民議会の選挙が行われていたが，その後，一度も選挙が行われておらず，議会は形骸化していた。この時期，ヴェトナムでもドイモイ政策によって人民評議会などの民選機関の役割を重視する方針が決定されており (五島 1994：3; 齋藤・佐藤 1998：234, 235)，ラオスでもこれに倣って人民議会を改善する方針が定められたと考えられる。

　さらに，同大会では，法整備を進めていくことが決定された。2000年までの経済社会の主要方針および任務，並びに第2次5ヶ年計画 (1986年～1990年) の中で，「……第2次5ヶ年計画では，我々は，国家の法制度の建設業務をこれまでよりも活発になるよう促進することに配慮しなければならず，先ず，国家の基本法である憲法を制定しなければならない。その後に，重要な法令および規則，とりわけ，国家行政および経済管理に関する規則および法令を研究し，公布しなければならない。」と指示されていた (Lao P. D. R., Phak pasāson pativat lāo 1986: 113, 114)。経済を党の命令ではなく法律によって管理していく必要性が認識されるようになり，党は，立法機関としての議会の役割を重視する方針を示したといえる。

法整備の開始など，ヴェトナムと同様の改革方針が示されている一方で，党と国家機関の関係については，ヴェトナムと異なった改革方針が示されている点が興味深い。政治報告では，幹部職員について，「……職員，とりわけ幹部職員が不足しているという我々の条件では，1人が2つの地位，つまり，党組織の長と行政機関の長を担当する体制を実施することがありうる。しかし，この体制をよく実施するためには，実際の条件を考慮しなければならないことを強調しなければならない。……真に，資質，能力および影響力を有する幹部を選抜することに配慮しなければならない，……党委員会および行政機関の業務実施規則を策定し，実際の業務の解決においては，どれが党の職責に属し，どれが行政機関の職責に属するかを明確に区別しなければならない，……」と指示している (Lao P. D. R., Phak pasāson pativat lāo 1986: 209, 210)。

　ヴェトナムでは，従来，党書記と人民行政委員長を1人が兼任していたが，ドイモイ政策の中でこれらを分離し，党と国家機関の役割分担を明確にする方針が定められた (齋藤・佐藤 1998：234, 235)。しかし，ラオスの政治制度改革の過程では，党と国家機関の2つの長の兼任が決定され，ヴェトナムの改革とは反対に，党と行政機関の一体化が進むことになった。

4. 国家行政機関の簡素化 ── 党組織と行政機関の補助機関の統合

　1989年には，ソ連をはじめとする社会主義同盟国からラオスに提供されていた援助の削減が明らかになる中で，国家行政機構の簡素化が改革の課題として提示されるようになった。報告からは，党による国家機関の代行が生じていたことが窺える。

　1989年1月に開催された第4期党中央執行委員会第7回総会では，党および国家組織に関して，「……我々は，新しい管理機構をより良く実施するために，党の指導的役割，国家による管理の役割および大衆団体による大衆の統合および訓練の役割，並びに党，国家および大衆団体の間の関係をより明確に定めなければならない。」と規定し，各機関の職掌分担を明確にすることを指示している (Lao P. D. R., Khana-bōlihān-ngān sūn-kāng phak 1989: 168, 169)。

　しかし，党と国家の関係について，「……党は単独でラオスの革命事業を指導する。そのため，党は全面的に指導を行わなければならない。党が全面的に指導を行うことは，党が国家機関に代行して各問題について詳細に決定するこ

とを意味しているのではない。党の指導の範囲は，各分野の発展を統合して党の路線計画に適合させるために，各分野の政治的内容を定めることである。……」と指示しており (Lao P. D. R., Khana-bōlihān-ngān sūn-kāng phak 1989: 172, 173)，当時，党の国家機関の代行という問題が生じていたことをうかがわせる。

　さらに，同第7回総会では，党の補助機関と国家機関の一部を兼任させることが指示されている。政治報告の中では，管理メカニズムの改革のために早急に国家機関の改善を行うことが求められている，と指摘されており，国家行政機関の簡素化・効率化，必要がない連絡機関の廃止，職責と役割が類似した省庁・部局の統合を実施し，各レベルの行政補助機関の数を最低レベルに縮小することが指示されている。そして，「……職員の数が少ないという我が国の条件においては，組織を合理的にするために，行政機関の補助機関は，党委員会の補助機関を兼務する。……」と定められている (Lao P. D. R., Khana-bōlihān-ngān sūn-kāng phak 1989: 179, 180)。

　この指示に従って，この時期から，党書記と行政の長の兼任だけでなく，党と国家機関の補助機関（官房組織など）の統合も進み，党と国家機関の一体化がさらに進んでいくことになった。

　以上でみたように，1982年の党第3回大会以降，党の基本路線は経済建設に重点が置かれるようになったため，地方党幹部として求められる人材にも，それまでの国防・治安に関する能力だけではなく，経済管理が行える能力が求められるようになっていった。その一方で，1980年代には党幹部の人材養成が間に合っていない状態だった。さらに，基層レベル，県レベルの党組織の形成も遅れており，特に中国，タイと国境を接している県の中では，県党大会を開催することができない県もあった。このように，党幹部の人材不足の状況下で，党幹部と国家機関の長の兼任が決定され，1989年に援助が減少する中で組織的にも一体化が進んでいくことになった。つまり，ラオスでは，改革路線が進展する過程の中で，当初に導入したヴェトナムの国家組織のモデルから徐々に離れていくようになり，国家機関と党組織の間の融合が進むなど，地方行政に関して独自の制度変化がみられるようになった。

第4節　1991年以前の中央地方関係の変化

1. 治安対策のための地方分権化 ── 1978年～1983年

　前節までは，1991年に憲法が制定される以前の時期において，党が国家組織の課題をどのように認識し，地方行政の形成を進めたかについて分析を行った。本節では，1975年から1991年までの時期に中央と地方の関係がどのように変化し，1991年以降の行政改革に対してどのような影響を与えたのかについて考察する。

　1975年に政権が発足した後，新たな地方行政機関の設置と改革が進んだ一方で，中央地方関係についての政策も大きく変化してきた。1991年以前の中央地方関係については，①1978年から1983年までの治安対策のための地方分権化の時期，②1984年から1988年までの改革路線を進める過程での地方分権化の時期，③1989年以降の財政の中央集権化の時期，という3つの時期に分けて考察を行う。

　第1の時期である1978年から1983年は，地方行政についてヴェトナムのモデルを導入しながら，地方が自給自足的な経済を形成し，自活的に治安に対応できる戦時体制的な経済管理を形成するために地方分権化が試みられた時期である。

　1977年の第2期党中央執行委員会第4回総会で定められている県，郡，区の職掌分担をみると，県は，地方における経済，国防，文化・教育，保健に関して全面的に責任を負う部局であり，中央が設置した経済基層（企業）を支援する責任を有すると定めていた。そして，郡は，農林業を直接に管理し，商品流通，市民生活，治安について配慮することを職責としていた。区は，人々を直接に動員する場であり，農林製品を購入・分配し，教育・医療の拡大に配慮することが職責とされていた（Kaisōn Phomvihān 1977: 98, 99）。しかし，この会議では，地方の職責に関する規定は，まだ漠然としており，明確さに欠ける。

　1978年2月の第2期党中央執行委員会第5回総会の決議では，経済管理について地方に権限を委譲することが指示されていた。会議の報告では，「……

中央は，……各部門が県を戦略部局とすることによって，強固に地方を改善することに貢献する計画を有する。……中央の各部門は，地方に貢献するように積極的に転換しなければならず，必要とされるすべての分野を地方に増大させて，地方が行うように支援する。中央が現在管理しているすべての経済基層単位（企業；筆者）および文化単位（学校；筆者）の中で，中央が管理する必要がないものは，地方党委員会および地方人民行政委員会が管理するように委譲しなければならない。」と指示されている (Lao P. D. R. Phak pasāson pativat lāo 1978: 82)。

1978年に開始された地方への権限委譲政策は，「県を経済・国防単位として建設し，郡を経済・計画レベルおよび工芸・工業単位として建設する政策」とされている。白石によれば，ヴェトナムでは，1970年代末の第2次5ヶ年計画の実施過程で，省レベル（ラオスの県レベルに相当）の下にある県レベル（ラオスの郡レベルに相当）を強化する方針を打ち出し，県レベルを農業と工業を有機的に結合する基礎的経済単位として重視し，経済計画と経済管理についての権限と責任を付与する政策を行った（白石 1993：137, 138）。このことから，地方行政機関だけでなく，中央地方関係についても，ヴェトナムで実施されていた政策がラオスに適用されたと考えられる。

1978年7月に公布した，「経済管理分野における県行政機関の職責，権限および責任に関する閣僚会議決議（1978年7月31日）」(Lao P. D. R., Saphālatthamonthī 1978a) をみると，職員人事管理について，県行政機関は，県内の職員・公務員の採用，昇進，配属，給与，賞与，懲戒および異動について管理する権限を有すると定めている一方で，各レベルの専門部局の局長は，中央の省庁が任命，罷免または異動を決定すると定めている。経済開発計画の策定に関しては，県行政機関が県経済文化社会発展5カ年計画および年次計画を起案し，県人民議会で承認を得た後に，閣僚会議に提出し，認可を得た後に県において実施する権限を有すると定めている。財務（予算）管理に関しては，県行政機関は，県の予算を編成し，実施する権限を有している他に，県に設置する銀行の支店を検査し，権限の範囲で商品価格を決定する権限を有すると定めていた。このように，県の専門部局長の任命は中央省庁に権限があり，計画については閣僚会議（政府）の承認を得なければならないが，財務については独自に予算編成を行うことができた。

郡レベルの権限をみると，「経済管理分野における郡行政機関の職責，権限

および責任に関する閣僚会議決議 (1978 年 7 月 31 日)」(Lao P. D. R., Saphā-latthamonthī 1978b) によれば，郡レベルの専門部局の課長および副課長は，郡人民行政委員会が候補者を選抜し，県レベルの関係部局が決定すると規定していた。現在は，郡レベルの専門部局の長（課長）の任免は，中央省庁大臣が行うが，当時は，県レベルの各局が任免権を有していた。郡の経済文化計画と予算案については，郡人民行政委員会が起案するが，県人民行政委員会の承認を得て実施することになっていた。

このように，1978 年の地方分権化政策は，人事と計画策定については，中央が県を統制する中央集権的なものであるが，財務管理については，県行政委員会が県レベルと郡レベルの予算を承認することができるなど，地方に大きな権限が認められていた。

このような政策を採用した政権側の意図は，1979 年 11 月に開催された第 2 期党中央執行委員会第 7 回総会において示されている。この会議では，「県を経済・国防単位とする」，「郡を経済・計画・工業単位とする」方針について説明されている。その内容をみると，県を経済・国防単位とする，とは，「……自らの力に基づいて社会主義を建設するために，地方経済の主体的な役割を増大させ，各地方および県が，土地，森林，資源，人員に関する自らの長所に基づいて生活，衣料，教育，医療，移動，治安に関する計画と予算を策定し，県内の人々の基本的需要に対する供給を行うようにすることである……」と説明している。さらに，「……全国経済を建設する基礎を作り出すために地方経済を拡大させ，地方経済から建設するためにあらゆる方法を用いなければならない。このことは，県を政治，国防，治安および経済の分野での戦略単位として建設し，まるで 1 つの国家と同様なものとし，外交および外国との経済分野での大規模協力の基礎を有しない点のみが異なるようにするために，最も適切な方法であるという考えである。……」と説明している (Kaisōn Phomvihān 1979b: 223, 224, 226, 227)。

以上の指示からわかるように，1978 年の地方への権限委譲は，中央省庁が地方の部局長の人事決定権を掌握し，計画策定を監督しつつ，県に地域の実情に合わせた計画・予算の立案を行わせ，国防・治安を自給自足的に行う戦時体制的な経済管理の形成を目指すための政策であった。すでに第 2 節でみたように，1975 年から 1982 年までは，国防と治安維持が党にとって最重要課題であったため，地方人民行政委員会が中央からの補給に依存せずに，地方の治安に自

活的に対応できる体制が求められていたといえる。

2. 経済建設と改革路線による地方分権化 —— 1984年〜1988年

　第2の時期である1984年から1988年の時期は，それ以前の時期に比べて，より進んだ地方分権化が行われた。この時期の地方分権化政策は，それ以前と異なって治安対策が目的ではなく，地方に裁量権を与えて経済発展を目指すための政策であった。

　1984年になると，党は新たな地方分権化政策を実施する。1984年1月に政府が公布した「中央と県の間における経済管理の職掌分担に関する閣僚会議規則第30号」(Lao P. D. R., Saphā-latthamonthī 1984b)によれば，地方分権政策の目的は，(1) 地方行政機関が，経済建設および発展の路線を実施する能力と条件を建設する，(2) 資源と労働を最大限に引き出して利用するために，中央が主となり，地方が主となり，基層が主となる3つの主体的権利を拡大する，(3) 中央経済を建設すると同時に地方経済を発展させる方針を実施するために，経済管理に関するいくつかの職責と権限を中央と地方の間で分配することである，と定められていた (Lao P. D. R., Saphā-latthamonthī 1984b: 1, 2)。

　この規則では，地方での人事について，それまで中央省庁が任免権を有すると定めていた県の各部局の長・次長の任免を，中央省庁との合意，県党委員会による決定を得た後に，県人民行政委員会が任命すると規定されている。郡レベルについても，郡に設置する各部局の長・次長について，県レベルの部局との合意，郡党委員会による決定を得た後に，郡人民行政委員会が任命すると定められた (Lao P. D. R., Saphā-latthamonthī 1984b: 41-43)。つまり，1978年以降の政策に比べて，県人民行政委員長と郡人民行政委員長による地方での人事権が拡大している。

　計画管理については，中央が全国範囲での基本目標，全体方法を定め，各部局および各地方の計画を審査・総括し，全国計画を公布し，地方が中央に納付する生産物と価格目標数値について地方に提示し，地方の経済建設活動投資について数値目標を地方に提示し，外国援助資金を管理する権限を有する，と規定されている一方で，地方は，中央が管理する分野以外で，資材を自給するという条件に基づいて建設事業を決定する権限を有すると規定されている (Lao P. D. R., Saphā-latthamonthī 1984b: 10, 11, 36, 37)。

予算管理についてみると，地方予算は全国の統一的な中央集権的予算の一部であり，地方は許可なく地方独自の歳入および歳出費目を定めることができず，地方の予算計画は中央に提出し，全国予算に組み込まなければならない一方で，県は，農業，工業，通商に関する税を徴収する権限，中央が管理するターナーレーン，タードゥーアおよびワッタイ空港以外で関税を徴収する権限が認められた。また，地方の管理に属する歳出，例えば，インフラストラクチャー建設，普通教育，保健，行政機関に関する支出，地方の軍事および治安に関する歳出については，地方の予算により歳出を確保することが定められた (Lao P. D. R., Saphā-latthamonthī 1984b: 13–16)[4]。つまり，自らが徴収した農業税，関税収入によって，地方でインフラストラクチャーの建設，行政機関の支出，軍事・治安の支出を行うことになり，地方が多くの分野で自活する政策が示された。

　このように，1984年の地方分権化政策を定めた理由について，カイソーン党書記長（当時）は，「……我が国では，運輸と通信に関して困難があるという条件の中で，中央は地方の需要に間に合うように供給するだけの十分な条件を有していない。従って，我々は，いくつかの分野については，地方が需要に対して自給できるように尽力させるため，地方の権限と責任を拡大する政策を実施し，中央は地方の経済が力強く発展するように促進し，経済協力と経済関係を拡大することによって，地方が徐々に財源を増加させる条件を作る政策を実施する。……」と説明している (Lao P. D. R. Saphā-latthamonthī. 1984a.: 72)。すなわち，ラオスでは，中央と地方の間での交通・通信が悪いという条件下で経済開発を進めざるを得ず，中央が地方に対して十分に物資等を供給できなかったために，各地域が自活的に経済開発を行うことを認めざるを得なかったといえる。

　さらに，1986年に開催した第4回党大会では，地方の権限をさらに拡大していく方針が示されていた。党大会の政治報告では地方分権化政策について，県および中央直轄市が地方の生産と生活に全面的に責任を負い，生産を拡大

---

[4] 規則では当面の方針として，各県の経済の特徴が異なり，地方の歳入・歳出の能力が異なることから，財務省が，どの県が財政収入が良く中央に歳入を提供するか，どの県が自給できるか，どの県が歳入が少ないために中央が支援するかについて規則を検討し，制定すると定めていた。しかし，数年後には，すべての県が自給できるように尽力しなければならない，と定められていた (Lao P. D. R., Saphā-latthamonthī 1978b: 18)。

し，地方の資源と労働に関するすべての潜在能力を発展させる方法を模索し，地方の人民の生活レベルを向上させて全国の社会主義建設にますます参加させるようにするために，県および中央直轄市に対して責任を明確に委譲しなければならない，と指示している (Lao P. D. R., Phak pasāson pativat lāo 1986: 148)。

地方の権限については，中央に対する義務を果たした後に，計画を超過した価値・生産物のすべてを地方での生産拡大に活用し，人民の生活を物質面・精神面で改善するために利用する権限が認められた。さらに，地方は，売買，ビジネス協力，中央との間，あるいは他の地方の企業，経済機関との間で経済関係を結ぶ権限，中央が定めた規則に従って地方が輸出入を行う権限を有することが認められた (Lao P. D. R., Phak pasāson pativat lāo 1986: 149, 150)。

このように，1984年から1988までの時期は，従来よりもさらに進んだ地方分権化政策が行われ，地方人民行政委員会による地方の専門部局に対する人事権が強化されたたけでなく，地方行政機関が関税を直接に徴収し，事業を行い，企業と経済関係を結び，貿易を行う権限が付与されることになった。その背景には，政府が計画管理を行う中で，ラオスでは交通・通信などのインフラストラクチャーが十分に整っておらず，中央から物資を地方に提供することができないため，地方で経済開発を進めていくためには，地方に経済管理に関する権限を委譲して，地方の資源に基づいて開発を進める必要があったためであった。さらに，改革路線が進む中で，地方行政機関の経済活動も認められるようになった。つまり，1986年以降の改革路線の進展の中で経済発展を促進するために，地方の権限をさらに拡大していく方向へと進んでいったのである。

3. 財政の中央集権化の開始 —— 1989年以降

第3の時期である1989年以降は，中央が地方の財務を管理できなくなったために，地方分権化政策が見直され，中央集権化が開始された時期である。

先に述べたように，1986年の第4回党大会では地方分権化政策が承認されていたが，3年後の1989年には，予算制度および職員管理について，中央集権化を行う方針に転換するようになった。

1989年に開催された第4期党中央執行委員会第7回総会では，1988年の状況に関する報告の中で，予算の管理について，「……現在，財務検査，並びに歳入および歳出の検査の制度が全く存在せず，放任する形で地方に委託してい

る現象が見られ，予算に余剰があるのか不足しているのかも分からず，中央に対する義務を厳格に実施しているのかどうかも分からない……」という問題が生じ，中央が地方の財政をまったく把握できない状況になっていることが指摘されている（Lao P. D. R. Khana-bōlihān-ngān sūn-kāng phak. 1989: 76）。

そして，1989年の経済・社会開発の目標について，「経済・計画・財務省は，予算の権限移譲に関する問題を早急に検討し，閣僚会議に提出して，認可を経て公布すべきである。一般原則として，国家予算は中央集権的に統一的に管理を行わなければならず，マクロ経済統制を促進する方針に従って，各レベルの予算間の調整を行わなければならない」と述べられており，「……我々は，地方の発展を促進する条件を形成するために，多くの困難を抱える地方（県，郡）に対して予算の補填を行うことに，特に配慮しなければならない。……」と主張されている（Lao P. D. R. Khana-bōlihān-ngān sūn-kāng phak. 1989: 143, 144）。

このように，1980年代の後半には，中央が地方の予算の執行状況を把握できないという問題が生じたため，予算制度を中央集権化し，予算が不足している県および郡に対して財源を補充できるようにする必要が認識されるようになった。

予算だけでなく，職員管理についても中央集権化を行う必要性が指摘されている。会議では，「……職員は，党と国家の計画が効果的に実施されるかどうかに関して，決定的に重要な役割を有する。したがって，職員業務において改革を行い，現在の職員業務において見られる欠点を解決できるようにしなければならない。……」と述べられている（Lao P. D. R. Khana-bōlihān-ngān sūn-kāng phak 1989: 186）。そして，恣意的に，かつ無秩序に職員を異動させることを避けるために，県レベルの専門職員の異動については，「……今後は，県党委員会と県行政委員会が，上級の部門からの承認を受けることなしに，ある部門の専門職員を，他の部局に異動させることを認めない。例えば，県人民行政委員会が県内の専門職員を異動させたいときは，関係する省庁から合意を得なければならない。県と関係省庁の間で調整できなくなった場合は，閣僚会議に決定を求めるために報告しなければならない。郡人民行政委員会が郡内の専門職員を異動させたいときは，県の関係部門から合意を得なければならない。郡人民行政委員会と県の関係部門で調整できなくなった場合は，県人民行政委員会に決定を求めるために報告しなければならない。」と指示されている（Lao P. D. R. Khana-bōlihān-ngān sūn-kāng phak 1989: 193）。

この決定から，1984年以降，地方人民行政委員長に地方の専門部局の任命権を委譲した結果，中央との調整もなく地方内部で専門部局の職員の人事が決定され，専門が異なった部局の間で職員の異動が行われるという事態を生じさせていた状況がうかがえる。党中央は，行政の専門性の低下を防ぐために，地方の各部局の職員の人事異動については，中央省庁の合意を義務付け，職員管理の中央集権化を行う方針へと転換することになったといえる。

　以上にみたように，1975年に新しい体制が形成されて以降，党の政策変更に従って，ラオスの中央地方関係も大きく変化していた。1978年から1983年までは，党の方針が国防と治安の維持に置かれていたため，地方に権限を委譲することで戦時体制的な経済管理を形成しようとした。1984年には交通・通信に関するインフラストラクチャーが悪い中で経済開発を促進するために地方分権化を拡大し，1986年に改革路線が本格化すると，県の経済活動の権限が強化された。しかし，中央が地方の財政を統制できなくなったため，1989年には中央集権化に転換することになった。この行政の混乱が，後に1991年に専門行政の中央集権化が行われるきっかけとなる。

第5節　第5回党大会における政治制度改革
　　　―― 1991年憲法による行政首長制の導入

1.　ソ連と東欧諸国からの教訓 ―― 党の指導的役割の強化

　本節では，1989年以降におけるラオスの地方行政の制度変化，特に，現在のラオスの地方行政の特徴となっている県知事制の導入について考察する。これまでの先行研究では，1980年代に行われた地方分権政策によって中央政府が地方の財務の統制を失ったことが，中央集権化の要因になったと指摘されてきた。しかし，ラオスが現在の地方行政を形成した1991年は，ソ連，東欧の社会主義体制が動揺し，崩壊する時期であり，ラオスの党にとっては，経済管理だけでなく，一党支配体制をどのように維持するかが最大の関心事であった。
　第2節で述べたように，1986年に開催した第4回党大会では，経済管理メ

カニズムを変更する中で，ラオスで制定されていなかった憲法と法律の整備を進めることが指示された。そして，1989年に憲法制定を目的とする第2期最高人民議会が選挙によって選出され，憲法の制定の本格的な準備が開始された（Evans 2002: 199）。そして，1989年8月に党政治局によって新しい憲法起草委員会が指名され，憲法の草案作成が行われるようになった（瀬戸 2007：348）。憲法起草の開始直前の1989年1月に開催された党第4期中央執行委員会第7回総会では，ラオスの現在の革命形態について，「……新しい時代の我が国の革命は，漸進的な社会主義への過渡期である人民民主主義体制の改革，拡大および改善期である。……」と規定された（Lao P. D. R. Khana-bōlihān-ngān sūn-kāng phak. 1989: 44）。

　1989年は，6月に中国で天安門事件が発生し，11月にベルリンの壁が崩壊するなど，世界各国の社会主義体制が大きく動揺した時期である。ラオスでは，1989年10月に開催された党第4期中央執行委員会第8回総会において，ソ連，東欧の危機をふまえて，ラオスの革命の6つの原則が採択され，国家に対する党の指導原理を維持することが再確認された。この総会で掲げられたラオスの革命における6つの原則とは，(1) 社会主義の目標を堅持し，新しい時代におけるラオスの革命形態を把握すること，(2) マルクス＝レーニン主義を党の思想の基本とすること，(3) 党による指導が人民による革命事業の勝利の絶対的な決定条件であること，(4) 民主集中制の原則の基本に基づいて民主主義を高め，拡大し，党の指導のもとにおいて人民を根本とすること，(5) 人民民主独裁の力および権威を増大させること，(6) 愛国主義とプロレタリアート国際主義および社会主義的国際主義を結合させ，国の力と時代の力を結合させること，である（Lao P. D. R., Khana-sīnam lon-kwā tit-sadī lae peut-ti-kam sūnkāng phak 1997: 257, 258）。一方で，この内容は，1989年3月にヴェトナム共産党第6回中央委員会において示された，ドイモイ事業を展開する上での6つの基本原則の内容と同じである（五島 1994：4, 5）。つまり，ヴェトナム共産党が下した決定を，ラオスの党も追認したといえる。

　憲法草案は，1990年6月に人民討議に付された後，第5回党大会で検討が加えられた。そして，1991年8月14日に第2期最高人民議会第6回会議において採択され，1991年8月15日に国家主席によって公布された（瀬戸 2007：348, 349）。1991年憲法は，1990年前後における社会主義諸国の変動期において，経済面については市場経済原理の導入を行い，西側諸国との関係を開放す

る一方で，政治体制については，社会主義建設の目標を表明することを慎重に避けつつ，党の指導的役割をはじめとする社会主義体制の政治制度の原則を維持した憲法である。また，国家機構については，国家主席の権限強化と個人的指導体制に基づく中央集権的な政治制度を形成したことを特徴としている。特に地方制度については，1990年の憲法草案においては，地方人民議会および地方人民行政委員会を設置することを規定していたが，最終的に採択された憲法においては，これらの制度をすべて廃止した（同上：351, 353）[5]。この時期に，地方行政の形成についてどのような議論が行われたのか明らかにするために，1991年の第5回大会の政治制度改革の議論を分析することが必要である。

第5回党大会は，1991年3月27日から29日まで開催され，憲法の制定を控えて，政治制度改革についての基本方針とラオスの政治制度改革に関わる中心的な問題を提起した会議である。カイソーン・ポムヴィハーン（党書記長：当時）は，政治報告の中で，ラオスにおける政治制度改革について，「……政治制度改革は，現在の政治体制を他の政治体制へと転換することを意味するのではなく，各構成機関の役割と任務を明確に定め，党の指導的役割と指導能力の増大を保障し，行政の権威を増大させ，国家機関による統制を促し，大衆団体の役割を増大させることによって，政治制度全体と構成機関が持続的かつ相互に関係しあい，自らの役割に適合して活動できるようにするための人民民主主義政治制度の組織の改善であり，人民民主主義政治制度の活動様式の改革である。」と定義している（Lao P. D. R. Ongkān thit-sadī lae kān-mēuang khōng Phak pasāson pativat lāo 1991: 41）。すなわち，政治制度改革では，党の指導的役割を堅持することが目標になっている。

政治制度改革の目的および方針が，このように定められた背景は，第5回党大会の準備会議として1991年1月に開催された，第4期党中央執行委員会第10回総会の議論にみることができる。その中で重要とされていたのは，政治制度改革における他の社会主義諸国からの教訓であり，特に，党の指導的役割の問題が取り上げられていた。

会議の中で，カイソーン・ポムヴィハーン（党書記長：当時）は，「……（ソ連および東欧の社会主義諸国の―引用者，以下同様）最大の誤りは，政治制度改革において，社会全体における党の指導的役割を増大する方向に進まなかったこと

---

[5] ラオス1991年憲法の制定過程と特徴については，拙稿を参照のこと（瀬戸 2007：346-353）。

である。(それらの) 多くの国は，複数政党制に向かって政治制度改革を行った。……そして，党の指導的役割を減少させ，社会に対する党の指導的役割を放棄させ，政治制度の道具を党の指導および行政の管理から分離した。……その結果，自ら政治制度の力を失わせ，野党が反動主義者を組織し統合して党を攻撃し，党の権力掌握の廃止を訴え，行政機関を打倒し，社会主義体制から社会民主主義体制へと転換するのを放置した。」と批判している。さらに，ソ連と東欧の社会主義諸国からの教訓については，改革において経済と生活の改善から行わずに民主主義を改革の中心としたため状況がさらに困難になり，民族問題のような新しい深刻な現象を引き起こした点，党の指導部内が分裂し，混乱状態になった点，社会主義の廃絶を常に望んでいる帝国主義者および反動の策略に対する警戒心が欠けていた点を挙げて批判している (Lao P. D. R., Khana-bōlihān-ngān sūnkāng phak 1991: 82, 83)。

会議では，それらの教訓に基づいて，ラオスにおける政治制度改革では，(1) 党の指導的役割と指導の質を増大させ，新しい時代の任務に適合したものへと高める，(2) 行政管理をより権威あるものにする，(3) 大衆団体の役割を高める，(4) 人民の主人たる権利を拡大する，ことを基本目標とすることが決定された (Lao P. D. R., Khana-bōlihān-ngān sūnkāng phak 1991: 83, 84)。

さらに，国家機構の組織改革の方針と原則について，(1) 党の指導の下における業務責任の分業と兼任の結合，党組織と国家機関の間の組織と人材の兼任体制の実施，(2) 国家機関に対する党の指導を保障すると同時に，資質，能力，教育のある人物を国家機構に参加するように誘導することが改革の目標として掲げられた (ibid.: 91)。

会議でみられるように，ソ連，東欧の改革から得られた教訓として，党の指導的役割の放棄が体制の崩壊につながったこと，民主主義の拡大が民族問題を引き起こしたことが認識されており，1991年におけるラオスの政治制度改革の基本路線は，民主主義の拡大よりも一党支配体制を維持するため，党の国家機関に対する指導的役割を堅持することに重点が置かれることになった。また，国家機関の改革では，党と国家機関の間の組織と人材の兼任体制を強化し，かつ行政が担当できるような人材を国家機関の職員として確保することが重視された。

2. 党中央委員会における地方行政改革に関する議論

　次に，第5回党大会の基本方針に基づいて，党の指導部が地方行政制度改革の課題をどのように認識し，どのような制度改革を行ったかについて考察する。1991年の地方制度改革では，地方人民議会と地方人民行政委員会の廃止，県知事制・郡長制の導入が最も重要な改革である。

　第5回党大会でのカイソーンによる政治報告では，地方行政制度改革の課題について，「……引き続き執行機関（行政機関；筆者）を簡素で質を高める方針に従って，中央の職員を合理的に配置する。……国の統一性を増大させ，各級の主体的持続性を拡大するために，全国における部門の縦の系統に従った管理と，地方の執行機関による横の系統に従った管理のメカニズムと間の調整の規則に関する研究を，早急に組織する」ことを挙げている[6]。また，国家機関の改革の中で，詳細に研究すべき重要問題として，国家主席の役割と権限，地方および基層人民議会制度の組織の問題，閣僚会議および地方行政機関の組織形態，が挙げられていた（Lao P. D. R. Ongkān thit-sadī lae kān-mēuang khōng Phak pasāson pativat lāo 1991: 42, 43）。このように，党大会では地方人民議会と地方行政機関をどのように定めるか，という課題が改革の議論の中で提起されていた。

2-1. 地方人民議会と地方人民行政委員会の廃止

　第5回党大会でこのような問題提起が行われた背景をみるために，前述の，党第4期中央執行委員会第10回総会（以下，党第10回会議）における議論の内容を検討する。会議では，国家機構の改革について，地方級人民議会および地方執行機関の改革の問題を中心に議論が行われている。ラオスでは，政策決定過程が明らかになることはあまりないが，地方行政の改革については，かなり詳細な議論が行われている点が興味深い。

　会議でのカイソーンの報告では，地方人民議会と地方行政機関の問題について，「……過去における中央および地方のセミナーにおいて，県人民議会およ

---

[6] その他に，国家機関の行政管理の役割と国家による経済単位に対する生産管理の役割の分離，法律の権威を保障するために，検察庁，裁判所および警察の改善を行わなければならないことが挙げられている（Lao P. D. R. Ongkān thit-sadī lae kān-mēuang khōng Phak pasāson pativat lāo 1991: 43）。

び郡人民議会を廃止すると同時に，地方人民議会が選出している人民行政委員会を廃止して，県行政首長制および郡行政首長制に転換することを提案する多くの意見があった。」と主張されている。その理由は，「……人民が選出する地方人民議会は，形だけになっており，本来の役割に相応しい活動を行っていない。地方行政機関の機構を大きすぎるものにしており，会議における予算および時間が無駄になっている（というのも，多くの会議を開かなければならないからである）。また，業務が重複し，相互に干渉し，遅い。」と説明されている。さらに，カイソーンは，この指摘は正しいと評価し，「……これまでの（地方人民議会の；筆者）実施は形だけであり，しかも，代議員は地方および基層の出身者でも人民が選出した人物でもなかった。選出した人民は，自らの代議員の活動が良いか悪いか，現在，何をしているのか，また，どこにいるのかも知らない。というのも，代議員が選出してくれた人民に対して，自らの活動について報告をしていないからである。」と批判し，「これは，全国で一般的に広まっている状況である」と指摘している。そして，「……県人民議会と郡人民議会に関しては，十分に本来の役割を実行し，真に人民の願望および意図に適した機関になっていない。」と批判し，「……県人民議会と郡人民議会を廃止すると共に，県人民行政委員会と郡人民行政委員会を廃止して，最高人民議会と基層人民議会のみを維持し，県行政首長と郡行政首長を設置するべきではないか」と提案している (Lao P. D. R., Khana-bōlihān-ngān sūnkāng phak 1991: 93, 94)[7]。このカイソーンの主張から，ラオスでは，中国，あるいはヴェトナムのように，人民議会の機能を高める方向で検討が行われていたのではなく，反対に，地方人民議会が十分に機能していないことを理由に，廃止することを方針として決定していたことがうかがえる。

筆者による1991年憲法起草者へのインタビューによれば，地方人民行政委員会を廃止した理由について，地方人民議会議員と地方人民行政委員の行政担当能力が低いという問題が指摘されている。インタビューでは，「……かつての地方人民行政委員会の有する最も大きな問題は，その質が悪かったことである。当時，地方人民行政委員会は，専門知識を持たない政治家や革命家から選

---

[7] このときのカイソーンの提案によれば，基層人民議会とは，区または村レベルに設置される人民議会である (Lao P. D. R., Khana-bōlihān-ngān sūnkāng phak 1991: 94)。しかし，その後の1991年憲法において，この基層人民議会は設置されなかった。

出されていたため,行政活動が動かなかった。」と説明されている[8]。また,司法省元官房長へのインタビューでは,地方人民議会を廃止した理由について,「……多くのレベルにおいて選挙を行う混乱,時間の無駄,支出の浪費を最小にするため……」であったと指摘されており,カイソーンの主張を裏付けている[9]。このように,地方人民議会と地方人民行政委員会について,地方人民議会議員,並びに地方人民行政委員のメンバーの質が低く,議会を設置することが予算の無駄であると認識されていたのである。

2-2. 地方行政における県知事制,郡長制の導入

会議で新たに提案された県行政首長と郡行政首長の導入に関する議論をみると,カイソーンの報告によれば,導入に対して否定的な意見があったことが示されている。「……県行政首長と郡行政首長を設置することについて,多くの人は,首長制が県知事と郡長が行政を行っていた旧体制に似ており,集団指導体制ではなく,何でも県知事と郡長が決定を行うために専横と専制が生じるのではないか,と危惧している。というのも,検査を行うべき人民議会が存在しないからである。」と述べられている。

しかし,県行政首長と郡行政首長を設置することの長所について,カイソーンは,以下の3点を指摘している。それによれば,(1) 首長制度の導入は,県行政首長と郡行政首長に対して,行政に関する知識を持ち,国家の法律および規則を理解し,並びに県および郡に従属する専門部局および基層に対する指導の能力を高めることを要求するため,彼らの専門性が高まる。(2) 行政の専門化によって行政制度が全国で統一される。というのも,県行政首長と郡行政首長は,国家行政学院での研修を経なければならないからである。(3) 県行政首長と郡行政首長の責任は,以前よりも重くなる。というのも,首長制による行政では,県行政首長と郡行政首長は,他の人物(行政委員)に責任を転嫁することができなくなるからである,と説明されている (Lao P. D. R., Khana-bōlihān-ngān sūnkāng phak 1991: 95)。

県行政首長と郡行政首長の任命方法については,次の3つの方法が提案されている。(1) 県行政首長は首相が任命し,郡行政首長は県行政首長が任命するか,あるいは,権威をもたせるために首相が任命する。重要な点は,県行政首

---

8) 国会法律委員会副委員長からの聞き取り(2003年3月および4月)に基づく。
9) 司法省元官房長官からの聞き取り(2003年10月)に基づく。

長または郡行政首長に任命される人物は，行政，政治，文化等に関する知識を有し，人民に対して影響力がある，という基準を十分に満たしていなければならないことである。(2) 党委員会または国家建設戦線が候補者を推薦し，県のすべての人民，郡のすべての人民による選挙を行う。(3) 間接選挙によって選出する。例えば，県行政首長と郡行政首長を選出するときに，人口の多少に従って選挙人を選出し，選挙人が行政首長を選出するための会議に参加する。例えば，人口1万人につき100人の代表を選出し，行政首長選出会議に出席する。会議は，県において大きな会議を1日で開催するのではなく，郡ごとに実施し，県が得票を総括する，という方法である (Lao P. D. R., Khana-bōlihān-ngān sūnkāng phak 1991: 97)。

最後に，カイソーンは，「……総括すると，県行政首長および郡行政首長を設置する行政制度に転換することは，行政活動を，……効果的にする目的のために，行政での専門性を有する制度に転換することである。」と主張している (Lao P. D. R., Khana-bōlihān-ngān sūnkāng phak 1991: 97)。

以上，会議の議論から，ラオスの地方制度改革では，これまで地方人民議会が十分に機能してこなかったことを反省し，改善するという方針ではなく，十分に機能してこなかったことを理由に廃止することを決定した点が特徴である。さらに，行政の専門性を高めるために，新たに行政首長制度を導入することが選択されたが，その背景として，地方人民議会と地方人民行政委員会のメンバーの行政担当者としての質の低さが原因であると指摘されていたことが明らかになった。

3. 1991年の時点での党組織の問題 —— 党員のレベルと県党大会

次に，党第10回会議において指摘されていた人民行政委員会の質の問題を考察するために，当時の党組織の状況についても考察する。

1991年12月17日から26日に開催された第7回全国組織会議では，当時の党組織の状況に関する報告がある。これをみると，1991年時点での党員の教育レベルは，全国の県党委員365名のうち，高校卒業レベルが31％，中等・高等専門教育が21％を占めると報告されている。つまり高校以上の教育が52％を占めており，小学校卒業レベルが一番多かった1984年の状況から比べると改善されている (Lao P. D. R., Khana-chattang sūng-kāng phak 2001: 57)。

しかし，党組織全体をみると，まだ十分に組織が形成されているとは言えない。報告書では全国の党員の教育レベルについて，文盲が4％，小学校卒レベルが45％，初級専門教育が36％，専門教育を受けていない者が47％であり，文盲，小学校卒業レベルが半数近くだった。さらに，県レベルの党組織においても，1991年までの時点で，ボーケーオ県とヴィエンチャン県の2県では，新体制発足後，まだ一度も県党大会が開かれておらず，職員会議が開かれるだけであり，さらに指名，任命によって党委員会のメンバーが頻繁に追加されていると報告されている。また，1991年の時点で，全国の中で党員が1人もいない区が14区あるが，そのうち6つの区はヴィエンチャン県であることが報告されている (Lao P. D. R., Khana-chattang sūng-kāng phak 2001: 60–62)。

以上から，1991年当時は，まだ地方レベルの党組織が不安定な状況であることがわかる。県知事制，郡長制の特徴は，中央から行政首長を任命する制度である点である。県レベルを含めた地方党組織がまだ十分に安定してない状況の中で，地方人民議会により行政首長を選出するのではなく，党中央から派遣した行政首長を中心に地方を支配せざるを得ないと党中央によって判断されたと考えられる。

4. 1991年憲法の制定による県知事制と郡長制の導入

次に，党第10回会議と党第5回大会による議論を経て，1991年憲法においてどのような地方行政制度が形成されたのかについて考察する。

ラオス1991年憲法 (Lao P. D. R., Saphā-pasāson sūng-sut 1991) は，1991年8月14日に最高人民議会によって採択された後に，1991年8月15日に国家主席によって公布された，現体制ではじめての憲法である。1991年憲法では，「第7章　地方行政」という章を置き，地方行政に関する規定として，地方行政の構成について定めた第62条，県知事および郡長の権限について定めた第63条，並びに村長の職責について定めた第64条の3つの条文が置かれている。

1991年憲法に定める地方行政をみると，地方行政は，県レベル（県と中央直轄市），郡レベル，村レベルの3つのレベルによって構成されている。行政の首長として，県に県知事，中央直轄市に中央直轄市長，郡に郡長，村に村長が置かれている。またこれらの長の業務を補佐する者として，県知事には県副知事が置かれ，中央直轄市長には副市長が置かれ，郡長には副郡長が置かれ，人

口が多い村の村長には副村長が置かれることになった。この規定を，1978年地方組織法に定めた地方制度と比較すると，1991年憲法の地方制度では，それまで郡と村の間に設置されていた区レベルが廃止されている。さらに，第5回大会において議論になっていた地方人民議会は，1991年憲法では廃止されている。地方行政機関についても，1991年憲法においては地方人民行政委員会が廃止され，県知事，郡長，村長を置くのみとなった。県知事，郡長の任免については，1991年憲法では，首相の提案に従って国家主席が行うと定めている。県副知事と郡長については，首相が任免すると定めている。つまり，1991年に開催された党第10回会議で検討課題とされていた地方行政首長の選任方法については，選挙によって選出する方法ではなく，中央によって任命される方法が採用された[10]。

このように，1991年憲法の制定によって，現在のラオスの地方行政の根幹である県知事制，郡長制が形成された。

5. 県党書記と県知事の兼任体制の採用

1991年憲法の制定によって地方行政の基本構造が示された後に，1991年12月17日から26日に開催された第7回全国組織会議では，県知事，中央直轄市長の職責，県知事の付属機関の組織，県党書記と県知事の関係など，県知事制をどのように運用するか議論されている。

特に，この会議では，県党書記と県知事の兼任体制が決定された点が重要である。この問題について，カイソーン党中央委員長[11]（当時）は，会議の中で，国家に対する党の指導的役割を増大させる必要性を主張しながら，「……当面は，我々は，一定の期間において兼任体制を実施しなければならない。つまり，県党委員会書記が県知事を同時に兼任するという意味である。このように実施するのは，客観的な必要性があるためである。その理由は，我々には，まだ指

---

10) 村レベルにおける行政組織としては，1993年に公布された，「村の組織および執行に関する首相令第102号」によって定められている。それによれば，村長は，住民から選出され，郡長によって任命され，任期は2年である。また，村には，経済委員会，国防治安委員会，文化社会委員会といった村の委員会が置かれて，村の行政が構成されている（Lao P. D. R., Nā-nyok-latthamontī 1993）。

11) 第5回党大会において党組織の変更があり，それまで設置されていた党書記局が廃止され，党の最高位は，党書記長から党中央委員長になった。

導職員が不足しているからである。また，別の側面では，組織機構を簡素にすることを確実にし，業務の拡大および実施において，より容易かつ迅速に実施できるからである。」と主張している (Lao P. D. R., Khana-chattang sūng-kāng phak 2001: 164)[12]。この会議によって，国家に対する党の指導的役割を強化するために，並びにラオスの中で指導職員が不足しているために，県党書記と県知事は，原則として1人の人物が兼任することが定められた。

さらに，県知事と県党直属機関の組織構成に関しては[13]，1993年に中央レベル機構改革委員会が公布した，「地方レベル組織機構改革に関する指導通達第29号（1993年10月9日）」に組織原則が定められた。同指導通達によれば，県党委員会と県知事に付属する補助機関として，県官房，県党組織委員会，県党検査委員会，県党宣伝委員会，県国家建設戦線，県労働組合連盟，県女性同盟，県青年革命団の8つの機関を定めている。これら8つの機関は，県党委員会と県知事に直属する補助機関であり，県党委員会の直接の指導を受けると定められ，機関の予算は，県または中央直轄市の予算に属すると規定されている (Lao P. D. R., Phana pappung kongchak khan sūn-kāng 1993)。

特に，県官房は規定の中で，「……県党官房と県行政官房は，1つの組織に統合されて，県官房という名称になる。県官房は，県党書記および県知事に対して直接に補佐を行う職責を有する。」と定められており (Lao P. D. R., Phana pappung kongchak khan sūn-kāng 1993)，従来設置されていた県党官房と県行政官房が合併されて1つにした機関と位置付けられている。つまり，県知事の補助機関についても，地方行政首長と同様に，党機関と国家機関の兼任体制がとられることになったのである[14]。

---

12) カイソーンの主張では，もし，党委員会書記と県知事および郡長を分離するための条件を有するとみなした場合には，教訓を引き出すために試行を行うことができる，とも主張している。(Lao P. D. R., Khana-chattang sūngkāng phak 2001: 164)。

13) ラオスにおいては，県知事および郡長を指して，「地方行政権力 (Amnāt kān-pokkōng thōng thin)」と表現することがある。しかし，本書においては，県知事および郡長を総称して，地方行政首長と記述する。

14) 同様に，郡レベルでの郡長および郡党委員会の直属機関についても，県レベルと同様の規定を置いている。同指導通達によれば，郡長および郡党委員会の直属機関は，郡官房，郡党組織委員会，郡党検査委員会，郡党宣伝委員会，郡国家建設戦線，郡労働組合連盟，郡女性同盟，郡革命青年団の，8つの機関である。これら8つの機関のうち，郡労働組合連盟については，郡内の労働組合員の数が200名に達しないときは，常勤の職員を置かないと規定している (Lao P. D. R., Phana pappung kongchak khan sūn-kāng 1993)。

以上にみたように，1991年の地方行政改革の中で重視されていたのは，ソ連・東欧の社会主義体制が崩壊しつつある状況下で，ラオスの一党支配体制をいかに維持するかという課題であった。ソ連・東欧の状況から得た教訓の中で重視されていたのは，党の指導的役割を維持することと，民主主義の導入が民族問題に発展しないようにすることであった。さらに，当時は，党員の教育レベルが低く，県党大会が開かれない県があるなど，地方党組織がまだ十分に安定していないという課題を抱えていた。この2つの課題から，地方人民議会と地方人民行政委員会が廃止され，中央によって地方の行政の長が任命される制度が形成され，さらに，新たに設置された県知事，郡長ポストが県党書記，郡党書記によって兼任される体制が形成された。

第6節　1991年地方行政改革による部門別管理制度の導入

1．財務管理の中央集権化

　第4節でみたとおり，1989年の時点で，1984年に始まった地方分権化政策によって中央が地方の財政を監督できなくなったという問題点が明らかとなり，財政の中央集権化が検討されていた。憲法が制定されて県知事制が導入された後に，ラオス政府は，1991年8月28日に「国家財政，予算，国庫の中央集権化原則に関する首相令第68号」(Lao P. D. R. Nā-nyok-latthamontī 1991；以下，首相令第68号）を公布し，財務管理に関する中央集権化を法制化した。
　首相令の主要な内容は，(1) 政府と経済計画財務省のみが中央レベルの財政，予算，金庫に関する規則を制定する権限を持ち，他の省庁，地方レベルが財務，予算，金庫に関する規則を公布することを認めない[15]，(2) 各省庁，地方による予算の歳入・歳出を財務部局の命令系統に従って中央集権化し，国家会計と国庫を全国で1つに統合する，(3) どのような種目の歳入財源も国家予算に編入させるように中央集権化する，(4) 中央と地方の部局の予算支出は，国会に

15）経済計画財務省は，現在の財務省と計画投資省の前身である。

よって採択された予算に従って実施されなければならない，(5) 国家予算の編成は，経済計画財務省が中心となるように中央集権化する，(6) 財務分野の組織と職員の管理を中央集権化する，ことである (Lao P. D. R. Nā-nyok-latthamontī 1991)。

これまでは，1978年地方組織法によって地方人民議会に県の予算案，県の歳入を決定する権限が認められており，1984年以降の地方分権化政策では，県が農業，工業，商業分野の税と関税を徴収し，地方予算でインフラストラクチャーの建設，教育・保険を実施する広範な権限が認められていたが，この首相令第68号によって，地方行政機関が予算に関する独自の規則を策定することは認められなくなり，予算の歳入と歳出が中央集権化されて，財務省（経済計画財務省）が一元的に管理する体制へと移行することになった。

2. 憲法制定後の中央地方関係に関する議論

憲法の制定後，財務だけでなく地方党委員会と地方行政組織の関係についても，さらに詳細に議論が行われるようになった。1991年以前の地方行政制度では，地方人民行政委員会の下に各専門部局が付属しており，1984年から1991年までは，地方人民行政委員長に専門部局長の任免権が与えられていた。しかし，県知事制・郡長制が採用されるとともに，地方に置かれていた専門部局は中央省庁に直属するように組織変更が行われ，「部門別管理制度」が導入される。

1991年憲法制定後の中央地方関係については，前述した1991年12月に開催された第7回全国組織会議において議論が行われている。会議の中でカイソーン党中央委員長（当時）は，中央地方関係の問題として，中央省庁による命令系統（縦の系統）と党による命令系統（横の系統）の間で混乱が生じていることを指摘している。報告では，「……党との関係では，いくつかの場所，いくつかの地方で，党が業務を独占して行政機関を代行する，または反対に党が行政機関に対する指導を放棄してしまう」という問題がみられ，「……党中央と地方の関係については，中央の多くの部門が，党委員会および行政機関に通知せずに，地方に設置した出先機関に対する指導を行うという現象がみられる。従って，分業と縦の系統に従った部門の管理と，地方による横の系統に従った管理との間の統一によって，中央と地方との間の全面的な指導を中央集

権化できていない……」という問題が生じていることが指摘された。地方人民議会、地方人民行政委員会が廃止された後に、地方行政に関する規則が制定されていなかったため、党と行政の関係が不明確になり、混乱が生じたことがうかがえる。この問題を解決するために、「……政府と各レベルの地方行政機関の構成をより合理的にし、縦の系統に従った部門による中央集権的な管理と党委員会による指導、地方行政機関による（地方行政の；筆者）直接の指揮責任を結合させるように変更することを早急に検討する……」と提起されている（Lao P. D. R., Khana-chattang sūng-kāng phak 2001: 25, 26, 36）。

同会議において、トーンシン・タムマヴォン（党中央組織委員長：当時）は、過去の機構改革の問題点について、地方の何人かの指導職員が、県を全面的な戦略単位として定めた中央経済と地方経済の間の関係について誤って理解していた、と主張している。それによれば、「……（過去に県を全面的な戦略単位と定めたこと；筆者）は、各地方が、それぞれに自足自給した独立王国になることを意味しているのではない。中央が地方に対して地方が決定できるレベルで権限を委議するが、戦略的な問題はすべて中央の機関と協議した後に（県の；筆者）決議として採択し、実施しなければならない。中央省庁は部門全体の戦略計画を定め、全国の自らの部門の調整を行う中心でなければならない。県が全面的な戦略単位に転換する政策に関する誤った見解および行為によって、国家が単一国家体制に従って管理を行う原則を破壊し、縦の命令系統に従った専門的な管理に反する結果となっている……」として非難した。そして、行政機関改革によって中央から地方に至るまで縦の命令系統に従った統一的な部門別管理へと転換しなければならないと指示した（Lao P. D. R., Khana-chattang sūng-kāng phak 2001: 70, 71, 99, 100）。

このように、会議では、1970年代、1980年代に行われていた県を戦略単位とする政策が全国の統一的な統制を失わせたことを反省し、地方に設置された各専門部局が地方の命令系統（地域別管理）に付属するのではなく、中央省庁の命令系統（部門別管理）の下に置かれるべきであることが提案された。その結果、会議では、中央省庁による命令系統について、各大臣が自らの地方出先機関に所属する職員の任命、異動、昇進、懲戒を行う方針が決定され、一方で地方党委員会と地方行政首長による命令系統について、県知事は県内に設置された各部門の職員の政治思想と政治活動に責任を負うが、各部局の具体的な活動の実施に干渉しないことが決定された（Lao P. D. R., Khana-chattang sūng-kāng phak

2001: 105-107)。

　この会議によって，地方に置かれている専門部局は，県知事ではなく中央省庁に付属することになり，県知事と県党委員会による地方での専門行政に関する権限が縮小されることが決定された。

3. 党政治局第21号決議に定める中央各省，地方の党，地方行政首長の職掌分担

　第7回全国組織会議の後，1993年に党政治局は「部門別管理の方針および原則に関する党政治局決議第21号」(Lao P. D. R., Phak pasāson pativat lāo, Kom-kān-mēūang sūn-kāng phak 1993, 以下，第21号決議）を公布し，全国組織会議において決定された省，党委員会および地方行政首長の間の分業に関する基本方針を明文化した。ここで定められた原則は，2011年まで，ラオスの中央地方関係を規定する基本原則として機能することになる。

　第21号決議では，中央各省，地方党員会，地方行政首長（県知事および郡長）の間の職掌分担に関して，次のように規定している。

①中央各省の職責

　中央の省庁は，省の地方出先機関に属する職員の員数と組織構成に関する決定権，地方出先機関の職員の任命，異動，罷免，採用，懲戒，賞与に関する決定権，地方出先機関の職員の研修，機材提供，専門分野に関する指揮権，部門別全国計画の策定権，地方出先機関の予算支出計画の検査および認可権，省が定めた部門の命令の実施に関する検査権，並びに地方に所在する職員の技能を検査する権限を有する。

②地方党委員会の省の出先機関に対する指導

　地方党委員会（県党委員会，郡党委員会）は，各省の出先機関に対して，地方で活動する職員の政治思想面に関する訓練を実施し，地方の管理下にある幹部職員の配置に関する決定権，地方における政治，経済，文化，社会，国防＝治安，外交についての指導・検査権，並びに地方大衆団体の指揮権を有する。省の地方出先機関に置かれている党組織は，地方党委員会に付属する。

③地方行政首長の職責

　県知事と郡長など地方行政首長は，省大臣に対して省の出先機関に属する職員の活動を報告する権限，省の地方出先機関の実施が法律に反していないか検査する権限，並びに地方の各部局が作成した経済社会開発計画を相互に調整する権限を有する。

　この第 21 号決議によって，地方の専門行政は，部局の人事，予算計画策定を含めて中央省庁の命令系統に従って実施されることになり，従来に比べて地方党委員会と地方行政首長の専門行政に関する権限は，縮小された。
　一方で，第 21 号決議の規定をみると，地方の専門行政が中央省庁の命令系統で実施される基本原則を定めながらも，地方党委員会が地方の政治，経済，文化，社会，国防＝治安，外交について指導・検査する権限を有し，県知事が経済社会開発計画を調整する権限を有するなど，地方党委員会と県知事にも専門行政に関与する余地があるようにみえる。
　1994 年に中央機構改革委員会が公布した，「第 21 号決議の施行に関する指導通達第 08 号」(Lao P. D. R., Khana pappung kongchak khan sūn-kāng 1994; 以下，指導通達第 08 号) の規定をみると，中央省庁が地方出先機関に有している権限として，地方出先機関の組織決定権，地方出先機関の職員の任免権，地方出先機関の専門分野の指揮権，部門の全国計画の策定権，出先機関の予算決定権，並びに出先機関に対する検査権を有していることを定めている。その一方で，地方党委員会と県知事，郡長に，地方出先機関の員数配分と組織構成に対して意見を述べる権限を認めており，さらに，県レベルの局長・次長，郡レベルの課長・副課長の人事を決定するに際して関係省庁は地方党委員会，行政首長と意見を統一しなければならないこと，地方の出先機関が省に対して部門の計画案を提出する際には県知事から承認を得なければならないこと，省庁が地方の出先機関を検査するに際して地方と協力することが規定されている。
　以上でみたように，1991 年の憲法制定後，1980 年代の財務管理の失敗の反省に基づいて，首相令第 68 号を公布して財政の中央集権化を行い，第 21 号決議によって部門別管理の方針を定めて，地方の専門行政の命令系統を中央省庁に属するようにする行政の中央集権化が行われた。しかし，1980 年代後半から 1990 年はじめの社会主義体制の動揺の中で，体制維持のために県知事と県党書記を兼任させ，党による国家機関への指導を強化する方針も重視されてい

たため，地方でも県知事と党機関を通じて地方の国家機関を監督・統制する必要性があった。その結果，第21号決議にみられるように，行政の中央集権化は徹底されず，地方党委員会と県知事，郡長（地方党書記）にも地方の専門行政に対して関与する余地が残されることになった。

第7節　開発と治安維持のバランス
　　　── 1996年以降の地方分権化政策

1. 第6回党大会とASEANへの加盟

　本節では，1996年以降のラオスの地方分権化政策と県知事の権限強化をみることにする。1996年以降は，ラオスが東南アジア諸国連合（ASEAN）に加盟し，地域統合に参加する中で，地方の経済発展を促進することで自国の経済発展を加速することが課題となった時期である。従って，1996年の第6回党大会，地方分権化政策を開始することになった第6期党中央執行委員会第6回総会，2003年憲法，2004年の村グループの設置について分析し，地方分権化政策の意図と背景を明らかにする。

　1996年3月に開催した第6回党大会の政治報告では，今後の政策方針として，「……我々は，段階を経て着実に自らの祖国建設し，進歩発展させるための十分な能力を持っている。その精神に基づいて，2020年までの時期の目標を次のように定める。我が国が低開発国から脱するように尽力する……」という国家目標を定めた (Lao P. D. R., Phak pasāson pativat lao 1996: 29)。

　国家組織の分野については，「……組織機構を強固になるように積極的に改革し，行政を近代化し，効率的になるように積極的に改革し，中央の諸部門の間，中央の部門と地方の間，並びに縦の命令系統と横の命令系統の間を適合させた体制を実施する。そして，計画，事業および実務を，成果を生み出すように実施して，部局の長および地方による問題の解決の能力および責任を向上させる。……今後，地方行政法を検討し，公布する……」と述べた (ibid.: 53)。

　ラオスは1997年7月に東南アジア諸国連合（以下，ASEAN）に加盟した。また，

1997年のASEAN第2回非公式首脳会議では，2020年までにASEAN共同体を実現する方針が採択された。1996年はラオスがASEAN加盟を準備していた時期であり，当時，ASEAN共同体が実現する予定とされていた2020年までに自国の貧困を解消し，地域統合を進める中で他の加盟国との格差を解消することが，新たな国家目標となっていた。さらに，地域統合が政治体制に影響を与えないように，行政の効率化によって体制を強化することが新たな課題となった。

2. 開発における地方の主体性の強化 —— 1998年の党決議

1998年2月9日から18日まで開催された第6期党中央執行委員会第6回総会では，その後の国家機構改革および職員業務改革について検討し，行政改革の基本方針について定めている。会議では，中央の行政をマクロ業務に専門化させる一方で，業務の実施は地方行政機関に担当させ，省レベルのマクロ業務に適合しない業務と組織については，業務と予算を含めて地方に権限を委譲すべきである，とする地方分権化政策の方針が決定された。

この会議では，従来の地方行政の問題点について，「……中央レベルと地方レベルの国家機関の間での職掌分担と調整が多くの部分で不明確であり，そのことが部門別管理と地域に従った管理メカニズムの実施において混乱を生じさせている。」と指摘されている。さらに，「……地方行政機関，例えばいくつかの県は，自らの役割と責任が十分に拡大されておらず，開発のために現地の資源，資金，労働に関する潜在力の開発がまだ強固に行われておらず，いくつかの県は，まだ（中央に；筆者）依存した考えを持ち，自らに能力が無いとみなしており，そのことが，県内部の能力の拡大にとって障害となっている。郡レベルは，まだ職員，実施手段と資金が欠けているために強固な実施レベルになっておらず，村レベル行政機関は真に改革が行われておらず，まだ地方での安定した行政レベルになっていない。……」ことが指摘された（Lao P. D. R., Khana-bōlihān-ngān sūn-kāng phak 1998: 5）。この指摘から，1991年に行政の中央集権化が行われ，地方の専門分野での権限が縮小したことによって，地方レベルでは中央の財源と職員に依存し，開発における地方の主体性が失われてしまう現象が生じていたことが示されている。

さらに，行政改革の基本方針については，「……将来の国家の工業化と近代

化のための基本条件を準備するために，……政治制度改革を継続し，党の指導の下で，人民の，人民による，人民の利益のための国家という，我が国家の良き本質を積極的に維持拡大する。また，組織機構と行政に関する規則体系を，持続的，合理的，かつ効率的になるように尽力する……」と定められた (Lao P. D. R., Khana-bōlihān-ngān sūn-kāng phak 1998: 7)。この指示から，1998年の行政改革が，党の指導的役割を変更するものではなく，あくまでも行政の合理化，効率化の向上を目指した改革にすぎないことがわかる。

その一方で，政府の機構改革については，「……政府の組織を，業務の実施において質が高く，簡素で，合理的で，効率的にする。同時に中央の行政をマクロ業務に向かわせるように転換し，実質的な業務の実施については地方行政機関と基層単位の責任と主体性を高め，拡大することによって，地方と基層単位に行わせるように転換する」，「……重要なことは，各省庁に従属する局，部，単位の改革に配慮することであり，省レベルのマクロの役割に適合しない業務および組織は，業務，機構，実施手段，予算を含めて地方に責任を譲与しなければならない」と指摘している。さらに，財務に関する行政改革については，「……部門と地方の責任と主体性を高めるために，財務と予算の管理の権限を，さらに（地方に；筆者）委譲しなければならない……」と指摘している (Lao P. D. R., Khana-bōlihān-ngān sūn-kāng phak 1998: 8, 9, 11)。つまり，通貨金融政策など中央政府が担当すべき業務を除き，予算を含めて積極的に地方に管理権限を委譲する方針が示された。

同会議では，県のマクロ管理と実施に関する職責として，①地方での治安と秩序の維持，②権限の範囲内での国際交流の実施，③国家が定めた法令，政策の厳格な実施，④国家経済社会開発戦略計画と国家予算，特にマクロ数値目標の実施，国家計画の地方実施計画への転換，⑤委任と責任の委譲に従った地方で実施されている政府活動の管理，⑥資金が少額で技術が複雑ではなく国家レベルの政治と外国投資に関係しない小規模事業の認可・管理，⑦国会の承認に従った予算の歳入の発掘，予算歳出の管理，⑧地方内での管理規則の公布，⑨管轄下に置かれている職員に対する養成，管理，手当ての実施，を認めている (Lao P. D. R., Khana-bōlihān-ngān sūn-kāng phak 1998: 12, 13)。

この中で示されている新しい点は，小規模投資について地方に許認可権を与えることを定めた点 (⑥)，予算の歳出を管理することを定めた点 (⑦)，である。すなわち，この地方分権化政策は，地方に対して公共事業の管理と予算管理に

ついて，地方に一定範囲の権限を委譲することで，地方に対する開発での主体性を高める政策であるといえる。

　郡レベルについては，都市部の郡と一般の郡に区別し，郡の中心部または県の中心部を都市部に適した組織形態にすることを検討すると定め，同時に，都市部の郡に歳入の発掘，秩序の維持，都市の衛生に関係する活動を認可・管理する権限を与えることが規定された (Lao P. D. R., Khana-bōlihān-ngān sūn-kāng phak 1998: 13, 14)。すなわち，郡レベルの改革では，都市部のために財務と衛生管理について，より大きな権限を与えることが意図されていたのである。

　村レベルについては，村の紛争調停機関および新しい文化村建設（紛争の無い村，社会問題が無い村，清潔な村，焼畑を行わない村，生産を行う村，非識字者の無い村，貧困の無い村）を促進することが目標とされ，村に行政能力を持たせるために村の設置に関する首相令を改正し，郡長が村長を任命するように変更すると述べられている (Lao P. D. R., Khana-bōlihān-ngān sūn-kāng phak 1998: 14)。つまり，村レベルの行政能力の強化についても課題としてあげられた。

3. 2003年の憲法改正における県知事制の維持

　1991年に制定された憲法は，その後，2003年に改正が行われた。2003年の憲法改正によって，地方行政にどのような変化が加えられたのかについて考察する。

　1998年に，ラオスでは従来の1991年憲法の改正に関する議論が開始された。そして，2002年9月の第4期国会第8回通常会期において憲法改正の方針が決定された。2003年1月3日に憲法改正のための国家委員会を設置して起草作業が始まり，2003年2月に改正草案に基づいて人民討議が行われた。2003年5月6日，第5期国会第3回通常会期において憲法の改正が採択され，2003年5月28日に国家主席によって公布された（瀬戸2007：253, 254）。

　2003年に改正された憲法（以下，2003年改正憲法）の特徴は，グローバル化と地域統合に対応することが目指されている点である。従って，改正された条文の多くが経済政策の領域に集中しており，世界貿易機関 (WTO) への加盟とAFTAへの参加に関係して，工業化と近代化によるラオス経済の発展の加速と，その手段としての外国からの投資の奨励と保護，人材資源開発の重視，知的財産権の保護が新たに規定されている。その一方で，1991年憲法には明記され

ていなかった。社会主義体制への移行を目指すという目標が前文と経済管理の条文の中に明記され，さらに国防＝治安の章を新たに設けて軍と警察の生活保護に配慮すること，国民の国防への参加義務が規定されるなど，現在の政治体制の維持にも配慮が行われた改正であった（瀬戸 2007：366）。

　2003年の憲法改正の過程では，地方行政について次の2点が論点となった。第1に，県知事の任命権者の問題である。これまでラオスでは，県知事の上に内務省などの統括機関が設置されておらず，県知事と各省大臣が政治的に同格であるため，中央の各省の命令，法律の地方での実施がしばしば不徹底であるという問題が生じていることが認識されていた。そのため，県知事を，各省大臣の任免の場合と同様に国家主席によって任命されるのではなく，それより格下の首相によって任免されることが提案されていた。憲法改正の人民討議草案では，変更の理由として，「中央レベルと地方レベルの管理において，任命又は罷免に関する職掌分担を行政の縦の組織制度（部門別管理制度）に適合したものにするためである」と説明している。しかし，その後の草案の検討過程において，県知事の任免権は，1991年憲法と同じく国家主席の権限に戻った（瀬戸 2007：357, 358）。

　第2に，郡レベルに新たに「市（Thēt-sabān）」を設置することを定めた。改正草案では，「県の市」，「中央直轄市の市」を設置すると定めていたが，改正憲法では，郡レベルと同格の「市」のみになった。新たに設けられた市長の権限は，主に都市衛生など都市行政に必要な権限が定められた（瀬戸 2007：358）。

　以上のように，2003年の憲法改正による地方行政の変更点は，郡レベルに新たに市を設置し，市長に都市計画，公共サービス，衛生など都市行政に関する権限を与えたことが特徴であるが，県知事制と郡長制，県知事が国家主席によって任命され，郡長が首相によって任命される中央集権的な地方行政の枠組みなど1991年憲法で規定された地方行政の基本枠組みは変更されていない（Lao P. D. R., Saphā-hāēng-sāt 2003a）。この点から，1998年以降の地方分権化政策は，1984年の地方分権化政策のように地方人民行政委員会，地方人民議会に対する権限の委譲（devolution）ではなく，県知事制の下での地方出先機関への権限の分散（deconcentration）に過ぎない。

4. 村の統合と管理の強化 —— 2004年以降

　後に第3章でみるように，2001年から2003年の時期は，ヴィエンチャン県，シエンクアーン県などにおいて少数民族による公共交通網への襲撃が発生するなど，地方で治安が悪化していた時期であった。このような状況下で，党はグローバル化と地域統合に積極的に参加しつつも，地方の治安を維持するために，村レベルの開発と村の管理の強化に政策の重点を移していく。2004年に，党政治局によって，「村および村グループの設置に関する党政治局指導通達第09号（2004年7月8日）」（Lao P. D. R. Phak pasāson pativat lāo, Kom-kān-mēuang sūnkāng phak 2004; 以下，指導通達第09号）が公布され，村の統合と開発の促進が進められた。

　指導通達第09号では，村に対する郡の指導，治安＝国防，経済・社会開発を強化するために，5から7の村を統合して開発村グループを形成することが指示されている。この通達では，開発村グループの設置が，(1) 政治的内容，(2) 国防＝治安的内容，(3) 経済的内容，(4) 文化＝社会的内容の4つの内容を持っていると説明されている。さらに，(1) 政治的内容では，基層党委員会が村グループに設置されて各村を指導し，(2) 国防＝治安的内容では，村グループに警察を駐在させることが定められ，(3) 経済的内容では，開発のために居住地と生産地の配分を行って農林業加工工業を促進し，(4) 文化＝社会的内容では，村グループに小規模病院と中学校を設置することが指導されている。そして，村グループを指導するために，郡党委員会の各メンバーが，それぞれ各村グループの指導を担当し，郡党委員が村グループ基層党委員会の書記として指導することが通知されている。

　指導通達第09号にみられるように，村グループの設置は，郡党委員会が村グループを通じて各村に対する指導を強化し，村グループ警察を常駐させることによって治安維持を強化する一方で，村グループ単位で商品生産活動を行い，病院，学校を建設することで地域の開発を促進するための政策であり，その後も地方の開発と治安維持のための重要手段として位置付けられているのである。

小括

　本章では，党文書と法令を分析することによって，現在のラオスの地方行政と中央地方関係の基本構造となっている県知事制，県党書記と県知事の兼任体制，部門別管理制度の形成過程を考察した。本章でみたとおり，1975年の現体制の成立以降，党の政策課題は，体制の強化と治安の維持が課題となっていた時期（1975年～1981年），経済建設と改革路線の実施が課題となっていた時期（1982年～1988年），ソ連・東欧の社会主義体制の動揺・崩壊に際して一党支配体制を維持することが重要課題となっていた時期（1989年～1995年），ASEANへの加盟など東南アジアの地域統合に対応していくことが課題となった時期（1996年～），など，各時期において変化し，党の政策変更が地方行政の形成と中央地方関係にも大きな影響を与えてきた。

　第1の時期の地方行政を考察すると，1975年の現政権の成立後，ラオスでは，ヴェトナムから社会主義型の地方行政モデルが導入された。1978年に制定された地方行政組織法では，市民から直接選挙で選出される地方人民議会が地方の人事，事業計画，予算案を採択し，地方人民議会から選出される地方人民行政委員会が地方専門部局を指揮して行政を行う制度であった。そして，この時期は，新体制の確立・強化のために統一戦線政策が行われ，旧ラオス王国政府の職員を再教育して行政官として採用し，治安を安定させるために少数民族との融和にも配慮されていた。このような政策は，この時期に生じていた中越戦争，少数民族の抵抗などに対抗するために必要な措置だった。中央地方関係においては，1978年から1983年まで地方分権化政策が行われ，地方の中で予算を決定することが認められていたが，この政策は，県を経済・国防単位とし，地方が自給自足的な経済を形成しながら国防・治安業務を担当できるようにするための政策だった。

　第2の時期は，経済建設と改革路線の実施が重要だった時期である。党の政策は，従来のような国内の団結から経済建設へと政策の重点が移り，政府の職員も経済に関する知識，階級性が重視されるようになった。しかし，この当時は地方党委員会も小学校レベルの学歴しか持たないことが多く，経済管理などの専門分野を行うには困難があった。1986年に経済改革路線が明確になると，党は指導幹部の不足を補うために党委員会の長と行政委員会の長を兼任させる体制がとられるようになり，1989年には，社会主義諸国からの援助の減少に

より国家機構の縮小が課題となると，党による国家機構の代行が進むように変化していた。この時期は，経済建設を促進するために，1984年から1988年まで人事管理，建設事業，関税徴収，貿易などの多くの権限が地方に委譲され，インフラと通信に困難がある中で，地方が自立的に経済発展を行うことが求められた。

　第3の時期は，東欧・ソ連における社会主義体制の動揺と崩壊の中で，一党支配体制をどのように維持するかが党の最大の課題とされていた時期である。1991年の政治制度改革の議論では，ソ連と東欧諸国からの教訓として，党の指導的役割を維持・強化すること，民族問題を引き起こさないように民主主義の拡大を行わないことが方針として定められていた。その結果，地方人民議会と地方人民行政委員会が廃止され，県知事制・郡長制が採用されることになった。新たに導入された県知事制・郡長制は，県知事が国家主席によって任命され，郡長は首相によって任命されるなど，中央によって任命される制度である。この改革の背景として，いくつかの県では，党組織が十分に形成されておらず，ボーケーオ県，ヴィエンチャン県では県党大会が一度も開かれていなかったことがある。したがって，地方議会により地方行政の長を選出することに不安があったと考えられる。さらに，1980年代後半に中央が地方の財政をコントロールできないという問題が生じていたことから，この時期に部門別管理制度を導入し，地方の専門行政の命令系統を中央省庁に属するように転換したが，一方で，体制維持のために県知事と地方党委員会による各部局への指導的役割と統制を維持することも重要な課題であったため，地方党委員会と県知事にも地方の専門行政に関与する余地が残される形となった。

　第4の時期は，ラオスの地域統合への参加が始まり，経済開発を加速して貧困削減を進めながら党の支配体制の強化が必要となってきた時期である。ラオスでは，1998年に地方分権化政策を行い，小規模事業の許認可権限，財務管理の地方への分散を行った。この政策は，地方に開発の主体性を持たせることで経済開発を促進することを意図したものである。一方で，2003年の憲法改正においても，県知事制，部門別管理制度など，1991年の政治制度改革と憲法制定によって形成された地方行政の基本原則は変更されず，この時期の地方分権化政策は，あくまでも県知事制下での地方への権限の分散に過ぎない。さらに，2000年代のはじめの治安の悪化により村レベルでの経済開発の促進と村の統制に政策重点を移すようになった。

以上，ラオスでは，国際情勢の変化と，それにともなった党の政策変更が，ラオスの地方行政の形成と中央地方関係の変化に大きな影響を与えていたことが明らかになった。特に，ラオスでは，冷戦の終結にともなった体制の危機と地方での党組織の形成の遅れという事情から，一党支配体制と地方の治安の維持を重視して，県知事制を通じて党中央が地方を統制するメカニズが形成された。これが1980年代の行政の混乱を反省して1993年に専門行政の中央集権化（部門別管理制度の採用）を行ったにもかかわらず，県知事と地方党委員会に専門行政に関与する余地を残す要因となったと考えられる。さらに，1990年代後半以降の開発促進政策でも，地方に開発の主体性を与えるために県知事に権限が与えられることになるなど，専門行政の中央集権化の原則が徐々に緩んでいく結果になっていたことが明らかになった。

第 3 章
県知事制形成の背景
――― ヴィエンチャン県党委員会の変遷 ―――

本章では，ヴィエンチャン県での党組織の形成と行政の変化を分析することによって，ラオスの地方党組織が抱えていた課題と1991年に県知事制が導入された背景について考察する。

　本書の第1章と第2章で考察したとおり，ラオスでは1991年の地方行政改革の中で県知事制が形成された点が特徴であり，この改革によって県知事・郡長を中央が任命することが制度化され，さらに地方人民議会と地方人民行政委員会が廃止されたことによって，県党委員会書記を兼任する県知事に権限が集中するメカニズムが形成された。

　しかし，なぜ1991年に県知事制が形成され，2000年代においても維持されているのか，その要因となった地方の状況については，これまで十分に明らかにされていない。従来の先行研究では，1991年に県知事制が導入された背景として，財務・予算管理の中央集権化を行うためであったと指摘されていたが，第2章でみたように，1991年の制度改革では，一党支配体制の維持という理由も制度改革の大きな原因であった。また，1980年代の前半において地方の管理が達成されたとする見方では，1991年に県知事制が導入され，今日まで維持されている背景が説明できない。この問題を明らかにするには，県レベルでの地方行政の形成過程に関する具体的な事例から考察する必要がある。

　本章では，ヴィエンチャン県が作成した県史（Naovarat 1998）とヴィエンチャン県で行ったインタビューに基づいて，内戦期から2006年までのヴィエンチャン県の県党委員会の変遷と県内の状況を考察する[1]。第2章でみたように，タイ，中国と国境を接していた県では，1980年代に党組織の形成が遅れていた。本章で明らかにするように，ヴィエンチャン県では，県内の治安の問題，党組織内の対立の問題があったために，1993年まで県レベルの党大会が組織できず，2006年の第8回党大会まで，中央での全国党大会の前に県党大会を開催できなかった。ヴィエンチャン県の各時期の党組織と地方行政の課題を明らかにすることによって，ラオスの地方が抱えていた問題と，ラオスで県知事制が形成され，維持されてきた背景について明らかにする。

---

1) ヴィエンチャン県史は，1993年から2001年まで県知事であったムーンケーオ・オーラブーンの指導により，県官房職員によって執筆され，1998年に出版された本である。執筆当時はまだ存命していた，かつての革命家にインタビューを行って得た情報によって作成されており，現在では得ることができない1960年以前の党組織の状況を知ることができる。

第1節　ヴィエンチャン県党委員会の形成過程と権力掌握

1. ヴィエンチャン県党委員会の設立 ―― 1950年代

　1975年にラオス人民革命党が全国の行政を掌握する過程では，それまで内戦期を戦ってきた革命闘士たちが新たに地方の行政官として参加していく。そのため，ラオス内戦期においてヴィエンチャン県の党委員会がどのように形成されたのか，その中でどのような人物が活動していたのかについて分析し，1975年の県行政の形成への影響を考察することが重要である。ヴィエンチャンは，メコン河沿いに位置し，内戦期はラオス王国政府の支配領域の中心であった。したがって，ラオス王国政府の支配領域の中で，党がどのように県の党組織を形成したかについても考察することができる。

　1975年に現体制が樹立される前のラオス王国政府時代においても，現在と同様にヴィエンチャン中央直轄市とヴィエンチャン県が分かれて設置されていた。しかし，その領域は現在とは異なっていた。革命以前のヴィエンチャン中央直轄市は，チャンタブーリー郡，シーコータボーン郡，サイセーッター郡，シーサッタナーク郡の4つの郡のみであった。一方，ヴィエンチャン県は，現在の県の領域に加えて，現在ではヴィエンチャン中央直轄市に含まれている5つの郡（ナーサーイトーン郡，サイターニー郡，ハーッサーイフォーン郡，サントーン郡，パークグム郡），さらに現在はボーリーカムサイ県に含まれている郡（パークサン郡，パークカディン郡）までを含む，広大な領域から成っていた。

　第二次世界大戦末期は，日本軍がラオスを占領していたが，日本軍の降伏に伴って，ラオスの独立をめざす自由ラオス（ラーオ・イッサラ）グループは，1945年10月25日に独立を宣言し，自由ラオス政府を樹立していた。しかし，1946年4月24日にフランスはヴィエンチャンを再占領し，自由ラオス政府はタイに亡命した。このような状況の中で，ヴィエンチャンにもインドシナ共産党の党委員会が設置されて抵抗運動が継続されていた（Naovarat 1998: 44-47）。

　この当時，ヴィエンチャン県における抵抗運動の中心になった人物は，ムーン・ソムヴィチットである。ムーンは，現在のヴィエンチャン中央直轄市

ハーッサーイフォーン郡ホーム村の出身で、革命に参加する前はフランス軍の兵士であった。しかし、フランス人から虐待を受けた事をきっかけに、フランスに反抗して抵抗運動に参加した。ムーンは、1946年にフランス軍がラオスに再侵略するとタイのノーンカーイ（ターボー村）に移り、そこからラオス国内の抵抗運動を指揮した。彼の部下であるブンクアーン、ブンスーはラオス国内に潜入し、パークグム郡からフーアン郡で活動を行った[2]。その後、自由ラオス運動指導部の指示に従って、1947年1月に24名の自由ラオス兵士とともにヴィエンチャン県に戻り、抵抗部隊であるファーグム隊を設立した（Naovarat 1998: 50)[3]。ムーンが中心となって活動を行ったのは、ヴィエンチャン県の山地部にあるフーアン郡であり、ここに革命根拠地を形成した。現在は、彼の名前をとったムーン郡が設置されている。その後、ムーン・ソムヴィチットは、1975年にヴィエンチャンを解放した際に、初代のヴィエンチャン県人民行政委員長に就任することになる。

1950年8月13日に、スパーヌヴォンは全国抵抗戦線代表者会議を開催し、自由ラオス戦線政府を設立した。この政府には、スパーヌヴォン、カイソーン、ヌーハック・プームサヴァン、プーミー・ヴォンヴィチットなどのラオスの革命の中心となる指導者が参加しているが、この会議には、ムーンをはじめ7名がヴィエンチャン県を代表して参加した（Naovarat 1998: 53）。その後、ムーンは、1954年に中央（サムヌーア）で補給部長に就任し、ヴィエンチャン県党書記には就任しなかったが、1957年以降は、中央でヴィエンチャン県に対する指導を行っていたとされる[4]。

1951年にインドシナ共産党第2回党大会において、党を解散して各国に共産党を設立する方針が決定され、ラオスでも自国の党の設立が準備された。1955年にラオス人民革命党の前身であるラオス人民党が設立されると、翌年の1956年10月に、ヴィエンチャン県にも新たに県党委員会が設置された。この時のメンバーは、表3-1のとおりである。

この時に県党書記に任命されたチャーンタンは、現在の首都ヴィエンチャン

---

[2] ヴィエンチャン県における聞き取り（2012年2月）に基づく。
[3] ムーンがラオスに戻った際に、部下だったブンクアーンは、自らがファーグム隊の隊長になれなかったことに不満を持ち、ムーンから離れてフランス側に寝返ったため、ムーンの命令によって殺害された。
[4] ヴィエンチャン県における聞き取り（2012年2月）に基づく。

ムーン・ソムヴィチット
Naovarat, Souraphonh. 1998. Pavasāt Khwāēng Vīentiane. (ヴィエンチャン県の歴史). Vīangchan: Khwāēng Vīangchan.

表 3-1　ヴィエンチャン県党委員会（1956 年）

	氏名	党委員会
1	チャーンタン	県党書記：県副知事（革命側）
2	チャンミー・ドゥアンブッディー	県党副書記
3	ティッケーン	県党常務委員：県知事（革命側）
4	ティッカンニャー	県党委員
5	チャンディー	県党委員
6	ペン	県党委員
7	トーン	県党委員
8	ブンマー	県党委員
9	チャムピー	県党委員
10	カムタン	県党委員

（表の二重線より上は県党常務委員，Naovarat 1998: 61. に基づき筆者作成）

市サントーン郡の出身であり，ムーン・ソムヴィチットと共にヴィエンチャン県の山地部で基層建設の活動をしていた人物である。当時の県党委員会の職責は，党組織の形成など政治基盤の建設を行うことであり，ラオス王国側が革命根拠地であるサムヌーア，ポンサーリーを攻撃しないように妨害活動を行うことだった。革命側の活動家たちは，党本部のあるサムヌーアとヴィエンチャン県を行き来しながら秘密裡に行動していた。また，ヴィエンチャン平野でキャッサバを栽培し，それを食糧として革命根拠地であるサムヌーアに送ることも任務とされていた。当時は，状況に応じて任務が変化するために，県党委員会の中で，どの委員がどの職務を担当するかは流動的であった[5]。

---

5) ヴィエンチャン県における退職職員からの聞き取り（2012 年 2 月）に基づく。

1958年に，党中央は，党中央委員であるティッムアン・サーオチャンタラーを派遣して，ヴィエンチャン県党書記に任命し，ヴィエンチャン県知事を兼任させた（Naovarat 1998: 64）。ティッムアンは，現在の首都ヴィエンチャン市ナーサーイトーン郡の出身であり，1950年ごろは，ヴィエンチャン県内で活動を行っていた。その後，党中央（サムヌーア）で活動していたが，ヴィエンチャン県では党組織が脆弱だったために，党中央から支援のために派遣されたとされる[6]。

　このように，ヴィエンチャン県は，革命側の活動の最前線であると同時に，党中央に対する食糧提供地としての役割を果たしていた。ティッムアンは，ヴィエンチャン県に派遣される前は，党中央で兵站補給担当をしていたため，ティッムアンのヴィエンチャンへの派遣は，ヴィエンチャン県からの食糧確保を強化する意図があったと考えられる。

2. ラオス王国政府との戦闘の激化と敵の撹乱 ── 1960年代

　1962年には，右派（プーミー・ノーサヴァン），中立派（スヴァンナプーマー，コンレー），左派（ラオス愛国戦線）の間で連合政府が成立した。それに伴って，ヴィエンチャン県では，1962年11月に全県職員会議が開催され，表3-2のように新しい県党委員会として17名が選出された。連合政府には革命勢力（左派）の政治家も参加したため，党中央が置かれているサムヌーアと首都ヴィエンチャンの連絡地点であるヴィエンチャン県が重要になったことが背景にあると考える。

　新たにヴィエンチャン県党書記になったティッケーンは，かつてサントーン郡において，ムーン・ソムヴィチットの下で基層建設活動を行った人物である。また，新たに県党副書記になったカムパイ・ウンダーラーは，1983年にヴィエンチャン県党書記となる人物である[7]。その他に，序列5番のブンホーム，序列9番のトーンペーンも，1980年代前半のヴィエンチャン県党委員会のメンバーになる。このように，1960年代に活躍した革命運動の闘士たちが，1980年代前半にヴィエンチャン県党委員会の主要メンバーを形成していくことになる。

6）　ヴィエンチャン県における退職職員からの聞き取り（2012年2月）に基づく。
7）　ヴィエンチャン県における退職職員からの聞き取り（2012年2月）に基づく。

表3-2　ヴィエンチャン県党委員会（1962年）

	氏名	党委員会
1	ティッケーン	県党書記
2	カムパイ・ウンダーラー	県党副書記
3	チャンティー・カムムンクン	県党常務委員
4	チャーンタン	県党常務委員
5	ブンホーム・スパントーン	県党委員
6	チャーンケーン	県党委員
7	ポーンサイ	県党委員
8	カムシー	県党委員
9	トーンペーン・スックラーセーン	県党委員
10	チャーンウン	県党委員
11	カムタン	県党委員
12	ムアン	県党委員
13	ティッディー	県党委員
14	トーンヴィン	県党委員
15	カムニョーット	県党委員
16	インペーン	県党委員
17	ブンクン	県党委員

（表の二重線より上は県党常務委員．Naovarat 1998: 68. に基づき筆者作成）

　1960年代の県党委員会の任命過程では，党中央が書記と副書記を任命し，委員の数を決定する一方で，県党書記が委員候補者を中央に報告し，中央が承認していたとされる。つまり，中央によって承認された委員がどの職務を担当するかについては，県党書記が決定することができた。さらに当時，ヴィエンチャン県はラオス王国政府側の支配地域であるため，県党委員会の名簿が存在するだけで県党委員会の会議が開かれることはなかったとされる。理由は，予算がなかったことと，メンバーの安全が保証できなかったためであった[8]。

　1964年には，アメリカ軍による戦争支援が拡大し，ラオス王国政府側から革命勢力への攻撃が激しくなる中で，県党委員会がより迅速に指導が行えるように，ヴィエンチャン県を東部と西部の2つの区域に分離した。そのうち，東部ヴィエンチャン地区は，ホム郡，ヴィエンチャン平野，パークサン郡の一部が含まれていた。東部ヴィエンチャン県党委員のメンバーは，表3-3のとおりである。新たに党書記に就任したチャンティーは，これまで県党常務委員として活動していた人物であり，ヴィエンチャン県内の出身である[9]。

---

8)　県党委員会元委員からの聞き取り（2006年9月）に基づく。
9)　ヴィエンチャン県における退職職員からの聞き取り（2012年2月）に基づく。

表3-3　東部ヴィエンチャン県党委員会(1964年)

	氏名	党委員会
1	チャンティー・カムムンクン	県党書記
2	トーンペーン・スックラーセーン	県党副書記
3	ブンホーム・スパントーン	県党常務委員
4	チャーンケーン・ペーンノーリン	県党委員
5	ブンクン	県党委員
6	ティッディー	県党委員
7	ムアン	県党委員
8	トンネンヴァー	県党委員
9	ニョンカオ	県党委員

(表の二重線より上は県党常務委員，Naovarat 1998: 69. に基づき筆者作成)

表3-4　西部ヴィエンチャン県党委員会(1964年)

	氏名	党委員会
1	ティッケーン	県党書記
2	カムパイ・ウンダーラー	県党副書記
3	チャーンタン	県党常務委員
4	ポーンサイ	県党委員
5	カムタン	県党委員
6	カムシー	県党委員
7	トーンヴィン	県党委員
8	カムニョーット	県党委員
9	インペーン	県党委員

(表の二重線より上は県党常務委員，Naovarat 1998: 70. に基づき筆者作成)

　西部ヴィエンチャン地区は，メコン河沿岸の地域であり，山地部のメート郡，ヴァンヴィエン郡，カーシー郡，フーアン郡，サナカーム郡のほかに，現在サイニャブーリー県にあるパークラーイから成っていた。西部ヴィエンチャン県党委員会の構成は，表3-4のとおりである。県党書記には，これまでヴィエンチャン県党書記を務めていたティッケーンが就任している。
　ヴィエンチャン県では，1967年から1968年まで，シエンクアーン県の近くでモン族が多く居住するホム郡ローンサーン地区とパーラヴェーク地区において，革命側の部隊と，ラオス王国政府の第5軍区の部隊，モン族部隊であるヴァンパーオの部隊との間で戦闘が行われた。東部ヴィエンチャン県党委員会は，戦闘において県地方軍を指導して敵の後方撹乱を行った。この戦闘では，地域の民兵が戦場の地理を把握していたため，敵に対して有利に活動できたと指摘されている(Naovarat 1998: 72, 73)。

このように，1960年代，ヴィエンチャン県では，革命側の部隊とラオス王国政府軍の間での戦闘が激しくなり，県党委員会は地方軍を率いて，地域の民兵と協力しながら敵を撹乱することが主な役割になっていた。この状況の中で，ティッケーン，チャンティーのように地元出身で，地域の地理状況を良く把握し，地域で革命闘争を行ってきた人物が県党書記を務めることが必要であった。ティッケーン，チャンティーは党中央委員ではないが，当時の状況から，彼らは中央からの指令によって作戦活動を行っていたと考えられる。

3. 権力の掌握と新しい行政の形成 —— 1970年代前半

1972年に党中央は，サムヌーアのヴィエンサイにおいて第2回党大会を開催し，党名をラオス人民革命党に変更した。そして，1974年11月に党中央は，政権の奪取を進めるために，右派勢力を分断し，右派の兵士を転向させ，ラオス王国政府の統治機構を弱体化させることに関する決議を公布した。この決議に従って，ヴィエンチャン県党委員会は，県内の人々を動員して行政権力の奪取に向けた準備を進めた。その結果，1975年8月23日にヴィエンチャンで2万人が集まる集会が開かれ，ヴィエンチャンの行政権の掌握と旧行政の廃止が宣言され，革命行政委員会が設置された。そして，かつてヴィエンチャン県の革命軍を設立したムーン・ソムヴィチットによって，ヴィエンチャンの権力奪取の完了が宣言された (Naovarat 1998: 75, 79, 80)。

1975年8月にヴィエンチャンの行政権を掌握したことによって，革命側は全国の統治権の掌握を完了した。その後に，党の指導の下で新たな行政を建設するために，11月に全国において地方レベルの人民議会の選挙を行った。ヴィエンチャン県でも選挙が行われ，県人民議会議員として40名が選出された。同時に，15名からなる県人民行政委員会が選出された。この時に選出されたヴィエンチャン県人民行政委員会のメンバーは，表3-5のとおりである。

この時の県人民行政委員会のメンバーは，1975年8月23日にヴィエンチャンの権力奪取を指導したヴィエンチャン県・中央直轄市権力奪取動員委員会のメンバーと同じであるとされる[10]。革命闘争の初期にヴィエンチャン県で革命軍を設立したムーン・ソムヴィチットが県人民行政委員長になり，副委員長に

---

10) ヴィエンチャン県における聞き取り (2012年2月) に基づく。

表 3-5　ヴィエンチャン県人民行政委員会（1975 年 11 月）

	名前	メンバーの担当	党の役職	県人民議会
1	ムーン・ソムヴィチット	委員長	党中央執行委員	議長
2	カムパイ・ウンダーラー	副委員長	県党常務委員	議員
3	ウンカム・ルアンラート	副委員長	×	議員
4	ティッセーン・コーッカムター	組織担当	県党委員	議員
5	ブアライ・セーンチョンハック	軍司令部	県党常務委員	議員
6	ブンホーム・スパントーン	宣伝担当	県党常務委員	議員
7	ポーンサイ・スリヴォン	（不明）	県党委員	議員
8	トーンミー・ポムミーサイ	農林担当	県党委員	議員
9	シーヴォーン	軍司令部	×	議員
10	ラップ・チャンタブーリー	官房	×	議員
11	シーホー・バンナヴォン	保健（病院）	×	議員
12	カムポーン・スカスーム	県女性同盟	×	議員
13	チャンペン・ブッパー	女性同盟中央	党中央執行委員	議員
14	トーンドゥアン・チャンタラー	県治安・警察	県党委員	議員
15	クームック・パムアン	教育担当	×	議員

※網掛けがある人物は旧ラオス王国政府員，下線がある人物は旧愛国中立派の人物である。（県の情報に基づき筆者作成，2012 年 2 月）

は西部ヴィエンチャン県党副書記だったカムパイ・ウンダーラーが就任し，委員に東部ヴィエンチャン県党委員会のメンバーであったブンホーム，西部ヴィエンチャン県党委員会のメンバーであったポーンサイが参加するなど，多くの革命闘争の闘士たちが委員に就いた。

　権力奪取を行った当時は，多くの地域で軍人だった人物が多く行政官に転換したと指摘されている。例えば，表の中のブンホームは，解放闘争期に軍人（大佐）であったが，行政官が不足していたために行政官に転換した人物の一人である[11]。

　表のメンバーをみると，ウンカム，ラップ，カンポーンなど，旧ラオス王国政府の職員から革命側に転向した職員，シーヴォーン，クームックなど愛国中立派の人物が参加している[12]。また，この時に選出された県人民議会には，ヴィエンチャン県の有力者，影響力を持っていた人物が議員として選出され，中には地元の商人も含まれていたとされる。つまり，県人民議会議員は，必ず

---

[11] ヴィエンチャン県における聞き取り（2006 年 9 月）に基づく。
[12] 愛国中立派は，1960 年のコンレーのクーデター後に生じた，中立政策を支持するグループの中で，革命勢力と協力するようになった人々の呼称である。

しも党員に限られていなかった[13]。第2章でみたように，この当時，新しく発足した地方人民議会，地方人民行政委員会の中に体制と協力できる多くの党派を取り込むことによって，統一戦線を組む体制が形成されていたと考えられる。また，それまで2つに分かれていた東部ヴィエンチャン県党委員会と西部ヴィエンチャン県党委員会は1975年に統合された。

　以上，内戦期のヴィエンチャン県党委員会の活動にみられるように，内戦期の県党委員会は，革命組織として秘密裏に活動し，地方軍を統率して軍事活動に貢献することが大きな役割であった。この当時のヴィエンチャン県党書記は党中央委員を兼任しておらず，地元出身の革命家から選出されているが，これは党中央から地方への統制が行き届いていないという意味ではなく，ラオス王国政府側が軍事的に優位であるヴィエンチャン地域での解放闘争を達成するために，ヴィエンチャン県の地理的条件を良く知る地元の革命家たちが中心となることが，軍事戦略上，不可欠だったためである。1975年の権力掌握後は，革命兵士が行政官に転換し，党員以外の多くの党派とも協力することによって体制を安定させることが試みられた。

第2節　新体制下での行政の確立と治安の維持

1. 党中央からの指導部の異動と人民行政委員会の統一戦線的性格 —— 1976年

　1975年12月2日以降，人民民主主義体制による新たな国家建設過程が開始された。第2章でみたように，当時の党は，ラオスを「東南アジアにおける社会主義陣営の前線基地」として位置付けていた。特に，ヴィエンチャン県とヴィエンチャン中央直轄市は，自由主義陣営の一員で王制であるタイと200キロメートル以上の長さで国境線を接していることから，まさに最前線に位置していたことになる。

13）ヴィエンチャン県における聞き取り（2012年2月）に基づく。

表3-6 ヴィエンチャン県・中央直轄市指導委員会（1976年）

	名前	党務	委員会
1	シーサヴァート・ケーオブンパン	党中央執行委員，党書記局員	委員長
2	サーリー・ヴォンカムサーオ	党中央執行委員，党書記局員	副委員長
3	ムーン・ソムヴィチット	党中央執行委員	委員
3	ティッムアン・サーオチャンタラー	党中央執行委員	委員

（Naovarat 1998: 87に基づき筆者作成）

　新体制がスタートした当時，ヴィエンチャン県の最大の問題点は，新体制に反対する勢力がまだ域内で活動していることであった。革命後においても，ヴィエンチャン県のすべての郡において，まだ反政府勢力が活動していた。特に，ヴィエンチャンから南北につながる国道13号線，国道10号線，ヒーンフープからフーアン郡に至る道路では，公共の車に対する襲撃事件が発生していた。さらに，県内の山地部に位置するフーアン郡，ヴァンヴィエン郡，カーシー郡，サナカーム郡では，フランス，タイから得た武器で武装した反政府勢力との間で戦闘が行われていた（Naovarat 1998: 84, 85）。

　1975年の時点では，ヴィエンチャン県とヴィエンチャン中央直轄市は分離していた。しかし，1976に2つの県は統合されて，ヴィエンチャン県・中央直轄市という名称に変更された。この時に2つの地域が合併した理由は，ヴィエンチャン県の財政がヴィエンチャン中央直轄市に依存していたためであると説明されている[14]。

　1976年のヴィエンチャン県・中央直轄市指導部は，表3-6，表3-7の通りである。

　1976年の時点では，党中央執行委員がメンバーである指導委員会が，県・中央直轄市党委員会とは別に設置されていた。指導委員会のメンバーをみると，当時ラオス国軍参謀長だったシーサヴァート・ケーオブンパン，国務大臣級のサーリー・ヴォンカムサーオが含まれていた。これは，革命後の首都ヴィエンチャンの治安の維持と経済の掌握が重要視されていたことを示している。この指導委員会には，1947年から1950年はじめにヴィエンチャン県で活動したムーン・ソムヴィチット，1958年にヴィエンチャン県党書記を務めていたティッムアン・サーオチャンタラーが含まれており，党中央委員でもヴィエン

---

14) ヴィエンチャン県元党常務委員からの聞き取り（2006年9月）に基づく。

表3-7 ヴィエンチャン県・中央直轄市直接指導委員会(1976年)

	名前	県党委員会	人民行政委員 ()は党委員の担当を示す。
1	シーサヴァート・ケーオブンパン	党中央執行委員, 党書記局員, 県党書記	×
2	ムーン・ソムヴィチット	党中央執行委員	×
3	トーンダム・チャンタポーン	県党常務委員	(商業指導担当)
4	パオ・ピムパチャン(※)	県党常務委員	県人民行政委員長
5	ブンマー・ミートーン(※)	県党常務委員	(治安司令部)
6	ブアライ・セーンチョンハック	県党委員	(県軍司令部)
7	シーヴィライ・スリヴォン	県党委員	(農林指導担当)
8	ティッセーン・コートカムター	県党委員	(県党宣伝委員長)
9	ケーンヒーン・カッサヴァーン	県党委員	(県女性同盟議長)
10	チャーンノーン・インタヴォン	県党委員	(県党宣伝副委員長)
11	ウンカム・ルアンラート	×	県人民行政副委員長
12	シーホー・バンナヴォン	×	県保健課長
13	テム・デートヴォンサー(※)	×	県財務課長
14	カムチャン	×	県運輸課長
15	ソムポン	×	県司法課長
16	ラップ・チャンタブーリー	×	官房長
17	カムサイ・スーリントーン	×	(不明)
18	タヌー・セーンマハーサック	×	県運輸副課長

(※はヴィエンチャン中央直轄市行政委員,表の二重線より上は県党常務委員である。Naovarat 1998: 87, 88. および2007年2月の現地調査に基づき筆者作成)

チャン県の状況に精通する人物が協力して行政を行う体制が形成されていたといえる。この表には,1964年に東部ヴィエンチャン県党書記であったチャンティー,西部ヴィエンチャン県党書記であったティッケーンの名前がみられないが,2名が含まれていない理由は,革命後まもなく,2名が死去したためであるとされる[15]。

ヴィエンチャン県・中央直轄市直接指導委員会(党委員会)は,党中央執行委員,党書記局員で,国軍参謀総長を務めていたシーサヴァートが県党書記を務め,党中央執行委員であるムーン・ソムヴィチットが副書記を務めている。また,メンバーをみると,県・中央直轄市党書記のシーサヴァート,ウンカム,テム,カムサイ,タヌーは,ヴィエンチャン県の出身者ではない。これらの人物は,ヴィエンチャンが解放されたことに伴って,サムヌーアなどの革命根拠地(革命本部)から移った人物であると考えられる。

---

15) ヴィエンチャン県元人民行政委員長からの聞き取り(2006年9月)に基づく。

例えば，新たに県・中央直轄市行政委員長に任命されたパオ・ピムマチャンは，サムヌーアから異動してきた人物であり，県が合併する前の1975年11月には，ヴィエンチャン中央直轄市人民行政委員長を務めていた。同様に，ブンマー・ミートーンは合併する前のヴィエンチャン中央直轄市人民行政委員会の第1副委員長，テム・デートヴォンサーは同委員会第2副委員長であった人物であるとされている[16]。

この時期は，県党委員会と県行政委員会が，県行政委員長以外は重複していない。表をみると，県党委員会のメンバーのほとんどが革命闘争を行ってきたベテラン革命闘士で占められている一方で，行政委員会は旧ラオス王国政府職員を含めた多様なメンバーで構成されている。当時は，党の統一戦線政策の下で，地方人民行政委員会に多くの社会階層が参加することが奨励されていたため，行政委員会は実質的な意思決定機関ではなく，党の統一戦線政策の下で社会階層の代表機関としての役割を果たしていたことが背景にあると考えられる。

2. 党委員会による基層建設・農林指導の強化 —— 1977年～1980年

1977年には，党中央において第2期党中央執行委員会第4回総会が開催された。この会議は，1975年に新しい体制に移行した後にはじめて開かれる党中央執行委員会であり，この会議で，社会主義の実現に向けた国家建設の方針が示された。

1977年に新たに任命されたヴィエンチャン県・中央直轄市幹部職員は，表3-8のとおりである。この表から，県党委員のメンバーの拡大がみられる。特に注目すべきなのは，新たに県党委員になった行政副委員長のウンカム・ルアンラートである。彼は，ラオス王国政府職員から転向した人物だが，新たに県党委員会に選出されている。この人事は，革命後に行政を担当する人材が不足していたために，旧体制の人物でも信頼できれば新たに党幹部として取り込むことが行われていたことを裏付けている。

その他に，ヴィエンチャン県で解放闘争を行ってきた多くの闘士が県党委員に復帰している。カムパイ・ウンダーラー，インペーン，カムニョート・イン

---

[16] ヴィエンチャン県元党常務委員からの聞き取り（2006年9月）に基づく。

表 3-8　ヴィエンチャン県・中央直轄市幹部職員表（1977 年）

	氏名	県党委員	県人民行政委員会 （ ）は担当を示す。
1	シーサヴァート・ケーオブンパン	党中央執行委員，県党書記	
2	ムーン・ソムヴィチット	党中央執行委員，県党副書記	
3	トーンダム・チャンタポーン	県党常務委員	（経済指導担当）
4	パオ・ピムマチャン	県党常務委員	県人民行政委員長
5	ブンマー・ミートーン	県党常務委員	（治安指導担当）
6	カムパイ・ウンダーラー	県党常務委員	（党・職員指導担当）
7	ブアライ・セーンチョンハック	県党常務委員	（県軍司令部長）
8	シーヴィライ・スリヴォン	県党委員	（県農林課長）
9	ラッサミー	県党委員	（基層建設担当）
10	ブンミー・クヴァーンマニーヴァン	県党委員	（基層建設担当）
11	ケーンヒーン・カッサヴァーン	県党委員	（県女性同盟議長）
12	カムボット・シースヴォン	県党委員	（ナーサーイトーン郡 人民行政委員長）
13	トーンダム・マニーヴァン	県党委員	（ヴァンヴィエン郡行 政委員長）
14	インペーン	県党委員	（宣伝指導担当）
15	テム・デーッヴォンサー	県党委員	（県財務課長）
16	カムベン・シンナヴォン	県党委員	（県農林副課長）
17	チャーンノーン・インタヴォン	県党委員	（宣伝補佐）
18	カムニョーット・インペーンコンサナ	県党委員	（シーコーッタボーン 郡人民行政委員長）
19	ティッセーン・コーットカムター	県党委員	（県党宣伝委員長）
20	トーンマニー・ティポムマチャン	県党委員	（県治安司令部長）
21	ウンカム・ルアンラート	県党委員	県人民行政副委員長
22	シーホー・パンナヴォン	×	県保健課長
23	カムチャン	×	県運輸課長
24	ラップ・チャンタブーリー	×	県官房
25	ソムポン	×	県司法課長
26	カムサイ・スリントーン	×	（県革命青年団議長）
27	タヌー・セーンマハーサック	×	県運輸副課長

（網掛けがある人物は，新しい県党委員。表の二重線より上は県党常務委員，Naovarat 1998: 88, 89. および 2007 年 2 月の現地調査に基づき筆者作成）

　ペーンコンサナは，1967 年の西部ヴィエンチャン県党委員会のメンバーである。1975 に革命が成功すると，革命闘士たちは，ヴェトナムに短期研修に送られる場合もあったため，これらの人物が帰国したと考える。
　その他に，新たなメンバーをみると，カムボット・シースヴォン，トーンダム・マニーヴァン，カムベン・シンナヴォンなど，1980 年代に県党委員会で重要な職に就く人物も，この時に党委員会に入っており，党幹部の育成が進め

表 3-9　ヴィエンチャン県・中央直轄市幹部職員表（1980 年）

	氏名	県党委員	県人民行政委員会 （　）は担当を示す。
1	チャンミー・ドゥアンブッディー	党中央執行委員, 県党書記	（全体指導, 党・職員業務指導担当）
2	カムパイ・ウンダーラー	県党副書記	（党建設指導担当）
3	パオ・ビムマチャン	県党常務委員	県人民行政委員長
4	ブンマー・ミートーン	県党常務委員	県人民行政副委員長
5	ブンホーム・スパントーン	県党常務委員	県官房長
6	トーンマニー・ティポムマチャン	県党常務委員	県治安司令部長
7	ブアライ・セーンチョンハック	県党常務委員	県軍司令部長
8	トーンペーン・スックラーセーン	県党委員	（ボーリーカムサイ指導担当）
9	トーンドゥーアン・チャンタラー	県党委員	県治安司令部副部長
10	チャーンノーン・インタヴォン	県党委員	（県党宣伝委員長）
11	シーヴィライ・スリヴォン	県党委員	県農林課長
12	カムボット・シースヴォン	県党委員	ナーサーイトーン郡人民行政委員長
13	トーンダム・マニーヴァン	県党委員	ヴァンヴィエン郡人民行政委員長
14	カムベン・シンナヴォン	県党委員	県農林副課長
15	ケーンヒーン・カッサヴァーン	県党委員	（県女性同盟議長）
16	ヴィソーン	県党委員	県財務課長
17	チャーンタン	県党委員	県党組織委員長
18	インペーン	県党委員	補助（特任）
19	カムニョート	県党委員	シーコータボーン郡人民行政委員長
20	トーンペット・スリヴォン	県党委員	県商業課長
21	カムチャン	県党委員	県運輸課長
22	シーホー・バンナヴォン	×	県保健課長
23	ブンセン・ペンスック	×	税務担当
24	ラップ・チャンタブーリー	×	情報文化課長
25	ソムヴァン・シーパスート	×	県運輸課副課長

（網掛けがある人物は新しい県党委員。表の二重線より上は県党常務委員, Naovarat 1998: 89, 90. および 2007 年 2 月の現地調査に基づき筆者作成）

られていることが窺える。

　県・市党委員が担当する役職をみると，基層建設，農林部門，郡人民行政委員長が多く含まれている。これは，この当時，党の方針として，この３つの分野が重視されていた事を示している。特に，県党委員が県農林課長・副課長，県財務課長を兼任している。このことは，徐々に経済建設が重視されてきた事を示している。1977 年は，党中央において社会主義体制の建設に向けた方針

第 3 章　県知事制形成の背景　129

が決定された年であり，さらに1978年には，全国で農業合作社（サハコーン）の建設が進められるようになるため，基層建設，農林分野に重点的に人員が配置されたと考えられる。

3. 新しい党委員のリクルート —— 1980年～1981年

1980年は，ラオスではじめて5カ年計画が開始された年である。1980年のヴィエンチャン県・中央直轄市幹部職員は，表3-9のとおりである。

表をみると，県党委員が引き続き県農林課長・副課長，県財務課長，県商業課長，県運輸課長などの重要な職務を担当しているが，その中で，財務課長，商業課長，運輸課長については，新たに党委員になったメンバーが担当している。このことから，行政能力を有する人材を党委員に採用し，経済分野を担当させることで，専門行政が実施できる体制を整えられつつあるといえる。

4. ヴィエンチャン県の分離による治安維持の強化 —— 1981年～1983年

1980年前後の時期は，郡レベル，基層レベル（区，村レベル）の組織改革が継続して実施されていたが，ヴィエンチャン県では，県による基層レベルへの指導が行き届かないために，メート地区，フーアン郡，ヴァンヴィエン郡，カーシー郡などのヴィエンチャン県西部の山岳部に反政府勢力が侵入し，かつての革命根拠地の人々を組織して体制に抵抗する事件を引き起こしていた。

また，1981年にはタイからも攻撃があり，タイのコックギウ村から国境を越えたサナカーム郡パーラート村に対して砲撃が行われ，タイのアムプーシエンマイからパークサン郡ハーンシン村に対しても砲撃が行われた。さらに，タイからの砲撃は，ヴィエンチャンの中心部に対しても行われていた。パークサン郡，サナカーム郡周辺では，タイの水上艇によりメコン河沿いのラオスの村が銃撃される事件が生じていた（Naovarat 1998: 85）。

このような事態に対し，党政治局によって，1981年8月20日にヴィエンチャン県とヴィエンチャン中央直轄市を分離させることが決定された。1981年8月25日にヴィエンチャン市で開催された会議で示された分離の理由の1つは，ヴィエンチャン市から離れた郡を反政府グループが拠点にしようと活動している点が挙げられている（Naovarat 1998: 90）。また，新体制が発足して以降，

トーンダム・マニーヴァン
Lao PDR. Vientiane Province. 2000. 25 years of Vientiane Province. Vientiane Province: Vientiane Province Administration Bureau.

表3-10　ヴィエンチャン県幹部職員表（1981年）

	氏名	県党委員	県人民行政委員 ()は党委員の担当を示す	議員
1	トーンダム・マニーヴァン	県党書記	県人民行政委員長	議長
2	トーンペーン・スックラーセーン	県党第1副書記	（職員指導担当）	副議長
3	ブアライ・セーンチョンハック	県党第2副書記	県人民行政副委員長：県軍司令部長	
4	ポーピーアルアン	常務委員	県人民行政副委員長：高地ラーオ族担当	議員
5	カムボット・シースヴォン	常務委員	県軍司令部副部長：宣伝指導担当	議員
6	シーヴィライ・スリヴォン	県党委員	県農業局長	議員
7	トーンドゥーアン・チャンタラー	県党委員	県治安司令部長	
8	カムベン・シンナヴォン	県党委員	県工業局長	議員
9	ティッローム・ケーオチョームシー	県党委員	（県商業局長）	議員
10	ケーンヒーン・カッサヴァーン	県党委員	（県女性同盟代表）	議員
11	ブンリン	県党委員	（山腹ラーオ担当）	議員
12	スリン	県党委員	（県軍司令部副部長）	議員
13	ブンアン・ヴォンサイ	県党委員	（トゥラコム郡人民行政委員長）	議員
14	カムバーン		ボーリーカムサイ郡行政委員長	議員
15	シンラー・ポムマリー		県教育局長	議員
16	ティッケーンチャン・マーリーチット		県財務局長	議員
17	ソムヴァン・シーパスート		県通信・局長	議員
18	ブンセン・ペンスック		県官房長	副議長
19	ブーグン・ドゥアンシッティ		県保健局長	議員
20	シーヴォーン		県軍司令部副部長	
21	ウダイ		県宣伝局長	議員

（表の二重線より上は県党常務委員．Naovarat 1998: 90, 91．および2007年2月の現地調査に基づき筆者作成）

ヴィエンチャン県とヴィエンチャン中央直轄市が合併して1つになったことにより，県・市の指導部のほとんどがヴィエンチャン市内で勤務するようになり，農村部に対する指導が行き届かなくなった，という意見が基層レベルから指摘されていたためであった (Lao P. D. R., Khana-sī-nam kon-kwā tit-sadī lae peut-ti-kam sūn-kāng phak 1997: 223)。つまり，分離は，ヴィエンチャン山地部に対する党の指導を強化することが目的であった。

中央直轄市から分離した直後の1981年のヴィエンチャン県幹部職員は，21名から構成され，表3-10のメンバーである。

新たに設置されたヴィエンチャン県で県党書記，県人民行政委員会委員長に就任したトーンダム・マニーヴァンは，1980年のヴィエンチャン県・中央直轄市党委員会のメンバー（序列13位）から昇進した人物である。それまで県党常務委員でもなかったトーンダムが，県党書記に任命されるのは大抜擢である。トーンダムは，内戦期にヴィエンチャン県メート郡，カーシー郡を中心に活動してきた革命兵士であり，1976年から1979年までヴァンヴィエン郡長兼カーシー郡指導を担当した経験がある。さらに，モン族を中心とする反乱が行われていたビーア山方面戦闘指導委員会のメンバーであった[17]。このことから，トーンダムの抜擢は，ヴァンヴィエン郡，カーシー郡などヴィエンチャン県の山地部における治安維持に対する指導を期待した任命だったといえる。

県党第1副書記に就任したトーンペーンも，内戦期の1964年に東部ヴィエンチャン県党委員会で副書記を務めていたベテラン党幹部である。さらに，県党常務委員の中に高地ラーオ族（モン族）担当が置かれ，県党執行委員にも山腹ラーオ族担当が置かれるなど，この時期に発生している山地部での反政府活動に対抗するために，県党委員が山地部に居住する少数民族を指導し，協力を得るための体制がとられたと考える。

表にみられるように，1981年には，県党書記が県人民行政委員長と県人民議会議長を兼任していた。そして，県党常務委員が県人民行政委員会副委員長と軍事担当を兼任し，その他の県党委員は，行政委員会の中で，農業，治安，工業部局長など重要な部門の長を兼任するにとどまっていた。これは，1979年に第2期党執行委員会第7回総会で定められた人員配置の原則に従った配置である。

---

17) ヴィエンチャン県元人民行政委員長からの聞き取り（2006年9月）に基づく。

表3-11 ヴィエンチャン県に設置されていた部局（1981年）

1	県官房	10	県教育局
2	県農業・灌漑・農業協同組合局	11	県軍司令部
3	県財務局	12	県治安司令部
4	県統計計画局	13	県宣伝・文化局
5	県通信・運輸・郵便局	14	県党組織局
6	県商業局	15	県国家建設戦線
7	県工業・森林局	16	県労働組合連盟
8	県保健局	17	県女性同盟
9	県社会福祉局	18	県革命青年団

(Naovarat 1998: 93-96. に基づき筆者作成)

　県人民行政委員は，県内の各部局のうち，農業，工業，財務，教育および保健など，経済および社会開発の重要部局の局長を兼任していた。この当時でも，人民行政委員には旧体制（ラオス王国政府）の職員が含まれていた。例えば，県保健局長のプーグンは，旧ラオス王国政府において県病院の院長であった人物であるが，県人民行政委員として任命されたと説明されている[18]。そのため，専門知識があり信頼が置ければ，旧ラオス王国政府の職員も行政職員として採用していた。

　ヴィエンチャン県人民議会は，ヴィエンチャン中央直轄市とヴィエンチャン県が分離するに際して，かつて1975年11月の選挙においてヴィエンチャン県の選挙区から選出されていた議員をヴィエンチャン県人民議会議員として分離し，新たに組織した。そして，ヴィエンチャン県党書記兼人民行政委員長のトーンダムが，県人民議会議長として新たに任命された[19]。

　1981年までは，県レベルの各機関の設置，権限を定めた規則が存在していなかった。党中央は，ヴィエンチャン県とヴィエンチャン中央直轄市を分離するにあたり，2つの県を新しい規則を適用する実験地域とした（Naovarat 1998: 92）。1981年時点においてヴィエンチャン県に設置されていた部局は，表3-11のとおりである。

　当時のヴィエンチャン県の治安の問題は，1982年9月から12月にかけて県内に反政府勢力の侵入がみられたことである。県は，反政府勢力が侵入している郡（フーアン郡，ヴァンヴィエン郡，サナカーム郡）における反政府勢力との闘争を指導している。この時に，中央と県の部隊が協力して敵を攻撃し，地下活

---

18) ヴィエンチャン県元人民行政委員長からの聞き取り（2007年2月）に基づく。
19) ヴィエンチャン県における補足調査（2008年10月）に基づく。

動を抑えて治安を向上させたとされる。

　経済については、当時、公務員の給与は、一部が現金、一部は配給帳で支給されていた。肉と魚については十分に支給できたが、米については十分に確保できていなかった。そのため、県党委員会は、各郡を指導して農業税の徴収および製品と米の交換を行わせ、県の通商会社、県の食糧会社の建設を指示したとされる。また、農業合作社の建設に対する指導が行われていた。

　外交では、ヴィエンチャン県とタイのルーイ県、ノーンカーイ県の間の国境の治安問題を解決するために、1982年10月に両国の県副知事クラスの会合が行われた（Naovarat 1998: 98, 99）。このように、タイとの間では、紛争の勃発と関係の修復が繰り返されていた。

　以上にみたように、新体制が発足した後、ヴィエンチャン県は、首都であるヴィエンチャン中央直轄市と統合されたため、政治的・経済的な重要度が高まり、サムヌーアの革命本部から党の要職者（党書記局員）が異動して指導が行われるようになった。1976年から1981年までは、かつての革命闘士を県党委員会に参加させる、あるいは新たなメンバーを採用するなど、党指導部の人員養成が進められた。しかし、ヴィエンチャン県では、山地部で反政府活動が継続していたため、山地部に対する指導を強化するために、1981年にヴィエンチャン県がヴィエンチャン市から分離された。新たに任命された県党書記は党中央委員ではないが、治安維持のために地域の状況に詳しい地方党幹部が任命されていた。

第3節　県の経済政策と党内の混乱 ── 経済建設と改革路線の影響

1. 県党書記と行政委員長の分離の試行 ── 1983年〜1986年

　1982年に、党中央では、新体制に移行して以降、はじめての党大会である第3回党大会が開催され、社会主義建設の促進と、社会主義建設の過渡期としての農業生産の拡大と工業化が決定された（Lao P. D. R., Khana-sī-nam kon-kwā tit-sadī lae peut-ti-kam sūn-kāng phak 1997: 226, 227）。

1982年のはじめに，党中央によって，カムパイ・ウンダーラーを委員長とする組織改革委員会がヴィエンチャン県に派遣された。そして，1983年4月にヴィエンチャン県で職員会議が開催され，中央の第3回党大会の決議の宣伝普及が行われるとともに，1980年に採択された国家5カ年計画の県内での実施について検討が行われ，さらに新しい県党・行政委員会の任命について採択された（Naovarat 1998: 101, 102）。

　新たに県党書記に就任したカンパイは，内戦期の1962年にヴィエンチャン県党委員会副書記を務めていたベテランの革命闘士である。1980年にヴィエンチャン県・中央直轄市党委員会のメンバー（序列2位）を務めた後に，1981年から1983年まで中央の閣僚会議事務局（政府官房に相当）で勤務し，政治動員・国境管理業務を担当していた[20]。

　1983年におけるヴィエンチャン県幹部職員は，25名から構成され，表3-12のメンバーである。

　表をみると，県党常務委員会のメンバーの中に農業指導を行う専従担当が置かれ，県党委員の員数が増大したことに伴って，県党委員が県の平野部に位置している重要な郡の郡党書記を兼任している。党中央による経済開発を重視する方針に合わせて，ヴィエンチャン県でも社会主義経済建設に向けた農業分野での生産拡大を重視する体制がとられたと考えられる。

　この時期に，ヴィエンチャン県では，県党書記と県人民行政委員長が兼任されず，別々の人物が担当している。その理由として諸説がある。第1に，他の社会主義国と同様に，地方党委員会書記と地方人民行政委員会の長の分離を実験したとされている。当時は，まだ，党書記と人民行政委員長の兼任は統一した原則になっていなかった。第2に，カムパイは県党書記に就任したが，行政業務はあまり得意ではなかった。カムパイは党務と政治動員を得意としていたが，行政はトーンダムの方が得意だったとされる。そのため，2人の間で分業が行われた[21]。

　この時期には，ヴェトナムからヴィエンチャン県に党建設・行政業務支援が行われ，1982年から1988年までヴェトナム人専門家が1名，県に派遣されていた[22]。このことから，外国の指導を受けながら，社会主義諸国のモデルに基

20）ヴィエンチャン県における聞き取り（2012年2月）に基づく。
21）ヴィエンチャン県における聞き取り（2012年2月）に基づく。
22）ヴィエンチャン県元人民行政委員長からの聞き取り（2006年9月）に基づく。

カムパイ・ウンダーラー
Naovarat, Souraphonh. 1998. Pavasāt Khwāēng Vīentiane.（ヴィエンチャン県の歴史）. Vīangchan: Khwāēng Vīangchan.

表 3-12　ヴィエンチャン県幹部職員表（1983 年）

	氏名	党委員	県行政委員 （）は党委員の担当を示す	議員
1	カムパイ・ウンダーラー	県党書記	（国防・職員指導担当）	
2	トーンダム・マニーヴァン	県党副書記	県人民行政委員長：経済指導担当	議長
3	ケーオ・カムマニー	常務委員	（サナカーム郡人民行政委員長）	
4	カムポット・シースヴォン	常務委員	県人民行政副委員長：宣伝局長	議員
5	シーヴィライ・スリヴォン	常務委員	農業指導	議員
6	カムパン・シーブアリパー	県党委員	県軍司令部長	
7	トーンヴァーン・チャンタラー	県党委員	県治安司令部長	
8	ケーンヒーン・カッサヴァーン	県党委員	（県女性同盟議長）	議員
9	リアンカム・スヴァンディー	県党委員	（県革命青年団議長）	議員
10	カムベン・シンナヴォン	県党委員	県工業局長	議員
11	シンラー・ポムマシー	県党委員	県教育局長	議員
12	ブンアン・ヴォンサイ	県党委員	（トゥラコム郡党書記）	議員
13	チャーンナム・チッタヴォン	県党委員	（ヴァンヴィエン郡党書記）	
14	チャーンフォン・トーンマーラー	県党委員	（フーアン郡党書記）	議員
15	ブンニョン・シーソムブロン	県党委員	（ローンサーン郡党書記）	議員
16	スヴァンナソンカーム・チェーンサヴァーン	県党委員	県農業局長	議員
17	ラーターオ	県党委員	ボーリーカムサイ郡人民行政委員長	
18	トーンペット・スリヴォン	県党委員	（県商業局長）	議員
19	ティッローム・ケーオチョームシー	県党委員	（ポーンホーン郡党書記）	議員
20	ブーグン・ドゥアンシッティ		県保健局長	議員
21	ブンヌーン・サイニャヴォンソーン		県通信建設郵便局次長	議員
22	ソー・ヴォンスヴァット		県情報文化局長	
23	ティッケーンチャン・マーリーチット		県財務局長	議員
24	シーヴォーン		県軍司令部副部長	
25	ソムヴァン・シーパスート		県通信建設郵便局長	議員

表の二重線より上は県党常務委員（Naovarat 1998: 102, 103. および 2007 年 2 月の現地調査に基づき筆者作成）

づいた行政について試行が行われていたと考えられる。

　当時，県人民議会議長は，県人民行政委員長が兼任していた。表には含まれていないが，副議長として，ネーン・パンタヴォン（県官房長：当時）とブンペン（県労働組合連盟議長：当時）が任命されていた[23]。一方で，この時期の地方制度では，地方人民議会，地方人民行政委員会，地方レベルの司法機関が置かれていたが，実際に活動しているのは地方人民行政委員会のみであり，県人民議会も規定に従って十分に活動することが奨励されていなかったと指摘されている（Naovarat 1998: 113）。その結果，ヴィエンチャン県では，党委員会と行政委員会が地方人民議会の職責を代行するようになっていた[24]。

　県の経済政策については，この時期，ヴィエンチャン県内で農業合作社が200カ所設置され，6324世帯が加盟していた。しかし，県内の少なからぬ人が農業合作社による生産方法に混乱し，運動に共感していなかったと説明されている（Naovarat 1998: 104, 107）。また，ヴィエンチャン県では農業合作社の設置は，トゥラコム郡，ポーンホーン郡，ケーオウドム郡など，県内の平野部の郡でのみ実施されたとされる[25]。

　県内の治安については，1983年8月25日に，ヴァンヴィエン郡党常務委員3名が逮捕される事件が生じていた（Naovarat 1998: 115）。これは，旧ラオス王国政府の軍人であるエータム将軍が，かつての活動地であったヴァンヴィエンで旧知の人々を誘って反政府部隊（ケーオ部隊）を組織しようとした事件である。この時に，ヴァンヴィエン郡党常務委員も反政府活動に協力しているとの情報が流れたために逮捕された。後に，これらは誤った情報であるとして，逮捕されたメンバーは釈放されたが，当時，県人民行政委員だったブンセンは，事件に対する対応が遅かった事を叱責されて失脚したとされる。このように県の行政と党内部において混乱が生じていた[26]。

　その他にも，反政府グループが現体制に対する批判を行い，人々に対して国外に亡命するように宣伝活動を行っていた。県の指導部は，この宣伝活動を防止するための教育活動に力を入れていた。さらに，国道13号線でバスが襲撃され，ラオスとタイの国境のメコン河の船舶が襲撃される事件が生じていた。

23）ヴィエンチャン県元人民行政委員長からの聞き取り（2007年2月）に基づく。
24）ヴィエンチャン県国家建設戦線における聞き取り（2006年9月）に基づく。
25）ヴィエンチャン県元党常務委員からの聞き取り（2006年9月）に基づく。
26）ヴィエンチャン県における聞き取り（2012年2月）に基づく。

また，反政府グループがサナカーム郡，フーアン郡など県内のいくつかの郡に侵入して占拠する事件が発生した。この問題を解決するために，県党委員会は国防省に事件を報告し，1984年末から1985年末にかけて，国軍と地方部隊によって掃討作戦が行われた (Naovarat 1998: 104–106)。

　この一方で，1983年9月23日にヴィエンチャン県とタイのノーンカーイ県の間において通商，国境線での紛争について協議が行われている。ヴィエンチャンからは，県人民行政委員長代行として副委員長のカムボット・シースヴォンが，タイのノーンカーイ県側のサックダー・オーポンと協議した。この会議では，タイ側から通商，ラオス人亡命者の帰国等に関する提案があり，ラオス側からメコン河航路船に対する射撃，タイ警備艇による発砲の問題解決に関する提案が行われた。協議の結果，地方レベルでの交流を開始することになった (Naovarat 1998: 114, 115)。

2. 党中央委員の県人民行政委員長への赴任と新しい経済政策
　　—— 1986年～1989年

　1986年に，党中央では第4回党大会が開催され，経済管理メカニズムの変更が決定されるなど，改革路線への転換が明確になった。すでにみたように，同大会では，経済基層単位（企業）の自主性の拡大と地方への経済管理の権限委譲が決定された (Lao P. D. R., Khana-sī-nam kon-kwā tit-sadī lae peut-ti-kam sūn-kāng phak 1997: 247, 248)。

　ヴィエンチャン県では，当初，郡レベルと基層レベルにおいて党大会を開催し，1985年に県レベルの党大会を開催するために，党中央官房から派遣された職員と共に開催の準備をしていた。しかし，1986年2月に県党書記であったカムパイが急死したため県党大会を開催することができず，中央の第4回党大会に参加する県の代表のみを選出した (Naovarat 1998: 105)。

　1986年に，カムパイに代わって，新しい県党書記として就任したのは，シーポーン・パーリーカンである。1986年に新たに選出されたヴィエンチャン県幹部職員は，表3-13のとおり，21名から構成されていた。

　前任の県党書記であったトーンダムとカムパイは，党中央執行委員ではなく，ヴィエンチャン県党委員会のメンバーから県党書記に就任したが，シーポーンは第4期党中央執行委員であり，国防省副大臣の職務から異動してヴィエン

シーポーン・パーリーカン

Lao PDR. Vientiane Province. 2000. 25 years of Vientiane Province. Vientiane Province: Vientiane Province Administration Bureau.

表3-13　ヴィエンチャン県幹部職員表（1986年）

	氏名	党委員	県行政委員 （ ）は党委員の担当を示す	議員
1	シーポーン・パーリーカン	党中央執行委員，県党書記	県人民行政委員長	議長
2	ケーオ・カムマニー	県党副書記	（サイソムブーン指導担当）	
3	カムボット・シースヴォン	常務委員	県人民行政副委員長	副議長
4	シーヴィライ・スリヴォン	常務委員	農業指導担当	議員
5	カムパン・シーブアリパー	県党委員	（県軍司令部長）	議員
6	トーンドゥーアン・チャンタラー	県党委員	（県治安司令部長）	議員
7	ケーンヒーン・カッサヴァーン	県党委員	（県女性同盟議長）	議員
8	リアンカム・スヴァンディー	県党委員	（県革命青年団議長）	
9	カムベン・シンナヴォン	県党委員	県工業局長	議員
10	シンラー・ポムマシー	県党委員	県教育局長	議員
11	ブンアン・ヴォンサイ	県党委員	（トゥラコム郡人民行政委員長）	議員
12	チャーンフォン・トーンマーラー	県党委員	（フーアン郡人民行政委員長）	議員
13	チャーンナム・チッタヴォン	県党委員	（ヴァンヴィエン郡行政委員長）	議員
14	ネーン・パンタヴォン	県党委員	県官房長	
15	スヴァンナソンカーム・チェーンサヴァーン	県党委員	県農業局長	
16	ブンニョン・シーソムブロン	県党委員	（ホム郡行政委員長）	議員
17	トーンペット・スリヴォン	県党委員	（県商業局長）	議員
18	ソムヴァン・シーパスート		県通信・運輸・郵便局長	議員
19	ティッケーンチャン・マーリーチット		県財務局長	議員
20	ブーグン・ドゥアンシッティ		県保健局長	議員
21	ブンヌーン・サイニャヴォンソーン		県通信・運輸・郵便局次長	議員

表の二重線より上は県党常務委員（Naovarat 1998: 124. および2007年2月の現地調査に基づき筆者作成）

チャン県党書記に就任した (Naovarat 1998: 115, 116)。

　この時に，ヴィエンチャン県に中央執行委員が派遣された理由として，次のような説明がある。第1に，党の政策変更が挙げられる。解放直後は革命の功績によって行政委員長が任命されていたが，この時期になると党の政策を全国で統一して実施する必要が高まったために，党中央執行委員が兼任することになった。従来，県行政委員長を党中央執行委員が兼任していない時は，党中央執行委員のメンバーが，県党書記とは別にその県の指導を担当していた。しかし，その県に出向いて党中央での決定を指導しなければならず，また県で生じた問題の解決の指導を求めるにも党中央に報告をしなければならないために時間がかかっていた。党中央執行委員が県党書記を兼任しているのであれば，党中央で会議を1回開催し，後は，党中央執行委員が地方で政策を実施するだけである。第2に，党中央執行委員の規模の問題があり，第2期，第3期は党中央執行委員の数が十分ではなかったため，すべての党中央執行委員が県行政委員長を兼任することができなかった。しかし，第4回党大会までに党中央執行委員のメンバーの数が拡大したことから，党中央執行委員が県人民行政委員長を兼任することができるようになった。第3に，党内を結束させるためである。県党委員の同格のメンバーが書記になったのでは県党委員会内部がまとまらない場合があった。たとえ同じ県の出身者でも影響力・権力がある人が派遣されないと党内をまとめることができないため，党中央執行委員が派遣された，との諸説がある[27]。

　シーポーンは軍人で，当時中将の階級にあった。ルアンパバーン県出身であり，ヴィエンチャン県の出身ではないが，内戦期にヴィエンチャン県カーシー郡で軍事活動を行っていたことがあり，1972年に革命側のヴィエンチャン県知事（県軍司令部長を兼任）を務めていた経験がある。さらに，その時にカーシー郡の女性と婚姻しているため，ヴィエンチャン県との関係が深い。これらの理由から，ヴィエンチャン県指導部からも県党書記としての赴任を期待されていたとされる[28]。当時，ヴィエンチャン県は，まだ治安が悪かったため，党中央は，軍人で，かつて県内で軍事作戦行動を行ったことがあり，県の状況にも詳しいシーポーンを派遣することで，県内の治安の向上を図ろうとしたと考える。

---

27) ヴィエンチャン県元人民行政委員長からの聞き取り（2012年2月）に基づく。
28) ヴィエンチャン県における聞き取り（2012年2月）に基づく。

表をみると，シーポーンは県党書記と県行政委員長を兼任している。第 2 章で指摘したように，第 4 回党大会では，従来の職員業務の問題点について，各民族および各地方のみに制限した形で職員を配属させ，他の地方又は他の民族からの職員を受け容れたがらないことが問題であることが指摘され，県党書記が県人民行政委員長を兼任する方針が決定されていた（Lao P. D. R., Phak pasāson pativat lāo 1986: 205, 206）。この時期以降，県レベルだけでなく，郡レベルにおいても郡党書記が郡人民行政委員長を兼任するように改革が行われた[29]。それまで県行政委員長であり県党副書記であったトーンダムは，駐ハンガリー全権大使に任命された（Naovarat 1998: 124）。

　シーポーンが就任すると県党常務委員会の会議が招集されて，今後のヴィエンチャン県の開発方針について協議された。その結果，農林業の発展を工業発展に結びつけるという党中央の方針に従って，ヴィエンチャン県では県の発展資金を得るために輸出商品とするための森林の伐採を促進する開発方針が決定された。この政策に従って，ナムグムダムの貯水池に沈む木の伐採，旧ラオス王国政府時代に伐採された倒木，立ち枯れした木を利用することになった。この政策によって，1986 年から 1989 年に 194,038 立方メートルの木材が獲得された。この時期に県内で民間投資が始まるようになったが，そのほとんどが，木材伐採に関連する事業であったとされる（ibid: 116, 117, 121）。

3. 憲法制定の準備と県人民議会選挙 —— 1988 年

　党中央においては，1988 年の党第 4 期中央執行委員会第 5 回総会の中で，機構組織の改革について，機構を縮小しながら質を高めることで機構を強化すること，並びに党と国家による指導と管理の役割，政策の実施力を高めることが決定されていた（Lao P. D. R., Khana-sī-nam kon-kwā tit-sadī lae peut-ti-kam sūn-kāng phak 1997: 252, 253）。また，すでに述べたように，1989 年に第 2 期最高人民議会が選出され，憲法の制定が準備され始めていた（瀬戸 2007: 348, 349）。

　ヴィエンチャン県では，1988 年に郡レベルと県レベルにおいて地方人民議会の選挙が行われた。この時に選出されたヴィエンチャン県人民議会議員は，表 3-14 のとおりである。

---

[29] ヴィエンチャン県国家建設戦線における聞き取り（2006 年 9 月）に基づく。

区レベルについては行政レベル自体を廃止することがすでに方針として指示されていたために選挙が行われなかったが，郡レベルと県レベルにおいては人民議会の選挙が行われた[30]。しかし，郡レベル人民議会は，選挙後にすぐに解散したとされる。一方，県人民議会については，維持したまま憲法の制定を待つように中央から指示されていた[31]。県人民議会を維持した理由は，憲法の起草作業のために地方で人民討議を行う必要があり，県人民議会は資料を集める上で重要であると判断されたためであった[32]。しかし，この県人民議会は一度も会議を行わなかったとされる[33]。

4. 治安と財政政策をめぐる県党委員会の混乱 ── 1989年～1991年

　機構改革が行われた1989年のヴィエンチャン県幹部職員の構成は表3-15のとおりである。

　表からは，県党委員と県行政委員の全体の員数が大幅に削減されたことが窺える。また，1986年に比較して，県党委員と県行政委員の一致が進んでいる。このことから，中央の指示によって始められた機構改革によって，県の指導部の規模が縮小したことが窺える。また，1986年以降に県党書記と県人民行政委員長が兼任するようになったことで，県党委員会と県人民行政委員会のメンバーの重複と党による国家の代行がますます進んだと考えられる。

　一方で，この時期にヴィエンチャン県では，治安と財政をめぐって混乱が生じていた。1989年は，国際情勢が大きく変化した時期であった。東欧諸国で社会主義体制が崩壊したことは，ラオスの体制に対しても影響を与えていた。特に，反政府勢力がラオスの多くの県に侵入し，ヴィエンチャン県でも1991年から1992年にかけて反政府勢力が県内に侵入してによって家が焼かれ，バスが襲撃され，人々が射撃されるという事件が発生していた。県党指導部は，1990年3月15日に基層建設の強化と家を焼き払う武装集団を撲滅することを決議した（Naovarat 1998: 119）。

---

30) 県内ではじめに区を廃止したのはトゥラコム郡であり，1989年に廃止した。トゥラコム郡における聞き取り（2006年9月）に基づく。
31) ヴィエンチャン県国家建設戦線における聞き取り（2006年9月）に基づく。
32) ヴィエンチャン県元人民行政委員長からの聞き取り（2007年2月）に基づく。
33) ヴィエンチャン県元人民議会議員からの聞き取り（2012年2月）に基づく。

表 3-14　ヴィエンチャン県人民議会議員（1988 年 11 月）

	名前	県党委員会	行政職務	県人民議会
1	シーポーン・パーリーカン	党中央執行委員，県党書記	県人民行政委員長	議長
2	ブアライ・マイシー	(不明)	(不明)	議員
3	ブンニュア・パンタヴォン		ポーンホーン郡人民行政委員長	議員
4	チャンタチョーン		県商業局長	議員
5	ハッシー・ソムバット		県農林農林局次長	議員
6	ポーン・シースパンタヴォン		県商業局次長	議員
7	カームサマイ・ルアンヴァンサイ		県商業公社社長	議員
8	ウトン・パンタヴォン		県革命青年団副議長	議員
9	サヴァット・ノーケーオ		県土木公社社長	議員
10	カムボット・シースヴォン	県党常務委員	県人民行政副委員長	副議長
11	シートーン・ルアンアーパイ		県党組織委員長	議員
12	シーブンタム		県行政官房職員	議員
13	ブアシー・スタムマヴォン		県財務局次長	議員
14	ヌーケーオ・ソーパーヴァンディー		県人民裁判所長	議員
15	ブンラーイ・マニーヴァン		県治安司令部次長	議員
16	チャンシー・クーンカムヒアン		県党宣伝委員長	議員
17	ブンヌーン・サイニャヴォンソーン		県通信・運輸・郵便局次長	議員
18	ブンニャン		ケーオウドム郡人民行政副委員長	議員
19	ブンセン・ペンスック		フーアン郡人民行政委員長	議員
20	ソムヴァン・シーパスート		県通信・運輸・郵便局長	議員
21	ブンエーク・ケーオヴィライホン		(不明)	議員
22	カムパー		カーシー郡行政委員長	議員
23	ソムヌック・ブンカナ		県設計公社社長	議員
24	ブーグン・ドゥアンシッティ		県保健局長	議員
25	カムパン・スタムマヴォン		県人民検察庁長官	議員
26	ブンシー・コーンラーリアン		県党組織委員会副委員長	議員
27	リアンカム・スヴァンディー	県党委員	県女性同盟議長	議員
28	ブンホーム・スパントーン		県行政官房	議員
29	ケーンヒーン・カッサヴァーン	県党委員	県労働組合連盟議長	議員
30	シアン・フーアン		カーシー郡行政副委員長	議員
31	カムスック・ナンタリー		県治安司令部次長	議員
32	トーンバイ・ソムマソーン		県保健局次長	議員
33	カムムアン		県農業灌漑公社社長	議員
34	ドーンシー・バーイーヤヴー		ローンサーン郡行政委員長	議員
35	シーヴィライ・チャンニャーシット		フーアン郡党副書記	議員
36	ヴァンナー・ホーイーヤトゥー		ホム郡行政委員長	議員
37	ブンナム・サイチューヤーン		サイソムブーン郡人民行政委員長	議員
38	トーンペット・スリヴォン	県党委員	県商業局長	議員
39	ヴィアンブーン		県通信・輸送・郵便局次長	議員
40	ブアケート・パンシー		サナカーム郡人民行政副委員長	議員
41	ソムチーン・インタヴォン		サナカーム郡党書記	議員
42	カーシン・ビーニャーヴォン		県人民裁判所副所長	議員
43	サニット・サーンカム		県党検査委員長	議員

（県の情報に基づき筆者作成，2012 年 2 月）

表 3-15　ヴィエンチャン県幹部職員表（1989 年）

	氏名	党委員	県行政委員 () は党委員の担当を示す	議員
1	シーポーン・パーリーカン	党中央執行委員，県党書記	県人民行政委員長	議長
2	ケーオ・カムマニー	県党副書記	（職員・大衆団体指導担当）	
3	カムボット・シースヴォン	常務委員	県人民行政副委員長：経済指導担当	副議長
4	シーヴィライ・スリヴォン	常務委員	農業指導担当	
5	ネーン・パンタヴォン	常務委員	県計画・財務局長	
6	カムパン・シーブアリバー	県党委員	（県治安司令部長）	
7	ブンタイ・タヴィーサック	県党委員	（県郡司令部長）	
8	ブンアン・ヴォンサイ	県党委員	（トゥラコム郡人民行政委員長）	
9	チャーンナム・チッタヴォン	県党委員	（ヴァンヴィエン郡人民行政委員長）	
10	リアンカム・スヴァンディー	県党委員	（県女性同盟代表）	議員
11	カムベン・シンナヴォン	県党委員	県官房長	
12	スヴァンナソンカーム・チェーンサヴァーン	県党委員	県農林局長	
13	シンラー・ポムマシー	県党委員	（県教育局長）	
14	ブンニョン・シーソムブロン	県党委員	（ローンサーン郡人民行政委員長）	
15	ルゥアット・シッラーコーン		県通信・運輸・郵便局長	
16	ソムヴァン・シーパスート		県通信・運輸・郵便局次長	議員

(Naovarat 1998: 126. および 2007 年 2 月の現地調査に基づき筆者作成)
表の二重線より上は県党常務委員（下線は，第 2 期最高人民議会議員）

　治安の悪化の他にも，シーポーンが行った経済政策が県の行政に対して混乱を生じさせていた。シーポーンが県党書記であった時期は，ヴィエンチャン県で森林伐採が多く行われた時期である。特に，1989 年から 1991 年の間に多くの木材が伐採されていたとされる。この頃に生じた事件として，パークセーにある民間会社がヴィエンチャン県に対して，米袋を作る工場を建設する代わりに，サナカーム郡ですでに切られている木を採取して販売する権利を得るという事業を申請し，県が許可を行った。しかし，実際には新たに木を伐採していたことが発覚し，訴訟にまで発展した。この事件は，訴訟額が 26 億キープにもなる当時としては最大の訴訟であった。ヌーハック，カムタイ・シーパンドーンといった党中央の要人も，ヴィエンチャン県に視察に来たとされる[34]。
　ヴィエンチャン県内では，1990 年までに，県レベル，郡レベル，基層レベルの 3 つのレベルで党大会を行う予定であったが，基層レベルと一部の郡にお

---

34)　ヴィエンチャン県における聞き取り（2012 年 2 月）に基づく。

いては開催したものの，県レベルにおいては党大会を組織することができず，県職員会議しか開催できなかった (Naovarat 1998: 123)。その理由として，ヴィエンチャン県の中で組織・動員の活動がうまくいかなかったためであると指摘されている。シーポーンは軍人であり，決定したことをすぐに実行する行動力に優れていたが，政治思想業務，職員管理は，あまり得意としていなかった。そのため，ヴィエンチャン県では職員業務が向上せず，党の運動も活発ではなかったとされる (Naovarat 1998: 127)。また，シーポーンは，県内で治安問題が生じた時にその対応に追われることが多く，県内の行政に対しては十分に対応することができなかったという評価もある。

　さらに，1990年までのシーポーンの財政政策により県の歳入は増加したが，一方で，県内で多くの建設事業を行ったため，当時，県は25億キープという多額の負債を抱え，期限通りに公務員給与が支払われないという問題を引き起こしていた。また，シーポーンの時代には，県の会計が県財務局の審査を通らずに行われていた。このような県の財政状況と財務管理をめぐって，シーポーンと県財務課長（県党常務委員）だったネーン・パンタヴォンが対立するという事件が生じた。ネーンは，県党常務委員会の会議でシーポーンの財政政策を批判したため両者が怒鳴り合いになり，シーポーンは激怒してネーンを更迭し，ネーンは退職したとされる。

　このように，反政府勢力の活動による治安の悪化と経済政策をめぐる県党幹部内の対立のために，1990年にヴィエンチャン県では県党大会を開催することができなかったと考えられる。

　以上でみたように，ヴィエンチャン県では，1983年から県党書記と県人民行政委員長の分離が試行されたが，1986年には党中央執行委員が派遣されて県党書記，県行政委員長を兼任するようになった。ヴィエンチャン県では反政府勢力の活動が頻繁に行われていたため，この体制は治安維持を強化するものでもあった。一方で，改革路線の進展による地方への権限委譲は，県内で様々な問題を引き起こしていた。ヴィエンチャン県では森林伐採を加速させ，民間企業による違法伐採などの問題を引き起こしていた。さらに，財政管理が県人民行政委員長の独断で行われていた。つまり，党中央執行委員が県党書記に赴任したことによって県の行政の問題が順調に解決されたわけではなく，かえって経済政策の混乱を生みだす場合があった。ヴィエンチャン県の事例は，1991年以降に党が部門別管理体制への転換に踏み出すことになった要因の1つに

なったと考えられる。

第4節　県知事制下でのヴィエンチャン県党指導部の変遷

1. 反政府勢力に対抗した治安強化 —— 1991年～1993年

　ヴィエンチャン県では，1990年3月18日に，基層建設に関する県党常務委員会決議第26号を公布して，党基層組織（村レベルおよび県の部局）と全県の郡党委員会における大会を開催し，組織改善を行った。しかし，1991年までに県党大会を開くことができず，ヴィエンチャン県党執行委員会は，ヴィエンチャン県党大会が開かれるまでの臨時の県執行委員として11名のメンバーを選出した（Naovarat 1998: 129）。1991年の県党執行委員は，表3-16のメンバーである。

　表から，1991年憲法の制定によって，県人民議会と県行政委員会が廃止された結果，県指導部は，県党執行委員会のみに一元化されたことが窺える。1991年は，まだ臨時体制であるため，県党副書記と県副知事が置かれていないと考えられる。

　1990年から1992年は，海外の反政府勢力がヴィエンチャン県内にいる協力者と連絡して侵入し，破壊活動を行った。特に，1991年末から例年よりも破壊活動が激しくなり，バス，船舶が襲撃され，家屋，作物が焼き打ちされた。1991年11月1日には，ヴィエンチャン県フーアン郡が反政府勢力によって占拠され，彼らは，自らを救国軍であると主張して地域の老人，女性，子供を集めて写真を撮り，人々を解放したと宣伝した。しかし，ヴィエンチャン県の地方部隊によって追い払われた。その後も，1991年12月にフーアン郡で焼き打ちがあり，1992年1月にタイにある根拠地から反政府勢力がサナカーム郡に侵入し，家が焼き討ちされる事件があった。そのため，同月に県党常務委員会は臨時会議を招集し，敵が侵入するサナカーム郡，フーアン郡，ヴァンヴィエン郡，カーシー郡に県の職員を派遣して，村レベルに隠れる敵の協力者を捕える活動を行った（Naovarat 1998: 129-131）。

表3-16　ヴィエンチャン県党執行委員（1991年）

	氏名	党委員	職務
1	シーポーン・パーリーカン	党中央執行委員，県党書記	県知事
2	カムベン・シンナヴォン	県党常務委員	県官房長
3	ブンニョン・シーソムブロン	県党執行委員	ホム郡長
4	ブンタイ・タヴィーサック	県党執行委員	県軍司令部長
5	カムミー・サイニャヴォン	県党執行委員	県党宣伝委員長
6	カムムーン・ポンタディー	県党執行委員	県計画・財務局長
7	ブンアン・ヴォンサイ	県党執行委員	トゥラコム郡長
8	シンラー・ポムマシー	県党執行委員	県教育局長
9	シーブンタム	県党執行委員	フーアン郡長
10	サニット・サーンカム	県党執行委員	県党検査委員長
11	ソムヴァン・ダーラーサック	県党執行委員	県農林局長

表の二重線より上は県党常務委員（Naovarat 1998: 129. および2007年2月の現地調査に基づき筆者作成）

このように，地域で紛争が生じた場合，あるいは地域の治安が悪い場合は，軍・警察だけでなく，県党委員会も住民への対応，侵入した反政府グループの索敵などで積極的に活動を行わなければならなくなるため，党中央委員が地方党委員会を統制し，治安維持のために迅速に決断，対応できる体制が一党支配体制を維持するために重要だったといえる。

2．第1回県党大会の開催と行政の安定　── 1993年〜1998年

　党中央は，1991年にシーポーンを県知事から交代させることを検討していた。当初は，第5期党中央執行委員であるカムパーン・ピラーヴォンをヴィエンチャン県知事として派遣する予定であり，ヴィエンチャン県にもカムパーンの任命書が通知されていた。しかし，カムパーンは，ヴィエンチャン県が多額の債務を抱えていることを危惧し，県知事への赴任を辞退したとされる。
　1992年10月に，新たにムーンケーオ・オーラブーンが，ヴィエンチャン県党書記代行兼県知事代行として中央から任命された。その後，1993年4月5日から8日までヴィエンチャン県党第1回大会が開催され，新たにヴィエンチャン県党書記として選出された（Naovarat 1998: 133）。そして，同時に選出された17名の県党執行委員会により県知事に推薦された。1993年の第1回県党大会で選出された県党執行委員は，表3-17のメンバーである。
　ムーンケーオは，ヴィエンチャン県党書記に就任する以前は，党中央宣伝委

ムーンケーオ・オーラブーン
Lao PDR. Vientiane Province. 2000. 25 years of Vientiane Province.
Vientiane Province: Vientiane Province Administration Bureau.

表3-17　ヴィエンチャン県党執行委員（1993年）

	氏名	党委員	職務
1	ムーンケーオ・オーラブーン	党中央執行委員，県党書記	県知事
2	<u>カムミー・サイニャヴォン</u>	県党副書記	職員指導，党宣伝担当
3	<u>カムベン・シンナヴォン</u>	県党常務委員	第3期国会議員（選挙区常務員）
4	カムムーン・ポンタディー	県党常務委員	県副知事（経済指導担当）
5	ブンニン・ポムマチャン	県党常務委員	県治安司令部長
6	<u>サニット・サーンカム</u>	県党執行委員	県党検査委員長
7	カムチェーン・ヴォンポーシー	県党執行委員	県官房長
8	<u>ブンニョン・シーソムブロン</u>	県党執行委員	第3期国会議員，ホム郡指導担当
9	シーブンタム	県党執行委員	フーアン郡長
10	カムパーン・コーンチャンセーン	県党執行委員	県軍司令部長
11	コーンシー・タムマヴォン	県党執行委員	サイソムブーン郡長
12	トーンサイ・タムマヴォン	県党執行委員	カーシー郡長
13	ブンエーク・ケーオヴィライホン	県党執行委員	県通信・運輸・郵便・建設局長
14	シーパー・ソーラーンクーン	県党執行委員	県教育局長
15	シーサヴァート・ケーオマーラーヴォン	県党執行委員	県治安司令部副部長
16	ウンカム・ブンニャセーン	県党執行委員	ヴァンヴィエン郡長
17	シートーン・ルアンアーパイ	県党執行委員	県党組織委員長

下線は，第3期国会議員（Naovarat 1998: 136. および2007年2月の現地調査に基づき筆者作成）

員会で職務に就いていた人物で，第5期党中央執行委員であった[35]。任命過程では，県党大会が開催される前に党中央により党中央執行委員が県に派遣さ

35）ヴィエンチャン県党組織委員会における聞き取り（2004年8月）に基づく。

れ，県党大会を経て県党書記と県知事に任命されている。つまり，県知事制は，県党大会を経ることがなくても，県党書記と県知事を中央から任命することを保障する制度であるといえる。

それまでヴィエンチャン県党書記兼県知事であったシーポーンは中央に戻り，再び国防省副大臣になった（Pasāson 2004: 10）。ムーンケーオはヴィエンチャン県出身である。つまり，同じ県の出身者でも党中央執行委員である人物を派遣することで県党委員会を統制し，同時に党中央の決定を全国統一的に実施できる体制を形成していることがうかがえる。

ヴィエンチャン県では，1993年になってようやく第1回県党大会を組織することができた。この時期は，ヴィエンチャン県全県において治安問題が落ち着いてきた時期である。職員，人々の現体制の将来に対する信頼が増して，従来よりも安定した時期であると評価されている（Naovarat 1998: 133）。

ヴィエンチャン県内の通商，市場も拡大し，タイとの間でもラオスのサナカーム郡とタイ側のシエンカーン，ラオス側のサナカーム郡とタイ側のパークソムの間で国境が開かれた。そのため，県レベルにおけるラオスとタイの通商がより便利になり，貿易も拡大した（Naovarat 1998: 139, 140, 147）。

3. 第2回県党大会の開催と基層建設の強化 —— 1998年～2001年

中央において1996年に第6回党全国大会が開催された後，1998年1月に，ヴィエンチャン県において第2回県党大会が開催され，21名の県党執行委員が選出された。第2回県党大会において選出された県党執行委員は，表3-18のメンバーである。

この大会においてムーンケーオは，ヴィエンチャン県党書記に再任され，県知事に留任している。1993年から1998年まで県党副書記を務めていたカムミー・サイニャヴォンは，中央に異動となり，2002年以降，最高人民裁判所長官を務めた（Pasāson 2002: 14）[36]。

1998年のヴィエンチャン県指導部の配置では，県党書記であるムーンケー

---

36) 県党書記以外の県党常務委員会のメンバーは，中央省の県レベルにおける出先機関の長（各部局の局長または軍・治安司令部長）以外は，中央に異動になることは少なく，ほとんどが県党常務委員を務めた後に引退する。ヴィエンチャン県党組織委員会における聞き取り（2004年8月）に基づく。

表 3-18　ヴィエンチャン県党執行委員（1998 年）

	氏名	党委員	職務
1	ムーンケーオ・オーラブーン	党中央執行委員，県党書記	県知事
2	カムベン・シンナヴォン	県党第 1 副書記	（職員業務指導）
3	カムムーン・ポンタディー	県党第 2 副書記	県第 1 副知事（経済社会指導担当）
4	サニット・サーンカム	県党常務委員	県党組織委員長
5	カムチェーン・ヴォンポーシー	県党常務委員	県第 2 副知事（農村開発担当）
6	カムパーン・コーンチャンセーン	県党常務委員	県軍司令部長
7	シーサヴァート・ケーオマーラーヴォン	県党常務委員	県治安司令部長
8	トーンサイ・タムマヴォン	県党執行委員	メート郡長
9	シーパー・ソーラーンクーン	県党執行委員	県教育局長
10	ヴィライヴィエン・ピムマソーン	県党執行委員	県情報文化局長
11	ヴァンサイ・ソンサーニュー	県党執行委員	県党宣伝委員長
12	トーンヴァン・ヴィライフーアン	県党執行委員	県党検査委員長
13	カオケーオ・ソムチャンマヴォン	県党執行委員	ポーンホーン郡長
14	フーアットケーオ・ケーンマニー	県党執行委員	トゥラコム郡長
15	プーイ・ピラースック	県党執行委員	県財務局長
16	ブントー・ピムマサーン	県党執行委員	フーアン郡長
17	プートーン・セーンスリンター	県党執行委員	県農林局長
18	スーン・トーンカム	県党執行委員	ヴァンヴィエン郡長
19	ブアサー・サックダーヴォン	県党執行委員	ヒーンフープ郡長
20	カムパー・チャンタムンクン	県党執行委員	カーシー郡長
21	ヴィナット・シースヴォン	県党執行委員	サナカーム郡長

下線は，第 4 期国会議員（Naovarat 1998: 152, 153. および 2007 年 2 月の現地調査に基づき筆者作成）

オは，引き続き県知事を兼任する一方，県党副書記および県副知事は，それぞれ 2 名に増員している。このうち，第 1 副書記が職員業務について指導を担当し，第 2 副書記が県第 1 副知事を兼任して経済指導を担当する体制が形成された。

また，新たに県第 2 副知事が設けられ，農村開発の統括を担当している。このことは，中央で 1998 年に地方分権化政策を決定したことに従い，地方開発が重視されるようになったことを示している。一方で，県党常務委員に，県軍司令部長と県治安司令部長の両方が含まれている。このように，経済開発を加速しながらも，国防治安について統制を維持する体制が形成された。

第 2 回県党大会での過去 5 年間の政策実施報告によれば，ヴィエンチャン県では，外国の支援を受けた反政府勢力が人を送り込んで破壊活動を行ったとしているという。この時期も，サナカーム郡，フーアン郡，メート郡は治安が良

くなかったが，経済・社会開発と結合した基層建設を行ったことによって治安が以前よりも改善され，地下活動を行う者，都市部，国境地帯で治安を悪化させる者に対処し，ヴィエンチャン県が基本的に政治的治安と社会的秩序が得られるようになったと評価されている (Lao P. D. R. Khwāēng Vīangchan. 1998: 11-13)。

1992年の時点で問題とされていた，県の負債と公務員給与の問題については，県が抱えていた25億キープの負債を完全に返済することができ，公務員に対する給与の支払いが通常通りに行われるようになって解決された。外国との関係については，ラオスとタイ（ルーイ県）の間で国境の治安維持について協力が進んだ。全県の党員の数も，1993年時点から1,059人増加して4,082人になり，基層建設も進んだと評価されている (Lao P. D. R. Khwāēng Vīangchan. 1998: 18, 19, 23)。

一方で，県指導部は，反政府勢力による策略に対する防衛が十分では無かったと反省し，基層の強化を目標に定めている。また，経済発展のために，商品作物，鉱物資源など地方の潜在力を発掘して利用する方針を定めている。治安については，国境貿易を管理し，関門（サナカーム郡）の管理を改善することを方針としている。外交についても，ヴェトナム，中国との協力関係を増大させると共に，タイとの協力関係において適切な戦略を実施すると指摘している (Lao P. D. R. Khwāēng Vīangchan. 1998: 26, 32, 38, 39)。

このように，この時期でも，ヴィエンチャン県では県内に反政府勢力が活動し，それに対して基層建設の強化が示されていることが窺える。一方で，通商については，国境の管理が行われながらも周辺国との関係の強化が進められた。

4．県内の治安の重視 —— 2001年～2005年

2001年3月に，中央において第7回党全国代表者大会が開催された後，同年7月に，シーホー・バンナヴォンが，ムーンケオ・オーラブーンに代わってヴィエンチャン県党書記兼県知事に任命された[37]。新しく県党書記兼県知事に就任したシーホーは，第7期党中央執行委員であるため，従来と同じく党中

---

37) ヴィエンチャン県官房における聞き取り（2003年10月）に基づく。

表 3-19　ヴィエンチャン県党執行委員（2003 年 10 月）

	氏名	党委員	職務
1	シーホー・バンナヴォン	党中央執行委員，県党書記	県知事
2	カムベン・シンナヴォン	県党第 1 副書記	（職員業務指導）
3	<u>カムムーン・ポンタディー</u>	県党第 2 副書記	県第 1 副知事
4	<u>サニット・サーンカム</u>	県党常務委員	県国家建設戦線議長
5	カムチェーン・ヴォンポーシー	県党常務委員	県第 2 副知事
6	シーサヴァート・ケーオマーラーヴォン	県党常務委員	県国防治安司令部長
7	シーパー・ソーラーンクーン	県党執行委員	県教育局長
8	ヴァンサイ・ソンサーニュー	県党執行委員	県宣伝委員長
9	トーンヴァン・ヴィライフーアン	県党執行委員	県国家検査委員長
10	スーン・トーンカム	県党執行委員	県組織委員長
11	フーアットケーオ・ケーンマニー	県党執行委員	県労働組合連盟代表
12	プートーン・センスリンター	県党執行委員	ヴィエンカム郡長
13	カオケーオ・ソムチャンマヴォン	県党執行委員	トゥラコム郡長
14	カムパー・チャンタムンクン	県党執行委員	カーシー郡長
15	チャンタブーン・ラッタナヴォン	県党執行委員	県官房長
16	<u>インカム・パンダーラー</u>	県党執行委員	県女性同盟代表，第 10 区国会議員
17	ブンスック・チョームヴィサーン	県党執行委員	フーアン郡党書記：郡長
18	ヴィナット・シースヴォン	県党執行委員	ケーオウドム郡党書記：郡長
19	ドーンシー・パーイーヤヴー	県党執行委員	ローンサーン郡党書記：郡長
20	<u>カムマイ・アーヌソーン</u>	県党執行委員	県軍司令部政治部長

下線は，第 5 期国会議員（2003 年 10 月の現地調査に基づき筆者作成）

央執行委員が県知事に任命されたことになる。

　シーホーはヴィエンチャン県出身で，1975 年に選挙で選出されたヴィエンチャン県人民行政委員会のメンバーだった人物である。県知事に任命される前は，ラオス国家建設戦線副議長の地位にあった。それまでヴィエンチャン県党書記および県知事であったムーンケーオは，党中央宣伝委員長代行に異動し，中央の役職に戻った[38]。

　時期が少し後にずれるが，筆者が調査を行った 2003 年 10 月におけるヴィエンチャン県党執行委員会の構成は，表 3-19 のとおりである。

　1998 年の県党執行委員会では，県教育局長のほかに，県情報文化局長，県財務局長，県農林局長が委員に含まれていたが，2003 年の県党執行委員では

---

38) ヴィエンチャン県党組織委員会における聞き取り（2004 年 8 月）に基づく。

県教育局長のみである。代わりに，県官房長，県党付属委員会委員長，県大衆団体議長，郡長が委員の中に多く含まれている。これらは，県知事の直属の政治機関である。この時期は，県北部で少数民族によるバスの襲撃事件などが生じていたため，県内の治安維持を重視し，政治組織の統制を優先する体制が形成されたといえる。

5. サイソムブーン特別区の統合と県第3回党大会の開催 —— 2005年

ヴィエンチャン県では，2004年9月23日に，それまで設置されていたホム郡とローンサーン郡が合併して，ホム郡という名称に変更した[39]。また，2006年1月13日に，従来設置されていたサイソムブーン特別区が廃止され，その一部であったサイソムブーン郡が，ヴィエンチャン県に統合された[40]。

サイソムブーン特別区は，1994年から2006年まで設置されていた。設置されていた理由は，地域の経済社会開発が困難であり，特別にプロジェクトを行っていた場所であると説明されているが[41]，モン族が多く，かつてヴァンパーオの基地があったローンチェーン，革命後に反政府運動が展開されたビーア山を含む地域であり，治安目的で設置されていたと考えられる。

2004年から2005年にかけて，ヴィエンチャン県内の各郡で党大会が行われ，2005年11月にヴィエンチャン県第3回党大会が開催された[42]。翌年の2006年3月に中央では第8回党大会が開催され，はじめて全国党大会が開催される前に県党大会が開催された。筆者が調査を行った2006年4月時点でのヴィエンチャン県党執行委員の構成は，表3-20のとおりである。また，新たに執行委

---

39) 合併した理由は，地方行政法によって郡を設置するためには，20,000人の人口が必要であるが，ホム郡は13,000人，ローンサーン郡は，17,000人であり，条件を満たしていなかったためであると指摘している。ヴィエンチャン県官房における聞き取り（2006年4月）に基づく。

40) 2005年の時点で，サイソムブーン特別区は，サイソムブーン郡とタートーム郡の2つの郡が設けられているのみで，地方行政法に定めた県の条件を満たすことができないためであった。タートーム郡については，シエンクアーン県に統合された。ヴィエンチャン県官房における聞き取り（2006年4月）に基づく。

41) 内務省における聞き取り（2012年9月）に基づく。

42) 各郡の党大会は，ポーンホーン郡，ヴィエンカム郡が2004年10月開催し，ケーオウドム郡，トゥラコム郡が，2004年11月に開催し，ヴァンヴィエン郡，ヒーンフープ郡が，2004年12月に開催し，サナカーム郡，フーアン郡が，2005年1月に開催し，カーシー郡，メート郡が2005年2月に開催し，ホム郡が2005年3月に開催した。ヴィエンチャン県党組織委員会における聞き取り（2006年4月）に基づく。

員となった人物については，執行委員になる前の職務について示した。

　県党大会が開催される前の2005年8月に，それまで県党書記兼県知事であったシーホーに代わって，ソムペット・ティップマーラーがヴィエンチャン県党書記兼県知事として任命された[43]。新しく就任したソムペットは党中央執行委員であり，サイソムブーン特別区長を務めていた人物であるが，サイソムブーン特別区が廃止されることになったためにヴィエンチャン県知事に異動になった。ソムペットは軍人であり，それまでサイソムブーン特別区を指導してきたため，特別区の廃止後も旧サイソムブーン特別区に対する指導が継続できるように県知事に就任させたと考えられる。それまで県党書記，県知事であったシーホーは，ラオス国家建設戦線副議長に異動になり中央の役職に戻った。これまで県党副書記を務めてきたカムベン・シンナヴォンは，2006年1月に死去した[44]。

　表からは，ヒーンフープ郡を除くすべての郡長が県党執行委員になり，県財務局長，県計画投資局長，県農林局長など，県内の開発に重要な部局の局長が県党執行委員に含まれるようになった。サイソムブーン特別区が統合されたことで，県党委員会のメンバーが従来の21名から30名へと大幅に増員になり，より多くの部局長，郡長との兼任が可能になったことが背景にあると考える。また，県党常務委員に基層建設の専従担当が置かれていることから，2004年の村グループの設置に関する党中央の指導通達に従って，村グループの設置と開発を重視する体制が形成されたといえる。

　県第3回党大会の政治報告では，1998年から2006年までの時期を評価して，アジア通貨危機がヴィエンチャン県の経済発展に影響を与えたほか，反政府勢力が治安の悪化を生みだしたと指摘している。一方で，2004年4月に県内のケシ栽培の撲滅を成功させたと報告している。財務については，県を戦略単位とし，郡を計画・財務単位とし，村を実施単位に転換する政策に従って，地方に数値目標を委任するシステムを実施し，毎年の予算歳入を8〜15％も増加させ，給与，事務費の支出額の80％から90％を自らの県で賄えるようになったと評価している（Lao P. D. R. Phak pasāson pativat lāo, Khana bōlihān-ngān phak khwāēng Vīangchan. 2005: 2, 4, 6）。

　農村開発については，県・郡レベルの各部局の職員を派遣することによって

43）ヴィエンチャン県官房における聞き取り（2006年4月）に基づく。
44）ヴィエンチャン県官房における聞き取り（2006年4月）に基づく。

表3-20 ヴィエンチャン県党執行委員会 (2006年4月) の構成および新委員：下線は，第6期国会議員

	氏名	職務	新委員 （委員になる前の職務）
1	ソムペット・ティップマーラー	党中央執行委員，県党書記：県知事	サイソムブーン特別区長
2	<u>カムムーン・ポンタディー</u>	県党第1副書記，県第1副知事	
3	カムチェーン・ヴォンポーシー	県党第2副書記：県第2副知事	
4	ヴァンサイ・ソンサーニュー	県党検査委員長	県党宣伝委員長
5	フーアットケオ・ケーンマニー	県国家建設戦線議長	県労働組合連盟議長
6	シーダーロー・チョンテンチーアサー	県軍司令部長	サイソムブーン特別区党委員
7	トーンヴァン・ヴィライフーアン	県党組織委員長	県党検査委員長
8	ブンミー・ブッタヴォン	（基層建設農村開発指導）	サイソムブーン特別区党副書記
9	カムマーオ・ラーチャンペン	県治安司令部長	治安省（役職不明）
10	ヴィナット・シースヴォン	県官房長	
11	プートーン・センスリンター	ポーンホーン郡長	
12	<u>インカム・パンダーラー</u>	県女性同盟代表	
13	ブンスム・シーサヴァット	県財務局長	現職
14	スリサック・アーサーキッティクン	カーシー郡長	現職
15	ウンセーン・ケオダーヴァン	県軍司令部政治部長	国防省政治総局（役職不明）
16	ヴォンサマイ・センソンパーオ	ホム郡長	現職
17	トーンサヴァン・ヴォンサムパン	サナカーム郡長	県革命青年団代表
18	ヴォンカム・スマムマヴォン	県党宣伝委員長	県政治学校長
19	ブアペット・サイニャサーン	県通信運輸郵便建設局長	現職
20	<u>トーンケーオ・パンタナーヴォン</u>	県教育局長	県教育局次長
21	コンシー・ウドム	ヴァンヴィエン郡長	県民族学校長
22	カムボン・コーンサヴァン	メート郡長	県工業局長
23	チャンペーン・ヴィパーヴァン	ヴィエンカム郡長	県情報文化局長
24	ブンウーム・ドゥアンパチャン	県農林局長	現職
25	<u>シンカム・ヴォンサヴァン</u>	県計画投資局長	計画投資委員会公共投資局（役職不明）
26	スヴァン・スタムマヴォン	フーアン郡長	県検察官
27	ブンロップ・シーブンホーム	ケーオウドム郡長	県労働社会福祉局長
28	カオケーオ・ソムチャンマヴォン	トゥラコム郡長	
29	ブンペン・サーイノーラディー	（基層建設担当：フーアン郡）	サイソムブーン特別区党委員
30	<u>ソムディー・ケーオダーラーヴィン</u>	（基層建設担当：サイソムブーン郡）	サイソムブーン特別区党委員
31	シンサイ・ヴァントーンティップ	サイソムブーン郡長	サイソムブーン特別区党委員

(2006年4月現地調査に基づき筆者作成)

第3章 県知事制形成の背景 | 155

ソムペット・ティップマーラー
Lao P.D.R. Phak pasāson pativat lāo. 2006. Āēkkasān Kōngpasum-nyai khang-thī 8 khōng Phak pasāson pativat lāo.(ラオス人民革命党第8回党大会文書). Vīangchan.

基層建設を実施し，党政治局が定めた4つの内容に従って農村開発を行った。結果，2001年には5つの郡206村7177世帯（全県の世帯数の15%）が貧困であったが，2006年には，1郡113村4572世帯（全県の世帯数の7.38%）に減少したと報告されている（Lao P. D. R. Phak pasāson pativat lāo, Khana bōlihān-ngān phak khwāēng Vīangchan. 2005: 6, 7）。

治安については，1998年からの7年間は，反政府勢力がこれまで以上に破壊行為を行った時期であり，県は，地域の人々を教育するために，職員，兵士を選抜して基層建設，農村開発に送ることで問題を基本的に解決したと報告している。外国との治安に関する協力についても，ヴィエンチャン県とタイのルーイ県の間で県レベルの会議を11回開催し，メコン河国境の治安を維持し，大きな問題が生じることを抑制できた，と述べている（Lao P. D. R. Phak pasāson pativat lāo, Khana bōlihān-ngān phak khwāēng Vīangchan. 2005: 9, 10）。

党の拡大については，全県に677の党組があり，1998年と比較して266増加した。党員数は，全県で7750人であり，1998年と比較して80.84％増加した。全県の職員についても，総数は6941人であり，1998年と比較して23.39％増加した。教育レベルは，博士号2人，修士号19人，学士・高等専門1497人，中等専門3485人，初等専門1703人，それ以下253人である（Lao P. D. R. Phak pasāson pativat lāo, Khana bōlihān-ngān phak khwāēng Vīangchan. 2005: 12, 13）。

このように，県内における党員数も大幅に増加し，サイソムブーン特別区の廃止にみられるように，2006年には地方での治安が安定してきた結果，全国党大会前に県党大会を開催することができる体制が形成されたと考える。

以上にみたように，ヴィエンチャン県では，1991年以降，特に1993年に県党大会が開催されて以降は，県党書記が県知事を兼任し，県党委員会が意思決定機関として一元化される体制が形成され，県内の行政も安定した。その要因として，冷戦が終結して周辺諸国との関係が深まり，地方の治安状況が安定してきたことが背景にあると考えられる。ヴィエンチャン県では，1991年以降，何度も反政府勢力の侵入，活動が行われ，治安が安定していなかったが，2005年になってようやく基本的な治安の安定が確保され，下級レベルから順に党大会を行えるような条件が整った。

小括

　本章では，ヴィエンチャン県を事例にしながら地方党組織の形成と行政の変化を分析し，地方で党組織が抱えてきた課題をみることによって，1991年に県知事制と部門別管理制度が導入された背景について考察した。その結果，次の点が明らかになった。
　内戦期，ヴィエンチャン県はラオス王国政府側の支配地域であったために，革命闘争は秘密裏に行われていた。県党委員会は党中央によって任命されていたが，ヴィエンチャン県では安全が確保できないために会議が開かれることが無く，各メンバーの責任分担も流動的であった。この時期の県党書記は，ヴィエンチャン県（地元）の出身者が優先された。その理由は，地方党委員会の任務のほとんどが地方部隊を率いての作戦行動であるため，地元の状況を良く知る人物の方が，戦略上優位だったからである。1975年に新体制が発足した後は，かつての革命闘士と兵士たちが県党委員会，県人民行政委員会に参加し，1980年代の県党委員会の中心メンバーになっていく。当時は，ヴィエンチャン県でみられるように，国内の反政府活動への対応と治安維持のための活動がまだ重要だったため，県党書記には，かつての内戦期のように人々を動員し，治安を維持する能力が必要とされていたといえる。
　1980年代に入ると，従来に比べて経済建設の重要性が増すようになっていた。ヴィエンチャン県では，ヴェトナムの支援も得て県党書記と県人民行政委員長の分離が試みられた。しかし，この当時，ヴィエンチャン県では，まだ十分に治安が安定していなかった。1986年になると，党中央の方針に従って県党書記と県人民行政委員長の兼任が決定し，党中央執行委員が県に赴任して県党書記，県行政委員長を兼任する体制へと変化した。こうして，党中央が党中

央執行委員を通して地方の行政と治安を掌握できる体制が形成された。しかし，経済政策をみると，県内の木材の伐採が進み，財政政策が独断的に行われて混乱を引き起こしていた。ヴィエンチャン県の事例は，党中央執行委員が地方で党務，行政，治安のすべてを掌握したことで，かえって地方の専門行政に関する専横を生じさせてしまったことを示している。このことが，1991年に専門行政の中央集権化が行われ，県知事の権限を制限する改革が行われる要因の1つになったと考えられる。

ヴィエンチャン県は，首都の後背地であり，中央からのアクセスがよい地域であるが，党組織の形成からみると，むしろ形成が遅れていた地域であった。その理由は，1970年代後半から1980年代前半，1990年から1992年，2002年，2003年と，タイから国境を越えて外国の支援を受けた反政府勢力が侵入し，バスを襲撃し，村人を拘束するなど治安において問題を抱えていたためであった。ヴィエンチャン県は，1970年代と1980年代を通じて，一度も県党大会を開くことができず，1993年になって，ようやく第1回目の県党大会を開催することができた。その結果，県党書記は中央からの任命によって赴任していた。このような地方の党組織と治安の状況から，党中央は，1991年憲法を制定する際に，中央から幹部を地方に任命することで地方を統制するシステムを維持せざるを得ないと判断したと考える。ヴィエンチャン県では，中央で開催される党全国大会の前に県党大会を開催することができたのは，ようやく，2005年の第3回県党大会からである。このような地方党組織の状況も県知事制を形成させた背景にあると考える。

以上，ヴィエンチャン県の事例で明らかになったように，ラオスでは，1970年代，1980年代を通じて，治安が悪く，党組織の形成も遅れていた。このような状況下で，一党支配体制を維持し，党中央が地方を統制するためには，党中央が党中央執行委員を地方に派遣して県知事に任命し，地方を統制するメカニズムが必要であった。一方で，地方人民議会が機能しない中で，中央から派遣された党中央執行委員が，地方で党務，行政，治安のすべてを統括するメカニズムは，1980年代末には，専門行政の混乱と中央が地方の財務を統制できない状況を作り出したため，1991年に部門別管理制度を導入することで県知事と地方党委員会の専門行政の権限を制限する改革が行われた。ヴィエンチャン県でみられるように，地方の治安問題が安定し，地方党組織の確立が達成したのは，ようやく2000年代半ばである。従って，一党支配体制と地方の治安

の維持のために，県知事制を通じた党中央の地方統制が維持されてきたといえる。

第 4 章
県知事と県党委員会の財務への影響力
―― ヴィエンチャン県の予算管理制度 ――

本章では，ラオスの地方予算の管理の中で県知事が有している影響力について考察し，1991年以降の中央集権的な予算管理制度の下で，県知事が地方部局の財務を統制するメカニズムについて明らかにする。第2章で示したように，1991年に県知事制が導入されると同時に，地方行政の財務・予算管理について中央集権化が行われた。しかし，1998年以降の地方分権化政策の中では，県知事と県党委員会にも地方の財務管理に関する裁量が与えられ，地方部局の予算編成にも影響を及ぼすことが認められるようになっている。

　本章で明らかにする分析課題は2つある。第1の分析課題は，1991年以降のラオスの中央集権的な予算管理と1998年の地方分権化政策の中で，県知事と県党委員会が地方の財務と予算の管理に関して有している裁量権と影響力を明らかにすることである。第2章でみたように，ラオスでは，1980年代半ばに，財務管理を含めた地方分権化政策が実施されたことが原因で，中央が地方の財務を統制できなくなるという問題を生じさせたため，1991年8月に首相令第68号を公布して財務の中央集権化が行われた。つまり，財務に関する中央集権化は，1991年地方行政改革の中で最も重要な変更点の1つだったはずである。しかし，1990年代後半からは，財務も含めた地方分権化政策が行われることになった。その理由はなぜなのか，地方分権化政策で県知事に与えられている裁量権と影響力から考察することが必要である。

　第2の分析課題は，地方での予算編成の過程において地方党委員会が果たしている役割を考察することによって，1991年のラオス地方行政改革により，地方レベルの党と国家の関係がどのように変化したかを明らかにすることである。序章でも示したように，ラオスの地方行政の特徴は，1991年の憲法制定と地方行政改革によって地方人民議会と地方人民行政委員会を廃止した点にある。中国，あるいはヴェトナムの制度にみられるように，本来，地方人民議会と地方人民行政委員会は地方予算の編成・採択を行うための重要な機関である。しかし，ラオスでは県知事制の導入に伴って，これらの機関を廃止してしまった。その結果としてラオスでは，地方人民議会と地方人民行政委員会が存在しない中で，どのように予算が編成され採択されているのか，その過程で地方党委員会がどのような役割を果たしているかを考察し，1991年の地方行政改革が地方の党と国家の関係に対してもたらした変化を明らかにする。

　ラオスでは，2006年に国家予算法が改正され，関税および租税の業務にあたる部局が県財務局から分離するなど，予算歳入の管理に関する改革が行われ

ているが，本書では，調査を終了した2005年8月までの状況に従って考察する。

第1節　1991年以降の財務・予算管理政策の変化

1. 1991年以降の予算管理の中央集権化

　本節では，1991年に予算と財務管理の中央集権化が行われた後に，財務・予算管理について県知事にどのような裁量権が残されることになったのか，そして，その後の財務・予算管理に関する地方分権化政策によって，どのように変化したのかについて考察する。

　はじめに，1991年に行われた財務管理の中央集権化の結果，法令の中で，財務・管理に関する知事の権限がどのように定められたのかについて考察する。

　第2章でも述べたように，1991年8月15日にラオス憲法が制定され，従来の地方人民行政委員会，地方人民議会を中心とする地方行政から，県知事制，郡長制へと移行した。その直後の8月28日に，「国家財政，予算，国庫の中央集権化原則に関する首相令第68号」（Lao P. D. R. Nā-nyok-latthamontī 1991; 以下，首相令第68号）が公布され，財務・予算管理に関する中央集権化が行われた。この政令は，わずか9カ条から構成される短いものであるが，従来の財務管理を変更して中央集権化する基本原則が規定されている。

　首相令第68号に定められている財務・予算管理の基本原則をみると，第1に，財務，予算，国庫の管理に関する政策，法令，規則の公布を中央集権化することが定められている。つまり，国会の制定する法律に従って，政府と計画・財務省（現在の財務省）のみが，財務・予算に関する規則を定めることができ，地方が規則を公布する権限を認めないことが定められた。

　第2に，各県（中央直轄市）の予算の歳入・歳出の管理を中央集権化することが定められた。つまり，各県の予算の歳入・歳出管理を中央集権化して国家予算に編入し，各部門の命令系統に従って全国で統一すること，特に，予算の歳

入管理については，国内と国外から得たすべての歳入は単一の国庫に編入すること，予算の歳出については，国家予算に組み込まずに地方が徴収した歳入を歳出に充填することを禁じることが定められた。

　第3に，財務・予算管理を主管する機関の中央集権化も定められた。つまり，中央レベルから地方レベルに至るまで，財務分野の機関と職員の管理を中央集権化する，という基本原則が定められた。(Lao P. D. R. Nā-nyok-latthamontī 1991)。

　このように，1991年になって財務・予算管理の中央集権化が決定された背景には，すでに第2章でみたように，1984年に開始された地方への予算管理権限の委譲によって，1989年には，中央政府が地方の予算の状況を把握し，統制することができなくなっていたことがある。1984年から実施された地方分権化政策によって，県行政機関は，歳入予算について，農業，工業，通商に関する税を徴収する権限の他に，中央が管理する一部の関門以外での関税の徴収権が与えられるなど大きな権限が与えられていた。さらに，歳出予算についても，インフラストラクチャーの建設，教育，行政に関する支出について，地方予算で歳出を行う権限が認められるなど，大きな裁量権が認められていた。当時，党書記長だったカイソーンによる説明にもみられるように，この政策の目標は，運輸と通信が悪い条件下で経済開発を進めるために，各地域が自活的に経済発展を行うための政策であった。しかし，地方に対して多くの権限が委譲された結果，第3章のヴィエンチャン県の事例でもみられたように，会計が県財務局の審査を通らずに行われるなど，地方において財務管理の混乱と汚職を生じさせる結果をもたらしていた。したがって，首相令第68号を公布することによって，地方の財務管理を中央政府，特に財務省の管理下に置き，中央が地方の財務に対する統制と管理を行うことができるようにすることが目指されたといえる。

　次に，1993年に党政治局が公布した，「部門別管理の方針および原則に関する党政治局決議第21号」(Lao P. D. R., Phak pasāson pativat lāo, Kom-kān-mēūang sūn-kāng phak 1993，以下，第21号決議) に基づいて，県知事が財務・予算管理について認められた裁量権を考察する。第21号決議で定められた部門別管理制度とは，地方に置かれている各専門部局（農林局，教育局）に対する命令系統を，地方の行政機関の命令系統の下に服させるのではなく，中央省庁による命令系統に服させる制度・原則のことである。つまり，地方の専門行政の中央集権化

を意味している。

　第21号決議をみると，中央省庁の地方出先機関の予算については，政府から認可された計画と事業を実施するために，中央省庁によって予算の支出が検討され，認可されると定められている。従って，首相令第68号によって定められた原則と同様に，地方に置かれている出先機関の予算は，中央省庁によって編成されることが定められている。さらに，第21号決議の中で，県知事（中央直轄市長）に認められている権限は，省庁の地方出先機関（県レベルの局，郡レベルの課，それ以下の班）の歳入・歳出予算を政府と各省庁が承認した後に，省・中央レベルの機関が定めた予算に従って，県知事（中央直轄市長）が支出命令を発令する権限を有するのみである（Lao P. D. R. Phak pasāson pativat lāo, Kom-kān-mēūang sūn-kāng phak 1993）。

　つまり，県知事には独自に地方の予算を編成し，執行する権限は認められていないことになる。後に，第5章，第6章で考察するように，地方の人事管理，計画・事業管理については，第21号決議の中でも，地方行政首長（県知事，郡長）に一定の裁量権が認められているが，予算管理に関しては，地方行政首長，地方党委員会に対して認められている裁量権は少ない。財務・予算管理については，県知事をはじめとする地方の権限を制限し，中央集権的に管理が行われるように政策が変更されたといえる。

2. 1994年国家予算法にみる県知事への支出命令権の委譲

　ラオスでは，1986年の第4回党大会以降に，行政，経済，社会など各分野の活動を規定する法律の整備が進められるようになった。特に，1989年に第2期最高人民議会が選出されて以降，具体的な立法作業が進められるようになる。予算と財務管理に関しても，1994年に「国家予算法」（Lao P. D. R., Sasphā-hāēng-sāt 1994; 以下，国家予算法）が制定された。

　1991年の首相令第68号による予算と財務の管理の中央集権化が行われて以降，はじめて予算と財務管理の基本原則を定めた法令が国家予算法である。従来の首相令第68号は，財務の中央集権化の基本原則について定めているに過ぎず，国家予算の編成，地方行政機関の権限について規定しているわけではない。国家予算法では，財務・予算管理が実施される手続き，各機関の権限等が定められた。この中で，県知事の地方での予算管理についてどのような権限が

定められたのかを考察することができる。

　1994年国家予算法で定められている財務・予算管理制度についてみると，すべての歳入と歳出予算は，統一された国家予算に組み込まれなければならないと定められ，また，国家予算のすべての歳入は，国庫会計に集中しなければならないと規定されているのである。つまり，地方独自の財源は認められず，すべて国家予算として位置づけられている。この規定は，1991年首相令第68号に定めた財務と予算の中央集権化の原則を踏襲しているといえる。

　一方で，国家予算法では，国家予算の管理権限の委譲についても規定がみられる。同法では，各地方，又は各機関に対して予算の歳入と歳出に関する管理権限を委譲する場合など，国家予算管理の権限委譲を行う必要がある際には，政府は本事案を国会に提起して審議を受けなければならない，と定めている。間接的ではあるが，1994年国家予算法では，国家予算という枠組みの中で，中央が地方行政機関に対して予算の管理権を委譲する可能性が認められているといえる。

　さらに，国家予算法では，各部門の歳入・歳出予算に関する支出命令権者は，各省大臣（並びに省と同格の機関の長）であるが，地方で執行される各部門の予算項目については，県知事または中央直轄市長に支出命令権を委譲することができると定めている。そして，県知事は，中央各省庁の地方出先機関の予算費目について計算し，支払を命令し，支出契約に署名し，支出について証明し，支出命令を発令する権限を中央省庁から委譲されうる，と定められている。

　このように，国家予算法は，地方に対する予算管理の権限委譲に関する可能性を示しており，中央省庁の地方での出先機関の予算は，県知事が支出の命令権を委譲されると規定しているが，予算の編成過程に関する規定からは，各省庁が自らの部局の予算を県別に分けて編成し，政府に提出する，と定められている。従って，県知事に委譲される予算管理権限は，予算の支出命令権の委譲のみで，地方の部局の予算額を決定するのは中央省庁である。予算の支出命令権は，中央省庁によって編成された予算に従って支出を命令する権限のことであり，1993年の第21号決議に定められた県知事の権限を大きく超えるものではない。つまり，1994年の国家予算法では，地方への権限委譲の可能性が示されているものの，県知事に委譲されているのは地方で予算支出命令を行う権限だけであり，地方分権化は限定的であるといえる。

3. 1999年の財政・予算管理に関する地方分権化政策

　1994年国家予算法では，地方への権限委譲は限定的で，まだどの程度の権限が委譲されるかについて明確に定められているわけではない。しかし，1998年以降には，より明確に地方分権化政策がすすめられるようになる。

　すでに第2章でみたように，1997年にラオスがASEANに加盟し，2020年までにASEAN共同体を実現するという加盟国間の目標が設定された。それに備えて，その前年の1996年に開催された党第6回党大会では，2020年までに最貧国を脱するという国家目標が設定され，地方の開発を促進することが課題となっていた。1998年の第6期党中央執行委員会第6回総会では，行政改革に関する協議が行われ，各地方に対して業務と予算の管理を委譲する地方分権化政策が実施されることになった。この会議では，財務と予算に関しても，各部門と地方の責任と主体性を高めるために，管理権限をさらに委譲しなければならない，と決定されている (Lao P. D. R., Khana-bōlihān-ngān sūn-kāng phak 1998: 8, 9, 11)。

　この党中央の政策方針に従って，1999年から，財務・予算管理に関する地方分権化政策が実施された。財務・予算管理分野における地方分権化政策については，1999年に公布された「国家予算法施行に関する首相令第192号」(Lao P. D. R., Nā-nyok-latthamontī 1999b; 以下，首相令第192号）の中で具体化されている。

　首相令第192号の財務・予算管理に関する地方分権化政策は，主に，第7章の「国家予算の管理権限の委譲」という章の中で規定されている。条文では，国家予算の管理権限の委譲について，中央レベルの各機関（省庁，省と同格の機関，党組織，大衆団体）と県レベルの各機関（県，市，特別区）の間での職掌分担の明確化であり，国家予算における中央集権の原則を保障することである，と定義されている。つまり，1998年から行われた地方行政改革は，1991年に形成された県知事制を中心とする地方行政のメカニズム自体を変更するものではなく，県知事制の枠組みの中での地方への権限の委譲である（地方への権限分散）。したがって，首相令第192号による地方分権化政策でも地方議会を設置するわけではなく，国家予算の中央集権制については，1991年以降の基本原則が維持されている。

その一方で、首相令第192号では、国家予算の中央集権制の枠組みの中で、予算の管理が地方に対して積極的に委譲されることが指示されている。特に、①地方に置かれている省庁の出先機関の歳出について、各省庁は地方が実施の責任を負うように地方に対して委譲すること、②省庁は地方が管理するように活動とプロジェクトを委譲し、地方に歳出予算を策定させること、③小規模、中規模の国家予算による公共事業、外国の事業の予算について、地方に歳出予算を策定させること、を定めており、地方に置かれた省庁の出先機関の歳出予算に関する管理が地方に委譲されることになった。

さらに、国家予算は、中央レベルの「政府予算」と県レベルの「地方予算」という2つの予算単位に基づいて行われることが新たに規定された。新たに規定された「政府予算」とは、国家の最高機関[1]、各省、省と同格の機関、中央レベルの党組織、中央レベルの大衆団体の歳入・歳出予算のことであり、「地方予算」とは、県、中央直轄市、特別区の歳入・歳出予算のことである[2]。同首相令では、「地方予算」に含まれる費目について、県（中央直轄市）、郡に所在する地方行政官房、各部局、党組織、大衆団体の歳入・歳出予算が含まれ、地方予算の支出命令権者は、県知事、中央直轄市長、特別区長が務めると規定されている。

以上にみたように、首相令第192号による財務・予算管理の地方分権化政策によって、地方行政官房、地方党組織、地方大衆団体などの県知事直属機関の歳入・歳出予算だけでなく、地方に設置されている中央省庁の出先機関の予算が地方予算の中に組み込まれ、これらの機関の歳出予算編成と執行についても県知事に権限が与えられた[3]。

4. 首相訓令第01号による歳入確保のための地方の統制強化

首相令第192号が公布された後に、ラオスでは2000年に「県を戦略単位と

---

1) 国会と国家主席を指すと考えられる。
2) 規定の中にみられるように、党組織と大衆団体の予算も国家予算に組み込まれている。
3) 首相令第192号では、郡レベルの予算についても規定しており、経済が発展し、経済的潜在力を有し、郡内の歳入と歳出を均衡できる郡は、独自の予算単位となることができ、自らの予算を編成し、執行することができる、と規定し、郡レベルに対しても権限を委譲することを検討することが定められていた。村レベルについては、郡が村に対して予算の徴収を行う責任を委譲することができると定めている。

して建設し，郡を計画・予算単位として建設し，並びに村を実施の基礎単位として建設することに関する首相訓令第01号」(Lao P. D. R., Nā-nyok-latthamontī 2000b)（以下，首相訓令第01号）が公布されて，県レベルと郡レベルに対する計画および予算管理に関する部分的な管理権限の委譲が行われた。同首相訓令では，計画（公共事業）管理に関する権限委譲とともに，財務・予算の管理に関する権限委譲についても規定されている。

同訓令では，財務・予算管理に関する権限委譲について，「県を開発における戦略単位として建設する」という全体目標を達成するために，「各時期の予算の編成，実施，監督，評価に際して，県レベルと郡レベルに所在する各部局を指導し，詳細な分業を実現するために，県レベルが計画と予算を管理する能力を有するように養成する。その目的は，県が，……自活的に予算歳入を確保し，中央に移転できるだけの余剰を持てるようにするためである」と規定している。つまり，同訓令では，県が予算管理の能力を高めることで，地方での財源の確保をより増大させることが意図されている。

同訓令に定められている，県のマクロ管理と実施の任務とは，①国家経済社会開発戦略計画および国家予算，特に国会において採択された地方におけるマクロ数値目標を実施するために尽力すること，②国会の決議に従い，歳入の確保と予算の支出に責任を負うこと，並びに国家予算法と国家予算法の施行に関する首相令第192号の規定に従い，厳格に財務規則を実施すること，③国家予算法と首相令第192号に規定された県の責任と任務に従って予算案を編成し，予算を実施すること，また県は歳入を確保するために，各郡を3つの種類（県に歳入を移転できる郡，給与と事務費について自活できる郡，財政の均衡を欠いている郡）に分類し，各郡に対して生産・事業体の管理を委任すること，④財政の均衡を欠いている郡について，2003年から2005年の間に自活できるように支援すること，であると定めている。

訓令の内容から，首相訓令第01号によって定められた財務・予算管理に関する地方分権化政策では，首相令第192号に定められた職責に従って，中央が定めた歳入確保に関するマクロ数値目標を地方が達成することができるように，県に地方での歳入確保に関する責任を負わせることを意図している。そのための手段として，各郡を財政状況に従って分類し，郡レベルに生産・事業体からの徴収業務を委任する政策であることがうかがえる。したがって，地方に対して自らの裁量によって歳出を決定できる財源を委譲する，という政策では

なく，県に対して歳入確保を実現する責任を負わせる政策である。

5. 予算制度の中で県知事に裁量権が与えられている費目

　前項まで，1991年以降の財務・予算管理の政策の変化について考察し，財務・予算管理における地方分権化政策の内容と県知事の権限が明らかになった。つまり，1999年，2000年の地方分権化政策によって，県知事には地方に置かれている出先機関の歳出予算に関する管理権限が与えられる一方で，歳入予算については，中央に対する地方での歳入の徴収に責任を負わせる政策であることが明らかになった。

　2000年以降の財務・予算管理制度の中で，県知事が独自に支出を決定する裁量権が与えられている予算費目としては，地方予備費と計画超過報奨金の2つの費目が認められている。

　第1に，国家予算法と国家予算法施行首相令第192号の中には規定がないが，県知事の裁量で支出を決定できる予算費目として，地方予備費の制度が設けられている。「政府および地方の予備費に関する財務省通達第1803号（2000年11月17日）」（Lao P. D. R., Kasūang kān-ngōēn 2000）によれば，地方予備費は地方予算の一部であり，地方レベルの党組織，国家機関，大衆団体による緊急業務のために支出されることを目的とした予算である。

　予備費の支出目的は，突発的，偶発的，緊急に発生した緊急業務であり，年次通常予算計画に計上していない業務，例えば，自然災害（旱魃，洪水，火災，台風，地震），伝染病対策，治安対策に対する支出が認められている。一方で，接客，会議，宴会，出張，車の購入，機材の購入に予備費を充てることは認められていない。

　予備費は，政府予備費と地方予備費によって構成されており，政府予備費は政府歳出予算の1.8％と前年度の予備費の繰り越し分を財源とする。一方で地方予備費は地方歳出予算の1.2％と昨年度の予備費の繰り越し分を財源とすると定められている。政府予備費の額は，財務省によって年次歳入に基づいて算定され，地方予備費は県財務局によって算定される[4]。

---

4)　財務省による国家予算の施行令である「2001-2002年度国家予算公布に関する首相令の実施に関する財務省通達第1707号（2001年10月22日）」（Lao P. D. R., Kasūang kān-ngōēn 2001）によれば，政府の予備資金にあてるために，各県は地方予備費のうち16.6％を，中央に対して納めなけ

支出命令権者については，政府予備費は首相であるが，地方予備費は県知事（中央直轄市長，特別区長）が務める。地方予備費について，各県財務局は県知事の命令に従って予備費を支出し，管理する職責を有する一方で，地方予備費については県知事が支出を独自の裁量で決定できる。

　この規定により，県知事は地方予備費の支出命令権を有しており，年度の歳出予算から決まった割合が予算に計上されて，地方での緊急業務，特に自然災害，伝染病に加えて，治安問題対策について支出することが認められている。第1章でみたように，県知事は，県国防治安委員長を兼任しており，県内の国防・治安について統括している。したがって，県内の治安問題，地方の緊急事態に迅速に対応できるように，予算の支出権限が与えられているといえる。

　第2に，地方予備費以外に県知事が裁量権を行使できる費目としては，計画超過報奨金制度がある。国家予算の施行令である「2001-2002年度の経済社会開発計画および国家予算の公布および執行に関する首相令第215号（2001年10月24日）」（Lao P. D. R., Nā-nyok-latthamontī 2001）によれば，国会が地方に対して委託した歳入達成数値目標を超過して歳入を確保することができた地方に対しては，地方が委託された歳入を中央に対して納めた後に，目標を超過して徴収できた歳入分全額を，報奨金として地方が使用することが認められている。

　財務省による国家予算の施行令である「2001-2002年度国家予算公布に関する首相令の実施に関する財務省通達第1707号（2001年10月22日）」（Lao P. D. R., Kasūang kān-ngōēn 2001）によれば，県が数値目標を超えて歳入を徴収できた場合は，県が本来的に徴収を行う費目か，中央が県に対して徴収を委託した費目かにかかわらず，数値目標の超過分全額を報奨金として県が使用することが認められている。つまり，首相令第01号による県の予算徴収の強化のための政策の一環であり，地方に対して歳入徴収に関するインセンティブを与える制度である。通達では，計画超過報奨金の支出目的について，地方の開発資金，貧困削減，地方が抱える公共事業投資に関する負債への返済などに充てることが奨励されている。

　その一方で，この制度では，数値目標どおりに達成できなかった場合の罰則も設けられている。前述の首相令第215号では，数値目標通りに歳入の徴収を達成できなかった県は，達成することができなかった歳入額に相当する分だ

ればならないと定めている。

け，県に認められる歳出予算額が削減されると規定されている（Lao P. D. R., Nā-nyok-latthamontī 2001）。つまり，計画超過報奨金制度は，県が経常的に獲得できる予算ではなく，中央が地方での歳入確保の実績を高めるために，地方の努力を促進するための制度である。

　以上でみたように，1980年代後半の財務・予算管理の問題に対する反省に基づいて，1991年の首相令第68号によって地方に独自の財源を認めないことが定められ，1993年の第21号決議でも，県知事は，中央省庁が承認した地方出先機関の予算に従って支出命令を発令することができるのみであることが確認されるなど，財務・予算管理の中央集権化が行われた。その一方で，1996年以降のラオスの地域統合と地域開発の促進の課題の中で，1999年の首相令第192号による財務・予算管理の地方分権化政策，2000年の首相訓令第01号による「県を戦略単位として建設する」政策が行われ，従来の方針の変更が行われている。1999年，2000年の財務・予算管理の地方分権化政策は，地方出先機関の予算について県知事に管理が委譲されるようになった一方で，県が中央から委任されている歳入を確保できるように指導が行われ，地方に対して報奨金制度などのインセンティブとペナルティーを科すことで，地方に歳入確保の責任を負わせる政策である。

第2節　ラオスにおける予算の構成と予算管理の問題点

1．全国の予算の構成

　前節では，1991年以降の財務・予算管理に関する政策変化について考察し，1990年代後半からラオスで実施されている地方分権化政策の中では，財務・予算管理について地方への権限委譲と財源徴収の強化が並行して実施されていることを明らかにした。本節では，公表されている予算統計に基づいて，ラオスの国家予算の構成の特徴を考察するとともに，国家予算の主管官庁である財務省によって認識されている地方での予算管理の問題点について明らかにす

る[5]。

　財務省予算局の説明によれば，ラオスでは，国家財政収支の均衡がとれていない。国家予算の歳出のうち，自国内の歳入で賄える割合は，約60％から70％である。歳出費目（公務員給与費，事務費，調整費[6]，予備費，公共事業費）のうち，ラオスの国内の歳入によって補うことができる費目は，国家公務員給与費，調整費，事務費，予備費のみで，公共事業費については，小規模の公共事業を除き，外国からの借款，または無償資金援助によって予算が補填されている。歳入項目は，大きく分けて，関税，所得税，土地税，国有資産税によって構成されている。

　現体制が成立して間もない頃の予算制度は，中央が地方に対して上納しなければならない税の総額を地方に対して指示するのみで，現在のように地方が徴収を担当する財源を明確に区分していなかった。つまり，県で歳入が歳出を上回る時に，余剰分を中央に対して上納していた。したがって，県は予算において自活しており，中央政府による予算の歳入・歳出の管理を困難にしていた。さらに，各県の財政状況も不均等で，ヴィエンチャン中央直轄市は収支の均衡をとることができたが，歳入が少ない収支の均衡がとれていない県では，県内で十分な行政サービスを提供することができなかった。

　ラオスの国家予算は，中央予算，県予算，郡予算（予算単位として認められている郡のみ）の3つのレベルによって構成されている。歳入の徴収については，「国家予算法施行に関する首相令第192号」に従って，中央が徴収する費目と地方が徴収する費目が規定されているが，中央予算と地方予算の区別は歳入の徴収責任の分担を定めただけであり，地方行政機関が徴収した税収入についても，すべて中央に納めなければならない。したがって，地方予算の独自の財源が認められているわけではない。

　2004年時点のラオス各県における財政収支をみると，全国にある18の県，中央直轄市，特別区のうち歳入が歳出を上回る県は，ヴィエンチャン中央直轄市，サヴァンナケート県，カムムアン県，チャムパーサック県，ボーリーカムサイ県，ルアンナムター県の6つの県のみである。

　予算の均衡がとれない県は予算を中央からの補助金に依存している。実際には，県は中央の歳入を徴収した後に徴収した財源を中央に移送せずに県の中に

5）　以下，財務省における聞き取り（2004年3月および2005年3月）に基づく。
6）　調整費とは，公務員のための研修などの目的で支出される予算費目である。

留保しておき，中央が歳出予算を承認した後に，県がそれらの資金から支出している。収支の均衡をとることができない県は，中央から4半期（3ヶ月）ごとに予算が補填されるため，公務員に対する給与の支払いも，それに従って遅れる場合がある。

一方で，歳入が歳出を上回る県では，県内で徴収した歳入を中央に納めなければならず，4半期ごとに徴収した税収を中央に対して納めている。歳入が歳出を上回る県においても，国会と中央によって承認された県の歳出予算に従って予算を執行しなければならないが，歳入が歳出を上回る県は，中央による予算の補填を待つ必要がないため，中央において承認された当初の歳出予算に従って予算の支出を行うことができる。したがって，公務員の給与の支払いについても，県での予算執行が遅れることがない。補填予算については，財務省予算局地方予算部が編成し，財務省会計局が予算に従って4半期ごとに支出を行っている。

次に，公開されているラオスの国家予算の資料に基づいて，ラオスの国家財政の特徴について考察する。2002–2003年度のラオスの国家予算歳入は，表4–1の通りである。

表をみると，ラオスの国家予算歳入は，所得税（37.6％），国有財産に関連する歳入（34.4％），関税（26.9％）が主な歳入源であることが示されている。歳入の徴収を担当する部局は，財務省の所得税局，関税局，土地税局，国有財産局と，地方に設置された財務省の出先機関である。また，中央レベルで徴収される割合が総額の39.7％（約4割），地方に設置された徴税担当部局によって徴収される割合が総額の60.3％（約6割）を占めている。したがって，国家予算の歳入の6割は，地方レベルに設置された出先機関によって徴収が行われている。

中央レベルで徴収されている歳入の構成をみると，最も額が大きいのは国有財産に関連する歳入である。この内訳をみると，最も大きい歳入は，ラオスを通過する航空機通行料である（Lao P. D. R. Kasūang kān-ngōēn 2004: 2, 3）。また，中央が徴税権を有する大規模事業体（企業）からの所得税収入も大きな額を占めていることが示されている。

地方レベルで徴収されている歳入の構成をみると，2004年の時点で全国に設置されていた18の県（中央直轄市，県，特別区）の中で，最も多くの額を徴収している県は，首都であるヴィエンチャン中央直轄市である（国家歳入の

表4-1 2002-2003年度国家予算歳入(実施)

	歳入総額	所得税	関税	土地税	国有財産	投資歳入	売電歳入	木材歳入
総額	2,505,974	942,986	673,008	29,021	860,959	203,411	44,997	217,964
	(100.0)	(37.6)	(26.9)	(1.1)	(34.4)	(8.1)	(1.8)	(8.7)
中央(財務省)	996,027	436,428	8,130	0	551,469	201,602	44,111	0
	(39.7)	(17.4)	(0.3)	(0.0)	(22.0)	(8.0)	(1.8)	(0.0)
地方	1,509,947	506,558	664,878	29,021	309,490	1,809	886	217,964
(各県の合計)	(60.3)	(20.2)	(26.5)	(1.2)	(12.4)	(0.07)	(0.03)	(8.7)
ヴィエンチャン中央直轄市	503,102	175,358	304,934	5,136	17,674	1,224	0	486
	(20.1)	(7.0)	(12.2)	(0.2)	(0.7)	(0.05)	(0.0)	(0.02)
ポンサーリー県	16,818	4,291	9,264	811	2,452	0	0	962
	(0.7)	(0.2)	(0.4)	(0.03)	(0.1)	(0.0)	(0.0)	(0.04)
ルアンナムター県	65,443	10,477	51,935	396	2,635	0	0	1,101
	(2.6)	(0.4)	(2.1)	(0.01)	(0.1)	(0.0)	(0.0)	(0.04)
ウドムサイ県	22,271	11,152	7,700	811	2,608	0	0	1,006
	(0.9)	(0.4)	(0.3)	(0.03)	(0.1)	(0.0)	(0.0)	(0.04)
ボーケーオ県	27,331	8,039	14,954	445	3,892	0	0	1,651
	(1.1)	(0.3)	(0.6)	(0.02)	(0.2)	(0.0)	(0.0)	(0.07)
ルアンパパーン県	33,512	26,661	1,643	1,759	3,449	122	0	0
	(1.3)	(1.1)	(0.07)	(0.07)	(0.1)	(0.004)	(0.0)	(0.0)
ホアパン県	18,131	6,817	2,559	653	8,102	92	0	6,472
	(0.7)	(0.3)	(0.1)	(0.03)	(0.3)	(0.004)	(0.0)	(0.3)
サイニャブーリー県	38,907	18,414	15,479	1,593	3,421	0	0	824
	(1.6)	(0.7)	(0.6)	(0.06)	(0.1)	(0.0)	(0.0)	(0.03)
シエンクアーン県	24,275	11,840	7,904	667	3,863	204	0	2,654
	(1.0)	(0.5)	(0.3)	(0.03)	(0.2)	(0.008)	(0.0)	(0.1)
ヴィエンチャン県	56,141	27,416	4,054	2,573	22,098	0	886	17,276
	(2.2)	(1.1)	(0.2)	(0.1)	(0.9)	(0.0)	(0.04)	(0.7)
ボーリーカムサイ県	69,539	18,286	32,948	872	17,433	0	0	14,669
	(2.8)	(0.7)	(1.3)	(0.03)	(0.7)	(0.0)	(0.0)	(0.6)
カムムアン県	166,676	34,811	35,642	2,003	94,221	0	0	88,125
	(6.7)	(1.4)	(1.4)	(0.08)	(3.8)	(0.0)	(0.0)	(3.5)
サヴァンナケート県	180,588	57,656	93,062	6,339	23,531	84	0	7,025
	(7.2)	(2.3)	(3.7)	(0.3)	(0.9)	(0.003)	(0.0)	(0.3)
サーラヴァン県	45,214	16,343	13,551	1,289	14,031	56	0	9,601
	(1.8)	(0.7)	(0.5)	(0.05)	(0.6)	(0.002)	(0.0)	(0.4)
チャムパーサック県	166,916	51,312	66,245	3,027	46,332	0	0	28,293
	(6.7)	(2.0)	(2.6)	(0.1)	(1.8)	(0.0)	(0.0)	(1.1)
セーコーン県	27,655	7,935	895	193	18,633	0	0	16,352
	(1.1)	(0.3)	(0.04)	(0.01)	(0.7)	(0.0)	(0.0)	(0.7)
アッタプー県	37,280	15,469	1,457	363	19,992	27	0	17,031
	(1.5)	(0.6)	(0.06)	(0.01)	(0.8)	(0.001)	(0.0)	(0.7)
サイソムブーン特別区	10,151	4,283	651	93	5,124	0	0	4,437
	(0.4)	(0.2)	(0.03)	(0.004)	(0.2)	(0.0)	(0.0)	(0.2)

(財務省の資料(Lao P. D. R. Kasūang kān-ngōēn 2004: 2, 3)に基づき筆者作成)
単位100万キープ(≒1万円)。()内は,歳入総額に対する割合(%)を表す。
注)四捨五入されているため各項目の合計が一致しない場合がある。

20.1％；以下同様）。それに続くのは，サヴァンナケート県（7.2％），チャムパーサック県（6.7％），カムムアン県（6.7％）である。この4つの県と中央直轄市による徴収額で，地方での歳入徴収総額の67.4％を占めている。これらの県は，メコン河沿いのラオス中部と南部に位置しており，タイと国境を接している県である。地方で徴収されている歳入の内訳をみると，最も高い割合を占めるのは関税の徴収であり，次に地方が徴収を担当している中規模事業体，小規模事業体（企業）からの所得税徴収であることが示されている。このことから，国境沿いに位置しており，関税の徴収を行うことができる県による歳入が大きな割合を占めているといえる。

　次に，国家予算歳出の構成をみると，財務省の資料によれば，2002-2003年度のラオスの国家予算歳出は，表4-2の通りである。表から，中央省庁による歳出額が，全国の歳出総額の55.3％を占め，地方（各県）の歳出額が，全国の歳出総額の44.7％を占めている。中央省庁の歳出額には，財務省が管轄する国内および外国金融機関からの債務額が含まれているため，これらを除くと全県の歳出総額とほぼ等しくなる。中央省庁の歳出の中で最も額が大きいのは国防省であるが，公務員給与の額が占める割合が大きいため，各省の人員の数に左右されていると考える。また，中央省庁の歳出費目をみると，公共事業投資について，外国資金が国内資金を大きく上回っている。このことから，外国援助を用いた公共事業の統括が中央省庁の重要な役割であることが窺える。

　次に，地方での歳出の構成を考察するために，表4-3に基づいて，2002-2003年度における地方での歳出予算をみると，最も歳出額が大きい県は，カムムアン県である（国家歳出総額の5.7％；以下同様）。続いて，チャムパーサック県（5.0％），ヴィエンチャン中央直轄市（4.6％），ルアンパバーン県（3.9％），サヴァンナケート県（3.4％），ウドムサイ県（3.3％）の順である。

　歳出予算が多い県は，先に述べた歳入徴収額が大きい県とほぼ一致しているが，最も多くの徴収を行っていたヴィエンチャン中央直轄市は，歳出額では3番目である。歳出の費目をみると，これらの県において歳出額を大きくしている要因は，公共事業投資の額の大きさである。特に，ルアンパバーン県，ウドムサイ県など北部に位置している県については，公共事業投資の予算額の中で外国援助が占める割合が高い。このことから，歳入の少ない北部の県では，外国援助によって開発を進めようとする傾向が窺える。さらに，公共事業投資の構成について中央省庁による歳出予算の場合と比較すると，地方による歳出で

表 4-2 2002-2003 年度中央省庁予算歳出（実施）

	歳出総額	公務員給与	事務費	調整奨励費	その他	公共事業投資 総額	国内資金	外国資金
全国	4,409,575	671,443	324,394	341,393	66,225	2,525,808	1,026,352	1,499,456
	(100.0)	(15.2)	(7.4)	(7.7)	(1.5)	(57.3)	(23.3)	(34.0)
全省庁	2,438,140	376,785	241,691	189,366	42,386	1,107,600	208,909	898,691
	(55.3)	(8.5)	(5.5)	(4.3)	(1.0)	(25.1)	(4.7)	(20.4)
首相府	117,504	21,704	21,808	29,597		44,395	32,653	11,742
	(2.7)	(0.5)	(0.5)	(0.7)		(1.0)	(0.7)	(0.3)
国防省	399,846	248,750	93,311	26,500		31,285	31,285	0
	(9.1)	(5.6)	(2.1)	(0.6)		(0.7)	(0.7)	(0.0)
治安省	123,100	52,623	31,362	25,295		13,820	13,820	0
	(2.8)	(1.2)	(0.7)	(0.6)		(0.3)	(0.3)	(0.0)
外務省	85,286	17,854	65,396	1,133		903	903	0
	(1.9)	(0.4)	(1.5)	(0.03)		(0.02)	(0.02)	(0.0)
司法省	5,388	426	688	415		3,859	3,859	0
	(0.1)	(0.01)	(0.02)	(0.01)		(0.09)	(0.09)	(0.0)
計画協力委員会	6,379	837	556	81		4,905	2,860	2,045
	(0.1)	(0.02)	(0.01)	(0.002)		(0.1)	(0.06)	(0.05)
財務省※	609,401	1,515	4,259	22,742		58,187	3,663	54,524
	(13.8)	(0.03)	(0.1)	(0.5)		(1.3)	(0.08)	(1.2)
農林省	84,962	3,356	1,400	1,459	42,386	78,747	6,023	72,724
	(1.9)	(0.08)	(0.03)	(0.03)	(1.0)	(1.8)	(0.1)	(1.6)
通信運輸郵便建設省	497,773	2,212	7,352	347		487,862	58,737	429,125
	(11.3)	(0.05)	(0.2)	(0.008)		(11.1)	(1.3)	(9.7)
工業手工芸省	18,756	576	537	63		17,580	11,779	5,801
	(0.4)	(0.01)	(0.01)	(0.001)		(0.4)	(0.3)	(0.1)
商業省	2,123	439	721	122		841	841	0
	(0.05)	(0.01)	(0.02)	(0.003)		(0.02)	(0.02)	(0.0)
情報文化省	39,512	3,272	2,408	901		32,931	10,213	22,718
	(0.9)	(0.07)	(0.05)	(0.02)		(0.7)	(0.2)	(0.5)
労働社会福祉省	116,048	1,441	979	6,665		106,963	8,611	98,352
	(2.6)	(0.03)	(0.02)	(0.2)		(2.4)	(0.2)	(2.2)
教育省	192,185	13,306	7,052	14,579		157,248	15,564	141,684
	(4.4)	(0.3)	(0.2)	(0.3)		(3.6)	(0.4)	(3.2)
保健省	81,527	8,474	3,862	1,117		68,074	8,098	59,976
	(1.8)	(0.2)	(0.09)	(0.03)		(1.5)	(0.2)	(1.4)
その他	58,350	0	0	58,350		0	0	0
	(1.3)	(0.0)	(0.0)	(1.3)		(0.0)	(0.0)	(0.0)

（財務省の資料（Lao P. D. R. Kasūang kān-ngōēn 2004: 4）に基づき筆者作成）
※財務省の歳出総額には，表内の歳出の他に，国内債務 165,109（百万キープ），海外債務 315,203（百万キープ）を含む．
単位 100 万キープ（≒1 万円），（ ）内は，総額に対する割合（%）を表す．
注）四捨五入されているため各項目の合計が一致しない場合がある．

表 4-3　2002-2003 年度各県予算歳出（実施）

	歳出総額 ※	公務員給与	事務費	調整奨励費	その他	公共事業投資 総額	国内資金	外国資金
全国	4,409,575 (100.0)	671,443 (15.2)	324,394 (7.4)	341,393 (7.7)	66,225 (1.5)	2,525,808 (57.3)	1,026,352 (23.3)	1,499,456 (34.0)
全県	1,971,435 (44.7)	294,658 (6.7)	82,703 (1.9)	152,027 (3.4)	23,839 (0.5)	1,418,208 (32.2)	817,443 (18.5)	600,765 (13.6)
ヴィエンチャン市	201,284 (4.6)	27,392 (0.6)	9,600 (0.2)	10,021 (0.2)	900 (0.02)	153,472 (3.5)	115,593 (2.6)	37,879 (0.9)
ポンサーリー県	46,291 (1.0)	10,949 (0.2)	2,246 (0.05)	4,104 (0.09)	3 (0.000)	28,990 (0.7)	2,046 (0.05)	26,944 (0.6)
ルアンナムター県	68,501 (1.6)	10,188 (0.2)	2,688 (0.06)	6,598 (0.1)	231 (0.005)	48,796 (1.1)	33,326 (0.8)	15,470 (0.4)
ウドムサイ県	145,265 (3.3)	14,417 (0.3)	4,200 (0.1)	7,293 (0.2)	250 (0.006)	119,105 (2.7)	33,266 (0.8)	85,839 (1.9)
ボーケーオ県	54,781 (1.2)	10,983 (0.2)	2,711 (0.06)	4,014 (0.09)	400 (0.009)	36,673 (0.8)	29,113 (0.7)	7,560 (0.1)
ルアンパバーン県	169,901 (3.9)	22,263 (0.5)	6,620 (0.2)	13,438 (0.3)	0 (0.0)	127,579 (2.9)	37,814 (0.9)	89,765 (2.0)
ホアパン県	113,462 (2.6)	17,510 (0.4)	4,165 (0.09)	8,799 (0.2)	400 (0.009)	82,588 (1.9)	41,000 (0.9)	41,588 (0.9)
サイニャブーリー県	103,338 (2.3)	20,820 (0.5)	4,876 (0.1)	6,851 (0.2)	501 (0.01)	70,290 (1.6)	45,603 (1.0)	24,687 (0.6)
シエンクアーン県	63,323 (1.4)	16,741 (0.4)	3,755 (0.09)	7,533 (0.2)	359 (0.008)	34,934 (0.8)	15,704 (0.4)	19,230 (0.4)
ヴィエンチャン県	98,776 (2.2)	22,540 (0.5)	3,900 (0.09)	9,654 (0.2)	650 (0.01)	62,032 (1.4)	43,752 (1.0)	18,280 (0.4)
ボーリーカムサイ県	74,364 (1.7)	14,489 (0.3)	2,813 (0.06)	6,073 (0.1)	442 (0.01)	50,547 (1.1)	32,971 (0.7)	17,576 (0.4)
カムムアン県	249,792 (5.7)	18,646 (0.4)	5,482 (0.1)	8,809 (0.2)	500 (0.01)	216,354 (4.9)	127,979 (2.9)	88,375 (2.0)
サヴァンナケート県	150,013 (3.4)	21,683 (0.5)	10,037 (0.2)	15,385 (0.3)	800 (0.02)	102,108 (2.3)	67,000 (1.5)	35,108 (0.8)
サーラヴァン県	79,235 (1.8)	16,507 (0.4)	3,000 (0.07)	7,489 (0.2)	298 (0.007)	51,940 (1.2)	32,298 (0.7)	19,642 (0.4)
セーコーン県	44,743 (1.0)	6,951 (0.2)	2,841 (0.06)	5,197 (0.1)	161 (0.004)	29,593 (0.7)	23,000 (0.5)	6,593 (0.1)
チャムパーサック県	223,590 (5.0)	26,277 (0.6)	8,473 (0.2)	22,959 (0.5)	17,624 (0.4)	148,257 (3.4)	88,457 (2.0)	59,800 (1.4)
アッタプー県	49,896 (1.1)	10,422 (0.2)	3,000 (0.07)	4,670 (0.1)	200 (0.005)	31,603 (0.7)	26,655 (0.6)	4,948 (0.1)
サイソムブーン特別区	34,784 (0.8)	5,881 (0.1)	2,297 (0.5)	3,138 (0.07)	120 (0.003)	23,347 (0.5)	21,866 (0.5)	1,481 (0.03)

（財務省の資料（Lao P. D. R. Kasūang kān-ngōēn 2004: 4, 5）に基づき筆者作成）
注）歳出総額には，表内の歳出の他に，国内債務 165,109（百万キープ），海外債務 315,203（百万キープ）が含まれている。
　単位 100 万キープ（≒1 万円），（ ）内は，総額に対する割合（％）を表す。
注）四捨五入されているため各項目の合計が一致しない場合がある。

は，国内資金（国家予算）による公共事業の額が外国資金（外国援助）による公共事業の額を上回っている。つまり，ラオスの国家予算は，地方に重点的に配分されていることが示されている。

また，表4-3で示されている各県の歳出総額から外国資金を除いた数値を表4-1で示されている各県の歳入総額の数値と比較すると，歳入が歳出を上回る県は，ヴィエンチャン中央直轄市，ルアンナムター県，ボーリーカムサイ県，カムムアン県，サヴァンナケート県，チャムパーサック県の6つの県・中央直轄市のみである。しかし，各県の歳入は，中央から歳入の徴収を委託されているのみであり，各県の独自財源として認められているわけではない点に留意が必要である。

以上から，ラオスの財務管理は，中央政府が外国融資を含む外国援助の管理を担当し，地方は関税を含む歳入の徴収について担当する体制になっていることが明らかになった。さらに，ラオスにおいて歳出額を上回った歳入額を徴収できる県は，タイ，中国など外国と国境を接している県であり，その背景として，地方（県）で徴収される歳入のうち，最も大きな割合を占めるのが関税徴収だからであることが示された。

2. 地方部局の予算管理に関する地方分権化政策の背景

第1節でみたように，ラオスでは，1990年代の後半から地方分権化政策と歳入徴収の強化が行われるようになったが，この政策の実施の背景と問題点について考察する。

はじめに，1999年の首相令第192号によって，地方出先機関の予算管理が地方に委譲されたことの意味について考察する。財務省予算局における聞き取りによれば[7]，国家予算法に定める地方分権化政策に従って，中央省庁の地方出先機関の予算は，中央予算ではなく地方予算の中に組み込まれることになった。県に対して，中央省庁の地方出先機関に関する予算管理権限の委譲が行われたのは，国家予算法が公布されて以降の1995年頃のことである。それ以前は，地方レベル（県）に置かれた中央省庁の出先機関の予算は，中央（省庁）の予算に属していた。しかし，これら地方に置かれた機関の予算が中央（省庁）

---

[7] 財務省予算局における聞き取り（2004年3月）に基づく。

に属しているために，県行政機関は，中央省庁の地方出先機関を統率することができないという問題が生じた。その結果，県行政機関が県に置かれている各部局に対する予算の管理が行えるように，省庁の地方出先機関の予算管理権限が県行政機関に対して委譲されるようになった，と説明されている。

この説明から，実務上は，1999年の首相令第192号以前の1994年国家予算法によって，すでに中央省庁の地方出先機関の予算の管理が県行政機関に委譲されていたとみられる。さらに，地方に置かれた機関の予算管理権限が県に委譲された理由は，県行政機関が地方に設置された省庁の出先機関を統率できるようにするためであった。第2章でみたように，1991年以降に採用された部門別管理制度の導入は，1980年代の財務管理の失敗に対する反省に基づいて，財務・予算管理制度を中央集権化することであった。その一方で，1991年の地方行政改革では，一党支配体制と治安を維持するために，県知事を通じた地方の統制が強化されていた。その結果，地方行政首長（県知事）と地方党委員会にも地方の専門行政に関与する余地が与えられ，財務に関する中央集権化（部門別管理の原則）が徐々に修正されるようになっていたと考えられる。

3．2000年以降の地方の歳入確保の強化と実施上の困難

次に，首相令第01号による地方での歳入確保のための権限委譲政策の実施と問題点から，予算管理における地方行政の課題について考察する。はじめに，ラオスの予算歳入の額の中で最も大きな割合を占める所得税徴収について徴税権限の委譲と問題点を考察する。

財務省所得税局での聞き取りによれば，1999年の首相令第192号，2000年の首相訓令第01号による所得税の徴収に関する中央と地方の間の職掌分担は[8]，中央レベルでは財務省所得税局が各事業体（企業）に対する法人税の徴収を担当しており，特に，大規模企業，国有企業，外国投資企業に対する税徴収を行っている。2004年において所得税局が徴収を行った事業体は94の事業体であり，その中には，ラオス電力公社，トゥンヒンブーン電力開発公社，ラオ・コットン会社などが含まれていた。

県レベルでは，県財務局所得税課に，県内の中規模企業に対する法人税徴収

---

8) 以下，財務省所得税局における聞き取り（2004年9月）に基づく。

が委任されている。一方で企業の側は，活動する県において事業登録を行い，企業会計に従って納税を行っている。

郡レベルでは，2種類の事業体に対する所得税徴収が委任されている。第1に，中規模企業の一部と小規模企業に対する法人税の徴収であり，郡財務課所得税班によって担当されている。各事業体は郡との間で委託契約を結び，それに従って月ごとに定められた額を納税する。第2に，企業登録を行う条件を満たさない小規模経営団体（パパイヤサラダ屋，アイスクリーム行商人など）に対する所得税徴収であり，郡財務課が村長に税徴収を委託し，村の中の村財務担当者（Kān-ngūn bān）が税の徴収を実施する。この場合は，営業許可書を発行するときの登録料として税の徴収を行っている[9]。

2000年の首相訓令第01号による地方歳入の徴収強化に対する財務省の評価では，政策の実施に際して多くの困難がみられると指摘されている。実施面で生じている問題は，第1に地方，特に郡レベルに基準を満たした有能な人材が不足している，第2に法制度がまだ十分ではないため，税の徴収が厳格に執行できない，といった点である。例えば，政策が実施され始めた当初は，所得税の徴収権限をすべて県レベルに委譲し，県が徴収を担当した。しかし，県レベルの職員の行政能力が低いために，大規模事業体に対する税徴収が十分に行えないという問題が発生したことから，徴収権限の一部については中央の徴税機関に権限を戻し，中央の職員が地方に行って直接に徴税を行うようになった，と説明されている[10]。

この説明にみられるように，2000年以降に行われた地方での歳入徴収の強化のための地方への権限委譲政策は，実施過程において地方での職員の能力が十分に伴わないため，機能していないことから政策の見直しが検討されていた。特に所得税の徴収に関する地方分権化政策の障害となっているのは，地方職員の専門能力の問題であると認識されていた。

4. 地方での関税徴収の管理と制度上の問題

次に，地方で徴収される歳入費目のうち最も大きな割合を占める関税徴収に

---

9) 村の財務職員の任命は，村が候補を選出して郡財務課に推薦し，郡財務課が郡長に推薦して郡長が任命する。ヴィエンチャン県財務局予算課における聞き取り（2004年8月）に基づく。

10) 財務省予算局における聞き取り（2004年3月）に基づく。

ついて，中央と地方の間での職掌分担と地方での予算管理の問題点について考察する。ラオスは，ASEAN 自由貿易地域（AFTA）の関税基準に従って 2008 年までに関税の引き下げを行うために，2005 年に関税法の改正を行ったが，本節においては調査を行った 2004 年 3 月から 2005 年 8 月までの時点の情報に基づいて考察する。

　財務省関税局における聞き取りによれば[11]，関税歳入は，すべて中央による予算徴収権限に属する歳入費目である。全国各地域に設置されている関門には 2 種類がある。1 つは国際関門であり，政府が設置を決定する権限を有し，外国からの商品の輸出入が認められるほかに，外国人の出入国が認められている関門である。もう 1 つは地方関門であり，県が設置を決定する権限を有し，商品の輸出入が認められていない。さらに，国際関門と異なって，国境を接している両国の国民以外の外国人に対しては，地方関門を通じての出入国が認められていない。

　関税の徴収をめぐっては，2 つの問題点が認識されている。第 1 に，全国で統一的な関税徴収が実施できていない点である。つまり，関税の税率は，規則によって法律で全国一律に定められているが，関税を算定する基となる課税対象商品の価値算定基準が各県によって異なっており，さらに，商品の価値算定基準について誰が決定権を有するのか，規則によって明確に定められていない。したがって，実務では，関門が置かれている地方で，各県の県財務局関税課が課税商品の価値について試算した後に，県知事によって決定が行われている。あるいは，いくつかの県では県財務局関税課長，県財務局長，県知事での協議で決定が行われている。

　第 2 に，地方での関税の徴収に際して，県によって様々な形での関税の減免措置が行われており，関税徴収の実施が統一されていないという問題点が指摘されている。例えば，外国からの無償資金援助に関する資材に関しては関税の減免措置が認められており，さらに，革命功労者に対して関税を減免する特別措置が存在しているが，実際には，これらの減免措置が政府からの許可を得ることなく，県知事の決定に基づいて適用されている[12]。

　以上でみられるように，関税徴収は中央が管轄する財源であると位置付けられているが，課税対象となる商品の価格算定基準が各県で統一されていないた

---

11) 以下，財務省関税局における聞き取り（2004 年 9 月）に基づく。
12) 財務省関税局における聞き取り（2004 年 9 月）に基づく。

めに，各県で県知事が決定した算定基準に従って実施され，さらに関税の減免措置の適用において県知事が無許可で決定するなどの問題が示された。いずれの場合も，地方における関税の徴収において県知事が自らの裁量によって，恣意的に影響力を及ぼし，関税徴収をめぐる不正を生む土壌になっていると考えられる。このように，部門別管理による専門行政の中央集権化は，制度上の不備があるために徹底することができていない。

5. 地方から中央への税収の移転と地方の債務の問題

これまでにみた通り，2000年の地方での税徴収の強化のための権限委譲政策は，これまで中央の職員が直接に行っていた税の徴収を，県レベル，郡レベルの徴税機関に委託する，権限分散 (deconcentration) を行うことによって，地方での税の徴収を強化することが意図された政策である。この政策により，地方で活動する大規模事業体からの所得税の徴収，関税の徴収など，中央予算に属する歳入費目だが，地方に税の徴収が委任されている税目が存在する。財務省予算局によれば，これらの税を地方で徴収する際の問題点に加えて，徴収後の中央への移転に際しても問題が生じていると指摘されている[13]。

1999年の首相令第192号に基づいて実施されている予算制度では，地方に対して税の徴収が委託されている歳入予算費目についても，すべて中央の歳入予算計画に組み込まなければならず，県が中央から委託された税徴収の数値目標を超過して税を徴収できた部分についても中央予算の歳入として中央の国庫に納めなければならないことになっている。しかし，実際には，各県が徴収した政府予算に関する収入を中央に移転せずに，県内での歳出予算に従って支出してしまうことが行われている。

このように，地方で徴収された税が規則どおりに中央に移転されない背景として，各県が予算に含まれていない債務を抱えている問題が指摘されている。例えば，地方で行われている公共事業の建設について，県知事が300億キープの公共事業予算を国会に申請したが，国会によって承認された費用が100億キープであった場合に，予算が国会で承認される前の段階で，すでに県知事が300億キープで建設を命じている場合があった。この場合は，事業を受注した

---

13) 財務省予算局における聞き取り (2004年8月) に基づく。

建設会社が先行投資を行って事業を完了してしまっているため，国会で認められた公共事業予算額を超えた建設費用は，そのまま県の負債となってしまう。この結果，県では，中央の歳入として地方で徴収された税収を，県内で負債の返済費用に充填してしまうという事態が生じている。

　この説明にみられるように，1999年の予算歳出に関する地方分権化政策は，県知事をはじめ，地方が自らの支出・歳入予算の形成に関与する機会を増加させることになっていた。その結果，県の中で計画外の負債を生じさせて，地方で徴収した税収の中央への移転が滞るなど，2000年以降の歳入徴収権限に関する地方への権限委譲政策が持っていた本来の目的である，地方からの税収の確保と徴税の強化が，かえって十分に達成できないという矛盾した状況が生じていた。

　以上でみたように，地方出先機関の予算管理の地方への委譲政策，歳入予算管理に関する地方への徴収権限の地方への委譲が実施された結果，実務上において，1993年に定めた部門別管理制度の実施が徐々に不徹底になっていった。所得税の徴収では，地方の徴税職員の能力の問題のために十分に徴収を行うことができず，関税では課税対象商品価値の算定に関する制度上の不備のために県知事の裁量で価値が算定され，県知事の裁量で関税の減免が行われるなどの問題が生じていた。さらに，地方に予算歳出の権限を委譲したために，地方で公共事業費の負債が生じるなど，1991年以前の財務管理の問題を再発させる結果になっていた。

第3節　国家予算編成の過程にみる中央と地方の調整過程

1．国家予算編成過程にみる財務省と県の間の調整関係

　前節では，1990年代の後半から行われている財務・予算管理に関する地方分権化政策について，実施状況とそれにともなった問題点を考察し，1991年以降に導入された財務の中央集権化と部門別管理制度が部分的に変更され，徹

底されなくなってしまっている問題点を指摘した。本節では，国家予算の編成過程をみることによって，県知事が国家予算の編成過程で行使している影響力と制約について明らかにする。国家予算の編成過程では，国会で予算が採択される前に，財務省と県の間で多くの交渉が行われる。この交渉過程をみることによって県知事の影響力を考察する。

はじめに，法令の規定をみると，前述の国家予算法の施行に関する首相令第192号では，国家予算編成の過程が定められている。

ラオスの財政年度は，10月1日から翌年の9月30日までである。首相令に定められている過程をみると，各年度の国家予算の編成過程は，5月に財務大臣が各省大臣と各県知事と調整を行って国家予算初期計画を策定し，閣議を経た後に，政府と財務省が各県に対して予算案の編成に関する訓令・通達を公布する。そして，各県が政府と財務省が通達した数値目標に従いながら，地方の歳入・歳出予算案を編成して，財務省に提出し，政府の閣議で了承された後に国会に提出されて，国会の審議を経て採択される（資料1：過程4-1を参照のこと）。

首相令で定められている規定からは，各県に予算編成に関する通達が公布される以前の段階でも，財務大臣と各県知事が調整をすると定められており，さらに国会で採択される予算案は，地方が提出した歳入・歳出予算に基づいて編成されることが規定されている。このことから，予算編成は地方で採択された予算案に従ってボトム・アップで決定されるようにみえる。

しかし，財務省における国家予算編成の過程に関する説明では，国家予算の編成過程は，中央政府，特に財務省と計画委員会の主導によって中央集権的に決定されていることがうかがえる（資料1：過程4-2を参照のこと）[14]。

第1に，3月から各県において歳入予算案の準備が開始されるが，その際に財務省から予算局，歳入担当部局の職員が各県に出向して，各県の歳入徴収の状況に関する資料を収集し，次年度の歳入計画数値についてどれだけの増額が見込めるかについて県の側と協議を行っている。つまり，県の歳入予測に際して財務省の職員が関与し，同時に県に対して指導を行っている。

第2に，各県から資料が収集された後，6月に計画委員会が主催する「マクロ経済数値予測会議」が開催されて，次年度のGDPと国家予算の歳入・歳出

---

14) 財務省予算局における聞き取り（2005年3月および8月）に基づく。

について予測が行われ，それに基づいて財務省が国家予算初期計画を起草している。この過程は，政府の中で財務管理を担当する財務省，公共事業投資を担当する計画委員会を中心として行われており，県との交渉は行われていない。つまり，マクロ数値の予測は，中央省庁によって決定されている。

　第3に，5月に政府と財務大臣から各県に対して，「昨年度の予算実施総括および次年度の予算編成に関する通達」が公布され，それに基づいて各県の財務局によって各県の歳入予算案が策定される。そして，県財務局長と県知事の署名を得た後に財務省に提出され，7月末に財務省と計画委員会によって主催される「全国財務会議」において，財務省の歳入担当局と各県の財務局の職員の間で協議が行われ，財務省から各県での歳入確保について確認・指導が行われる。

　これらの過程をみると，国会で予算が採択される以前の予算編成の協議では，国家歳入予算の確保に協議の重点が置かれており，財務省から県に職員が出向し，財務会議で予算案が事前に審査されるなど，予算に関する政策決定は中央集権的に行われている。

2. 国会での予算案審議後における県の予算案の編成

　次に，政府によって国会に国家予算案が提出された後の過程をみることによって，県知事，県党委員会が予算に影響を与える可能性について考察する。

　すでに第1章で示した通り，ラオスでは地方議会が存在せず，中央レベルに国会が設けられているのみであるが，地方から選出される国会議員は県副知事，県党執行委員会が兼任しているため，国会の中で行われる予算案の審議にも参加している。

　国会での聞き取りに基づく，国会での国家予算案の審査・承認過程によれば[15]，国会議員が参加することによって行われる審議は，専門委員会と本会議がある。専門委員会での審議では，国家予算の財源の確保の可能性，予算配分について協議が行われているが，財務省が示す予算案の重点項目に対して国会議員が質問をする形式で行われるため，各県の予算の具体的な数値に関する協議が行われる可能性は少ないと考えられる（資料1：過程4-3を参照のこと）。

---

15) 国会事務局経済計画財務局における聞き取り（2005年3月および8月）に基づく。

その一方で，国会において国家予算が承認された後に，各地方に対して国家予算が公布される過程をみると，地方行政機関が地方の予算編成において裁量権を行使している。財務省における聞き取りに基づいて，地方への国家予算の公布過程をみると[16]，国会において予算が承認された後に，首相と財務大臣が国家予算の実施に関する首相令と通達を全国に公布するが，これを地方に通知するために「全国財務会議」が開催されている。この会議では，財務省から各県に対して，国会で承認された次年度の各県予算が通知されるが，その通知される「年度歳入・歳出予算通知」は，紙1枚のみで，県が達成しなければならない歳入予算について費目別（所得税，関税など）の総額と，県が支出できる歳出予算の費目別（公務員給与，調整費，公共投資事業費など）の総額が示されているのみである。つまり，財務省から県に通知されるのは，歳入と歳出の総額のみであり，それをどのように県で実施するかについては，県が県の予算を編成することができる（資料1：過程4-4を参照のこと）。

以上の点から，国会に予算案が提出される前の過程では，財務省の主導で中央集権的に予算編成が進められるが，国会で審議が行われた後に，各県が予算を執行する過程では，県が具体的な予算執行計画を策定する裁量権が残されているといえる。

3. 国家歳入予算の編成にみる中央と県の関係

国家予算の編成過程に関する考察で明らかになったように，予算編成の過程で財務省が重視していたのは国家歳入予算の編成であった。地方において多く徴収が行われている所得税と関税に関する歳入予算の編成について，財務省と県の間でどのように交渉が行われているかをみることによって，歳入予算が財務省主導で編成されていることを確認する。

財務省所得税局での聞き取りに基づいて所得税の歳入予算の編成過程をみると[17]，財務省所得税局は，各県財務局から提出される報告書だけでなく，職員が各県に調査に行って直接に情報収集を行って歳入予算案を策定している。さらに，7月に行われる「全国所得税会議」で各県に対して次年度において達成すべき数値目標が示されるが，会議において中央によって示された数値目標に

---

16) 財務省における聞き取り（2005年3月および8月）に基づく。
17) 財務省所得税局における聞き取り（2005年8月）に基づく。

対する変更は，ほとんど認められていない（資料1：過程4-5を参照のこと）。

　一方で，国会での国家予算採択後に行われる所得税局による各県への歳入予算数値の配分過程をみると，各県に対する歳入の全体数値目標については，財務省の所得税局が起草し，各県に通知されるために，中央が地方に対して一方的に定めているが，県内でどのように目標を達成するか（例えば，どの郡に数値を分配するか）については，県に裁量権が認められている（資料1：過程4-6を参照のこと）。

　次に，財務省関税局での聞き取りに基づいて関税歳入予算の編成過程をみると[18]，次年度の歳入数値目標は，各県から定期的に提出される報告書を基にして，財務省関税局によって決定されている（資料1：過程4-7を参照のこと）。さらに，国会で予算が採択された後の過程でも，各県に対する関税徴収の目標数値は，関税局によって決定されて，各県に通知が行われるだけである（資料1：過程4-8を参照のこと）。従って，関税の数値目標については，中央政府によってトップダウンで決定されているといった違いがある。

　以上でみたように，国家予算の編成過程では，財務省が予算案と各県が達成すべき数値目標を起案しており，中央集権的に編成されていた。特に，所得税，関税などの国家歳入予算については，事前に財務省の職員が県に派遣されて指導が行われる，あるいは一方的に決定した数値を地方に通知するのみである。その一方で，歳出予算については，国会で国家予算が採択された後に，各県に示される額は，各費目の総額のみであり，予算の執行過程，特に歳出予算の編成では，各県に裁量の余地が与えられていることが明らかになった。

---

18) 財務省関税局における聞き取り（2005年8月）に基づく。

第4節　県知事の予算管理への影響力

1. 地方の歳入管理の状況と問題点

　前節では，財務省による国家予算編成の過程について考察し，財務管理をめぐる中央と地方（県）の間では，地方に与えられている予算案の編成に関する決定権は制約されていることが明らかになった。その一方で，国会で国家予算案が採択された後の地方での予算執行については，県にも裁量権が与えられていることが示された。

　本節では，本書の調査対象地であるヴィエンチャン県を事例として，県内の財務管理体制の状況，地方予算案の編成過程を分析し，2000年以降の財務に関する地方分権化政策の中での県知事が有する影響力について考察する。さらに，地方人民議会が置かれていない中で，ラオスで地方の予算をどのように編成しているのかを考察することによって，本章の第2の分析課題である，地方議会廃止後の地方予算編成のメカニズムについて明らかにする。

　はじめに，ヴィエンチャン県財務局における聞き取りに基づいて，ヴィエンチャン県における歳入管理の概要をみると[19]，ヴィエンチャン県は，財政構造において県全体の歳出額が歳入額を超過し，財政収支の均衡がとれていない県である。歳入予算については，県財務局の関税課，所得税課，土地課，財産課の4つの課が各税目の徴収を担当している。県財務局では，中央の歳入管理に属する税目の地方での徴収と，地方の歳入管理に属する税目の徴収を担当し，さらに郡レベルに置かれている郡財務課に対して，県の管理に属する歳入を徴収する業務の一部が委託されている。

　所得税の徴収について県が担当しているのは，県内で活動する大規模企業と中規模企業からの法人税の徴収である。土地税歳入については，県レベルが土地登記証明書の発行を担当し，税の徴収は村レベルに委託されている。国有財産に関する徴税は，主に遺産相続と国有財産の売買に課税して行われている。

---

19) 以下，ヴィエンチャン県財務局予算課における聞き取り（2004年3月および8月）に基づく。

関税歳入は中央予算に属する税目であり，県は関税徴収の業務を財務省から委任されているにすぎない。ヴィエンチャン県には，タイとの国境に，サナカーム郡バーン・ヴァン関門と，サナカーム郡サナカーム関門の2つの関門が設置されている。しかし，これらは地方関門であり，国際関門として認められていない。県内で設置されている関門で徴収できる歳入は，商品の国境通過にともなう関税手数料の収入と，関税の脱税に対する罰金である。

　県財務局の各課が徴収した税収入は，月ごとに徴収額が計算されて県金庫に納められる。各課は徴収された金額を県財務局予算課に報告し，予算課が県全体の歳入を総括する。県財務局は，県官房を通じて県知事に財務を報告すると共に，財務省予算局に対しても報告を行っている。

　中央予算に属する財源で，県が徴収を委任されている税目については，県財務局の担当の課が徴収した後に県金庫に納めるが，中央の歳入表に徴収できた数値を記録する。地方においては，中央予算に属する税の徴収を専門に担当する部局は存在せず，県財務局の各課が中央の管理に属する税収と地方の管理に属する税収の両方を管理しており，両者の担当者は分離していない。

　ヴィエンチャン県の歳入予算管理の問題としては，土地税，法人税，国有財産税の徴収が計画目標どおりに達成できない点が指摘されている。特に，郡に対する税徴収の委託において，郡財務課が期日どおりに歳入を徴収できていないことが指摘されている。さらに，ヴィエンチャン県には国際関門がなく，サナカーム郡の2つの関門は地域住民が小規模の通商を行うときに利用できるのみであることから，関税業務に関連する歳入がないことである，と説明されている。

　以上の説明から，中央の管理する税目と地方が管理する税目の徴収は，実際には同じ部局の中で，同じ人物によって担当されていることがわかる。第2節の財務省による説明では，県が地方で徴収した歳入を中央に対して移転せずに，地方での歳出（地方の抱える負債の返済など）に充当してしまっている問題が指摘されていたが，その問題を生み出す背景として，このような地方での財務担当機関の職掌の未分離が原因になっている可能性がある。

2. 地方の歳出管理の状況と問題点

　次に，ヴィエンチャン県財務局における聞き取りに基づいて県の歳出予算の管理の概要をみると[20]，歳出予算について地方独自で決定できる費目は制度上認められておらず，地方で実施される予算の支出を管理する権限が県に委任されているのみである。歳出予算は，国会によって承認された後に，県が管理を委任されている予算の各費目の総額が県に通知される。

　国会によって県に通知される歳出予算は，公務員給与費，事務費，調整・奨励費[21]，県予備費，公共事業投資費に関する費目ごとの総額である。このうち，公共事業投資費については，主管部局である県計画局によって公共投資計画案が策定され，計画委員会を通じて国会に提出される。そして，国会で承認が得られた後に，県計画局から予算額と認可された事業表が県財務局に通知される（本書の第6章を参照のこと）。

　歳出予算の管理については，県に設置されている中央省庁の出先機関の予算は，中央予算ではなく地方予算に編入されている。例えば，出先機関に勤務する職員の給与に関する予算額は，県財務局と県知事が協議を行って決定されている。その理由は，公務員の給与表は，県党組織委員会による承認と署名が必要であるため，各部局によって作成された給与表は県党組織委員会に提出され，県党組織委員会と県財務局の間で協議が行われた後に，県党組織委員会によって承認され，決定されているためである。

　歳出予算管理に関する困難については，ヴィエンチャン県では，財政の均衡がとれていないため，中央から年に2回，予算が補填されるが期日どおりに補填されないことがある。財政均衡がとれている県では，公務員は毎月定期的に給与を受け取ることができるが，ヴィエンチャン県では公務員給与が期日どおりに支払われない場合がある。

　以上の説明から，第2節で示されたように，県に設置されている中央省庁の出先機関の予算は，県知事が支出命令権者である地方予算に編入されている。つまり，出先機関の予算は，中央省庁ではなく県によって管理が行われている。

---

20) ヴィエンチャン県財務局予算課における聞き取り（2004年3月）に基づく。
21) 調整・奨励費とは，県内の技官の教育および研修のための費用である。ヴィエンチャン県財務局予算課における聞き取り（2004年3月）に基づく。

この背景として，県に置かれている部局の人事管理と連動しているためであることが明らかになった。

次の第5章でみるように，中央省庁の地方出先機関の職員表は県党組織委員会が管理しており，地方出先機関の予算管理（給与）を地方予算の中に位置付けて県によって管理させることで，地方党委員会による中央省庁の地方出先機関に対する統制が維持されるメカニズムになっている。1991年に財務・予算管理が中央集権化されたが，国家予算法が制定された後の1995年以降に歳出予算管理が地方分権化されて，省庁の地方出先機関の予算管理が県知事と県財務局によって行われるようになったのは，このような，党による地方部局への統制と連動しているためであるといえる。

3. 地方予算案の編成と執行過程 —— 県知事と県党委員会の役割

次に，本章の第2の課題である，地方人民議会，地方人民行政委員会が存在しないラオスにおいて，県内の予算編成をどのように実施しているのか，予算編成をめぐる国家と党の関係がどのようになっているのか，という点について，ヴィエンチャン県の予算編成の事例から考察する。

ヴィエンチャン県財務局における聞き取りによれば[22]，県内での予算案の編成過程は，県内の各郡財務課が資料収集を行うところから始まるが，各郡によって編成される予算案は，郡の歳入に関する予算案のみである。一方で，県レベルに置かれている各部局によって，各局の歳出予算案が編成されて，県財務局に提出される。各郡からの歳入計画，県レベルの各部局からの歳出予算案が県財務局に提出された後に，5月に県副知事が参加する「県財務会議」が開催されて，各郡財務課と県財務局の歳入担当が集まって次年度の県の歳入計画数値の実現可能性について検討が行われる。その後，6月に開催される県党常務委員会の会議において，県財務局が起草した県予算案が審査され，承認が得られた後に，県知事が署名を行って県の予算案として採択される（資料1：過程4-9を参照のこと）。

この過程で重要なのは，ラオスでは，1991年に地方人民議会が廃止されたために，本来ならば地方人民議会（県人民議会）によって行われる県の予算案の

---

22) ヴィエンチャン県財務局における聞き取り（2005年3月および8月）に基づく。

審査が，地方党委員会（県党常務委員会）によって代行されていることである。すでに述べたように，地方人民委員会，地方人民評議会が置かれているヴェトナムでは，財政省から省人民委員会に対して予算案編成に関する通達が出された後に，県レベルの地方人民委員会によって地方予算案が編成され，それが地方人民評議会へ提出されて，地方人民評議会によって採択されている（本田 2004：300）。しかし，地方人民議会と地方人民行政委員会が廃止されたラオスでは，県党常務委員会によって予算案が審査され，県党書記（県党常務委員会の議長を務める）を兼任する県知事によって署名され，採択される。つまり，ヴェトナムで行政委員会，地方人民議会が行っている職務を，ラオスでは地方党委員会が事実上，代行しているといえる。

次に，国会で国家予算が承認された後に，県内での予算配分が決定される過程について考察する。前節でみたように，各県の歳出予算は，国会で予算案が採択された後に，歳出予算の総額のみが県に通知される。本節では，予算総額が県に対して通知された後，県内でどのように予算配分が決定されているかについて考察する。

ヴィエンチャン県財務局での聞き取りに基づいて国会での国家予算計画承認後の予算配分過程をみると[23]，国会閉会後に開催される中央レベル財務会議において，財務省から各県に対して割り当てられた歳入計画数値と各県の歳出予算の総額に関する通知が行われる。県が通知を受け取った後，県財務局によって各郡に対する歳入予算の徴収目標の配分案と，県レベルの各部局の歳出予算額の配分案が起草され，県知事（県党書記）が主宰する県党常務委員会において県内の歳入・歳出予算配分案が決定される。その後に，県知事が主宰し，県内の各郡の郡長と県レベルの各部局が参加する県予算編成会議において，各部局と各郡に対して予算配分が通知される（資料1：4-10を参照のこと）。

この過程をみると，県内の予算編成の中で果たしている県知事と県党委員会の役割が大きいことがわかる。中央での予算編成の過程では，財務省が主導して県の歳入・歳出予算の上限枠が決定されており，その通知は県に対してトップダウンで通知されていたことから，県の側の裁量権，県知事が果たす役割は小さいことが示されていた。しかし，国会で国家予算が採択された後の，県での歳入・歳出予算案の編成の過程では，県知事は自らが主宰する県党常務委員

23）ヴィエンチャン県財務局における聞き取り（2005年3月および2005年8月）に基づく。

会を通じて，県内の各郡に対する歳入予算の目標数値の配分，県内の各部局に対する歳出予算額の配分を決定することができる。つまり，県内の郡と各部局の予算決定について県知事が有している裁量権は大きいといえる。

さらに，この県内での予算配分の決定過程をヴェトナムの場合と比較すると，ヴェトナムでは，地方予算の配分は，地方議会である人民評議会において決定されている（本田2004：300）。つまり，この過程でもラオスでは，県党常務委員会が人民評議会の職責を代行しているといえる。

以上の考察から，中央省庁の地方出先機関の予算は，県知事が指導する地方予算に編入されており，国会で国家予算が承認された後に，県知事が県党常務委員会を通じて各部局への予算を配分していることが明らかになった。従って，中央省庁の地方出先機関の予算決定に対する県知事の裁量権は大きいといえる。この要因として，各地方出先機関の予算で重要なのは給与費であり，県組織委員会による地方職員の管理と結合させることで，県知事と地方党委員会が地方の機関を統制するメカニズムが形成されているためであることが示された。さらに，1991年に地方人民議会と地方人民行政委員会を廃止したラオスでは，地方の予算編成の過程において県党書記（県知事）と地方党委員会がこれらの機関を代行する役割を果たしている。つまり，1991年の地方行政改革によって，地方レベルにおいては，党が国家機関を経ずに，代行して政策決定を行うメカニズムが形成されていた。

第5節　県知事裁量予算の実施

1．県調整費と地方予備費の実施状況

本節では，ヴィエンチャン県における県知事裁量予算の実施状況から，県知事が予算管理において果たしている役割について考察する。本章第1節でみたように，ラオスの予算制度では，県知事の裁量によって支出を決定することが認められている予算項目として，地方予備費と計画超過報奨金の制度が存在す

る。この2つの費目が，ヴィエンチャン県においてどのような目的に支出されたのかをみることによって，県知事の役割を明らかにする。

ヴィエンチャン県における聞き取りによれば，県の歳出予算のなかで，県知事の裁量による支出が経常的に認められている予算費目として，県調整費と地方予備費が存在する[24]。

県調整費は，県内の大衆団体の会議費，調査費（県の政策調査，公務による現地調査費），県の職員に対する海外・国内での研修費用，学生の教科書購入への補助，などが支出目的として認められている。県の党機関の会議費については，別費目の中に予算が計上されている。県調整費は，県の機関によって支出されるだけでなく，県官房によって各郡官房に対しても予算配分が行われている。

地方予備費は，支出について県知事が決定できる権限が認められている費目であり，県知事が学校を視察・訪問したときに学校に教材を寄付する場合など，県知事の公務にともなった支出のために用いられるほか，火災，洪水など，災害への緊急対応のために支出される場合，さらに，県の国防治安対策のための支出などに用いられている。

地方予備費の場合は，県調整費と異なって，県知事の公務に必要な事業のみに特定され，県内の他の部局には配分されない。さらに，予備費が存在するのは県レベルのみであり，郡レベルには認められておらず，郡レベルに対して予算の分配が行われることもない。しかし，郡レベルで緊急事態が生じたときに，郡に対応するための予算がない場合には，県に対して予備費からの支出を求めることができる。

地方予備費は，中央（財務省）によって各県に予算額が配分されるため，県の側から中央（財務省）に対して地方予備費予算を申請することはない。県知事は，財務省によって分配された予算額の枠内で，予算の支出を決定することができるのみである。さらに，地方予備費は，県官房の中に置かれている事務・財務課財務班によって4半期ごとに必要な支出額が算定され，県知事による合意を得た後に支出される。県官房が県財務局に対して支出を申請するときには，金額を申請するのみであり，支出の細目については明らかにしなくてもよい。

24) ヴィエンチャン県財務局および県官房における聞き取り（2004年3月および2005年3月）に基づく。

ヴィエンチャン県で，2002-2003 年度に認められた県調整費は 13 億 2,000 万キープ（約 1,320 万円）であり，地方予備費は 6 億 5,000 万キープ（約 650 万円）である。

　以上から，県の調整費は，県内の大衆団体の会議費，政策調査費などを目的とする費用であり，県知事による県内の政治機関の統制と行政を実施するための補助的な予算であることがわかる。また，地方予備費は，県知事の公務にともなう臨時の支出，緊急事態など国防治安対策を目的とした予算であることが示されている。第 1 章でみたように，県知事は県内の政治機関（官房，党組織，大衆団体）を統率し，県国防治安委員長を務めているため，県内の緊急事態にも対応できるように設けられている制度であると考えられる。

2. 計画超過報奨金制度の実施

　ラオスでは，第 1 節でみたように，2000 年以降，歳入徴収を強化するための地方分権化政策（権限分散）が実施されている。この制度により，県レベルにおける歳入徴収のインセンティブを高めるため，国会によって採択された県歳入計画の数値目標を超過して確保できた税収分については，県に報奨金として譲与し，県が独自に支出目的を決定することを認める計画超過報奨金制度が実施されている。この制度によって，ヴィエンチャン県でも過去に計画超過報奨金を得た場合があるため，その時の支出から県知事の役割を考察する[25]。

　報奨金として与えられた予算の支出の手続きは，通常の予算費目と同様であるが，年度内において予算を消化できなかった場合であっても，次年度に繰越を行うことが認められている。調査を行った 2004 年 3 月までに，ヴィエンチャン県では，2001-2002 年度予算の実施において歳入予算計画を超過することができ，報奨金を得ることができた。

　2001-2002 年度のヴィエンチャン県の歳入予算では，国会によって承認された県の歳入数値目標は 357 億 8,600 万キープであった。しかし，県が実際に徴収することができた歳入額は，382 億 4,700 万キープであったため，歳入予算計画を 24 億 6,100 万キープ（約 2,461 万円）超過して徴収することができた。この時に財務省は，計画超過分の全額をヴィエンチャン県に報奨金として譲与し

25）ヴィエンチャン県財務局予算課およびヴィエンチャン県計画局における聞き取り（2004 年 3 月および 2005 年 3 月）に基づく。

た。2001年-2002年度にヴィエンチャン県が歳入予算数値を超過できた理由は，主に，所得税歳入額と土地税歳入が，歳入予算の目標数値を超過したことによるものであった。

この時に中央から譲与された計画超過報奨金の使途は，県の事務経費に充当されたほかに，歳入予算を超過して所得税を徴収することができた郡に対しても報奨金として分配された。これら報奨金は，主に灌漑の補修，役所の補修，村に通じる道路の補修，橋の修繕に用いられ[26]，事業としては，自然災害の復旧（例えば，メート郡，ホム郡，ローンサーン郡の道路の修繕費など），貧困削減のための資金，焼畑生活者の定住化促進事業，発電所の建設によって移転しなければならない住民のための土地の開墾費用などに充当された。

この説明にみられるように，計画超過報奨金は県の裁量によって使途を決定することが認められている。ヴィエンチャン県で報奨金により事業が行われた，ホム郡，ローンサーン郡は，県内で少数民族（モン族）が多くする郡であり，焼畑生活者の定住化事業も，焼畑生活を送っている少数民族を低地に移住させる事業である。つまり，報奨金は県内の開発，特に少数民族対策に用いられたことが窺える。

ヴィエンチャン県での聞き取りに基づいて計画報奨金の申請過程をみると[27]，財務省によって県の歳入が予算を超過したことが認められた後に，県財務局長が県知事の指導に基づきながら支出計画を策定する。そして，県党常務委員会の審議を経て使途が決定されている（資料1：過程4-11を参照のこと）。従って，計画報奨金は，県知事によって使途が決定されているといえる。

以上でみたように，県調整費，地方予備費などの県知事裁量予算は，県内で大衆団体の会議費，県知事の公務，国防治安対策のために用いられていた。さらに，ヴィエンチャン県では，計画超過報奨金が県内の開発，特に少数民族対策のために用いられていた。これらの費目は，県党常務委員会での承認が必要であるが，県知事が使途を決定できる費目である。これらの予算が県知事の裁量に任されている理由は，県知事が県国防治安委員会委員長を兼任しており，地方の政治機関，国防・治安対策に対して指導する役割を持っているためであり，県内の開発，少数民族対策を促進する職責を負っているためであると考え

---

26) ヴィエンチャン県財務局予算課における聞き取り（2005年3月）に基づく。
27) ヴィエンチャン県官房，ヴィエンチャン県財務局およびヴィエンチャン県計画局における聞き取り（2004年3月および2005年3月）に基づく。

られる。

小括

　本章では，ラオスの財務・予算管理制度の中で県知事が地方の専門行政に影響力を行使するメカニズムを明らかにすることを試みた。ラオスでは，1980年代の地方分権化政策の失敗により，1991年に公布された首相令第68号，1993年に公布された党政治局第21号決議によって財務・予算管理の中央集権化が行われていたが，1998年以降には地方分権化政策が実施されるようになった。これらの財務・予算管理政策の変化の中で，地方に対してどのような権限が与えられるようになったのか，そして，県知事が予算管理に対してどのような裁量権を持ち，制約があるのかを考察し，ラオスの中央地方関係を明らかにすることを試みた。さらに，1991年に地方人民議会と地方人民行政委員会が廃止されたラオスにおいて，地方でどのようにして予算を編成し，採択しているのか，地方の予算編成の過程において県知事と地方党委員会がどのような役割を果たし，どのような裁量権を有しているのか，といった点について考察し，地方レベルでの党と国家の関係についても考察した。

　本章での考察で明らかになった点は，第1に，1991年に財務・予算管理の中央集権化が行われて以降，1994年の国家予算法の制定，1999年の首相令第192号の公布，2000年の首相通達第01号といった規則が公布される中で，首相令第68号，党政治局第21号に定められた中央集権的な予算管理の原則が，徐々に変化してきたことである。特に，1995年以降，地方に置かれている省庁の出先機関の予算が，県知事が統括する地方予算に編入されるようになっていた。その結果，ヴィエンチャン県の予算編成過程でみられたように，地方出先機関の歳出予算は，中央省庁によって予算が配分されるのではなく，県知事が主宰する県党常務委員会によって予算の決定が行われるようになった。この背景として，地方部局の歳出予算の中で重要な費目は公務員給与であるが，地方で勤務する公務員の給与表は県党組織委員会で管理が行われているため，人事管理と給与の支払いを連動させるために地方に予算管理が委譲される必要が生じたためであることが推測された。第2章で考察したように，1991年の地方行政改革では，政治局第21号決議で定められた部門別管理制度のように財務と専門行政を中央集権化させる課題と，県知事を通じて地方の国家機関と治安を統制する課題が同時に追求されていた。その結果，県知事が地方を統制で

きるように，地方の県知事（県党書記）と地方党委員会にも地方の予算管理に対して関与する余地を生みだしているといえる。

　第2に，2000年以降，首相令第01号によって実施されている計画・財政に関する地方分権化は，地方に徴収権に関する責任を与えることで，地方からの歳入の増収を図るための権限分散（deconcentration）に過ぎない。従って，歳入予算の管理については，県の計画策定過程でも中央から職員が指導に行き，中央で決定された数値目標がトップダウンで地方に通知される形で実施されており，中央集権的な財務管理制度が保たれている。しかし，政策の実施状況では，地方での徴税職員の能力の問題，関税の課税対象額算定に関する制度的不備などの問題のために，十分に成果を上げていなかった。さらに，県知事の裁量で関税の減免が行われる場合があり，地方で徴収した歳入を地方の債務に充ててしまうなどの問題も生じていた。さらに，県財務局の中で担当官の分業が十分に行われていないことも問題であった。

　第3に，国会において国家予算が採択された後に，地方において各郡，県内の各部局に対して予算の配分が行われるが，地方人民議会と地方人民行政委員会を廃止したラオスでは，県知事（県党書記）が主宰する県党常務委員会によって，予算編成と予算配分が審査され，決定されていることが明らかになった。つまり，1991年の県知事制の導入に伴って地方人民議会と地方人民行政委員会を廃止したラオスでは，地方党委員会が，本来，地方人民議会と地方人民行政委員会が果たすべき職責を代行しているといえる。このことから，1991年の地方行政改革によって，党が国家機関を経ずに直接に地方の意思決定を行うメカニズムが形成されたことが明らかになった。

　以上，財務・予算管理を通じた分析により，1991年に形成された中央集権的な財政・予算管理制度の枠組みの中で，ラオスの県知事は，県内の歳出予算の管理を通じて各省庁の出先機関を統制し，自らが議長を務める県党委員会を通じて，地方予算の決定を行うことで地方を統制しているといえる。また，県知事と県党委員会が地方の国家機関を監督できるように，地方に設置されている省庁の出先機関の歳出予算の管理について権限委譲が行われていた。このように，財務管理という専門行政の中央集権化の柱となる分野でも，ラオスの県知事制の下では，県知事が地方を統制できるように，県知事と県党委員会に裁量権が残されているのである。

第 5 章
県知事と県党委員会による地方人事の統制
―― ヴィエンチャン県の事例 ――

本章では，県内に置かれている各部局の人事決定に対する県知事と県党委員会の裁量権と影響力を考察することで，党が県知事制の下で地方の職員人事を統制するメカニズムを明らかにする。

　すでに第2章でみたように，ラオスでは1991年に県知事制が導入され，地方人民議会と地方人民行政委員会が廃止されると同時に，それまで地方人民行政委員会の命令系統に置かれていた地方の専門部局（教育局，農業局など）が中央省庁の命令系統の下に置かれるようになった（部門別管理制度）。その結果，地方に置かれている省庁の出先機関の人事，計画策定，財務管理については，上級の中央省庁が決定することになり，地方行政首長による専門行政に関する権限は縮小した。

　その一方で，ラオスの党にとっては，一党支配体制を維持するために，地方レベルでもすべての機関と職員に対して党の指導と統制が及ぶようにする必要性があった。第4章でみた財務・予算管理でも，中央集権的な歳入予算管理が行われる一方で，地方出先機関の予算が地方予算に編入され，予算額が県知事と県党委員会によって決定されるなど，部門別管理制度の修正がみられた。

　職員・人事に対する統制は，党の指導的役割の根幹にあたる業務である。従って，県知事制の下での党の地方支配を明らかにするためには，現在の県知事制と部門別管理制度の下で，地方の人事管理がどのように行われているのか，中央省庁の地方出先機関の人事に対して県知事はどのように影響力を及ぼすことができるのか，といった点について考察することが必要である。

　本章では，地方での人事管理のメカニズム，郡長，官房など県知事直属機関に対する人事管理，財務を統制するうえで重要となる財務部門の人事管理の事例を考察することによって，県知事制の下で党が地方を統制するメカニズムについて明らかにする。

　ラオスの人事管理では，職員（phanak-ngān）と公務員（lattha-kōn）という2つの用語があるが，現在の公務員規則である「ラオス人民民主共和国の公務員規則に関する首相令第82号（2003年5月19日）」（Lao P. D. R., Nā-nyok-latthamontī 2003；以下，首相令第82号）では，第2条で「ラオス人民民主共和国の公務員は，中央レベルと地方レベルの党組織，国家機関と大衆団体，並びに海外に設置されたラオス人民民主共和国を代表する機関に常勤するために採用され，または任命されたラオス市民である」と規定されている。したがって，ラオスでは，公務員の中に，党組織と大衆団体に勤務する職員も含まれている。

一方で，職員という言葉は，公務員よりも範囲が広く解釈されている。首相令第82号第3条では，①上級職員（副大臣および同等の役職以上），②軍人，③警察官，④国有企業職員，⑤契約職員，の5つの職員には，公務員規則とは別の規則が適用されると定めている。したがって，職員は，副大臣以上の上級職員，軍人，警察官をも含む用語である。本書で考察対象としている県知事は，上級職員に位置付けられるため，本章ではこれらの役職を含めて職員という言葉を用いる。さらに，本章で述べる人事の管理とは，職員の履歴書を管理し，職員に対する研修および昇進について提案し，職員に対する賞与または懲戒を検討する活動を指す[1]。

第1節　職員管理体制にみる県知事と県党委員会の裁量権

1. 1991年以降の人事管理の中央集権化と県知事，地方党委員会の権限

　ラオスの政治体制は，社会主義型の一党支配体制である。1991年に制定された憲法でも，他の社会主義諸国と同様に党の指導的役割が規定されており，地方行政機関を含めたラオスのあらゆる国家機関が，党から指導を受けることが原則となっている。特に，国家機関，大衆団体の人事を管理することは，党にとって最も重要な職務である。したがって，県知事制の下における党の地方支配のメカニズムを明らかにするためには，ラオスの党による人事管理全体の中で，県知事と県党委員会の裁量権について考察することが必要である。
　本節では，人事管理に関する党の内部規則と，党による人事管理を担当する中心機関である，党中央組織委員会での聞き取り調査に基づきながら，県知事による地方での人事掌握のメカニズムについて考察する。
　はじめに，1991年以降にラオスの地方行政が中央集権化されたことによって，地方の専門行政の人事がどのように実施されるようになったのか，その基本原則について確認する必要がある。第2章でみたように，1991年憲法の制

---

[1]　党中央組織委員会における聞き取り（2006年4月）に基づく。

定にともなって県知事制が導入されると同時に，従来，設けられていた地方人民議会と地方人民行政委員会が廃止されたため，それまで地方人民行政委員会の下に置かれていた各部局は中央省庁の命令系統に置かれるようになった。この地方の専門行政の中央集権化は，部門別管理制度と呼ばれ，1993年に公布された党政治局第21号決議によって規定されている（Lao P. D. R., Phak pasāson pativat lāo 1993）。

同決議では，地方レベルの職員管理，計画策定，予算実施という，地方行政を実施するうえで重要となる3つの分野に関して，中央各省，地方党委員会，地方行政首長の間での職掌分担の基本原則が定められている。その中で，特に地方出先機関に所属する職員に対する人事管理に関しては，中央省庁の大臣が地方に設置されている出先機関の組織を決定し，地方出先機関に勤務する職員の任命，移動，罷免，昇進，採用を決定する，と規定されている。つまり，地方に設置されている専門行政機関（教育局，農林局など）は，地方行政機関の一部ではなく，中央省庁の命令系統の下に置かれ，その職員の人事については，中央省庁が決定するように中央集権化が行われた。

このように地方専門行政機関が中央集権化された背景には，1984年以降の地方分権化政策が行政の混乱を招いたことへの反省がある。第2章でみたように，党は，中央との連絡が悪い中で経済開発を促進するために，1984年以降に地方分権化政策を行った。その際に，人事に関する地方分権化も実施しており，従来は中央省庁によって任命されていた，県レベルの各部局の長・次長については，県人民行政委員長によって任命され，郡レベルの各部局の長・次長については，郡人民行政委員長によって任命が行われるようになり，地方に対して権限が委譲された。しかし，1989年には地方分権化政策が地方行政の混乱をもたらしていることが指摘され，職員管理でも専門職員が上級機関の承認を得ることなく他の部局に異動させているという問題が指摘されるようになった結果，1991年には地方分権化政策が否定され，全国で統一した行政を確保するために部門別管理制度が導入された。

その一方で，党政治局第21号決議では，財務・予算管理と異なって，地方行政首長（県知事，郡長）と地方党委員会が，中央省庁の地方出先機関の人事管理に関与する余地を認めている。第1に，地方出先機関の人事は，中央省庁の命令系統で決定される原則になっているが，人事の決定においては，地方党委員会，地方行政首長と相談し，調整しなければならないと指示されている。し

たがって，県知事と地方党委員会も地方出先機関の人事決定に関与することが認められている。

　第2に，地方党委員会と地方行政首長は，中央省庁の出先機関に属する職員の活動を検査し，職員に法令・規則の違反があったときには，罷免・異動を中央省庁に提案する権限が認められている。さらに，中央省党委員会は，地方に派遣される党員が地方党委員会による監督を受けるために，その党員に関する文書を地方党委員会に提供しなければならないと定められている。したがって，県知事と地方党委員会には，地方出先機関の職員に対する監督権が認められている。

　第3に，中央の省に勤務していた職員が地方において任務を行うに際しては，活動計画を地方党委員会と県知事に提出しなければならないと定められている。また，中央省庁の地方出先機関は，地方党委員会と県行政機関が自らの部門に関係する命令を実施する際に，これらの機関を補佐する責任を有すると規定されている。

　つまり，党政治局第21号決議に定める部門別管理制度では，中央省庁が地方出先機関の職員人事について決定権限を有するが，県知事と地方党委員会にも地方出先機関の職員人事の決定に際して意見を提示し，職員の活動を監督する権限が与えられており，職員・人事管理に関与する余地が認められている。

2．党による人事管理全体の中での地方統制のメカニズム

　党第21号決議にみたように，1991年に行われた地方行政改革と専門行政の中央集権化では，地方の専門部局が中央省庁の命令系統の下に服するように変更された一方で，党による地方行政機関の指導を維持するために，地方党委員会と地方党委員会書記を兼任する行政首長（県知事，郡長）に対しても，地方の人事に関与する一定の権限が与えられていた。したがって，県知事が地方の人事を掌握するメカニズムを明らかにするためには，一党支配体制下のラオスで，党による人事管理がどのように行われ，その中で地方党委員会にどのような権限が与えられているのか，という点についても考察する必要がある。

　はじめに，ラオスにおける公務員管理制度全体の中で，県知事，県党委員会が地方の職員管理に関して与えられている権限について考察する。現在のラオスでの公務員制度は，2003年に公布された首相令第82号によって規定されて

いる。この首相令で定められている公務員管理の原則は，中央，各部門および地方の間での権限委譲に基づいて，全国で統一された，中央集権的な管理を実施する，と定められている。つまり，ラオスでは国家公務員と地方公務員の区別が存在していない。

　一方で，首相令第82号には，中央省庁，各部門，地方との間で，公務員管理の職掌分担がどのように行われるかについて明確な定めがない。同首相令では，公務員管理を行う機関として，中央レベルの公務員管理機関，省庁レベルの公務員管理機関，県・中央直轄市レベルの公務員管理機関，郡レベルの公務員管理機関の4つレベルの管理機関が設置され，各レベルの公務員管理機関は，同一レベルの行政機関による公務員管理を補佐する職務を行う，と定められているにすぎない。

　首相令第82号には明確に規定されていない，中央，各省庁，地方の間での職員管理に関する職掌分担は，行政規則ではなく党の内部規則の中に定められており，一般には公開されていない。この職員管理について定めた党の内部規則である，「職員管理業務に関する党政治局規則第03号（2003年7月22日）」（Lao P. D. R., Phak pasāson pativat lāo, Kom-kān-mēuang sūn-kāng phak 2003; 以下，党政治局規則第03号）に従いながら，地方での職員管理に関する党中央，中央省庁，地方の間の職掌分担と県知事，県党委員会の権限について考察する。

　同規則によれば，党政治局，中央各省庁党委員会，県党委員会の間での管理分担は，次のように定められている。

①党政治局の人事管理に服する役職

　党政治局規則第03号では，党政治局が人事決定，任命，昇進，異動，懲戒，手当を行うことができる職員として，表5-1に挙げる役職を定めている。つまり，党政治局は，県党執行委員，郡党書記など，地方党委員会の幹部職員について人事を決定することができる。さらに，党内の役職だけでなく，県知事（中央直轄市長），県副知事（中央直轄市副市長），郡長の人事は，党政治局によって決定される役職であることが示されている。

　従って，党政治局は，県党執行委員会と郡党書記といった，地方党委員会の幹部職員の人事を決定する権限を有しているだけでなく，国家機関についても県知事，郡長など行政首長の人事の決定権を有しているといえる。

表 5-1　党政治局が管理する役職

【党組織】
党中央執行委員
党中央付属委員会の委員長・副委員長
各省党委員会書記・副書記・委員
ラオス国家建設戦線中央レベルの議長・副議長
各大衆団体中央レベルの議長・副議長
県党執行委員
郡党書記
【国家機関】
国家主席・副主席
国会議長・副議長，国会常務委員，国会専門委員長
首相・副首相
最高人民裁判所長官，裁判官
人民検事総長
各省大臣・副大臣，局長
県知事，中央直轄市長，県副知事，中央直轄市副市長
郡長
全権大使，領事

(党職員規則に基づき筆者作成)

②中央各省党委員会の人事管理に服する役職

　続いて，党政治局規則第03号をみると，中央各省の党委員会が管理権限を有している職員として，表5-2に挙げる役職が定められている。この規定をみると，中央各省党委員会は，県レベルに置かれた地方出先機関の局長・次長，郡レベルに置かれた地方出先機関の課長について人事を決定する権限を有していることがうかがえる。つまり，党規則では，第21号決議に定められている部門別管理制度の原則を踏襲して，省庁の地方出先機関の長・次長の人事管理権限は，中央省庁に属すると定められている。

③県党常務委員会の人事管理に服する役職

　地方レベルをみると，同規則では，県（中央直轄市）党常務委員会が管理権限を有する職員として，表5-3に挙げられている役職が定められている。つまり，地方党委員会は，県党委員会の付属機関（党付属機関，県レベル戦線・大衆団体）と郡党副書記，副郡長の人事決定権を有しているが，省庁の地方出先機関の人事に関する決定権を有していない。この一方で，同規則第6条では，県党常務委員会は，県に設置された中央省庁の出先機関の局に所属する職員の研

表 5-2　中央各省党委員会が管理する役職

省内大衆団体議長・副議長
局次長
部長・副部長
県レベル局長・次長
郡レベル課長

（党職員規則に基づき筆者作成）

表 5-3　県党常務委員会が管理する役職

県党付属委員会委員長・副委員長
県国家建設戦線議長・副議長
県大衆団体議長・副議長
郡党副書記，郡党執行委員
副郡長

（党職員規則に基づき筆者作成）

表 5-4　郡党常務委員会が管理する役職

郡党付属委員会委員長・副委員長
郡国家建設戦線議長・副議長
郡大衆団体議長・副議長
村長・副村長

（党職員規則に基づき筆者作成）

修，採用，配属，監督，活動の検査について，意見を述べる権限を有することが定められており，党第21号決議に定められた人事管理の原則と同じである。

④郡党常務委員会の人事管理に属する役職

　同規則では，郡レベルの党委員会の権限も規定されているため，郡党常務委員会の人事管理の権限が及ぶ範囲を確認すると，郡党常務委員会が管理権限を有している職員は，表 5-4 に挙げられている役職である。これをみると，郡レベルにおいても県レベルと同様に，郡党委員会による職員管理に対する権限は，省庁の郡レベルの出先機関の職員に対して及ばないことが示されている。つまり，地方に置かれた出先機関の職員の管理は，中央省庁党委員会によって行われることになっている。

　以上でみた職員管理に関する原則を定めた党内部規則から，ラオスの一党支

配体制下での中央集権的な人事管理のメカニズムをみることができる。第1に，党が国家機関のすべての要職を管理するメカニズムになっている。党が管理している職員は，各レベルに設置された党委員会の幹部職，あるいは各レベルの大衆団体の幹部職だけにとどまらず，首相をはじめとする政府閣僚，県知事，郡長，村長など，国家機関の幹部職についても，直接に党によって管理が行われることになっている。

第2に，地方の多くの重要な役職が，中央レベルの人事管理の下に置かれていることがうかがえる。県内で勤務する職員でも，県党執行委員，郡党書記など地方党委員会の幹部職員，県知事，副知事，郡長などの地方行政首長の役職に関する人事は，党政治局の人事権に服しており，党中央によって直接に管理されている。さらに，県・郡に所在する中央省庁の出先機関（県レベルの局，郡レベルの課）の幹部職員についても，中央省庁党委員会の管理下に置かれることになっている。その一方で，県党委員会は，県直属機関，県レベルの戦線・大衆団体，郡党副書記・副郡長に対する人事管理権限を有しているに過ぎない。従って，地方党委員会に認められている人事管理権限は小さく，制限されていることがわかる。

3. 人事管理制度の運用にみる県知事と県党委員会の影響力

公務員規則と職員管理に関する党の内部規則では，1993年に定められた党政治局第21号決議と同様に，地方出先機関の職員に関する人事は，中央省庁に置かれた省党委員会によって決定・管理されることになっており，県党委員会が地方の職員管理に対して認められている権限は，限定的である。

しかし，実際には，首都から離れた他県で勤務している地方出先機関の職員を管理することは容易ではない。したがって，党規則上の権限では，県党委員会と県党書記である県知事の権限は限定的であるが，実際の制度の運用では，県党委員会と県党書記は，省庁の地方出先機関の職員の管理に多く関わっている。

党中央組織委員会における聞き取りによれば，党による人事管理は，実務上は2つのレベルによって実施されている[2]。第1のレベルは党中央の管理下に

---

2) 以下，党中央組織委員会における聞き取り（2006年4月）に基づく。

ある職員であり，第2のレベルは中央省庁の管理下の職員と，地方の管理下にある職員である。

党中央の管理下にある職員管理については，党中央組織委員会が党政治局と政府を補佐している[3]。党中央の直接の管理下にある職員とは，中央省庁の局長以上の職員，地方行政機関の郡長以上の職員，軍と警察における大佐以上の階級を有する職員，県党執行委員以上の職員，郡党書記以上の職員である。その他にも，県に設置されている各省庁の出先機関の局長が県党執行委員である場合は，党中央組織委員会によって管理が行われている。

一方で，党中央，特に党中央組織委員会によって管理されている職員以外は，中央省庁の管理に属する職員と，地方の管理に属する職員という，2つの区分により管理を分掌している。職員管理において，中央省庁と地方は同一レベルとして位置づけられている。

中央省庁の管理に属する職員については，各省庁内の組織局が実際の管理を担当し，大臣と省指導部（各省党委員会）を補佐している。中央省庁の人事管理に服する職員は，中央の各省庁で勤務する局次長以下の職員である。しかし，地方の出先機関に属する職員については，原則では，中央省庁の組織局が履歴書および名簿を管理することになっているが，実務上は，県が職員の管理の補助を行うのに役立つように，各省庁は県党組織委員会に対して職員に関する資料を付託し，管理が委任されている。

地方の管理に属する職員については，県党組織委員会が実際の管理を担当し，県党委員会（県党常務委員会）の管理下にある職員の管理について，県知事（県党書記）を補佐している。地方の人事管理に属する職員は，郡党副書記以下の郡党執行委員，県レベルと郡レベルに設置している地方行政機関の8つの付属機関（官房，党組織委員会，党検査委員会，党宣伝委員会，国家建設戦線，労働組合連盟，女性同盟，革命青年団）の職員である[4]。中央省庁の地方出先機関に属する

---

[3] 政府の下に置かれている行政・公務員管理庁は，職員採用などの直接的な人事決定および管理を行わず，公務員の採用および給与が規則に適合しているかを検査し，各機関に対する公務員の新規採用員数の配分（クオーター）を検討し，地方行政と政府職員の管理に関する法令・規則の制定を検討し，公務員政策全般および公務員規則について政府を補佐するのみである。党中央組織委員会における聞き取り（2006年4月）に基づく。

[4] 党中央組織委員会における聞き取り（2006年4月）に基づく。県レベルの8つの機関に属する職員の任免は，機関によって2つの種類に区分される。第1に，県国家建設戦線，県労働組合連盟，県女性同盟および県革命青年団については，通常は，各機関の大会において幹部を選出し，選出後に県党書記が認証を行う。第2に，県官房，県党組織委員会，県党検査委員会および県党宣伝

職員については，県党組織委員会は直接に管理を行わないが，職員の職務実施の監督を行い，職員の職務活動および政治思想教育を行う職責を有する。従って，県党組織委員会は，中央省庁に出先機関の職員の活動を報告し，職員の人事決定について意見を述べている。県党組織委員会に，中央省庁の地方出先機関の職員に対する管理補助が委任されている理由は，県党組織委員会は職員が実際に活動している場所に近く，職員の動向について十分に把握することができるためである。

つまり，実務上は省庁の地方出先機関の職員の管理は，県党組織委員会に職員名簿が付託され，県に対して管理が委託されているといえる。首都から離れた他県で勤務している出先機関の職員の活動を監督し，管理することは，実際には困難である。したがって，地方に置かれた出先機関に対する党の指導を行き届かせるために，県党委員会に事実上の管理が委託されているといえる。

以上でみたように，党政治局第21号決議では，地方出先機関の職員管理は中央省庁の権限の下に服することが定められ，党の職員管理に関する内部規則でも党中央（党政治局）によって，県知事，郡長などの地方幹部の人事が管理され，地方出先機関の県レベル局長，郡レベル課長などの人事が中央省庁党委員会によって管理されるなど，中央集権的な制度が規定されている。その一方で，実務では，地方出先機関の職員の活動を中央省庁が把握できないために，職員の名簿が県党組織委員会に付託され，管理が委任されていた。したがって，地方の職員・人事管理について地方党委員会が実質的に有している影響力は大きいと考えられる。

第2節　郡長人事に対する県知事と県党委員会の影響力

1. 県知事と県党委員会の地方での人事管理に関する権限

前節では，ラオスの党による職員管理制度の中で，地方党委員会が有してい

委員会については，各機関の中央レベルの長から意見を得た後に，県党書記が任命を行う。党中央組織委員会における聞き取り（2006年4月）に基づく。

る職員管理の権限を考察した。その結果，党規則上において県党委員会，県知事（県党書記）が有している権限は限定的であるが，実務での制度の運用では，大きな影響を及ぼしている可能性が示された。本節では，党政治局が管理権を有している郡長の人事管理に対して，県知事が実務上，どのように影響力を及ぼすことができるか，ヴィエンチャン県の事例から明らかにする。

　はじめに，地方行政法（Lao P. D. R., Saphā-hāēng-sāt 2003c）の規定から，郡長の人事管理に対する県知事の権限をみると，郡長は，県知事（中央直轄市長）の提案に従って，首相によって任免されると定められている。また，副郡長は，郡長の提案に従って，県知事または中央直轄市長によって任免されると定められている。つまり，県知事は，郡長人事の推薦権と副郡長の任免権を有していることになる。

　県知事は，県内で県党書記を兼任することが原則であり，県党委員会を主宰するため，法令に定める県党委員会と県党書記の権限についても確認しておく。ヴィエンチャンの党内部規則である，「ヴィエンチャン県党委員会の活動規則第24号（1996年3月6日）」（Lao P. D. R., Phak pasāson pativat lāo, Khana bōlihān-ngān phak khwāēng Vīangchan 1996）では，県党執行委員会（県党委員会）は，県における指導機関であり，県内におけるあらゆる活動に関する全体的な方針および戦略的な問題について決定する任務を有すると定められている。特に，人事に関する権限については，県内に置かれている政治組織を指導し，県の職員を養成し，管理し，配属させる権限を有することが定められている[5]。

　また，県党執行委員会の意思決定機関である県党常務委員会は，県内の人事に関して，県官房長・次長，郡党書記・副書記，郡党委員会，県大衆団体議長・副議長を任免する権限を有し，県に設置された省の出先機関の局長・次長の任命，異動および罷免について提案する権限を有すると定められている[6]。従って，県党常務委員会は，郡党書記を任免する権限を有することになる。

　さらに，県党書記の権限をみると，県党執行委員会と県党常務委員会を統制

---

[5] 規則では，県党執行委員会のその他の権限として，県党大会の決議の実施，県内における党の建設，党内における団結の向上を促進することが定められている（ヴィエンチャン県党規則第24号；Lao P. D. R., Phak pasāson pativat lāo, Khana bōlihān-ngān phak khwāēng Vīangchan 1996）。

[6] 規則では，県党常務委員会のその他の権限として，党の重要な原則および政策の決定権，党建設，政治組織の改編，村および郡の再編の提案権，県党常務委員の行政職との兼任に関する決定などの権限が定められている（ヴィエンチャン県党規則第24号；Lao P. D. R., Phak pasāson pativat lāo, Khana bōlihān-ngān phak khwāēng Vīangchan 1996）。

し，党組織を指揮し，党組織を検査し，戦略的に重要な活動について方針を決定する権限を有する，とのみ定められている[7]。しかし，第1章でみたように県党書記は県党常務委員会の議長を務めるため，県党委員会を通じて自らの影響力を及ぼすことができる。

地方党委員会の意思決定機関である県党常務委員会には，県党常務委員会を補佐して，県内の職員管理を行う専従機関として，県党組織委員会が設置されている。ヴィエンチャン県での聞き取りによれば，県党組織委員会は，党・職員業務に関して県党書記，県党常務委員会の活動を補佐する機関であり，特に，地方において党建設・職員養成業務に関する党の政策実施を検査し，県党委員会の責任に属する職員と公務員の配置，採用，養成について検討し，県の職員・公務員に対する監督・管理について補佐を行っている，と説明されている[8]。

以上のように，県内で人事について意思決定を行う機関は県党常務委員会であり，党の内部規則に定められた，地方が管理する職員の人事を決定している。県知事（県党書記）は，県党常務委員会を通じて県内の人事について影響力を行使できる。県党書記と県党常務委員会を補佐する機関として，県党組織委員会という職員業務の専従機関が置かれており，県内での通常の職員管理については，県党組織委員会が行っている。

2. 郡長・副郡長の任命過程にみる県知事と県党委員会の影響力

次に，ヴィエンチャン県での事例に基づきながら，県知事（県党書記）と県党委員会が，郡長・副郡長の人事の決定に及ぼす影響力について考察を行う。

人事管理に関する党の内部規則第03号によれば，郡長は党中央の政治局が人事管理権を有する役職であり，副郡長は県党常務委員会が管理権を有する役職である。一方で，党中央組織委員会の説明では，実務の上では，地方で勤務する職員の人事管理が県党委員会に委任されていることが示されていた。従って，郡長・副郡長の任命過程と実際の配置から，県知事と県党委員会の影響力について明らかにする。

---

7) 県党書記は，県レベルにおける国防治安委員会委員長を兼任することが定められている（ヴィエンチャン県党規則第24号；Lao P. D. R., Phak pasāson pativat lāo, Khana bōlihān-ngān phak khwāēng Vīangchan 1996）。

8) ヴィエンチャン県党組織委員会における聞き取り（2003年10月）に基づく。

はじめに，郡長と副郡長の任命過程から，県知事と県党委員会の影響力について考察する。ヴィエンチャン県党組織委員会における聞き取りによれば，郡長は，郡党大会を経て選出する場合と，郡党大会を経ないで任命する場合の2つの場合がある[9]。

　郡党大会を経て郡長が選出される場合は，はじめに，県党常務委員会の指導の下で，郡レベル党大会が準備される。そして，大会準備委員会の1つである人材小委員会と，県党組織委員会とが協議をしながら，次期郡党委員の候補者が選抜される。郡党大会の中で候補者への投票が行われて，郡党書記と郡党常務委員会が選出された後に，その結果が県党常務委員会に報告される。さらに県党常務委員会によって党政治局に候補者が推薦されて，郡党書記が任命される。同時に，県知事が首相に対して郡長を推薦し，首相によって任命される（資料1：過程5-1を参照のこと）。

　この任命過程によれば，郡長が郡党大会を経て選出される場合であっても，大会の準備は県党常務委員会の指導の下で進められ，県党組織委員会の主導によって郡党執行委員候補者が検討されているといえる。党政治局に報告されるのは，最終的な任命の過程のみであり，郡長を選出する過程は，県内のみで行われている。したがって，郡長（郡党書記）の人事は，実質的に県党常務委員会で決定されており，県知事と県党委員会は人事決定に大きな影響力を持っているといえる。

　郡長を任期途中で異動させる場合など，郡党大会を経ないで任命される場合の任命過程をみると，はじめに県党組織委員会が，経歴，能力，経験に基づいて新たに郡長となる候補者を検討し，県知事に対して推薦が行われる。そして，県知事が県党常務委員会の会議に事案を提出し，合意が得られた後に，県知事によって党中央組織委員会に推薦書が提出される。その後に，首相に対して推薦が行われて，首相によって任命される（資料1：過程5-2を参照のこと）。

　つまり，郡長が任期の途中で異動する場合は，県党組織委員会が候補者を検討し，県知事（県党書記）と県党常務委員会によって承認されている。その後，党中央組織委員会に推薦されるが，党政治局の承認を得ることなく任命が行われている。したがって，県知事と県党常務委員会によって決定された人事が，党中央組織委員会によって承認されているにすぎない。さらに，候補者推薦に

9）　ヴィエンチャン県党組織委員会における聞き取り（2006年4月）に基づく。

ついては，県で在職している職員の名簿を実質的に管理している県党組織委員会が，大きな役割を果たしていることがうかがえる。

次に，ヴィエンチャン県党組織委員会における聞き取りに基づき，副郡長の任命過程についてみることにする。副郡長は，県党委員会の管理権限に服しており，任命過程をみると，県党組織委員会が候補者を検討して郡長に諮問し，協議で合意が得られた後に，郡長が県知事に対して推薦を行い，県党常務委員での審査を経て，県知事によって任命されている（資料1：過程5-3を参照のこと）。

つまり，副郡長の人事については，中央の機関で審査されることがなく，県党組織委員会と郡長が協議して候補者を選抜し，県党常務委員会での承認のみで，県知事によって任命されている。したがって，県党組織委員会と県知事の人事決定権の下に置かれているといえる。

3. 郡長と副郡長の配置状況

任命過程から考察した結果，県知事および県党委員会は，郡長の任命について実質的に大きな影響力を行使することができ，さらに副郡長の人事を統制していることが明らかになった。

次に，ヴィエンチャン県内における郡長と副郡長の配置状況を分析することにより，県知事と県党委員会による郡長・副郡長の人事に対する影響力を検証する[10]。

ヴィエンチャン県官房での説明によれば，ヴィエンチャン県では，郡長は5年の任期を全うすることが少なく，人事異動が頻繁に行われている。郡レベルでも郡党書記が郡長を兼任しており，本来は，郡党大会で郡党書記が選出された後に郡長が任命されるべきであるが，実際には，郡党大会を開催する前に郡党書記が任命され，その後に郡党大会が開催されて承認される場合が多い。郡長の異動の理由は，県の側からの要請による場合と本人の希望による場合があるが，県知事の裁量によって決定される場合の方が多い[11]。県知事は，実質

---

10) ヴィエンチャン県官房およびヴィエンチャン県党組織委員会における聞き取り（2006年4月）に基づく。
11) 県知事の親戚が任命されることもあった。ヴィエンチャン県官房における聞き取り（2006年4月）に基づく。

表 5-5　ヴィエンチャン県各郡の郡長

郡名	氏名	職責	前職
トゥラコム郡	カオケーオ・ソムチャンマヴォン	郡長	ポーンホーン郡副郡長
ヒーンフープ郡	ヴォンヴィチット・コーンラート	郡長代行	ヒーンフープ郡副郡長
フーアン郡	スヴァン・スタムマヴォン	郡長	県検事正
ケーオウドム郡	ブンラップ・シーブンホーム	郡長	ヒーンフープ郡長
ヴィエンカム郡	チャンペーン・ヴィパーヴァン	郡長	郡情報文化課長
サナカーム郡	トーンサヴァン・ヴォンサムパン	郡長	県革命青年団書記
カーシー郡	スリサック・アーサーキッティクン	郡長	県官房局長
ホム郡	ヴォンサマイ・レンソンバーオ	郡長	旧ローンサーン郡副郡長
ホーンホーン郡	プートーン・セーンスリンター	郡長	ヴィエンカム郡長
ヴァンヴィエン郡	コーンシー・ウドム	郡長	県民族学校長
メート郡	カムボン・コーンサヴァン	郡長	県工業局長
サイソムブーン郡	シンサイ・ヴァントーンティップ	郡長	サイソムブーン郡長（継続）

注）下線がある人物については，郡党大会を経て選出した郡長である。(2006年4月の現地調査に基づき筆者作成)

に郡長人事を決定する権限，郡長候補を決定する権限を有しており，中央は県が推薦した候補者が基準を満たした人物であるかを確認して任命を行っているのみである。

　2006年4月の時点におけるヴィエンチャン県各郡の郡長の配置は，表5-5のとおりである。

　表によれば，ヴィエンチャン県内の郡長は，すべて県内の役職からの人事異動であり，中央から派遣された郡長は存在しない。また，郡党大会を経て任命された郡長は，県内12の郡のうち，5つの郡に過ぎないが，郡長の前職をみると，トゥラコム郡，サナカーム郡，カーシー郡の3つの郡の郡長は，かつて他の郡の副郡長，または県で職務を行っていた人物が選出されている。この事から，この3つの郡では，県によって郡党書記として任命された後に，郡党大会において承認された場合であるといえる。ホム郡の郡長も，ホム郡とかつてのローンサーン郡の統合にともなった人事であり，党大会前に郡長が任命されたと説明されている[12]。つまり，各郡の中で，実質的に郡党大会を経て選出されたのは，ヴァンヴィエン郡の郡長1名に過ぎない（県民族学校はヴァンヴィエン郡に位置している）。さらに，各郡長の前職をみると，同じ郡内で職務を行っていた人物は，ヴィエンカム郡，ヴァンヴィエン郡，サイソムブーン郡の3つの郡に過ぎず，その他は，県の機関，または他の郡からの異動である。したがっ

---

12) ヴィエンチャン県党組織委員会における聞き取り（2006年4月）に基づく。

て，実際の人事は県が決定しているといえる。

　以上から，郡長は首相によって任命されているが，県知事と県党委員会が実質的に人事を決定しており，県知事と県党委員会による郡長人事への影響力は大きいといえる。

　次に，ヴィエンチャン県内における副郡長の配置状況についても考察する。ヴィエンチャン県党組織委員会によれば，副郡長は全員が郡党副書記を兼任しているわけではなく，副郡長が経済指導と地方開発指導を統括し，郡党副書記が党・職員・大衆団体の指導を統括するように職掌分担が行われている。副郡長の候補者は，各省が郡レベルに設置した出先機関の職員の中から選抜されることが多い[13]。

　県官房によれば，副郡長の候補者は，郡党執行委員から選出され，その郡内で勤務していた人物から候補者を選抜されることが原則とされている。理由は，副郡長は，郡内の状況を把握していなければならず，郡長が異動になった時にも郡の行政活動の継続性を維持しなければならないためである。ヴィエンチャン県では，過去の人事異動において，副郡長から郡長に昇進する場合はめったになく，副郡長を務めた後は，省庁の郡レベルの出先機関の課長に異動する場合があると説明されている[14]。

　2006年4月の時点における各郡の副郡長の配置は，表5-6のとおりである。

　各郡の副郡長の前職をみると，ケーオウドム郡を除いて，同じ郡内で職務を行ってきた人物が副郡長に就任しているため，副郡長は郡内で勤務してきた人物から選出されていることがうかがえる。また，郡長付属機関から異動した例が3つの郡でみられる一方，郡レベルの中央省庁の出先機関から異動した例が6つの郡でみられる。副郡長は，郡内における経済および地方開発の指導を統括する必要があるため，郡内の経済事情に精通した人物から選出していると考えられる。

　以上でみたように，郡長は，党の内部規約では党政治局の人事管理権に服し，党中央組織委員会が管理を担当する役職であるが，任命過程と配置状況を考察した結果，県知事と県党委員会が実質的に人事に対して与える影響力が大きいことが明らかになった。さらに，郡長を含めて，県内で勤務している職員の人

---

13) ヴィエンチャン県党組織委員会における聞き取り（2006年4月）に基づく。
14) ヴィエンチャン県官房における聞き取り（2006年4月）に基づく。

表5-6　ヴィエンチャン県各郡の副郡長

郡名	名前	職責	前職
トゥラコム郡	クッダーヴァン・チャンダーラー	副郡長	郡財務課長
ヒーンフープ郡	ブアパー・ナンタヴォン	副郡長	郡組織委員長
フーアン郡	ブンニャン・インタヴォン	副郡長	不明（長期にわたり在職）
ケーオウドム郡	チャンティー・サイニャリンカム	副郡長	ヴァンヴィエン郡副郡長
ヴィエンカム郡	セーッサイ・ヴィライファイ	副郡長	郡農林課長
サナカーム郡	パシット・ポーラディー	副郡長	郡高等学校長
カーシー郡	ブンソーン・ペッダーヴァン	副郡長	郡教育課長
ホム郡	スナー・パーブリアヤー	副郡長	不明（長期にわたり在職）
	カムパーン・ペッヴォンサー	副郡長	旧ローンサーン郡保健課長
ポーンホーン郡	ウドン・ヴォンサヴァート	副郡長	郡官房局長
ヴァンヴィエン郡	チャンペーン・ドゥアンパチャン	副郡長	郡革命青年団書記
メート郡	カムムン・タッキン	副郡長	郡教育課長
サイソムブーン郡	スラポン・ポッミーサイ	副郡長	副郡長（統合）

注：下線がある人物については，郡党大会を経て選出した副郡長である。(2006年4月の現地調査に基づき筆者作成)

事管理においては，中央から職員の名簿を委託されて人事管理を行っている県党組織委員会が大きな役割を果たしていることが明らかになった。

第3節　県知事と県党委員会の人事権限
── 県官房と郡官房の人事管理

1．県官房と郡官房職員の任命過程

　前節では，党の内部規則第03号によって政治局の人事管理権に服する役職であると規定されている郡長人事について考察し，実質的に，県知事と県党常務委員会が人事決定に大きな権限を有していることを明らかにした。
　一方で，第1章で述べたように，県知事には直属機関として，県官房，県党組織委員会，県党検査委員会，県党宣伝委員会，県国家建設戦線，県労働組合連盟，県女性同盟および県革命青年団の8つの機関が置かれており，党の内部規則第03号では，これらの機関の長・次長は，県党常務委員会の管理下に服する役職であることが示されている。

本節では，これらの県知事の直属の機関の人事に対して，県知事と県党委員会がどのような影響力を行使しているかについて確認する。さらに，第1節にみた党中央組織委員会での説明では，郡レベルが人事を決定するうえでも，県党組織委員会と協議をすることになっているため，県党委員会が郡レベルの人事に対しても及ぼす影響力についても考察する。

　法令上で定められている，県知事直属機関に対する県知事の人事権限をみると，地方行政法では，県知事（中央直轄市長）は，県（中央直轄市）の官房長・官房次長，郡（市）の官房長・官房次長を任命する権限を有する，と定められている。さらに，前節でみたヴィエンチャン県党委員会の活動規則第24号でも，県党常務委員会は，県官房長・次長と県レベルの大衆団体の議長・副議長の任免について決定する権限を有することが定められている。つまり，県知事と県党常務委員会には，官房機関を含む，県に設置している8つの機関の職員に対する人事管理権が与えられている。

　次に，前節でみた郡長と同様に，県レベルの官房と郡レベルの官房の任命過程をみることによって，これらの役職に対する県知事と県党委員会の影響力を考察する。

　県党組織委員会での聞き取りによれば[15]，県官房長の候補者は，県内で郡長，または県知事直属機関の長を務めていた人物から選抜される。県官房長以外の場合には，県知事直属機関の長の候補者に関して，当該機関の副議長を務めていた人物の中から候補者が選抜される。県官房長の任命過程をみると，県党組織委員会が候補者を推薦し，県知事の承認を得た後に県党常務委員によって決定され，県知事によって任命されている（資料1：過程5-4を参照のこと）。したがって，県知事と県党常務委員会によって人事が決定され，中央の機関の承認を得るわけではない。

　さらに，県官房次長の人事についてみると，県官房次長の候補者は，県知事直属機関の課長を務めていた人物から候補者が選抜される。任命過程をみると，県党組織委員会が県官房長と協議して候補者を選抜し，県党常務委員会に対して推薦され，合意が得られた後に県知事によって任命されている（資料：過程5-5を参照のこと）。すなわち，県官房次長の任命過程でも，県党組織委員会が推薦した候補について県党常務委員会で協議した後に，県知事が任命して

---

15) ヴィエンチャン県党組織委員会における聞き取り（2006年4月）に基づく。

おり，中央の機関は県内での人事の決定過程に関与していない。

県官房内のさらに下のクラスの人事についても確認すると，県官房内の課長人事は，県官房で勤務する技官から候補者が選抜されており，県官房幹部会によって候補者が検討され，部局内の党組の会議で検討された後に，県党組織委員会に推薦され，県知事によって任命されている（資料1：過程5-6を参照のこと）。つまり，課長の人事については，県官房内部において，実質的な候補者の決定が行われていると考えられる[16]。

県官房技官の採用については[17]，県党組織委員会が，各年度の県知事直属機関の職員の新規採用数の必要性をまとめて，首相府行政・公務員管理庁（現在，内務省）に対して県の職員数の割当（クオーター）を申請している。行政・公務員管理庁によって各県の部局の員数が通知された後に，県官房によって採用会議が開催されて，県官房幹部会が県官房内の各部局に職員が分配されている。

以上から，県知事の直属機関の人事については，任命過程でも中央の機関が関与することがなく，県党組織委員会によって名簿が管理され，県知事と県党常務委員会によって人事が決定されていることがうかがえる。

次に，郡レベルの職員管理に対する県知事と県党委員会の影響力について考察する。党の内部規則第03号では，郡官房職員は，郡長の人事管理権に服することになっている。しかし，第1節で示したように，党中央組織委員会での説明では，県知事と県党委員会は，郡長直属機関の人事についても決定権を行使しているとされる。したがって，郡官房の職員の任命過程をみることによって，県知事と県党委員会の影響力を確認する。

ヴィエンチャン県党組織委員会での聞き取りによれば[18]，郡官房長の候補者は，郡に設置した中央省庁の出先機関で課長を務めていた人物から選抜される。任命過程をみると，郡党組織委員長が候補者を選抜して郡長に提案が行われ，郡長が承認した後に郡党常務委員会で検討され，県党組織委員会を経て県知事によって任命されている（資料1：過程5-7を参照のこと）。

この任命過程から，郡官房長は，県党組織員会によって審査され，県知事が

---

16) 大衆団体の部局の場合でも，団体の中央機関に意見を求めることはしない。県党常務委員会で課長人事を審議することはない。ヴィエンチャン県党組織委員会における聞き取り（2006年4月）に基づく。
17) 技官とは，公務員として採用された後に就任する職であり，常勤職で最も下級の役職である。
18) ヴィエンチャン県党組織委員会における聞き取り（2006年4月）に基づく。

任命しているものの，候補者の選抜は，郡レベルで行われていることがうかがえる。したがって，実質的な人事決定は郡長が行っており，県党組織委員会は，職員名簿の管理を行っているのみであると考える。

　一方で，聞き取りによれば，郡官房で勤務する職員の採用は，県レベルで職員選抜会議が行われて新規職員が採用された後に，県官房幹部会によって各郡に対して職員の配属が行われており，新規職員採用は県レベルで実施されている[19]。第4章の財務・予算管理でみたように，県党組織委員会によって県内の職員の名簿が管理され，公務員の給与が算定されている。つまり，県党組織委員会は，郡レベルの職員数を決定し，給与を算定するなど，機構と人員に関する管理を行っているといえる。

2. 県官房と郡官房職員の配置状況

　任命過程からは，県知事直属機関の長・次長の人事は，県知事と県党委員会によって決定・任命されており，郡レベルについては，県知事が任命するものの，候補者は郡長が推薦していることが示されていた。次に，任命過程で示された県知事，県党委員会の影響力について，県官房と郡官房の職員の配置状況から検証を行う[20]。

　ヴィエンチャン県官房における聞き取りによれば，ヴィエンチャン県の官房長・次長の配属状況は，表5-7のとおりである[21]。県官房の幹部職員の中に，中央から派遣された人物はいない。県官房長は，郡長を務めていた人物が就任し，次長は，一部情報が不明であるが，県内の役職から異動している。したがって，県官房長・次長の人事は，中央から干渉を受けることなく，県知事と県党委員会によって決定が行われているといえる。

　次に，県官房内の課長の配置状況について確認する。ヴィエンチャン県官房内の各課長の構成は，表5-8のとおりである。表から，県官房内の各課長は，すべて県官房内で職務を行っていた人物が就任していることが分かる。つまり，課長人事は，実質的に，県官房内において決定されているといえる。

---

19) ヴィエンチャン県党組織委員会における聞き取り（2006年4月）に基づく。
20) ヴィエンチャン県官房およびヴィエンチャン県党組織委員会における聞き取り（2006年4月）に基づく。
21) ヴィエンチャン県官房における聞き取り（2006年4月）に基づく。

表 5-7　ヴィエンチャン県官房長および次長（2006 年 4 月）

職務	氏名	担当	前職
県官房長	ヴィナット・シースヴォン	全体指導, 財務事務課指導	ケーオウドム郡長
次長	ソムサニット・セーントーン	研究総括課指導	県計画局長
次長	サーオロー・トンセン	基層建設	ホーンホーン郡官房職員
次長	シーケーオ・ヴォンパチャン	基層建設	（不明）
次長	カムラー・セーンヴォン	行政課指導	サイソムブーン特別区官房次長

（2006 年 4 月の現地調査に基づき筆者作成）

表 5-8　ヴィエンチャン県官房の各課長（2006 年 4 月）

職務	氏名	前職
行政課長	マイ・ナームミーサイ	事務財務課長
研究総括課長	カムカーイ・シースタム	行政課技官
事務財務課長（代行）	ヴァンシー・ポムマチット	事務財務課財務班長
秘書課長（代行）	ポーンヴィサイ・シーサヌット	研究総括課副課長

（2006 年 4 月の現地調査に基づき筆者作成）

表 5-9　ヴィエンチャン県各郡の官房長

	郡名	氏名	前職
1	カーシー郡	ブンラーイ・タンマイトーン	郡官房次長
2	ヴァンヴィエン郡	ウンフーアン・ウタイティット	郡官房行政班技官
3	メート郡	ソンクット・セーンダーラー	郡官房事務財務班長
4	フーアン郡	セーンチャン・チッタブンティー	郡女性同盟議長
5	ヒーンフープ郡	カムラー・ブンニャーシン	郡官房次長
6	ホム郡	ソムサイ・ローチューリーア	郡官房次長
7	ケーオウドム郡	カムブーヴィー・シーハーパンニャー	郡官房次長
8	ポーンホーン郡	サーコーン・ケーオスヴァン	郡官房次長
9	サナカーム郡	シーソムブー・パーンパディット	郡官房次長
10	ヴィエンカム郡	インペーン・ヴォンチャンディー	郡党宣伝委員長
11	トゥラコム郡	クムカム・サイニャサーン	郡官房次長
12	サイソムブーン郡	セーンケーオ・ティンタラーイ	旧サイソムブーン特別区政治行政学校教員

（2006 年 4 月のヴィエンチャン県官房における聞き取りに基づき筆者作成）

　各郡の官房長の配置状況についても確認すると，各郡の官房長の任命状況は，表 5-9 のとおりである。表から，ヴィエンチャン県内のすべての郡官房長が，同じ郡内で勤務していた職員から選抜されていることがわかる。全員が郡長の直属機関で勤務していた人物であり，12 郡のうち 9 郡が，郡官房内の職員が昇進している。さらに，その 9 郡のうち 7 郡は，郡官房次長からの昇進である。従って，各郡官房長の任命権者は県知事であるが，実質的な人事決定は

郡内部で行われ，郡長および郡党委員会が決定しているといえる。

以上でみたように，県官房，郡官房の職員人事の任命過程と配置状況を分析することで，県知事直属機関に対する県知事と県党委員会の影響力を考察した結果，県知事直属機関の人事は，党中央が決定に関与することなく，県レベルで候補者の選抜と任命が実施されており，完全に県の人事管理に服していることが示された。また，郡レベルの人事については，郡長が候補者推薦を行っている一方で，職員の員数，組織については，県レベルによって決定・管理が行われていることが明らかになった。

一方で，同じく県内に設置されている機関でも，中央省庁が地方に設置している出先機関は，地方が管理権を有しているのではなく中央省庁から管理が委託されているとされる。したがって，県知事直属機関に対する人事管理とどのように異なっているのかについて，次節で比較検討を行う。

第4節　省庁の地方出先機関に対する県知事と県党委員会の影響力

1. 中央省庁による地方出先機関の職員管理の権限

前節で，県知事直属機関に対する県知事と県党委員会の影響力を分析したのに続き，本節では，中央省庁の地方出先機関の職員に対する影響力について考察する。

第1節で明らかにしたように，党の内部規則第03号では，地方に置かれている中央省庁の出先機関で勤務する職員の管理について，中央省庁党委員会の管理に服すると定められている。しかし，党中央組織委員会での聞き取りにより，実際には職員名簿が県組織委員会に付託され，地方に管理が委任されていることが説明されていた。本節では，全国での統一的な財務の管理を実施する上で重要な役割を果たしている財務省を事例に，財務省の地方出先機関である県財務局の人事決定過程と職員配置の状況から県知事の影響力について考察す

る[22]。

　はじめに，中央省庁による地方出先機関の職員管理について，法令に定められた権限をみると，「2003年改正政府法」(Lao P. D. R., Saphā-hāēng-sāt 2003b) の中で，省大臣，または省と同格の機関の長は，地方行政機関との協議に基づいて，県レベルの出先機関の局長・次長，郡レベルの出先機関の課長を任免する権限を有していると定められている。

　財務省の組織と人事管理については，財務省の設置規則をみると，「財務省の組織および活動に関する首相令第127号（2000年10月3日）」(Lao P. D. R., Nā-nyok-latthamontī 2000a) によって，財務省の地方出先機関として，県レベルに県財務局，郡レベルに郡財務課を設置する，と定められている。そして，財務省の地方出先機関の職員の任免権に関しては，財務大臣は，省の組織・職員養成局（以下，組織局）による推薦に従って，県財務局長・次長，郡財務課長・副課長を任免する権限を有すると定められている。

　つまり，党の内部規則と同様に，政府法と財務省規則でも，地方出先機関の人事は，中央省庁によって決定されることが規定されている。

2. 財務省地方出先機関の職員の任命過程

　次に，財務省内で人事管理を担当している組織局での聞き取りに基づきながら，財務省の地方出先機関の職員の任命過程について考察する[23]。第1節で示したように，部門別管理の原則を定めた党政治局第21号決議では，中央省庁が地方出先機関の長を任免する際には，県知事，地方党委員会と調整を行うことが指示されていた。したがって，任命過程をみることで，財務省と県知事，県党組織委員会の間で，どのような調整が行われているかが考察の焦点となる。

　県財務局長の任命過程では，はじめに県財務局長・次長の人事を変更するかについて，財務大臣と県知事の間で協議が行われる。そして，財務省組織局が省内から候補者を探して，県党組織委員会と協議に行く。同時に，県党組織委員会も県内から候補者を探して，財務省組織局に対して推薦する。財務省組織局の職員が県に出向して県党組織委員会と協議を行う。県の側は，将来的に県

---

[22]　財務省は，2008年に関税，所得税，国庫の3つの分野について県財務局から分離させる組織改革を行っているが，本研究では調査を行った2004年の状況に基づいて考察を行っている。
[23]　財務省組織局における聞き取り（2004年9月）に基づく。

副知事にしたいと考えている人材を県財務局長に就任させようと望み，財務省の側は，専門知識を多く持っている財務省職員を派遣したいと望んでいるために，意見がまとまりにくい場合がある。両機関の間で候補者について合意が得られた後に，県知事が財務大臣に対して候補者推薦書を作成して財務省に提出し，財務省組織局を経て，財務大臣によって任命される（資料1：過程5-8を参照のこと）。

この任命過程から，県財務局長・次長の人事変更については，県知事と財務省の間で実質的な協議が行われていることがうかがえる。つまり，財務省の側が候補者を推薦し，県の側がそれを承認するといった，一方的・形式的な人事決定が行われているのではなく，県知事と県党委員会の側も自らの候補者を推薦し，財務省組織局の職員が県党組織委員会を訪問して協議が行われている。したがって，県レベルの局長人事の決定過程において，実務上は県知事にも候補者推薦権が認められていることになる。

さらに，県知事が県内から候補者を推薦する理由は，県の側が将来の県副知事を養成するために，県の幹部を県財務局長に就任させ，財務の経験を積ませるためであることが示されている。その一方で，財務省が省内の職員を県財務局長として推薦する理由は，専門知識を優先し，財務省から人材を派遣することで，全国で統一的な財務行政を実施するためであった。

次に，県財務局次長の人事決定過程についてみると，県財務局長によって，県財務局内の課長の昇進が検討され，候補者について，県党組織委員会，県知事，県副知事に対して推薦して意見を求める。県知事から合意が得られた後に，県党組織委員会によって財務省組織局に推薦され，さらに財務省組織局との間で合意が得られた後に，財務大臣によって任命される（資料1：過程5-9を参照のこと）。

この任命過程から，候補者の選出は県財務局長が行うが，財務省組織局に提案する以前に県党組織委員会，県知事・県副知事から合意を得なければならないことが示されている。つまり，局次長の人事決定についても，県知事が人事の承認権を行使できるといえる。さらに，財務省に推薦された後も，財務省組織局と県党組織委員会の合意が必要とされているなど，財務省によるチェックも行われるため，県財務局長の人事の場合と同じく，省庁と県の間で交渉が行われる。

また，県財務局内の課長・副課長レベルの任命過程をみると，県財務局幹部

会が，局内の職員から候補者を検討し，県党組織委員会から合意を得た後に，財務省に推薦が行われ，財務大臣によって任命される（資料1：過程5-10を参照のこと）[24]。

この任命過程から，課長クラスの職員の人事決定についても県党組織委員会から合意を得なければならないことが示されている。また，課長クラスの職員については，財務省組織局は，ほとんど審査を行わずに，県からの推薦を承認しているのみである。

さらに，各郡に設置されている財務課長の任命過程は，県財務局長，県党組織委員会，郡党組織委員会，郡長の間で協議が行われて決定される。任命するのは財務大臣であるが，県内で候補者が決定され，事前に財務省に対して相談することはない[25]。

以上，県レベルの局長・次長の人事の決定に際しては，県知事，県組織委員会の側にも地方から候補者を推薦することが認められており，県知事，県党組織委員会と，省大臣，省組織局の間で実質的な協議が行われていることが明らかになった。第4章でみたように，県財務局は地方レベルの財務・予算を管理する上で重要な機関である。県から推薦した人物が局長に就任すれば，県知事と県党委員会の方針に従った財務を行いやすくなり，財務省が財務省出身者を派遣すれば地方の財務をコントロールし，歳入徴収を行いやすくなる。つまり，部門別管理制度は，必要な場合に中央が地方に職員を派遣することで，専門行政を統制できるメカニズムであるといえる。

3. 全国の県財務局長・次長の配置状況

次に，全国の県に所在する県財務局長・次長の人員がどのように配置されているかをみることで，財務省と県との間の人事管理をめぐる調整について検証する[26]。

全国の財務局長とその前職を示した表5-10によれば，18の県のうち7つの県では，県財務局次長が，そのまま県財務局長に昇進している。また，2つの

---

24) 財務省組織局における聞き取り（2004年9月）に基づく。
25) 財務省組織局における聞き取り（2004年9月）に基づく。
26) 財務省組織局から得た情報（2004年9月）に基づく。

表 5-10　全国の県財務局長（2004 年 9 月）

	県名	名前	前職
1	ポンサーリー県	トーンシー・サオスリポン	県財務局次長
2	ウドムサイ県	ブンポーン・ヴァンナチット	県計画協力局長
3	ルアンナムター県	サヴェーン・ウパスート	県財務局次長
4	ボーケーオ県	カムキン・ウーアイマニーハック	県財務局次長
5	サイニャブーリー県	ポンサヴァン・シッタヴォン	県計画協力局長
6	ルアンパバーン県	ヴォンサヴァン・テープパチャン	県官房長
7	ホアパン県	タムラー・アムカートーンカム	財務省予算局課長
8	シエンクアーン県	ブントン・チャンタポーン	県官房長
9	サイソムブーン特別区	ケーンソーン・カムウトーン	財務省予算局次長
10	ヴィエンチャン県	ブンスム・シーサヴァット	財務省財産局
11	ヴィエンチャン市	ブンサマック・サイニャセーン	財務省政策局長
12	ボーリーカムサイ県	カムラー・ウーマーリー	ヴィエンチャン県ヴァンヴィエン郡財務課長
13	カムムアン県	トーンカム・カムスックターヴォン	県財務局次長
14	サヴァンナケート県	カムラー・サイニャヴォン	財務省土地局次長
15	サーラヴァン県	カムボー・コーンタヴォン	県土地管理事務所長
16	チャンパーサック県	ブアソーン・ヴォンソーンコーン	県財務局次長
17	セーコーン県	ソムシー・ケーオウンフーアン	県財務局次長
18	アッタプー県	カムヴァン・チャンタコート	県財務局次長

（2004 年 9 月財務省組織局における聞き取りに基づき筆者作成）

県では，県内にある他の省庁の出先機関から異動して県財務局長に就任し[27]，さらに，3 つの県では県内の政治機関（県官房および県知事直属機関）の職員が県財務局長に就任している[28]。つまり，5 つの県では，財務部門以外の部局から異動していることがわかる。一方で，ヴィエンチャン県を含む 5 つの県・市では，中央の財務省から派遣された職員が県財務局長に就任している[29]。そして，1 つの県で，他県の職員から異動して県財務局長に就任している事例がみられる[30]。

県内で他の部門から異動した 5 つの県の場合については，県内の指導幹部を養成するために，あるいは県内における人事異動の必要性から，県知事と県党委員会によって推薦された人事であるといえる。特に，第 1 章で示されたよう

---

[27]　ウドムサイ県とサイニャブーリー県の 2 県。
[28]　ルアンパバーン県，シエンクアーン県およびサーラヴァン県の 3 つの県。
[29]　ホアパン県，サイソムブーン特別区，ヴィエンチャン県，ヴィエンチャン中央直轄市およびサヴァンナケート県の 5 つの市および県。
[30]　ボーリーカムサイ県のみである。

に，県副知事は県官房長を経て昇進することが多いため，県知事直属機関から異動した人物については，将来の県指導幹部の養成のために，県知事によって県財務局長に推薦された人事であると考えられる．

一方で，中央の財務省から職員が派遣されて県財務局長に就任している5つの県についてみると，ヴィエンチャン中央直轄市，サヴァンナケート県など，ラオスの中で経済発展が進み，歳入が豊かであるとされている県が含まれている．したがって，地方での歳入の徴収強化と中央への財源の移転を確保するために，財務省の職員が派遣された事例と考えられる．

以上，県レベルの局長の人事については，県知事，県党委員会が自らの推薦者を就任させた場合と，財務省が省内の人員を県に派遣した場合の数は同数であり，県による県党指導部の強化のための人事要請と，中央省庁による行政の統一のための人事要請との間の調整が，中央と地方での重要な駆け引きとなっていることを裏付けている．

次に，全国の県財務局次長の人員配置を分析する[31]．全国での県財務局次長の人員配置の状況を示している表5-11によれば，県財務局次長の多くが，同じ県の県財務局課長から昇進している（36名中27名）．したがって，県財務局長が推薦した人物が，県党組織委員会と財務省組織局で，そのまま承認されるケースが多いと考えられる．

その一方で，中央の財務省から派遣されて県財務局次長に就任した者が6名[32]，他県から異動した者も1名，存在している[33]．これら7名の局次長の人事については，財務省が推薦した人事であると考えられる．一方で，県内の他の部局から異動したケースもあり，県銀行総裁から異動した者が1名[34]，県知事直属機関である県党検査委員会から異動した者が1名，存在している[35]．この2名の局次長の人事は，県知事と県党組織委員会が推薦したケースであるといえる．したがって，県財務局次長レベルの人事についても，中央省庁と県知事，

---

31) 財務省組織局から得た情報（2004年9月）に基づく．
32) サイソムブーン特別区，ヴィエンチャン県，ヴィエンチャン中央直轄市およびボーリーカムサイの4県の職員である．財務局次長が中央から派遣されている県は，県財務局長も中央から派遣されている場合が多く（サイソムブーン特別区，ヴィエンチャン県およびヴィエンチャン市），財務省が政策的に中央の人材を派遣していること推測できる．
33) ボーケーオ県からヴィエンチャン中央直轄市への異動である．
34) セーコーン県の場合である．
35) サーラヴァン県の場合である．

表 5-11　全国の県財務局次長

	県名	名前	前職
1	ポンサーリー県	カムセーン・スヴァンニー	県財務局事務組織課長
		セーントー・ナームヴォン	県財務局予算課長
2	ウドムサイ県	カムフェーン・ケーオクーントーン	県財務局事務組織課長
3	ルアンナムター県	カムパン・サイシー	県財務局財産課長
		ヴィアンポーン・フーアンペーンオーン	県財務局予算課長
4	ボーケーオ県	ヌーアンパシット・ヌーアンアーサー	県財務局関税課長
		セーンドゥーアン・ポンサヴァット	県財務局予算課長
5	サイニャブーリー県	トーンサック・ポムマチャン	県財務局関税課長
		ブアパー・ヴィラサック	県財務局予算課長
6	ルアンパバーン県	ウン・ペッラーシー	技官
		ソムニット・コムタヴォン	県財務局事務組織課長
7	ホアパン県	セーントーン・ペンミーサイ	県財務局事務組織課長
		カムフェン・ヴォンルーサイ	県財務局予算課長
8	シエンクアーン県	イエーロー・ニーアルー	県財務局財産課長
		ソムヴァイ・ウッタチャック	県財務局予算課長
9	サイソムブーン特別区	ブンチャン・アムマソーン	財務省予算局
		コンカム・シッティヴォーラダー	財務省予算局
		ポーンチャン・ポムピパック	財務省官房
10	ヴィエンチャン県	トゥーアン・ブッパーマーシー	財務省土地局課長
11	ヴィエンチャン市	カムタン・ポムマセーン	県財務局財産課長
		マニーヴァン・ルーアンラート	ボーケーオ県財務局次長
		トーンディー・スリチャック	財務省政策局次長
12	ボーリーカムサイ県	スンタラー・タクントーン	財務省関税局
		ブアヴァン・ケーオアッサヴォン	県財務局予算課長
13	カムムアン県	ブンミー・ピムマソーン	県財務局土地課長
		ソムマラー・オーンシーリヴォン	県財務局予算課長
		パイヴァン・ムーンカムサイ	県財務局関税課副課長
14	サヴァンナケート県	ラムグン・ターンラマニー	県財務局所得税課副課長
15	サーラヴァン県	ヴァンシー・ブーンサヴァン	県財務局予算課長
		シーオーン・フーアンフン	サーラヴァン県党検査委員会
16	チャンパーサック県	カムベー・ペーパイサーン	ヴィエンチャン県ポーンホーン郡財務課長
		サーリー・カムポーン	県財務局関税課長
17	セーコーン県	レックライ・シーヴィライ	県財務局事務組織課長
		トーンソムマック・チャンタシーダー	セーコーン県銀行総裁
18	アッタプー県	カムプーイ・ソームターヴォーン	県財務局予算課長
		ブンタマーリー・マンアーノン	県財務局関税課長

(2004 年 9 月財務省組織局における聞き取りに基づき筆者作成)

県党委員会の間での協議によって，人事決定が行われていることがうかがえる。

以上の考察から，中央の財務省は，地方での歳入の徴収の強化と中央への税収の移転を確保するために，財源が豊富な県の財務局長・次長の人事については，財務省から職員を派遣することで県財務局長に就任させていることが明らかになった。つまり，1991年の部門別管理制度（専門部局の中央集権化）の下で，中央省庁は，全国での統一的な行政を実現するために，中央省庁の職員を県に派遣して，県の業務を把握することができる。

その一方で，県知事，県党委員会が自らの推薦者を県財務局長に就任させた場合も多く存在しており，県知事も県レベルの局長クラスの候補者の推薦について，大きな影響力を有していることが明らかになった。特に，県内での幹部候補を県財務局長に置くことで，県党幹部の人材を育成することが行われている。つまり，1991年以降の部門別管理制度の導入にともなって，県レベルの局長・次長クラスの人事については，中央省庁による全国での行政の統一を行うための人事要請が優先されながらも，地方党指導部の強化のための人事要請についても配慮される体制が形成されているといえる。

4. ヴィエンチャン県財務局職員の配置状況

次に，ヴィエンチャン県を事例に，県財務局長，次長，県レベルの課長，郡レベルの財務課長の人事に対する県知事，県党委員会の影響力について考察を行う[36]。

ヴィエンチャン県財務局の組織構成は，局長，局次長の下に，県財務局付属の各課が置かれ，その他に，局長の下に県内の各郡に設置されている財務課が付属している（図5-1）。

県財務局の職員は，局長・次長，県財務局付属の課長・副課長，各郡の財務課長・副課長，並びに各部局に属する技官の4つのレベルに区分されている[37]。

---

36) ヴィエンチャン県財務局における聞き取り（2004年8月）に基づく。
37) ヴィエンチャン県財務局職員統計によれば，ヴィエンチャン県財務部の職員数は，全職員数が301名（うち女性70名），県財務局職員数が110名（うち女性28名）および各郡財務課職員数（12郡）が191名（うち女性42名）である（Lao P. D. R. Phanāēk-kān-ngōēn pacham khwāēng Vīangchan 2004）。

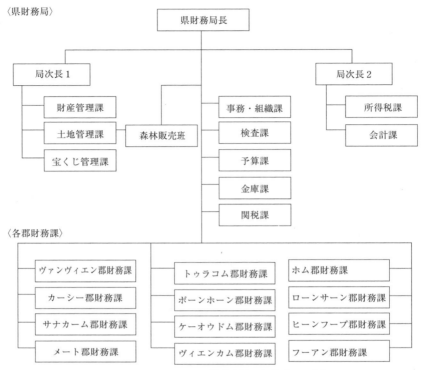

図 5-1　ヴィエンチャン県財務局の組織（2004 年）
（ヴィエンチャン県財務局の資料に基づき筆者作成）

　ヴィエンチャン県財務局における聞き取りによれば，県財務局長と次長は，県内で勤務していた職員が任命される場合と，中央の財務省で勤務していた職員が任命される場合がある。県内の職員が任命される場合には，県財務局で勤務している職員が任命される場合と，県官房で勤務していた職員が任命される場合があり，県財務局で勤務していた職員が任命される場合の方が多いと説明されている。過去におけるヴィエンチャン県財務局長は，表 5-12 のとおりである[38]。

　情報に不明な点もあるが，ヴィエンチャン県では，過去の県財務局長の多くが，財務省から派遣されていることがわかる。一方で，カムムーンは，ヴェト

---

38) ヴィエンチャン県財務局における聞き取り（2004 年 8 月）に基づく。

表 5-12　ヴィエンチャン県における歴代の財務局長

	名前	前職
1	ティッケーンチャン・マーリーチット	(不明)
2	カムマン	財務省において勤務
3	ブアシー・スタムマヴォン	(不明)
4	パイロン	財務省所得税局において勤務
5	カムムーン・ポンタディー	ヴェトナムでの学習を終えて就任
6	プーイ・ピラースック	財務省関税局において勤務
7	ブンスム・シーサヴァット	財務省財産局長

(2004年8月ヴィエンチャン県財務局における聞き取りに基づき筆者作成)

　ナムでの学習を終えた後，すぐに県財務局長に就任している。カムムーンは，第1章でみたように，2006年の時点で県副知事を務めている人物である。経歴をみると，ヴェトナム留学前は，県内のカーシー郡教育課長であり，1991年から1993年まで県財務局長，県党執行委員を務め，1993年以降，県副知事に昇進した[39]。つまり，カムムーンは，財務省から派遣された人物ではなく，県党委員会が指導幹部の養成のために県財務局長に就任させた人物であるといえる。このことから，財務省で説明されていたとおり，県党委員会が幹部を養成するために，中央省庁の地方出先機関の幹部への候補者推薦を行っていることが裏付けされている。

　さらに，表中のプーイは，財務省から県に派遣された後に，1998年の県党第2回大会で県党執行委員に選出され，2003年に退職している[40]。この事例のように，中央から派遣された県財務局長が，県党大会を経て，県党執行委員に選出される場合もある。

　次に，局次長，課長レベルの人事について考察する。2004年8月時点でのヴィエンチャン県財務局内の職員の配置は（表5-13）のとおりである。表をみると，ヴィエンチャン県財務局長・次長は，中央の財務省の職員が派遣されていることが示されている。2001年から2005年まで県知事を務めたシーホーは，在職中に木材のビジネスに関係する汚職があったために，財務省から検査を受けていたとの話があり[41]，財務省がヴィエンチャン県の財務を把握するために派遣したと考えられる。

---

39) ヴィエンチャン県財務局における聞き取り（2004年8月）に基づく。
40) ヴィエンチャン県財務局における聞き取り（2004年8月）に基づく。
41) 財務省における聞き取り（2006年4月）に基づく。

表5-13　ヴィエンチャン県財務局の幹部職員（2004年8月）

役職	氏名	前職
県財務局長	ブンスム・シーサヴァット	財務省財産局長
第1次長	トゥーアン・ブッパーシリ	財務省土地局次長
第2次長	フォーンヴァン・バーオタムマヴォン	財務省所得税局技官
財産管理課長	カムプー・スピダー	県商業局技官
土地管理課長	イントー・インタヴォン	県財務局事務組織課長
宝くじ管理課長	カムレック・トーンサヴァン	県官房事務課長
事務組織課長	マニット・ウドム	県森林会社財務担当
検査課長	パシット・バンナヴォン	ボーリーカムサイ県財務局予算課長
予算課長	カムパーイ・マニーヴォン	県財務局所得税課副課長
財産課長	チャンタノーム・ソムヴァン	県財務局財産課副課長
関税課長	パーシット・ペッシッマニー	サナカーム郡関門長
租税課長	ダーオフーアン・ナンターヴォン	フーアン郡財務課副課長
会計課長	ブンミー・シーパスート	ボーンホーン郡財務課副課長

（2004年8月ヴィエンチャン県財務局における聞き取りに基づき筆者作成）

一方で，県財務局付属の課長の人事をみると，県財務局付属の課の職員から昇進した課長が3名，郡財務課副課長からの昇進が3名である[42]。つまり，県財務局長が，局内の職員から候補者を選んで課長に就任させるケースが多い。

さらに，課長クラスの人事をみると，中央から派遣されて就任している職員はいない。財務省組織局による決定と考えられる人事異動は，他県から赴任した検査課長1名のみである[43]。財務省において説明されていたとおり，課長レベルの人事については，地方レベルで人事が決定され，財務省組織局は，地方からの推薦に従って任命を行っているだけであるといえる。

一方で，県の他の部局からの異動については，県商業局から異動してきた課長が1名，県官房から異動した課長が1名，県森林会社から異動した課長が1名存在している。これらの他の部局から異動した3名については，県党委員会の側が選出した人物であると考えられる。この事例のように，課長レベルの人事についても，部局内での昇進だけではなく，県知事と県党委員会による人事管理が影響力を及ぼしている。

次に，ヴィエンチャン県内の郡レベルの財務課長の配置状況から，郡レベルに設置された中央省庁の出先機関の職員人事に対する県知事と県党委員会の影響力について考察する。各郡財務課長の配置を示した表5-14をみると，同じ

---

42) うち1名は，サナカーム郡関門長である。
43) ボーリーカムサイ県からヴィエンチャン県に異動。

表5-14　ヴィエンチャン県各郡財務課長（2004年8月）

	郡名	氏名	前職
1	ヴァンヴィエン郡	ポーンケーオ・クンパン	ヴァンヴィエン郡官房次長
2	ポーンホーン郡	ブンナーク・トーンヴァンカム	県財務局予算課長
3	トゥラコム郡	ヴァンフーアン・カムペンサイ	県財務局財産課長
4	ケーオウドム郡	ブンタイ・シッティヴォン	ヒーンフープ郡財務課長
5	カーシー郡	カムレック・サイソンカーム	メート郡財務課長
6	メート郡	ソムボーン・ケーオチャンムパー	郡財務課副課長
7	フーアン郡	マイ・コンパーシー	不明（長期在職のため）
8	サナカーム郡	シーサヴァン・ケーオポムマチャン	県財務局予算課副課長
9	ヒーンフープ郡	ケーオヴィライ	カーシー郡財務課長
10	ヴィエンカム郡	キソン・ユイーアイエン	県官房事務財務課長
11	ローンサーン郡	カムシー	郡財務課長
12	ホム郡	ブンルート	郡財務課副課長

（2004年8月ヴィエンチャン県財務局における聞き取りに基づき筆者作成）

　郡の財務課副課長から昇進した課長は，3名である[44]。また，県財務局付属の課から異動した課長が3名存在し[45]，他の郡の財務課長から異動になった課長が3名存在する[46]。つまり，県内12の郡のうち，9の郡の財務課長は，県財務局長の管理下での異動であり，県財務局長が候補者を選出しているといえる。

　一方で，県財務局以外の部局から異動した課長も2名存在する[47]。そのうち1名は，同じ郡の郡官房次長からの異動，もう1名は，県官房事務課長が派遣されて就任している[48]。郡官房次長は，県党委員会の管理下に服し，県知事が任命権を有する役職である。つまり，郡党委員会の提案により，県党組織委員会の承認を得て異動が行われた事例であるといえる。また，県官房から異動した郡財務課長については，ヴィエンカム郡は県庁が置かれている郡であり，県知事，県党組織委員会が候補者を選抜して，県財務局長と協議し，財務大臣に任命させた事例であるといえる。したがって，県知事および県党組織委員会は，郡レベルの人事に対しても影響力を及ぼしているといえる。

　ヴィエンチャン県財務局の人事決定を事例として，県知事と県党組織委員会

---

44) メート郡，ホム郡およびローンサーン郡である。これらの郡は，県内の各郡のなかで人口に少数民族が占める割合が高い郡である。
45) ポーンホーン郡，トゥラコム郡，サナカーム郡およびヴィエンカム郡である。これらの郡は，県内の郡のなかで，経済が比較的発展した郡である。
46) ケーオウドム郡，カーシー郡およびヒーンフープ郡である。
47) ヴァンヴィエン郡およびヴィエンカム郡である。
48) ヴィエンチャン県官房事務課長からヴィエンカム郡財務課長への異動である。

第5章　県知事と県党委員会による地方人事の統制　｜　235

が人事管理に対して及ぼしている影響力を考察した結果，県知事と県党委員会は，県レベルの局長だけでなく，県財務局内の課長，さらには郡レベルの財務課長の人事にまで影響力を及ぼしていることが明らかになった。さらに，県副知事を養成するために，県が局長の候補者を推薦することがヴィエンチャン県で実際に行われていた。また，課長以下の人事では，県財務局長によって候補者が選抜されるケースばかりでなく，県党組織委員会が候補者を推薦したと考えられるケースもあった。したがって，部門別管理制度の下でも，県知事，県党委員会，県党組織委員会が，中央省庁の県レベル，郡レベルの出先機関の職員の人事決定に対して影響を与えることが可能になっているといえる。

　以上にみたように，財務省の地方出先機関の人事に対して県知事と県党組織委員会が有している影響力について考察を行った結果，財務省が県財務局長として中央から職員を派遣することで，全国で統一した行政が行えるような体制が形成されている一方で，中央省庁の出先機関の人事決定の際には，県知事と県党委員会も自らの候補者を推薦して，中央省庁と協議を行うことによって決定されており，県知事は，地方出先機関の人事に対しても大きな影響力を及ぼすことができることが明らかになった。特に，県知事，県党委員会は，県党指導部を強化し，幹部を養成するという目的で，県内の職員を県財務局長に推薦することが可能であった。つまり，1991年の部門別管理の導入（専門部局の中央集権化）によって，全国で統一した行政を実現することを重視しながらも，県の党指導部の養成など地域の必要性にも配慮する人事管理のメカニズムが形成されていた。

　さらに課長以下の人事については，省大臣が任命するが，中央省庁は，地方からの推薦通りに任命を行うのみである。一方で，県党委員会および県党組織委員会は，各局に付属する部局の課長，各郡の出先機関の課長についても，県レベルの機関の中から選んだ候補者を推薦する場合がみられることから，県知事，県党委員会，県党組織委員会による影響力は，郡レベルの地方出先機関にも及んでいるといえる。

小括

　本章では，県内に置かれている各部局の人事決定に対する県知事と県党委員会の裁量権と影響力を考察することで，党が県知事制の下で地方の職員人事を

統制するメカニズムについて明らかにした。

　ラオスの地方行政は，1991年の地方制度改革によって，地方に設置されている専門部局（教育局，農業局など）の命令系統が大きく変更され，これらの部局の人事，計画策定，財務管理については，上級の中央省庁が行うことになった。その結果，地方党委員会と地方行政首長は，地方の専門行政に対して行使できる権限が従来よりも縮小された。しかし，本章で，党の人事管理のメカニズム，郡長，県知事直属機関，財務省の地方部局に関する人事管理を考察した結果，党の中央集権的な人事管理制度の枠組みの中で，県知事と県党委員会は，県知事に直属する機関の人事に対してだけでなく，中央省庁の地方出先機関の職員人事に対しても影響力を持っていることが明らかになった。

　党の職員管理規則をみると，党政治局が県党書記，県知事，県党執行委員会，郡党書記，郡長などの地方幹部の人事を管理し，中央省庁党委員会が，地方出先機関の県レベルの局長，郡レベルの課長などの幹部を管理すると定められているため，県知事と県党委員会が管理できる役職は，県官房，県党付属機関，県戦線・大衆団体に限定されている。しかし，実際には，中央省庁が地方に設置されている出先機関の職員を監督することは困難であるため，制度の運用過程では，省庁の地方出先機関に属する職員の名簿が県党委員会の人事管理を補佐する機関である県党組織委員会に付託され，職員の管理が委任されていた。中央と地方との間の連絡・通信に困難がある中で，地方のすべてに機関と職員に対する党の監督を維持するためにも，このような措置が必要になっていると考える。

　党中央の人事管理権に服する郡長の人事についても，本章での分析の結果，県知事と県党委員会が実質的な人事決定権を持っていることが明らかになった。県知事は郡長候補の推薦権を有しているだけでなく，郡党書記が地方レベルの党大会を経て就任する場合でも，大会の準備過程を主導することによって，候補者の人選に関与することができる。さらに，郡長の配置状況からも，中央から派遣された郡長がいないことから，実質的な人事の決定は，県知事と県党委員会が行っているといえる。したがって，県知事は，人事の決定に対する影響力を持つことによって，県内の郡長を統制することができる。

　中央省庁の出先機関の職員の人事に対する分析からは，1991年に地方専門部局が中央省庁の命令系統に置かれたことで，中央省庁が地方出先機関の人事，県レベルの局長の人事を管理し，全国で統一した行政を行うための体制が形成

されていることが明らかになった。実際に，県財務局長・次長の人事では，財源が豊かな県に財務省の職員が派遣されて県財務局長に就任しており，歳入徴収と中央への移転を確保するために，中央省庁が地方を統制しているといえる。

　その一方で，県局長・次長人事の決定過程では，中央省庁のみが候補者を推薦するだけでなく，県知事，県党委員会の側も，自らの候補者を推薦して協議が行われていることが示された。特に，県知事，県党委員会は，県党指導部を強化し，幹部を養成するという目的で，県内の職員を県財務局長に推薦することが可能であった。このことから，1991年の部門別管理制度の導入（専門行政の中央集権化）によって，全国で統一した行政を実現することを重視しながらも，県の党指導幹部の育成，地方からの要請にも配慮されるシステムが形成されていたことがわかる。さらに，県党委員会による地方の職員の管理は，省の出先機関の課長クラス，各郡の課長の人事についても及んでいた。このように，県知事と県党委員会にも県内の職員管理に対する裁量権が認められている。

　以上のように，ラオスの地方での人事管理については，1980年代の行政の混乱に対する反省から，地方の専門部局が中央省庁の命令系統に従って活動する部門別管理制度が導入され，県の局長クラスの職員を中央から派遣できるシステムが形成された。その一方で，1991年の政治制度改革の目標に示されているように，地方に設置されているすべての機関と職員に対する党の指導を及ぼすことで一党支配体制を維持する必要があり，実際の人事管理については，地方党委員会に管理が委託されている。さらに，地方党幹部の養成という地方党組織の強化を目的として，県知事と県党組織委員会が推薦する人物が局長に就任する余地が与えられていた。したがって，県知事制の下で党が地方党組織を通じて各国家機関の職員を管理し，地方党組織を強化するために，県知事と地方党委員会に地方の人事決定に関与する裁量権が残されているといえる。

第 6 章
プロジェクト形成における県知事と県党委員会の職掌分担
—— ヴィエンチャン県の計画・事業管理 ——

本章では，2000年以降にラオスで行われている計画・事業管理に関する地方分権化政策の中で，県知事と県党委員会が果たしている役割と権限を分析し，県知事制下で県知事と地方党委員会を主体とする地域の開発促進のメカニズムについて明らかにする。

　すでに第2章でみたように，ラオスでは1996年以降，東南アジア地域統合，さらにはWTOへの参加を準備していくことが重要な政策課題になった。ラオスは，現在も最貧国に位置づけられており，ASEAN共同体が成立する以前に自国の貧困問題を解消することで，他の国との格差を縮小することが政策課題となっている。その一方で，1997年のアジア通貨危機のような経済変動がラオスの政治状況にも影響を与えて一党支配体制が動揺しないように，国内の治安も強化していく必要性が生じている。つまり，ラオスの党は，地方の主体性を高めることで経済開発を促進しながらも，党中央による地方に対する統制を維持し，地方での治安問題，少数民族問題に対する対応を強化する課題に直面している。

　本書の第4章，第5章では，財務・予算管理，職員人事管理の中で，中央が県知事と地方党委員会を通じて地方を統制するメカニズムが示された。しかし，開発の促進は，中央による統制ばかりでなく，地域の状況・必要性を政策に反映し，地域の主体的な参加を得られなければ十分な成果をあげることができない活動である。地方人民議会，地方人民行政委員会という地方の代表機関を廃止したラオスで，地域の状況・必要性をどのようにして政策に反映しているのか，地方において開発の促進と治安の維持という異なる目的をどのように遂行しようとしているのかについて分析することが，地域統合過程におけるラオスの党の地方支配を明らかにするうえで重要である。

　本章では，計画・事業管理に関する地方分権化政策の内容，ヴィエンチャン県における計画策定と事業形成の過程を分析し，その中で，地方（県知事，県党委員会）にどの程度の権限が与えられているのか，また地方の状況・必要性を政策に反映するために県知事と他の県党委員とどのような職掌分担が形成されているのかを考察することで，党の地方支配のメカニズムを明らかにする。

第1節　公共事業の構成と計画制度の変化

1. 公共事業計画にみる中央と地方の事業予算の構成

　はじめに，ラオスの中で経済社会開発計画と公共事業投資計画の策定を主管している計画協力委員会の資料に基づきながら，ラオスの公共事業投資の構成について考察する。2003-2004年度における全国公共事業投資の構成を示した表6-1によれば，公共事業投資の中では，経済部門に関する事業投資が公共事業投資全体の61.3％を占めている。その内訳をみると，道路建設など運輸・通信分野が43.7％，灌漑建設など農業分野が14.4％，電力開発など工業分野が2.5％を占めており，ラオスでは，全国の道路網の建設と農業分野の開発に重点が置かれていることが示されている。

　一方で，ラオスは，従来から公共事業投資の多くが外国援助に依存していることが指摘されている（渡辺2003：313）[1]。同表をみると，ラオスの全国公共投資の中で，国内資金によって行われている公共事業投資は全体額の26.0％に過ぎず，多くの公共事業が外国援助などの外国資金によって行われていることが示されている。特に，経済開発分野における公共事業投資で高い割合を占めている運輸・通信分野と農業分野をみると，外国資金の占める割合が国内資金の割合よりも高い，という特徴がみてとれる。さらに，社会開発分野においても，教育，保健，情報，福祉のすべての分野で外国資金が国内資金を上回っている。

　次に，中央省庁によって管理されている公共事業投資の配分について考察する。表6-2によれば，中央省庁が管理する公共事業投資の総額は，1兆6,828億2,000万キープである。ラオスの公共事業投資の全体総額は，2兆9,189億1,000万キープであるため（表6-1を参照のこと），公共事業投資総額の57.7％が，中

---

[1]　ラオスの新経済メカニズムによる改革の下でのラオス経済を分析した鈴木は，ラオスは構造的に財政赤字を抱えており，国内の歳入だけでは政府職員への賃金および給与など経常支出を補填することができるのみであるため，国連機関および外国政府からの援助がなければ，道路および橋梁の建設などの資本支出を充当することができないという，援助依存体質を有することを指摘している（鈴木2002：263-264）。

表 6-1　2003-2004 年度　全国公共事業投資構成（計画）

			合計		国内資金		外国資金	
		総計	2,918.91	100.0%	759.99	26.0%	2,158.91	74.0%
I		経済部門	1,788.94	61.3%	543.40	18.6%	1,245.54	42.7%
	1	―農業・林業	420.81	14.4%	116.79	4.0%	304.02	10.4%
	2	―工業・手工業	72.57	2.5%	69.01	2.4%	3.56	0.1%
	3	―運輸	1,275.16	43.7%	337.20	11.6%	937.96	32.1%
	4	―商業	20.40	0.7%	20.40	0.7%	0.00	0.0%
II		文化社会部門	848.30	29.1%	107.90	3.7%	740.39	25.4%
	1	―教育	390.62	13.4%	61.69	2.1%	328.93	11.3%
	2	―保健	237.98	8.2%	24.49	0.8%	213.49	7.3%
	3	―情報・文化	96.77	3.3%	14.99	0.5%	81.77	2.8%
	4	―労働・社会福祉	122.93	4.2%	6.73	0.2%	116.20	4.0%
III		他の行政機関	281.68	9.6%	108.69	3.7%	172.99	5.9%

（計画協力委員会の資料（Lao P. D. R., Khana-kammakān-phāēnkān lae kānhūam-mēū, Khom khumkhōng khōngkān long-theun khōng lat 2003: 63）に基づき筆者作成。）単位 10 億キープ（≒ 1,000 万円）
注）四捨五入されているため各項目の合計が一致しない場合がある。

央省庁によって管理されていることになる。

　さらに，表 6-2 に従って，中央省庁によって管理されている公共事業投資の構成をみると，外国資金が 83.1％という高い割合を占めている。つまり，外国援助による公共事業は，中央省庁によって主管されている割合が高いことが示されている。経済開発分野において公共事業投資額が最も多い省庁は，通信運輸郵便建設省である（省庁全体の 45.2％）。これは，ラオスが外国援助によって道路網の整備を行っており，県を超えた全国規模での事業計画と地域間の調整が必要とされるために中央省庁で管理されているためと考えられる。

　次に，全国各県に対する公共事業投資の配分について考察する。県が主管する公共事業投資の構成を示した表 6-3 によれば，県レベルの公共事業投資額の中で，中部と北部の県が占める割合が高いことがみてとれる。特に，県別にみると，首都であるヴィエンチャン中央直轄市が占める割合が最も多いが（14.8％），北部ではウドムサイ県，中部ではカムムアン県の公共事業投資額が多いことが示されている。これらの県に対する投資額が多い理由は，国内資金の額の違いによるものではなく，外国援助が集中しているためである。ウドムサイ県は北部の各県の交通網の中心であり，カムムアン県はヴェトナムとタイを結ぶ交通網があるため，これら道路交通網の整備に多くの援助が向けられたためであると考える。

　以上から，ラオスの公共事業投資では，通信・道路網の建設に重点が置かれ

表 6-2　2003-2004 年度　中央省庁の公共事業投資構成（計画）

		合計		国内資金		外国資金	
	総計	1,682.82	100.0%	283.90	16.9%	1,398.92	83.1%
I	経済部門	940.04	55.9%	218.00	13.0%	722.04	42.9%
1	—農林省	171.65	10.2%	3.80	0.2%	167.85	10.0%
2	—工業手工芸省	6.95	0.4%	3.45	0.2%	3.50	0.2%
3	—通信運輸郵便建設省	760.64	45.2%	209.95	12.5%	550.69	32.7%
4	—商業省	0.80	0.04%	0.80	0.04%	0.00	0.0%
II	文化社会部門	573.99	34.1%	26.55	1.6%	547.44	32.5%
1	—教育省	261.96	15.6%	12.50	0.7%	249.46	14.8%
2	—保健省	115.60	6.9%	5.60	0.3%	110.00	6.5%
3	—情報文化省	85.10	5.1%	4.55	0.3%	80.55	4.8%
4	—労働社会福祉省	111.33	6.6%	3.90	0.2%	107.43	6.4%
III	他の省庁	168.79	10.0%	39.35	2.3%	129.44	7.7%

（計画協力委員会の資料（Lao P. D. R., Khana-kammakān-phāēnkān lae kānhūam-mēū, Khom khumkhōng khōngkān long-theun khōng lat 2003: 46）に基づき筆者作成。）単位 10 億キープ（≒ 1,000 万円）
注）四捨五入されているため各項目の合計が一致しない場合がある。

表 6-3　2003-2004 年度　各県の公共事業投資構成（計画）

		合計		国内資金		外国資金	
	総計	1,196.05	100.0%	436.10	36.5%	759.95	63.5%
I	北部	482.98	40.4%	150.75	12.6%	332.23	27.8%
1	—ポンサーリー県	69.79	5.8%	32.60	2.7%	37.19	3.1%
2	—ルアンナムター県	57.71	4.8%	19.60	1.6%	38.11	3.2%
3	—ウドムサイ県	139.51	11.7%	19.60	1.6%	119.91	10.0%
4	—ボーケーオ県	23.28	1.9%	17.00	1.4%	8.28	0.7%
5	—ルアンパバーン県	56.88	4.8%	21.75	1.8%	36.83	3.1%
6	—サイニャブーリー県	61.48	5.1%	20.00	1.7%	41.48	3.5%
7	—ホアパン県	72.62	6.1%	20.20	1.7%	52.42	4.4%
II	中部	530.15	44.3%	213.75	17.9%	316.40	26.5%
8	—ヴィエンチャン中央直轄市	176.55	14.8%	69.50	5.8%	107.05	9.0%
9	—シエンクアーン県	35.17	2.9%	21.00	1.8%	14.17	1.2%
10	—ヴィエンチャン県	42.33	3.5%	21.70	1.8%	20.63	1.7%
11	—ボーリーカムサイ県	42.42	3.5%	19.00	1.6%	23.64	2.0%
12	—カムムアン県	116.74	9.8%	35.55	3.0%	81.19	6.8%
13	—サヴァンナケート県	90.91	7.6%	33.00	2.8%	57.91	4.8%
14	—サイソムブーン特別区	25.83	2.2%	14.00	1.2%	11.83	1.0%
III	南部	182.92	15.3%	71.60	6.0%	111.32	9.3%
15	—チャムパーサック県	70.16	5.9%	22.00	1.8%	48.16	4.0%
16	—サーラヴァン県	31.11	2.6%	20.90	1.7%	10.21	0.9%
17	—セーコーン県	43.67	3.7%	14.00	1.2%	29.67	2.5%
18	—アッタプー県	37.98	3.2%	14.70	1.2%	23.28	1.9%

（計画協力委員会の資料（Lao P. D. R., Khana-kammakān-phāēnkān lae kānhūam-mēū, Khom khumkhōng khōngkān long-theun khōng lat 2003: 46, 47）に基づき筆者作成。）単位 10 億キープ（≒ 1,000 万円）
注）四捨五入されているため各項目の合計が一致しない場合がある。

ている点が特徴として示されている。そして，それら道路・通信網の整備事業の多くが，外国援助に依存している。さらに，公共事業投資の約60％が，中央省庁によって管理が行われている。この背景として，中央省庁が外国援助の窓口となっていること，通信・道路網の建設は，県の領域を超えた公共事業であることが理由であると考える。つまり，公共事業投資費の構成からみると，ラオスの公共事業投資は，中央集権的に管理されている。

2. ラオスの計画制度と中央での担当機関の変遷

次に，ラオスの計画管理制度と，公共事業の管理を担当する計画協力委員会の組織の変遷をみることにより，現在のラオスの体制の中で計画が有している役割の変化を明らかにする。

ラオスの省庁の中で，経済社会開発計画の策定と公共事業投資の管理を主管している機関は，計画協力委員会である[2]。計画協力委員会が作成した，計画策定の手引書 (Lao P. D. R., Khana-kammakān phāēnkān hāēng lat 1998) によれば，1975年以降，ラオスの計画制度は2つの時期を経て変化してきたと説明されている。

第1の時期は，1975年から1985年までの時期であり，この時期は，政府が計画によって商品とサービスの価格を決定し，それに従って各機関が政府の計画を法律と同じようにみなして実施する中央集権的な計画経済が試みられた。国家経済社会開発計画については，1976年から1977年までは，年次計画のみが作成され，1978年から1980年までは，3カ年計画が策定された。そして，1981年から1985年までは，第1次5カ年計画 (1981-1985年) が策定されて実施された。しかし，この計画策定の手引書の説明でも，実際には，ラオスでは，この時期に計画経済に従って十分に管理を行うことができなかったと認めている。

第2の時期は，1986年以降であり，市場経済メカニズムに従って経済を管理し，中央集権的な管理メカニズムからの転換が行われた時期である。国家経済社会開発計画については，第2次5カ年計画 (1986-1990年)，第3次5カ年計画 (1991-1995年)，第4次5カ年計画 (1996-2000年) が実施された。その他に，

---

[2] 現在は，計画投資省という名称に変更している。

1993年には，1993年から2000年までの8カ年計画が作成され，また，1996年には，2020年までの経済社会開発戦略計画が作成・実施された（Lao P. D. R., Khana-kammakān phāēnkān hāēng lat 1998: 23, 24）[3]。

したがって，現在，ラオス政府によって策定されている計画は，1985年まで実施されていた社会主義的計画経済のメカニズムによる計画から大きく性格が変化しており，国家の経済発展の全体的な方針を定めるとともに，経済成長などのマクロ数値目標について示すものである。

ラオスでは，1975年以降，経済社会開発計画の策定・実施を統括する担当機関として，国家計画委員会が置かれていた。しかし，1990年に財務省と統合されて，経済計画財務省に改組された。さらに，1975年から1990年までは，各省と各県に計画局が設置されていたが，組織改革によって各省の計画局が廃止された（Lao P. D. R., Khana-kammakān-phāēnkān hāēng lat 1998: 28）。この省庁間の統合の背景として，ラオスでは，従来，計画による経済統制はうまくいっていなかったものの，1975年から1990年までは，国家計画委員会がソ連をはじめとする社会主義諸国からの経済援助の窓口になっていたことがあると考えられる。1990年には，ソ連のペレストロイカ政策と冷戦の終結，ソ連の経済的混乱から，ソ連の対ラオス援助がほぼ停止されたため国家計画委員会の存在意義が低下し，1989年以降の国家機構の簡略化にともなって財務省と統合されたと考える。

その後，1993年になると，計画担当部局は，再び財務省から分離することになり，新たに設置された機関は，計画協力委員会と改称された（Lao P. D. R., Khana-kammakān-phāēnkān hāēng lat 1998: 28）。この理由として，新しく設置された計画協力委員会が，ソ連に代わって新たに増加するようになった西側諸国からの外国援助を受け入れる窓口として重要性を増したためであると考える。1996年には，外国からの援助の受け入れを担当する国際協力局が，首相府に直属するように変更されたため，計画協力委員会は，かつてと同じ名称である国家計画委員会に変更された。同時に中央の各省庁の中に，1つの局，あるいは各省の官房の部局の1つとして，計画と援助を担当する計画部局が新たに設置されるようになった（Lao P. D. R., Khana-kammakān-phāēnkān hāēng lat 1998: 28）。

---

3) 各時期における国家経済社会開発5カ年計画での開発目標の変化については，JICA報告書を参照のこと（奥村2008：303–312）。

2001年には，外国援助の管理を担当する国際協力局が，首相府から計画委員会に移管されたことにともなって，再び計画協力委員会と名称を変更し，2004年には国際協力局が外務省に付属するように変更されたことに伴って，計画投資委員会へと名称を変更している。そして，2007年には，国際協力局が再び計画投資委員会の下に移管され，名称が計画投資省へと変更された。このように，ラオスの計画担当機関の組織は，これまで頻繁に変更されてきた。その原因は，先にみたように，ラオスでは公共事業が外国援助に依存しており，外国援助の窓口になった機関には様々な利権が生じるため，担当機関をどこに所属させるかが政治的意味を持っているためと考えられる[4]。

　現在，ラオス政府によって策定されている計画は，社会主義時代の計画経済による計画とは異なり，国の開発の基本方針を定める数値目標へと変化したため，計画投資委員会の役割も，国内の公共事業投資計画の取りまとめと，民間投資の審査，外国援助の調整が主な任務となっている。

　以上でみたように，1975年までの内戦によって通信・道路などのインフラストラクチャーの建設が遅れてきたラオスでは，国家統合を進めるためにも，通信・道路交通網の整備が開発の優先課題とされてきた。さらに，ラオスは最貧国であり，国内の歳入のみでは，インフラストラクチャーの整備を行うことができないため，外国の援助に依存する構造になっている。中央では，計画協力委員会の他に，中央省庁が外国援助の窓口になっているため，多くの公共事業が中央省庁によって管理されている。これらの点からみると，ラオスの公共事業管理の体制は，中央集権的であるといえる。

---

[4]　エバンスは，海外からの援助および貿易による利益の分配過程は，ラオスの計画にとって重要な問題であると指摘している（Evans 1991: 125）。

第2節　地方分権化政策と事業形成における県知事の権限

1. 1998年以降の党の地方分権化政策の意図

　前節でみたように，全国の公共事業の配分状況からみると，ラオスの公共事業投資の管理は中央集権的である。すでに第2章で示したように，党は，1998年以降に，財務・予算管理と計画管理に関する地方分権化政策を進めつつあるが，第4章でみた財務・予算管理の関する地方分権化政策は，実際には，地方の歳入徴収を強化する目的で行われた権限の分散（deconcentration）であった。本節では，計画・事業管理に関するラオスの地方分権政策の意図と，地方分権化政策の下での事業形成に関する県知事の権限について考察する。

　党中央執行委員会の決議の中で地方分権化政策の方針が明確に示されたのは，ラオスがASEANに加盟した翌年の1998年2月に開催された第6期党中央執行委員会第6回総会の決議である。この会議では，ラオスの工業化と近代化を行う準備のために政治制度を改革する方針が定められている。この決議で定められている政治制度改革の方針をみると，「……政府組織を，業務実施の質が高く，簡素で，合理的で，かつ，効率的な組織となるように改革する。同時に，中央行政にマクロ管理を統括させる一方で，地方行政機関と基層単位の責任と主体性を高め，拡大することによって，地方と基層単位が政策の実施を統括できるようにしなければならない。」と指示されている[5]。そして，この基本方針に従って，「……省庁レベルがマクロ管理の役割を果たすのに適合しない業務と組織に関しては，機構，実施手段，そして予算を含めて地方に業務を委譲することによって，地方に責任を委譲しなければならない。」と定めている。つまり，この決議では，中央省庁がすべての業務を独占するのではなく，工業化，近代化を促進するために，地方で実施が可能な活動・業務については，予算も含めて積極的に地方に移譲することで，地方の主体性を高める方針が示

---

[5]　基層とは，党，国家建設戦線，大衆団体など政治組織の末端レベルを指す。例えば，党組織では，基層組織として，村，企業，学校，病院，役所，軍，警察に基層党委員会および党組を設置している（瀬戸2003：107）。

されている。

　さらに，この決議では，地方行政機関の改革についても基本方針が掲げられている。決議では，地方行政機関が，国家の統一に責任を負い，国防，治安，経済開発，文化社会開発に関する能力を改善しなければならない，という課題が主張されている。そして県行政機関に対して，地方の治安の確保，国家開発計画と予算計画に定めるマクロ目標の実施，小規模事業の審査，許認可および管理，歳入の確保と歳出予算管理を統括させる方針が決定されている（Lao P. D. R., Khana-bōlihān-ngān sūn-kāng phak 1998: 8, 9, 12, 13）。

　つまり，この決議で示されている地方行政改革の意図は，(1) 地方での治安維持，経済開発，文化社会開発に関する地方行政機関の実施能力を向上させること，(2) 地方行政機関に対して小規模事業の許認可権を認めることで地方行政機関に事業管理を行わせること，(3) 地方での歳入の確保について地方行政機関に責任を負わせることであった。したがって，第4章でみた財務管理では，地方分権化政策の下で地方に歳入徴収の責任を負わせつつも，公共事業管理については，地方の開発を促進するために，地方行政機関に対して小規模事業の管理権限を委譲していく方針が示された。

　しかし，その後の党中央執行委員会の決議の中で示されている地方分権化政策の位置付けをみると，アジア通貨危機のラオスへの影響を受けて，工業化・近代化を促進するという当初の目的から，徐々に治安の強化と結び付けて理解されるように変化していくことがわかる。

　政府が首相訓令第01号を公布する直前に開催された，2000年3月の第6期党中央執行委員会第10回総会は，通貨危機のラオスへの影響が明らかになっていた時期に開催された会議である。この決議をみると，「……地方に対して業務，資金，職員，責任を積極的に委譲することによって，上級機関に業務と事業が独占されている状況を改善する。しかし，同時に，地方への放任，あるいは，政策実施の不統一の問題を根絶するために，マクロ経済の側面での監督を増大させ，無秩序的現象を解決しなければならない。……」と定めている（Lao P. D. R., Khana-bōlihān-ngān sūn-kāng phak 2000a: 9）。この決議では，党が地方分権化政策を実施する理由として，中央が業務を独占してきた状況を改善するために行うことが明示されている一方で，地方分権化政策が業務実施の不統一につながることを危惧しており，中央のマクロ経済の監督を拡大する方針が指示されている。

さらに，2000年9月に開催された第6期党中央執行委員会第12回総会では，国内での政治不安が指摘されており，「(反政府勢力が)……わが党の指導および国家行政に対する人々の不満を生じさせるために……，党および国家を非難する宣伝を行い，政治面での混乱を引き起こし，……民族間の団結を破壊する……ことに積極的に取り組んでいる……」と指摘され，国防治安に関する方針についても，「……国防治安活動および政治制度改革と，県を戦略単位として建設し，郡を計画・予算単位として建設し，並びに村を実施の基礎単位として建設する政策とを結合させることを重視することによって，……祖国の安定を維持することができる……」と指示されている (Lao P. D. R., Khana-bōlihān-ngān sūn-kāng phak 2000b: 3)。

　以上のように，ラオスの地方分権化政策は，ラオスが地域統合とグローバルな経済統合へと参加するなかで，ラオスの工業化と近代化を促進するための政策であり，中央政府のマクロ管理への職責を強化する一方で，地方に小規模事業の許認可権，事業管理権を与えることで，地方の開発計画実施の責任と主体性を高めることが意図されていた。しかし，アジア通貨危機が国内の政治不安につながる中で，地方分権化政策が地方への監督の強化と国防治安業務と結合すべきであると主張されるように変化していった。

2. 2000年以降の計画事業管理に関する地方分権化政策

　すでに第4章でみたように，1998年に党が地方分権化政策の方針を示した後，ラオス政府は，2000年3月11日に「県を戦略単位として建設し，郡を計画・予算単位として建設し，並びに村を実施の基礎単位として建設することに関する首相訓令第01号 (2000年3月11日)」(Lao P. D. R., Nā-nyok-latthamontī 2000b) を公布して，地方の計画管理と予算管理についての権限委譲政策を開始した。従って，首相訓令第01号の内容をみながら，計画事業管理に関する地方分権化政策について考察する。

　首相訓令第01号では，同訓令を公布した背景として，「……計画と予算は，いまだに各時期の経済社会発展の現実を十分に反映していない……，地方と基層の長所，並びに潜在的な能力を発掘することができていない……，計画策定と予算編成，並びに実施において，中央，県，郡，村，家族の間の管理分担と管理責任の委譲が，まだ明確ではない……」という問題が生じていることが指

摘されている (Lao P. D. R., Nā-nyok-latthamontī 2000b)。つまり，この政策を開始した背景として，従来の計画策定では，地方の実情と能力が十分に反映されていなかったことが窺える。

　さらに，首相訓令第01号では，地方分権化政策の目的について，(1) 自主,自立を促し，地方による中央への依存を軽減するという精神に基づいて，地方の潜在能力を発掘・利用し，地方と基層の権限を拡大し，責任を増大させることによって，地方と基層に対して管理能力を育成すること，(2) 地方の経済社会を発展させ，農林業，工業，サービス業を形成するために商品経済を促進し，職員，兵士，民族の生活レベルを向上させ，農村地域と遠隔地の人々の貧困を解決すること，(3) 計画策定と予算編成を基層から行うことによって，計画と予算を実情に適合したものにし，地方の特長と潜在能力を多く発掘できるようにすることである，と定めている (Lao P. D. R., Nā-nyok-latthamontī 2000b)。この内容から，地方分権化政策の目的は，地方に管理権限を委譲することによって地方の主体性を高め，地方の経済発展を促進することで貧困を削減し，さらに計画を地方の実情に適合させることであるといえる。

　地方分権化政策の中での県レベルの役割をみると，県は，「戦略単位」として位置づけられている。その意味について，首相訓令01号では，(1) 中央直轄市，県，特別区を，地方レベルのマクロ管理機関として位置付けて，国防治安，経済開発，社会文化開発といった，あらゆる分野に関する能力を強化すること，(2) 県が県内に所在する部局と郡に対して計画策定と予算編成，実施，監督，評価を指揮できるようすること，(3) 地方で商品経済を拡大し，県の経済社会開発を促進させ，自立的に予算の歳入を作り出して中央に移転する部分を形成できるようにすること，(4) 県に計画と予算の管理能力を育成すること，が指示されている。この内容から，地方分権化政策によって，県行政機関が，地方での治安維持，経済開発，社会開発について責任を負い，県内の各部局と各郡を指揮することで地域の経済発展を促進し，財源を増大させることで，中央の歳入確保に貢献することが期待されていることが窺える。

　首相訓令第01号で定められている事業管理に関する権限委譲をみると，県行政機関に対して，10億キープを超えない小規模の国内・国外の民間投資を認可する権限を委譲することとある (Lao P. D. R., Nā-nyok-latthamontī 2000b)[6]。つ

---

6) この他に，国際協力を行うこと，国家の法令および政策を実施すること，国家経済社会開発計画および国家予算計画を実施すること，遺跡および環境を保護すること，歳入財源を発掘し，予

まり，政令によって，県行政機関に対して，10億キープ（約10万ドル）以内の小規模な民間投資について認可する権限が与えられた。

さらに，首相訓令第01号の施行令として，計画委員会は，「県を戦略単位として建設し，郡を計画・予算単位として建設し，並びに村を実施の基礎単位として建設することに関する指導通達第128号（2000年3月11日）」(Lao P. D. R., Khana-kammakān-phāēnkān hāēng lat 2000a)を公布している。この文書をみると，公共事業管理に関しては，県の重点事業に従いながら経済社会開発計画を実施することが目的であると定められている[7]。さらに，公共事業管理に関して，県行政機関は，10億キープ未満の公共事業に関する管理権を委譲されることが定められた (Lao P. D. R., Khana-kammakān-phāēnkān hāēng lat 2000a)。

以上から，公共事業管理の分野では，2000年の地方分権化政策によって，県行政機関に対して，地方で治安，経済開発，社会開発を促進するために，県の戦略計画に従って県の重点事業を定め，10億キープ未満の民間投資を認可し，10億キープ未満の公共事業を管理する権限が委譲されることになった。

3. 県知事による計画策定・事業形成に関する権限

次に，2000年以降に地方分権化政策が実施される中で，県知事に対して計画策定と公共事業管理に関してどのような権限が与えられているか考察する。

2003年に制定された「地方行政法」(Lao P. D. R., Saphā-hāēng-sāt 2003c)をみると，県知事（中央直轄市長）は，地方の戦略計画と地方の経済社会開発計画を検討し，策定する権限を有すること，さらに，国家経済社会開発計画を地方で実施し，地方にある中央の事業を監督する権限を有することが定められている。つまり，県知事には，地方経済社会開発計画を策定する権限が与えられており，地方で活動している中央の管理に服する事業についても監督する権限が付与されている。

さらに，公共事業投資の管理規則の中で定められている県知事の権限につい

算の管理に責任を負うこと，地方の特長および習慣に適した管理のための規則を公布すること，県の管理下にある職員に対する政策および管理に責任を負うこと，並びに郡に対して自立できるように支援すること，などを定めている (Lao P. D. R., Nā-nyok- latthamontī 2000b)。

7) 指導通達第128号では，県の重点事業とは，国の開発および重点計画に基づいて，県の部局および郡の投資計画を総括して選抜した事業である，と定めている (Lao P. D. R., Khana-kammakān-phāēnkān hāēng lat 2000a)。

て考察する。公共事業投資の管理については，ラオスでは，2002年以前には，中央と地方の間での許認可に関する権限の分担が明確に定められていなかったが，2002年以降，「公共事業投資管理に関する首相令第58号（2002年5月22日；以下，首相令第58号）」（Lao P. D. R., Nā-nyok-latthamontī 2002a）によって規定されるようになった[8]。

首相令第58号によれば，公共事業投資は，その規模に応じて，大規模事業，中規模事業，小規模事業の3つに区分されている。大規模事業は第1種事業と呼ばれ，事業費が500億キープまたは500万ドル以上の事業である。中規模事業は第2種事業と呼ばれ，事業費が50億キープ以上500億キープ未満または50万ドル以上500万ドル未満の事業である。そして，小規模事業は第3種事業と呼ばれ，事業費が50億キープ未満または50万ドル未満の事業である。

各規模の事業の許認可権についてみると，大規模事業は，計画協力委員会による提案に基づいて政府の会議で検討され，合意された後に首相によって認可される。中規模事業は，各省庁に付属する部局，または郡長の提案に基づき，各省大臣または県知事によって計画協力委員会に提案され，計画委員長によって認可される。小規模事業は，各省大臣または県知事によって認可される，と規定されている。つまり，県知事に対して，中規模事業の形成を計画委員長に提案する権限と，小規模事業の許認可権が委譲されている。

さらに同政令では，公共事業投資計画の管理に関する地方行政首長の職責についても規定している。それによると，県知事の職責は，県の開発戦略を定め，地方の経済社会の特徴に適合するように重点事業を各地域に分配し，県が管理を担当する投資事業について管理を行うこと，さらに，県で実施されている中央の管理に属する公共事業について，事業形成の準備，計画立案，事業の実施，事業に対する検査，事業後の便益の利用に参加することが認められている[9]。

つまり，県知事は，県の開発戦略を決定し，県の重点事業を行うだけでなく，中央の管理に属する公共事業の事業形成と検査にも参加することができる。

---

8) ヴィエンチャン県計画局における聞き取り（2005年3月）に基づく。
9) 首相令第58号では，郡長と村長の職責についても定めがある。郡長は，県が定めた重点計画に従って，郡の特徴に適合するように投資事業を形成し，県に採択するように提出することが職責として定められている。村長については，村に設置される公共事業の形成と実施に参加し，意見を述べ，必要な資料を提供する責任があると定められている。

以上でみたように，1998年以降のラオスの地方分権化政策の意図と，2000年以降の公共事業形成に関する県知事の権限について考察した結果，1998年以降，ラオスでは，地域統合と世界経済に参加し，ラオスの工業化・近代化を促進することが課題となったため，地方に開発計画策定の主体性を与えて，地方の経済発展と貧困削減を進めるために地方分権化を進めていることが明らかになった。一方で，アジア通貨危機後の政治不安から，党は地方分権化政策を地方への監督強化および地方の治安活動と結合させるように指示している。2000年以降の公共事業管理に関する地方分権化政策では，県知事に中規模公共事業の提案権と小規模公共事業の許認可権限が与えられ，中央が管理する大規模事業についても参加が促されるようになった。

第3節　中央での公共事業投資計画策定過程にみる中央地方関係

1. 法令に定める公共事業投資計画の策定過程

　前節では，ラオスで行われている地方分権化政策に従って，公共事業管理の中で県知事に認められている権限について考察した。その結果，県知事には，地方経済社会開発計画を策定する権限が与えられており，地方で実施されている中央の管理に服する事業について監督する権限が付与されていた。本節では，公共事業投資計画の策定において，中央政府（政府，計画協力委員会）と県知事の間で行われる交渉過程を考察することにより，ラオスの計画策定をめぐる中央と地方の関係について明らかにする。
　ラオスでは，経済社会開発計画は，大きく分けて2つの計画によって構成されている。1つは，経済社会開発計画書（狭義の経済社会開発計画；以下，経済社会開発計画）であり，もう1つは，公共事業投資計画である。経済社会開発計画は，経済社会開発の方針と数値目標を定めた文書であり，公共事業投資計画は，経済社会開発計画に定めた数値目標を達成するための個別の事業を定めた計画書である。この2つの計画は同時に策定される (Lao P. D. R., Khanakammakān-phāēnkān hāēng lat 1998: 10)。つまり，経済社会開発計画と公共事業

投資計画の策定過程は同じである。

　以降，本章では，公共事業投資計画を中心に考察する。理由は，経済社会開発計画は，開発に関する全体目標と数値目標を定めることが中心であるため，中央と県，各部局が協議した結果，それがどのように計画に反映されたのかを検証することが困難だからである。したがって，具体的な事業について定めた公共事業投資計画の策定過程を分析することにより，地方の計画策定と事業形成における中央地方関係を明らかにすることができるのである。

　ラオスでは，国家経済社会開発計画，県経済社会開発計画，郡経済社会開発計画というように，各行政レベルで経済社会開発計画が策定される。その中で，県経済社会開発計画は，県レベルの生産とサービスの提供に関する全体方針と数値目標を定めた計画であり，県が有する特徴，能力，資金および全国の開発戦略に適合するように策定される。一方，県公共事業投資計画は，公共事業投資，国内民間投資，外国民間投資の項目で構成され，県経済社会開発計画に適合するように策定される (Lao P. D. R., Khana-kammakān-phāēnkān hāēng lat 2000a)。

　経済社会開発計画策定に関する規則である「経済社会開発計画の策定および管理に関する首相令第135号（2002年8月7日）」(Lao P. D. R., Nā-nyok-latthamontī 2002b; 以下，首相令第135号）によれば，経済社会開発計画は，各時期における政策，対策，計画，事業を定めることによる党の路線の実施と国家による経済社会の管理手段である，と位置づけられており，計画の種類は，10年以上の開発戦略計画（10年以上の長期計画），中期計画（5カ年計画），短期計画（年次計画）に区分されている。

　同規則では，経済社会開発計画の策定過程についても規定している。それによれば，①計画委員会が，各省庁と地方に対して計画策定の方法と目標について定め，②各省庁と地方が各自の計画案を策定し，各機関の会議で採択した後に計画委員会に提出し，③計画委員会が提出された各計画を総括して各省と地方の合同委員会に提出し，④政府閣議において承認した後に党中央執行委員会に提出し，意見を求めた後に，国会に承認を求めるために提出する，と定められている (Lao P. D. R., Nā-nyok-latthamontī 2002b)。この規定では，計画委員会が地方に対して計画策定の指導をした後に，地方の中でどのように計画が策定されるのか，そして，県と計画委員会の間でどのような調整が行われるのかについて明記されていない。

一方で，公共事業投資計画の策定過程については，前述の首相令第58号の中に規定がある。この過程によれば，毎年5月に計画委員長によって経済社会開発計画の策定に関する指導要綱が公布され，公共事業投資予算上限数値が各省と各地方に通知される。そして，6月までに各地方は事業の優先順位を決定して，計画委員会に計画が提出される。計画委員会によってまとめられた後に，政府の会議を経て国会に提出され，国会で採択される（資料1：過程6-1を参照のこと）。この規定から，計画委員長は，各省と各地方に対して公共事業投資予算上限数値を公布する権限を有していることがわかる。

　計画委員会における聞き取りによれば，同首相令の制定以前と以後で，公共事業計画の策定過程と事業形成過程そのものは変化していないと説明されている。つまり，同首相令が制定される以前は，事業管理に関する各機関の権限について明確な規定がなく，すべての事業が閣議での合意を経て，首相によって認可されていた。同首相令が制定されたことによって，事業の規模に応じて，計画委員長，各省大臣，県知事に対して許認可権が委譲されたため，県知事は小規模事業の許認可権を有するようになり，事業形成と管理について部分的な権限移譲が行われたのである[10]。

2. 公共事業投資計画策定にみる県の計画策定に対する中央の統制

　次に，計画委員会での聞き取りに基づいて，公共事業投資計画の策定過程と，過程内での中央と県との間の調整過程を分析することによって，県の公共事業投資計画の策定に対する計画委員会の統制について考察する（資料1：過程6-2を参照のこと）。ラオスの財政年度は，10月1日から翌年の9月30日までである[11]。

　ラオスにおける計画策定過程をみると，計画策定は中央の機関によるマクロ経済分析から始まる。6月に計画委員会によって主宰される「マクロ数値予測会議」において，次年度のGDPの成長率などが検討され，それに合わせて次

---

10) 計画委員会計画総括局における聞き取り（2007年9月）に基づく。その他に，首相令第58号の制定により，中規模以上の事業は，各省および県が事業提案を行う際に，事業書類（事業計画書および経済効果分析事前評価報告書など）を作成し，添付することが義務づけられるようになった。理由は，かつては，これらの書類が提出されないままに事業が認可される場合もあり，事業が失敗に終わる原因になっていたためである。

11) 計画委員会計画総括局における聞き取り（2005年3月および8月）に基づく。

年度の公共投資支出に関しても予測が行われる。そして，この予測について閣議で合意されると，このマクロ経済予測に従って，首相が各県に対して経済社会開発計画策定に関する訓令を公布する。計画委員会も，経済社会開発計画の策定に関する通達を各県に対して通知し，各県行政機関は，それに基づいて県の経済社会開発計画の策定を行う。

　首相から計画策定に関する訓令を受けた後，各県内で県の公共事業計画案が策定され，計画委員会に提出される。前述した首相令第58号では規定されていないが，実際には，県の経済社会開発計画案は，県から中央の計画投資委員会に対して2回，提出されている。第1回目の提出は，計画委員会に対して6月ごろに行われる。この時には，全国の経済社会開発計画を総括する計画委員会によって，各県から提出された公共事業計画案が，政府が通達した方針に適合しているか，事前にチェックが行われる。

　第2回目の提出は，8月に計画投資委員長と財務大臣が主宰する「全国計画・財務業務年次会議」が中央で開催された後，8月中旬ごろに各県から計画委員会に対して提出される。2回目の提出が行われる理由は，全国計画・財務会議の中で，計画委員長から各県に対して公共事業予算の上限枠が通知されるためである。中央から各県予算の上限枠を通知された後に，通知された予算上限枠に従って，各県内では事業数の削除が行われ，その後に中央の計画委員会に対して修正案が再提出される。この時に再提出された計画についても，計画委員会によって再審査され，総括されて政府に提出が行われる。そして，党中央執行委員会での承認を経た後に，国会に提出される。

　この公共事業計画策定過程から，ラオスの計画策定過程は，中央によって統制された中央集権的な制度であることが明らかである。つまり，中央は各県に対して次年度の事業策定の基本方針を示し，各県はそれに従って各県の計画を策定する。また，各県の公共事業投資予算の上限枠は，計画委員会内部で決定されて各県に通知される。県の計画が策定され，中央に対して提出される過程では，県の計画は，内容面と予算面について，中央政府（計画委員会）から2回にわたってチェックを受けており，通知された予算上限枠に関する交渉もない。したがって，中央政府と県行政機関の間での関係でみると，県の事業計画策定は中央から統制を受けており，県の裁量権は限定されている。

第4節　計画策定過程にみる県知事の権限と県党委員の職掌分担

1. ヴィエンチャン県における公共事業の構成

　前節の中で計画策定における中央政府と県の間の交渉過程を考察した結果，地方分権化政策の下でも計画策定過程は中央の計画委員会によって統制され，制約されていることが示された。しかし，第4章の財務・予算管理でみたように，実際には，各地方内部での計画策定過程，事業の形成過程の中で，県知事に大きな裁量権が与えられている可能性がある。

　前述した，経済社会開発計画に関する首相令135号，公共事業投資計画の策定過程に関する首相令第58号では，各県内でどのように計画が策定され，その過程で県知事と県党委員会がどのような権限を行使できるかについて，具体的な規定がない。したがって，本節では，ヴィエンチャン県を事例に，県内での公共事業計画策定の中で県知事が行使する影響力について考察する。

　はじめに，ヴィエンチャン県内での公共事業の構成について分析する。2003-2004年度のヴィエンチャン県の公共事業件数と総額を示した表6-4によれば[12]，県内で公共事業投資額が多いのは，経済分野では農業関連（45.24％），社会・文化分野では教育関連（11.72％）の公共事業である。つまり，ヴィエンチャン県では，農業開発に重点が置かれていることが窺える。

　しかし，同表をみると，農業関連，教育関連に関する公共事業投資は，外国援助によって実施されている割合も大きいことが示されている。一方で，国内資金のみを投じて行われている分野としては，工業関連（13.0％）が最も大きい。外国援助によって形成される事業は，援助国から派遣される専門家がプロジェクト形成に与える影響も大きいため，ヴィエンチャン県の事業形成過程をみるうえでは，工業関連事業を事例としながら，国内資金による事業投資計画策定と事業形成について考察し，県知事と県党委員会が有している影響力を明らかにする。

---

12)　公共事業投資計画には，その年度に認められた新規事業と，過去に認可されて現在も継続中の事業の両方が含まれている。

表6-4 ヴィエンチャン県2003-2004年度公共事業投資構成

	部門	事業数	総額	%	国内資金	%	外国資金	%
	総計	135	43.24	100.00	21.70	50.19	21.54	49.81
I	経済分野	59	28.56	66.06	14.38	33.3	14.18	32.8
1	—農業	41	19.56	45.24	5.38	12.4	14.18	32.8
2	—工業	6	5.61	12.96	5.61	13.0	0.00	0.00
3	—運輸	10	2.96	6.83	2.96	6.8	0.00	0.00
4	—商業	2	0.44	1.02	0.44	1.0	0.00	0.00
II	文化・社会分野	29	6.88	15.91	4.07	9.4	2.79	6.5
1	—教育	17	5.07	11.72	2.27	5.3	2.79	6.5
2	—保健	4	0.71	1.64	0.71	1.6	0.00	0.00
3	—情報・文化	4	0.85	1.97	0.85	2.0	0.00	0.00
4	—労働・社会福祉	4	0.24	0.56	0.24	0.6	0.00	0.00
III	他の行政分野	47	7.81	18.06	3.24	7.50	4.57	10.6

(計画協力委員会の資料 (Lao P. D. R., Khana-kammakān-phāēnkān lae kānhūam-mēū, Khom khumkhōng khōngkān long-theun khōng lat 2003) に基づき筆者作成)：単位10億キープ（≒1,000万円）
注）四捨五入されているため各項目の合計が一致しない場合がある。

　ヴィエンチャン県での聞き取りによれば，2004年時点における県レベルと郡レベルの間での事業管理の職掌分担については，2002-2003年度から公共事業管理権限を郡レベルに対して委譲する試みがなされていると説明されている。しかし，2004年の時点で，ケーオウドム郡に1事業，フーアン郡に1事業の管理が委譲されているに過ぎず，郡レベルに対しては事業管理権限がほとんど委譲されていない状態であった[13]。つまり，実質的に，地方の中で事業を管理しているのは，県レベルである。

2. 県内の計画策定に関する中央省庁，県知事，県党委員会の職掌分担

　次に，県内での計画策定と事業管理に関する県知事の影響力について考察する。すでに第2章で考察した，「部門別管理における方針および原則に関する党政治局決議第21号」(Lao P. D. R., Phak Pasāson pativat lāo, Kom-kān-mēūang sūn-kāng phak 1993) では，地方での計画策定に関する，県党委員会，県知事，中央省庁の間での職掌分担についても規定されている。計画・事業管理に関する県知事の影響力を明らかにするためには，県内の各部局によって策定される

---

13) ヴィエンチャン県計画局における聞き取り（2004年3月）に基づく。

開発計画と事業計画に関する規定について考察する必要がある。

党政治局第21号決議に規定されている県知事と県党委員会が有している権限は，第1に，県知事と郡長が，各部局が策定する計画を事前に審査することである。規定では，地方レベルの計画と事業の形成過程では，地方に設置されている省の出先機関によって専門分野の業務が総括されて，計画策定が行われると定めている。そして，地方の出先機関が中央省庁に対して計画案を提出する前に，地方行政機関（県知事，郡長）と協議して，計画案を統一しなければならないと定められている。さらに，中央省庁では，地方の出先機関によって策定された計画案に基づいて，各省庁の全国計画が策定されるが，地方の計画案が各省庁に提出される前に，地方党委員会と地方行政首長から合意を得ていなければならないと定められている。

第2に，県知事と郡長によって，地方での計画の実施過程が監督される。第21号決議では，中央省庁によって定められた計画，中央省庁によって認可された事業は，政府によって正式に採択・認可された後に，地方行政首長に送付されて，計画と事業の実施に対して監督させると規定されている。そして，地方党委員会と地方行政首長は，関係省庁に対して，計画と事業の実施の成果について，定期的に報告することになっている。

さらに，この規定で興味深いのは，決議では中央省庁，地方党委員会，地方行政首長の3つの機関の職掌分担について定めると規定されているが，実質的には，中央（中央省庁）と地方（地方党委員会，地方行政首長）の職掌分担について定められている点である。第1章でみたとおり，地方行政首長（県知事，郡長）は，県党書記，郡党書記によって兼任され，地方党委員会を統率する立場にあり，両者は，実質上，一体化しているためである。

県知事は県党書記によって兼任されているため，県党書記と県党委員会の権限についても確認すると，1996年の「ヴィエンチャン県党委員会業務規則第24号」(Lao P. D. R., Phak pasāson pativat lāo, Khana bōlihān-ngān phak khwāēng Vīangchan 1996) によれば，県党書記は，県党執行委員会と県党常務委員会の業務を統率する権限を有しており，県党委員会の意思決定機関である県党常務委員会は，県の国防・治安計画，国際交流，党および職員養成，幹部職員養成における方針と方法について決定する権限を有する。そして，県党執行委員会は，県内のあらゆる活動に関する全体方針と戦略的な問題（経済，文化・社会，政治，国防・治安，国際交流，党建設・職員業務）について決定を行う権限を有すると規定し

ている。つまり，計画策定および事業形成における権限については，包括的に規定されているにすぎない。

地方レベルにおいて計画策定・事業形成の職務を主管するのは，計画協力委員会の地方レベルの出先機関である。県レベルには，県計画協力局（以下，県計画局），郡レベルには，郡統計計画課（以下，郡計画課）が設置されている。

設置規則である「県，中央直轄市および特別区計画協力局の組織および活動に関する規則第1133号（2002年7月22日）」（Lao P. D. R., Khana-kammakān-phāenkān lae kānhūam-meū 2002）に基づいて組織と職責を考察すると，県計画局は，(1) 県党委員会と県知事によって示された政策路線に基づいて，長期，中期，短期の戦略計画と，県経済社会開発計画を策定し，経済社会開発計画の実施について総括・評価する，(2) 計画の策定過程において，計画委員会によって示された予算上限枠に従って，県内の公共事業投資額の配分を検討する，(3) 公共投資事業，援助事業，融資事業，国内民間投資事業，外国民間投資事業など各種の事業を監督し，評価を行う，ことが職責として定められている[14]。

この規定から，県計画局が県内で計画策定を行うときには，県党委員会と県知事によって定められた政策に従って策定し，その一方で，中央の計画委員会によって示された上限枠に従うなど，業務の実施において，中央と地方の双方と調整しながら業務を行うことがわかる。

3. 県の公共事業投資計画策定過程にみる県知事と県党委員会の影響力

次に，ヴィエンチャン県内で行われている公共事業投資計画の策定過程をみることによって，県内の計画策定の中で，中央の計画委員会，地方の県知事，県党委員会，地方におかれている各省の出先機関というアクターの間でどのようにして調整が行われるのか，またその中で，県知事と県党委員会がどのような影響力を及ぼしているのか，について考察する。

ヴィエンチャン県での聞き取りによれば，県内の公共事業投資計画の策定過程は，次のような段階を経て行われる（資料1：過程6-3を参照のこと）[15]。

---

14) 郡レベルについては，同規則では，郡計画課は，県の経済社会開発計画に基づいて，郡党委員会および郡長の路線に基づいて計画を策定し，計画と公共事業投資の実施を監督するために郡の関係部局の間の調整の中心となる職責を負うと定めている。

15) ヴィエンチャン県計画局における聞き取り（2005年3月および8月）に基づく。

第1の段階として，県内での経済社会開発計画，公共事業計画の策定は，中央の計画委員会から各県に対して経済社会開発計画策定に関する通達が公布されることで始まる。その後に，県内で県知事が主宰する「部局間および県指導部会議」が開催される。この会議は，県党執行委員会拡大会議として開催されることもある。会議では，県知事によって県内の少数民族の移住に対する対応，県の開発方針，県内での優先部門といった県の計画策定に関する基本政策方針が示される。そして，示された県の全体方針に従って，県内の各部局によって各部局の計画案の策定，公共事業の申請が行われる。

　第2の段階は，6月末に，計画策定に関連する県党常務委員会の会議が開催される。この会議は2つの点で重要である。1点目は，この会議では，県知事によって県知事指導の事業について指示が行われる。つまり，県内で形成される公共事業は，各部局によって申請される公共事業だけでなく，県知事が自ら指導して各部局に事業を形成させることができる。さらに，この会議には，県内で公共事業が多い部局の局長が参加しているが，各部局が形成している事業についても，事業の優先順位を見直すように県知事が指導することがある。したがって，県知事は，会議の中で県内の重要なプロジェクト形成に対して影響力を及ぼすことができる。2点目は，この会議において，各部局に対する公共事業予算の配分が決定される。公共事業予算の配分は県計画局によって起案されるが，県党常務委員会で行われる審議を経て決定される。つまり，県知事と県党委員会は，県内の各部局の公共事業予算配分について影響力を及ぼすことができる。

　第3の段階では，県副知事が主宰する「次年度事業投資計画策定および数値検討会議」が開催されて，各部局から提出された計画案，公共事業案に対する審議が行われた後に，県計画局から中央の計画委員会に対して県の計画案が提出される（第1回目の提出）。そして，前節でみたように，中央で行われる会議によって，県全体の公共事業予算の上限額が決定されて県に通知される。地方では，中央から上限額が通知さると，県計画局を通じて県知事に県の公共事業予算全体の上限額が報告され，県副知事が主宰する「次年度公共事業投資計画に関する修正検討会議」が開催される。この会議では，6月の県党常務委員会の決定に従って，通知された上限枠の中で県内の各部局に対して事業予算額が配分される。つまり，各部局の事業予算額は，県党常務委員会によって決定される。通知を受けた各部局の局長は，予算額に従って自らの申請事業計画を修

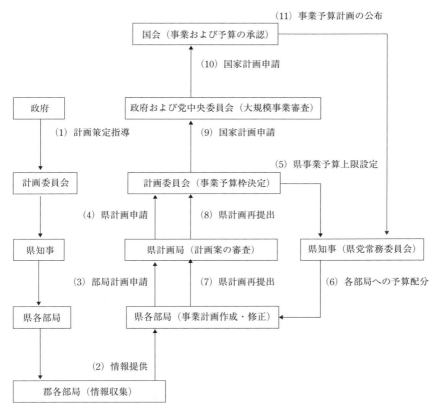

図6-1 県の公共事業投資計画の策定過程モデル
注) 左の数字は，策定過程の順序を示している（現地調査に基づき筆者作成）。

正して県計画局に再提出し，県計画局によって中央の計画投資委員会に提出される（第2回目の提出）。

　以上の過程から，県の経済社会開発計画の策定，公共事業計画の申請において，県知事は，県の開発の全体，県の事業の優先について県内の各部局に対して指導を行い，さらに，各部局に対して県知事指導による事業の形成を指示するなど，県内の計画策定と事業申請に対して大きな裁量権を持っていることが示された。さらに，県党常務委員会は，中央から示された予算上限枠の中で，各部局の事業予算額の配分を決定することができ，さらに各部門に対して事業の優先を見直しするように指示を与えることができた。したがって，県知事と県党委員会は，県内の計画管理と事業形成について大きな影響力を有している。

表 6-5　ヴィエンチャン県 2003-2004 年度の県知事指導事業

	事業名	年度	国内資金	外国資金	総額	事業申請理由
1	ハーッサーイクーン送電線網建設事業（県工業手工芸局）	02-04	165.00	0.00	165.00	貧困村，かつての革命根拠地の村。
2	ナークーアン・ローンサーン航路の清掃（県通信運輸郵便建設局）	03-04	80.00	0.00	80.00	航路において事故があり，死者が出たため。
3	ホム郡貧困家族教育奨励事業（県教育局）	03-04	20.00	0.00	20.00	貧困郡，父母が教育のためのお金が無い。そのため教材を提供する。
4	ホム郡中・高等学校建設（県教育局）	03-04	400.00	0.00	400.00	郡内に多くの村があるにも関わらず，これまで郡に中・高等学校が無かった。
5	ホム郡病院建設事業（県保健局）	02-04	500.00	0.00	500.00	ホム郡は，全国 17 の貧困郡の 1 つであり，これまで郡に病院が無かった。

（計画協力委員会の資料（Lao P. D. R., Khana-kammakān-phāēnkān lae kānhūam-mēū, Khom khumkhōng khōngkān long-theun khōng lat 2003）および 2005 年の調査に基づき筆者作成）単位 100 万キープ（≒1 万円）

　ヴィエンチャン県の公共事業投資計画作成過程に基づいて作成した，県の公共事業投資計画作成過程モデルは，図 6-1 のとおりである。

4. 県知事の指導による事業形成

　県の公共事業投資計画の策定過程でみられるように，一般的には，県の事業計画の策定過程では，県内の専門部局によって，各分野に関する公共事業計画が策定される。そして，県計画局によって総括され，県知事と党委員会の審査を経て，県の会議で承認される。しかし，計画策定過程の分析で明らかになったように，県の各部局から申請が行われる事業の他に，県知事の主導によって，県内の各部局長に対して直接に事業形成が指示される事業が存在する。

　県官房での聞き取りによれば，そうした事業は，村または郡から，各部局を経ずに県官房に対して直接に申請される。まず，村長によって提案され，郡長と関係部局から承認の署名を得た事業申請書が県官房に提出され，県官房研究総括課によって審査が行われる。そして，事案が県知事に提出され，県知事によって検討・承認されると，関係部局が招集されて，県知事から事業形成が指

示される[16]。

　こうした事業の多くは貧困対策に関する事業であり，電線網と学校建設に関する事業であると説明されている[17]。ヴィエンチャン県で，2003-2004年度に県知事の指導により形成された事業を示した表6-5によれば，県内で行われる貧困対策のための事業の他に，かつての革命根拠地に対する事業，ホム郡のように少数民族（モン族）が多い郡における教育と保健分野の事業が行われている。つまり，貧困対策の事業でも，治安と民族対策に関係した政治性の高い事業であることが窺える。

　以上の分析の結果，県知事と県党常務委員会は，県の開発重点方針を定め，各部局が形成する事業の優先順位について指導し，中央が定めた公共事業投資予算上限の範囲内で県内の各部局に対する事業予算額の配分割合を決定するなど，多くの裁量権を有していることが明らかになった。県知事と県党委員会は，地方の計画策定，事業形成に大きな影響力を及ぼすことができるのである。

　さらに，県内の各部局から申請される事業のほかに，村または郡から申請を受けて県知事が関係部局に直接に指導を行って形成させている事業が存在することが明らかになった。県知事が事業形成を指導した事業は，かつての革命根拠地でのプロジェクト，少数民族対策のためのプロジェクトなど政治性の高い事業である。県知事は，県内の少数民族対策と治安問題について統括し，地方で体制を強化する目的で，計画策定に影響力を与えているといえる。

第5節　公共事業形成における県の役割
　　　　── ヴィエンチャン県工業局の事業管理

1．送電線事業の管理体制

　前節では，県内の公共事業計画の策定過程から，県知事と県党委員会の影響力について考察した。その中で，県知事が形成を指導している事業が，県の民

---

16) ヴィエンチャン県官房における聞き取り（2005年8月）に基づく。
17) ヴィエンチャン県官房における聞き取り（2005年8月）に基づく。

族・治安対策など政治性を持った事業であることが示された。本節では，ヴィエンチャン県内で国内資金による公共事業投資額が最も多い県工業局を事例にしながら，中央が管理する事業と地方が管理する事業の性格の違いについて考察する[18]。

はじめに，ラオスの電力分野の概要をみると，ラオスで電力部門の管理を行っている機関は，工業手工芸省と，工業手工芸省が直轄するラオス電力公社であり，国内における発電から送配電まで一貫した電力供給を担当している[19]。また，一部の主要な県庁所在地では，工業手工芸省と県によって分散型ディーゼルと小型水力発電が建設され，県の運営で電力供給が行われている[20]。発電設備としては，2002年12月時点における全国での総発電設備量は64万700 kWであり，その内訳は，水力発電設備が39ヶ所で62万8000 kW，ディーゼル発電設備が14ヵ所で1万2700 kWである[21]。

送変電設備については，ラオス電力公社によって，全国が中央1，中央2，北部，南部の4つのブロックに区分されて，電力設備計画が策定されている[22]。国内の電化率向上のために，中央1区域では，アジア開発銀行（ADB）によって支援が行われ，中央2区域と南部区域では，世界銀行によって送配電線の拡張整備が支援されている（安部・小藪 2003：278, 279, 284）。

国内送配電網の整備拡大では外国からの融資が不可欠であり，ラオス電力公

---

18) ヴィエンチャン県工業局における聞き取り（2005年3月および8月）に基づく。
19) ラオス電力公社は，1959年に設立された，ラオス政府の国有企業である（Lao P. D. R., Electricité Du Laos 2004: 1）。電力公社の理事会は，工業省副大臣が理事長を務め，首相府，財務省，ラオス銀行，計画委員会，工業省電力局の代表およびラオス電力公社社長によって構成する。電力公社社長は，理事会の推薦により財務省が任命する。ラオス電力公社の職員の給与は，理事会が決定権を有しており，副社長以下の人事は，理事会の提案に基づき工業省が任命する。ラオス電力公社における聞き取り（2005年8月）に基づく。
20) 電力輸出用の独立電力事業体の開発計画および電力政策の重要事項については，首相府，工業手工芸省，財務省，計画委員会およびラオス電力公社などから構成される，ラオス国家エネルギー委員会（Lao National Committee for Energy）のエネルギー電力委員会（Committee for Energy and Electric Power）で決定される（安部・小藪 2003：278）。
21) 2015年までに，新たに20ヶ所，約594 kWの発電所開発計画がある（安部・小藪 2003：282）。
22) 中央1は，ヴィエンチャン中央直轄市，ルアンパバーン県，シエンクアーン県，サイニャブーリー県，ヴィエンチャン県，ボーリーカムサイ県およびサイソムブーン特別区から構成されている。中央2は，カムアン県およびサヴァンナケート県から構成されている。北部は，ホアパン県，ルアンナムター県，ボーケーオ県，ウドムサイ県およびポンサーリー県から構成され，南部は，チャムパーサック県，サーラヴァン県，セーコーン県およびアッタプー県から構成されている（安部・小藪 2003：279, 280）。

社は，商業ベースで経営を続ける一方で，公社による主要高圧電線網（Main Grid）が当面拡大する見込みのない遠隔地については，国と県が主体となって電化が進められる体制となっている（安部・小藪 2003：289）。

このように，ラオスでは，送電線建設事業も，他の分野と同じように，外国からの援助に依存する形で実施されている。

2. 県工業局における公共事業投資計画の策定過程

次に，ヴィエンチャン県工業局での公共事業投資計画の策定過程をみることによって，中央省庁の地方出先機関が，自らの専門分野に関する公共事業計画をどのように策定し，どのようにして県と中央省庁に申請を行っているのか，事業形成において郡レベルとどのように調整を行っているのかについて考察する。

県工業局での聞き取りによれば[23]，公共事業計画策定過程は，各郡に置かれた工業課から県工業局に対して事業の提案があり，それに対して県工業局の職員が現場を視察することによって開始される。電力事業については，県工業局の下にある電力課が各郡の電力事業の状況を総括して事業計画案が策定される。郡レベルにも公共事業計画を策定する権限がみとめられているが，実務上は，県レベルの部局によって事業計画案が策定されている。

その後，県工業局内で開催される会議で，各課が策定した計画案が審査され，各郡から申請された事業の優先順位が決定される。そして，県工業局で行われる最後の会議で，各課から申請されている事業のうち，県に申請する事業と，中央の工業省に申請する事業が決定される。つまり，電力部門では，すべての事業が県に申請されるわけではなく，中央の工業省に申請される事業もあるのである。

県に公共事業投資計画案を提出した後に，県工業局長は，県副知事が主宰する県投資計画審査会議に招聘され，そこで県工業局の予算総額を通知される。この会議の期間中に，局長によって事業予算の修正が行われて，県に計画が再提出される（資料1：過程6-4を参照のこと）。

以上の過程から，2つの点を指摘できる。第1に，県工業局の電力部門の事

---

[23] ヴィエンチャン県工業局における聞き取り（2004年8月，2005年3月および2005年8月）に基づく。

業では，県に申請されて県レベルで管理される事業と，中央の工業省に申請されて中央で管理される事業の2つの種類があることである。先に指摘したように，ラオスでは多くの公共事業が中央によって管理されている。その中には，地方で実施されているものもある。したがって，県で管理される事業と中央で管理される事業で役割と性格がどのように違うのか，考察する必要がある。第2に，公共事業の管理については，公共事業案の策定と各郡のプロジェクトの優先順位の決定が，すべて県レベルで行われている。つまり，公共事業に関する郡長と郡党委員会の裁量権は小さいといえる。

3. 中央が管理する送電線プロジェクトの特徴

次に，県工業局での聞き取りに基づきながら，電力管理事業について，中央によって管理されているプロジェクトと県によって管理されているプロジェクトの間で，どのような性格の違いがあるかについて考察し，県によってプロジェクトが管理されることの意味を明らかにする。

聞き取りによれば[24]，県工業局が事業を担当できる水力発電所の規模は2,000 kW以下であるが，2005年の時点で県内に水力発電所建設事業は存在せず，実施されている事業の多くは，農村地域における電線網拡張のための建設事業である。

県工業局から電力事業が申請される際には，工業省電力局を通じてラオス電力公社に申請される事業（中央の事業）と，県の公共事業投資計画に申請される事業（県の事業）の2つの場合がある[25]。

中央に申請される公共投資事業をみると，ヴィエンチャン県において中央が管理を行っている電力関連事業は，ラオス電力公社が外国から融資を得て行われている事業である。公社の事業は，国家予算によって行われているが，政府がアジア開発銀行（ADB）とフランス電力公社（EDF）から資金の融資を受け，公社が事業主となって実施している[26]。ラオス電力公社による地方電化事業は，

---

24) ヴィエンチャン県工業局次長との聞き取り（2005年3月）に基づく。
25) 割合は，ラオス電力公社に申請する割合のほうが多い。その他に，人民が自ら資金を集めて送電線事業に投資を行う場合がある。ヴィエンチャン県工業局鉱業電力課における聞き取り（2005年3月）に基づく。
26) 工業省官房における聞き取り（2005年8月）に基づく。

表 6-6　ラオス電力公社の地方電化事業計画表 (2004 年〜 2013 年)

No.	プロジェクト	場所（県）	配電世帯数	期間	資金	事業主
1	Power Transmission and Distribution phase II (PTD2)	ルアンパバーン，サイニャブーリー，シエンクアーン，ウドムサイ，ルアンナムター，ポンサーリー，サイソムブーン特別区	32,123	2004-06	ADB，フランス，ラオス電力公社	ラオス電力公社
2	Southern Provincial Rural Electrification phase II (SPRE2)	ボーリーカムサイ，カムムアン，サヴァンナケート，チャムパーサック，サーラヴァン，セーコーン，アッタプー	44,224	2005-08	WB，ラオス電力公社	ラオス電力公社
3	GOL contribution project (Phase I)	ルアンパバーン，サイニャブーリー，シエンクアーン，ウドムサイ，ルアンナムター，ポンサーリー，サイソムブーン特別区	133,582	2005-08	（未定）	（未定）
4	Power Transmission and Distribution phase III (PTD3)	ルアンパバーン，サイニャブーリー，シエンクアーン，ウドムサイ，ルアンナムター，ポンサーリー，ボーケーオ，ホアパン	35,000	2009-12	ADB，フランス，ラオス電力公社	ラオス電力公社
5	Southern Provincial Rural Electrification phase III (SPRE3)	ボーリーカムサイ，カムムアン，サヴァンナケート，チャムパーサック，サーラヴァン，セーコーン，アッタプー	55,000	2010-13	WB，ラオス電力公社	ラオス電力公社
6	GOL contribution project (Phase II)	ボーリーカムサイ，カムムアン，サヴァンナケート，チャムパーサック，サーラヴァン，セーコーン，アッタプー	163,267	2010-13	（未定）	（未定）
	計，6 プロジェクト		463,196			

（ラオス電力公社の計画 (Lao P. D. R., Electricité du Laos 2004: III-19) に基づき筆者作成）

　2005 年までにラオスの全世帯の 45％，2010 年までに 70％，2020 年までに 90％が電力を利用できるようにする，という政府の地方電化計画に基づいている (Lao P. D. R., Electricité Du Laos 2004: III-15)[27]。公社の地方電化事業計画表（表 6-6）をみると，各事業が対象とする地域は，1 つの県の領域だけでなく，多くの県を含めて実施されており，対象地域も，ほぼラオス全土が含まれている。
　県工業局が公社に対して事業を申請する場合は，はじめに，県工業局が工業

---

[27] 1999 年に，ラオスの国内の家庭電化率は全世帯の 34％と低く，電力の恩恵を受けている地域は首都ヴィエンチャン市周辺と主要都市に限られている。そのため，アジア開発銀行 (ADB) および世界銀行が電化率向上のために送配電線網の拡張を支援している（安部・小藪 2003：276, 277）。

省電力局に事業申請書を提出し，工業大臣によって検討・承認された後に，公社に対して事業形成を検討するように命令が行われる[28]。

ヴィエンチャン県内で，2005年の時点で，公社が事業主となって実施されていた事業は，平野部電力開発事業と第1次ラオス北部電力開発事業の2つである。例えば，ヒーンフープ郡－サナカーム郡送電線建設事業は，アジア開発銀行（ADB）の融資による事業である。このプロジェクトは，ラオス北部の県に送電を行うことを事業目的とする第1次ラオス北部電力開発事業の一部で，ヴィエンチャン県のためだけでなく，ヴィエンチャン県に隣接するサイニャブーリー県に対して電力を送ることが主要目的とされて実施されている[29]。

中央に申請される事業の形成過程をみると，県工業局によって事業申請書が作成された後に，県知事の承認を経て，工業省に対して事業申請が行われる。工業省で書類が審査された後に，ラオス電力公社に申請書類が送付される。公社では，ADBの専門家を中心とするプロジェクト調査団をヴィエンチャン県に派遣し，事業設計書が作成される[30]。事業の実施では，ラオス電力公社が直接に事業主となり，県は実施に参加し，補助するのみである[31]。

このように，送電線建設事業のみならず，外国援助によるプロジェクトは，事業形成過程において外国人専門家とコンサルタントの果たす役割が大きく，援助国（ドナー）側による技術協力（専門家およびコンサルタント）のイニシアティブのもとで形成されることが指摘されている（渡辺 2003：313, 315）[32]。

以上，中央（工業省およびラオス電力公社）によって管理される公共事業は，外国の融資，開発資金を利用し，ラオス政府の計画に従って全国レベルでのサー

---

28) ラオス電力公社における聞き取り（2005年8月）に基づく。
29) ラオス電力公社は，ラオスを中央1，中央2，北部，南部の4ブロックに分けて電力設備計画を策定しているが，2003年に，中央1ではアジア開発銀行，中央2および南部では世界銀行が送配電線拡張整備を支援していた（安部・小藪 2003：279, 280, 284, 285）。
30) ヴィエンチャン県工業局次長からの聞き取り（2005年3月）に基づく。
31) ヴィエンチャン県工業局次長からの聞き取り（2005年8月）に基づく。
32) 外国からの援助の受け入れ過程については，ドナー側による技術協力（専門家）のイニシアティブによってプロジェクト案が作成され，各省庁の官房・計画部門に設置されている国際協力担当部局が確認し，プロジェクト要請を計画委員会に提出する。そして，計画委員会の国際協力局が，プロジェクト要請が，国家経済社会開発計画および公共投資計画に照らして妥当であるかを確認し，計画委員会の公共投資管理局および外務省からの意見を加えた後，政府として承認する。その後，関係援助国側に提出するという過程を経るとしている（渡辺 2003：312, 313, 315）。また，外国援助の審査過程および時期は，各国および国際機関によって異なっている。外務省国際協力局における聞き取り（2004年8月）に基づく。

表6-7　2003-2004年度ヴィエンチャン県工業局に属する送電線建設事業

	事業名	年度	国内資金	外国資金	総額	事業申請理由
1	ハーッサーイクーン送電線網建設事業	02-04	165.00	0.00	165.00	貧困村，かつての革命根拠地の村。
2	ヴァンヴィエン郡―メート郡送電線建設事業	01-05	20,400.00	0.00	20,400.00	メート郡が戦略的に重要で，治安が悪く，かつての革命根拠地であるため。
3	ヒーンフープ郡ファークプーパ20カ送電線網拡大事業	03-04	11,236.00	0.00	11,236.00	少数民族が多く住んでいる村，貧困地域。
4	ケーオウドム郡5カ村送電線網拡大事業	03-04	550.00	0.00	550.00	かつての革命根拠地，貧困地域。

(計画協力委員会の資料 (Lao P. D. R., Khana-kammakān-phāēnkān lae kānhūam-mēū, Khom khumkhōng khōngkān long-theun khōng lat 2003) および2005年3月の調査に基づき筆者作成) 単位100万キープ (≒1万円)

ビスの提供を目的としたものであった。さらに，実際の事業形成は，中央省庁が外国の融資機関の専門家と協力する形で実施されている。したがって，事業の形成と実施で県が果たす役割と影響力は小さいといえる。

4. 県が管理する送電線プロジェクトの特徴

次に，ヴィエンチャン県の電力管理部門で，県によって管理されている公共事業の特徴について考察する。県工業局による聞き取りによれば，県が管理を行っている送電線建設事業では，政治目的を有する事業，県の開発重点地域の事業，遠隔地の事業に重点が置かれている[33]。

2003-04年度において，ヴィエンチャン県工業局によって管理されている送電線建設事業は表6-7のとおりである。県によって実施されている事業の中で，規模が大きい事業としてヴァンヴィエン郡-メート郡送電線建設事業，中規模の事業としてケーオウドム郡ファークプーパ20カ村電線網拡大事業，小規模の事業としてケーオウドム郡5カ村送電線網拡大事業とハーッサーイクーン送電線網建設事業がある。

これらの事業が申請された理由をみると，ヴァンヴィエン郡-メート郡送電線建設事業は，事業対象となっているメート郡が戦略的に重要で，治安が悪く，

---

[33] ヴィエンチャン県工業局次長からの聞き取り (2005年3月) に基づく。

さらにかつての革命根拠地であったため，この地域を重点的に発展させるために形成された。ヒーンフープ郡ファークプーパ20カ村電線網拡大事業は，事業の対象となっている地域が少数民族が多く住んでいる村々で構成されており，かつ貧困地域であるために地域を発展させるために形成された。さらに，ケーオウドム郡5カ村電線網拡大事業は，事業の対象となっている地域が，かつての革命根拠地で，さらに貧困地域であるために事業が形成され，ハーッサイクーン送電線網建設事業も同様に，事業対象となっている地域が貧困で，かつ，かつての革命根拠地の村であるために，地域の開発を促進するために形成されたと説明されている。

　以上から，県に属する電力分野の公共事業は，少数民族地域，貧困地域，かつての革命根拠地の開発を促進することを目的とした事業であることがわかる。つまり，中央（工業省，ラオス電力公社）が行っている事業が，全国規模での経済開発を促進する目的で行われているのと対照的に，県の事業は，少数民族対策，治安の強化，体制に対する支援の調達など，地方での体制維持と支配の強化に直結する，政治性の高い事業が行われているといえる。

　以上にみたように，ヴィエンチャン県工業局を事例に，県によって管理されている公共事業と，中央によって管理されている公共事業を比較し，事業形成の方法，事業が形成された意図の違いから県が管理する公共事業の性格と特徴を考察した結果，中央（工業省およびラオス電力公社）によって管理される事業は，外国援助を得て行われ，全国レベルの経済開発を意図した事業であった。また，プロジェクト形成の過程では外国人専門家が果たす役割が大きい。一方で，県に申請され，県によって管理されるプロジェクトは，少数民族地域，貧困地域，かつての革命根拠地の開発を促進することを事業の目的としていた。つまり，県は，地方での政治体制強化に関連する，政治性の高い事業を統括しているといえる。

第6節　ヴィエンチャン県工業局の事業形成過程
　　　　── 県知事と県副知事の職掌分担

1. ヴァンヴィエン郡-メート郡送電線建設プロジェクトの形成目的

　前節では，ヴィエンチャン県で実施されている中央に属する事業と県に属する事業を比較することによって，県で管理されている事業が政治性の高い事業であることを明らかにした。本節では，県で管理されているプロジェクトが形成された過程を考察することによって，県によってプロジェクトが管理されている理由と，2000年以降に行われている計画・事業管理に関する地方分権化政策の意図について明らかにする。

　本節で考察する事例としては，聞き取り調査を行った，2005年3月の時点で県に管理されている最も大きな電力事業として説明された，「ヴァンヴィエン郡-メート郡送電線建設プロジェクト」を選び，事業の形成目的と形成過程を分析する[34]。

　プロジェクト契約文書によれば，「ヴァンヴィエン郡-メート郡送電線建設プロジェクト」は，事業費用が375万7,370ドルであり(Lao P. D. R., Phanāēk-ut-sāhakam lae hatthakam pacham khwāēng Vīangchan 2001: 2)，県山地部のメート郡を開発する目的で，すでに高圧電線が敷設されているヴァンヴィエン郡から送電線の支線を敷設する事業である。県が事業を形成した理由は，メート郡が新しく設置された郡であり，住民の生活状況が貧しいために開発を促進するためである。また，プロジェクト対象地は，かつての革命根拠地で，地域の38カ村の住民もかつて革命運動に参加した経緯がある。さらに，メート郡では反政府勢力が混乱を引き起こしているため，ヴィエンチャン県の指導部では，政治組織の建設，行政機関の改善を促進するとともに，経済インフラストラクチャーの拡大に重点を置くべきであると認識されているためであった(Lao P. D. R., Khana-kammakān-phāēnkān-hāēng-lat 2000b: 2, 3)。

---

34) ヴィエンチャン県工業局次長からの聞き取り（2005年3月）および副県知事（経済統括担当）からの聞き取り（2005年8月）に基づく。

事業形成を担当した県工業局次長は，事業形成の理由について，「……ヴィエンチャン県が，メート郡を戦略的に重要な地域であるとみなしているためである。メート郡は，反政府勢力が活動し，反政府勢力が他の地域へと移動する通過点となっており治安が悪い郡である。また，かつて革命根拠地であった郡であり，遠隔地で人民が貧しい郡である。ラオス電力公社も，送電線建設計画を立てているが，メート郡に建設されるまでに時間がかかりすぎる。そのために，国家予算で特別に投資をする……」と説明していた[35]。

　第3章でみたように，ヴィエンチャン県の山間部に位置するサナカーム郡，フーアン郡，メート郡，ヴァンヴィエン郡，カーシー郡は，県内でも治安が安定しない地域であると認識されてきた (Lao P. D. R., Khwāēng Vīangchan 1998: 12)。とりわけ，1991年には，タイから侵入した反政府勢力がフーアン郡を一時占領して軍と戦闘になり，1992年には，反政府勢力がサナカーム郡の家屋を焼くという事件があった。メート郡は，カーシー郡から1995年に分離して新たに設置された郡であり，反政府勢力が活動するサナカーム郡とフーアン郡に接している。つまり，国防と県の治安維持にとっても重要な地域である (Naovarat 1998: 34, 129, 130)。さらに，第3章でみたように，メート郡は，かつてヴィエンチャン県で革命運動を指導したムーン・ソムヴィチットが，革命根拠地として活動した場所でもある。したがって，プロジェクトは，かつて革命を支えた地域に対して開発を進めることで体制を強化する意図があると考えられる。

　つまり，送電線建設事業の直接の目的はメート郡の経済開発と貧困削減であるが，プロジェクトを形成した背景には，県内での治安の維持と経済開発を結合させ，さらに，かつての革命根拠地に対して配慮を行うなど，地方において体制を強化することが意図された政治性の強いプロジェクトである。

2. ヴァンヴィエン郡-メート郡送電線建設プロジェクトの事業形成過程

　次に，ヴァンヴィエン郡-メート郡送電線建設プロジェクトの事業形成の過程から，県工業局，県知事，県副知事，中央の間での交渉過程を分析し，県内の開発プロジェクト形成における県副知事（県党副書記）の役割と，2000年以

---

35) ヴィエンチャン県工業局次長からの聞き取り（2005年3月）に基づく。

降の地方分権化政策が持っている意図と限界について考察する。

　県工業局と，事業形成を統轄した県副知事からの聞き取りに基づいて，プロジェクト形成過程をみると[36]，事業のはじまりは1996年で，ヴィエンチャン県指導部によってメート郡の貧困削減のために道路建設と電力の導入が検討され，その後，県の方針に従って，県工業局によって事業が策定された。つまり，この事業は，中央の工業省が主導して形成したプロジェクトではなく，県の側が発案して開始されたプロジェクトである。当初は，メート郡内に小規模発電ダムを建設して電力を供給する計画であった。事業計画は，県を通じて政府に申請され，1998年に政府から予算が承認された。

　しかし，実施段階になって，経済統括担当の県副知事から，従来の計画では発電能力が小さいため，従来の計画通りの場合とヴァンヴィエン郡からミドル・レベルの送電線を建設する場合を比較検討するように県工業局に対して指示が行われた結果，計画が大きく変更される。指示が行われた理由は，当時，アジア通貨危機が生じており，キープの価値が下がったために資材の購入価格が増加し，建設費用が不足したためであった。県工業局は事業の効果を再検討して，送電線建設の方が十分な電力を供給できることを県副知事に報告した。その後，県党常務委員会で，県副知事によって県工業局の報告が説明され，当初，ダム建設費として政府から許可された6,000万キープを利用して，ヴァンヴィエン郡からの送電線建設の調査費に充てることが会議で決定された。この修正は計画委員会に対しても通知され，国会で計画変更が承認された。この過程から，中央によって承認された事業計画でも，県からの提案によって修正が認められる場合があることがわかる。

　ダム建設費を転用して行った調査を基にして，再度，送電線建設事業の設計が行われた後に，県知事の主宰で県の事業審査会が開催されて，事業内容が説明された。この会議には，主管部局である県工業局だけでなく，事業に関係する郡の郡長，県財務局，県通信運輸局等が参加をして，送電線のルートの確認，実施の方法など実施に向けた関係機関との調整が行われた。この会議では，県知事，県副知事が特に発言することはなく，県党常務委員会で決定された方針を実施するための方策が協議された。

　審査会の後に，県工業局によって事業申請が行われ，中央の計画委員会を経

36）ヴィエンチャン県工業局次長からの聞き取り（2005年3月）およびヴィエンチャン県副知事（経済指導担当）からの聞き取り（2005年8月）に基づく。

て政府に事業計画が申請され，認可された。しかし，事業資金について政府は，ヴィエンチャン県が先行投資することが可能な事業者を探して建設を行わせ，その後に各年度に事業債務返済計画を国会に申請させるように指示している。このことから，第4章の財務管理で指摘した，県が抱えている公共事業に関する負債問題の背景に，この政府の政策が関係していたことが窺える。つまり，1998年以降の地方分権化には，中央政府に十分な開発資金がない中で，地方に歳入・財源の責任を負わせながら，公共事業を実施させる政策という側面があったと考えられる。

政府によって事業が承認された後に，県工業局は，先行投資ができる民間の会社として，セーンサヴァン電力会社を選定し，事業を実施させた。建設期間は，2001年から2003年の3年間であり，県による事業費用の返済は，2002年から2005年の4年間で行われることになった。事業契約書（案）と事業設計書については，県から政府に提出され，国会の承認後に，県において事業契約が締結され，県工業局長がプロジェクト実施委員会長となって実施されている（資料1：過程6-5を参照のこと）。

2005年時点でのプロジェクトの実施状況は，民間企業によってすでに期限どおりに建設が完了しているが，政府から県に対して十分な予算が承認されないために，契約に定められた建設費用の返済が順調に進んでいないという状況だった。つまり，その分は，県にとって負債になっていた[37]。

以上に述べたプロジェクトの形成過程からは，次の3つの点が指摘できる。

第1に，公共事業管理全体の枠組み，採択の過程については，中央集権的に統制が行われている。つまり，プロジェクトの形成は，ヴィエンチャン県指導部の発案によるものだが，プロジェクトは中央の機関に申請して審査されている。県副知事によるプロジェクトの変更についても，中央の政府，国会から承認を得ている。したがって，このプロジェクトの形成過程からは，県の指導部が中央の政策に逸脱して政策を実施しているようにみえない。

第2に，事業認可の過程は中央集権的である一方で，事業の形成過程，実施過程では，県の指導部に大きな裁量権が与えられていることがうかがえる。例えば，県党常務委員会によって，中央に認可されたプロジェクトの内容を異なった事業に変更することが検討され，プロジェクトの実施方法についても，送電

---

[37] ヴィエンチャン県工業局次長からの聞き取り（2005年3月）に基づく。

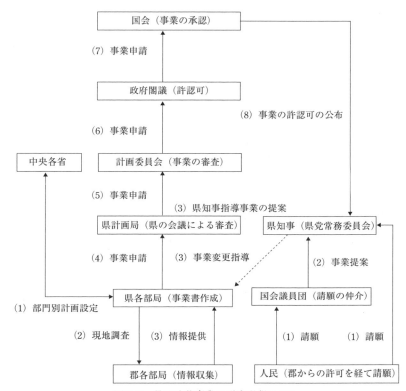

図 6-2　県の公共事業の形成過程モデル
注）左の数字は，過程の順序を示している。
（現地調査に基づき，筆者作成）

線網をどのルートに設置するか，どのように実施するかについて，県知事が主宰する会議で決定されている。したがって，事業予算の承認以外は，県指導部によって事業内容が決定されているといえる。

　第3に，プロジェクトの形成過程では，県副知事の主導的な役割が目立つ。プロジェクト計画の変更は，県知事（県党書記）が主宰する県党常務委員会で承認され，事業の実施方法については，県知事が主宰する事業審査会議で決定されており，県内での意思決定は，県党書記である県知事の承認により行われている。その一方で，県副知事は，プロジェクト計画の変更を発案し，県工業局に具体的な指導を行って，県党常務委員会でも自ら事業に関する説明を行っている。第1章でみたように，県副知事は県内の職務を長く経験した人物であ

る。特に，県副知事のカムムーン・ポンタディーは，1988年から1991年までメート郡で基層建設を行った経験があり，郡の状況を熟知している人物である。したがって，1998年以降の地方分権化は，県知事と地方党委員会に権限を委譲することで，県内で長く活動してきた指導部（県党副書記，県副知事）が県内で実施される政策決定に関与する機会を増やし，開発における地方の主体性を高める政策であるといえる。県のプロジェクト形成のモデルは，（図6-2）のとおりである。

　以上でみたように，ヴィエンチャン県工業局によって管理されている県の公共事業プロジェクトから，県の公共事業が形成される目的，プロジェクト形成における中央と地方の関係，計画・事業管理に関する地方分権化政策の意図について考察した結果，県のプロジェクトが，治安の向上と経済開発の目的を結合して行われる事業であることが明らかになった。さらに，県のプロジェクト形成では，予算と事業の承認以外は，県が事業を発案し，企画し，そして実施する広範な裁量権が認められており，地方で勤務経験を積んできた県副知事を中心に，県内でプロジェクトの形成が行われていた。つまり，2000年以降の計画・事業管理に関する地方分権化政策は，県知事と県党委員会にプロジェクトの管理権を委譲し，地方での開発を促進すると同時に，地方で政治性が高いプロジェクトを実施させることで，地方での体制を強化する政策であるといえる。一方で，1998年以降の地方分権化政策は，中央政府に予算が不足している中で，地方に財源の責任を負わせながら公共事業を進めるという側面があり，その結果，ヴィエンチャン県でも事業負債を生じさせていることが示された。

小括

　本章では，2000年以降にラオスで行われている計画・事業管理に関する地方分権化政策の中で県知事と県党委員会が果たしている役割と影響力を考察することによって，東南アジアの地域統合が進む過程で党が地方開発を促進するメカニズムについて明らかにした。
　ラオスは，1996年以降，東南アジアの地域統合に参加する過程で，地方の経済発展を進める必要性が生じていた。党は，1998年に地方分権化政策を定め，ラオスの工業化・近代化を促進するために，地方に対して小規模事業の許認可権，事業管理権を委譲し，地方が開発の主体となることを促進する試みを行っ

た。2000年以降の公共事業管理に関する地方分権化政策では，県知事に対して公共事業の提案権，小規模事業の許認可権が与えられ，権限が委譲された。その一方で，アジア通貨危機による政治不安，地方での少数民族の活動に対処する必要が生じたため，党は，地方分権化政策を地方への監督強化，地方の治安活動と結合させるように指示するようになった。

公共事業投資計画の策定過程に関する考察からは，第4章の財務・予算管理でみられたように，中央による統制の下で，県知事と県党委員会には，県内の計画策定において大きな裁量権が与えられていることが明らかになった。各県で策定される公共事業計画は，事前に中央の計画委員会によって審査され，県全体の公共事業予算額は，中央によって配分が決定されるなど，中央による統制を受ける。しかし，県内の計画策定過程をみると，県知事は，県の開発重点方針に合わせて事業を形成するように地方の出先機関に対して指示することができるだけでなく，県内の各部局に対する公共事業予算額の配分を決定することができる。さらに，県内の各部局から申請される事業を事前に審査し，事業の優先を変更するように指示するだけでなく，県知事が各関係部局に対して自ら指導して形成させる公共事業が存在している。このような県知事指導の事業は，貧困，少数民族地域の開発など，地方において政治性の高い事業であった。したがって，中央から派遣される県知事（県党書記）は，県内の少数民族対策，治安問題について監督し，統括する役職を負っていることが示された。

また，ヴィエンチャン県工業局において行われている公共事業の役割について分析した結果，中央が管理している公共事業と，県が管理している公共事業では，その性格が大きく異なっていることが明らかになった。中央が管理する事業は，外国の援助・融資を利用して行われ，プロジェクト形成も外国人専門家を中心に行われるため，地方がプロジェクト形成に関わる余地は小さい。プロジェクトの目的も，県の領域を超えた全国レベルの開発促進に焦点が当てられたものであった。一方，県によって管理されている事業は，県内の少数民族地域，あるいは，かつての革命根拠地での開発の促進を事業目的とするなど，政治性が高い事業であった。この様に，ラオスが地域統合に参加していく中で，県知事と地方党委員会に対して公共事業管理に関する権利が委譲され，地方レベルの経済開発，治安の向上，体制への支持獲得を達成するためにプロジェクトが形成・実施されている。

一方で，ヴィエンチャン県工業局が管理する県のプロジェクトでは，プロ

ジェクトの建設が県の債務によって行われ，その弁済が滞っている状態がみられた。その原因は，中央政府に予算が少ないために，県が民間企業に先行投資をさせて開発を行わせることを，中央政府の側も誘導したためであった。計画・事業管理に関する地方分権化政策は，アジア通貨危機の中で，中央に十分な予算・資金がない中で地方に財務に責任を負わせながら地方の公共事業を進めるという側面があり，その結果，地方での公共事業管理の問題を引き起こしていた。

　以上，計画・事業管理に関する考察から，1998年以降にラオスで行われている地方分権化政策は，ASEANの地域統合とWTO加盟をはじめとする経済統合にラオスが参加し，全国での経済開発と地方での体制強化を同時に進めていくことが党の課題となる中で，県知事と県党委員会に計画策定と事業形成に関する裁量権を与え，地方の経済開発と地方での体制強化に主体的に関与させる政策であることが明らかになった。つまり，地方分権化政策の中で，党中央は，中央から派遣した県知事（県党書記）を通じて地方の治安問題，政治体制の強化について統制を保ちながら，県レベルに事業形成に関する権限を部分的に委譲し，地方の政治幹部が開発に主体的に関与する機会を与えることで地方の開発を促進するメカニズムが形成されている。したがって，計画・事業策定分野については，県知事制の枠組みの中で，党中央によって意図的に地方の権限強化が試みられているといえる。

終　章

1. 県知事を軸とした集権と分権の動態

　本書は，ヴィエンチャン県を事例に，ラオスの中で権限が集中しているとされる県知事の政治的地位と地方での影響力に焦点をあてながら，ラオスの中央地方関係について考察した。その結果，ラオスの県知事制の下で，党が地方を支配するメカニズムが明らかになった。ラオスでは，1991年の政治制度改革と1998年の地方分権化政策によって，党中央によって任命される県知事が地方の治安を統制しつつも，地方党委員会を通じて経済開発に地方の主体性を反映させるメカニズムが形成されていたのである。

　本章では，各章で行ったラオスの県知事制と中央地方関係に関する考察によって明らかになった点を整理し，①党が県知事制の下で地方を支配するメカニズム，②県知事制による地方支配が形成された背景，③ラオスにおける中央集権と地方分権の動態について明らかにする。そして，本研究の分析から明らかになった知見に基づいて，ラオスの地方行政と党の中央集権化政策，地方分権化政策の今後について展望する。

1-1. 党が県知事制の下で地方を支配するメカニズム

　はじめに，本書の研究課題である，党が県知事制の下でどのように地方を支配しているのか，という問いについては，各章での分析の結果，ラオスでは，党中央が党中央執行委員を地方に派遣し，県党書記と県知事を兼任させることで地方党委員会を統制するメカニズムが形成されていることが明らかになった。党中央が県知事を通じて地方を統制するメカニズムの内容については，次の3つの点から説明できる。

①党中央による県知事の任命制 ── 党中央による党と行政の長の選任

　党中央が県知事を通じて地方を支配するメカニズムで重要な点は，県知事，郡長という地方行政首長が党中央によって派遣され，任命されている点である。中国とヴェトナムでは，地方行政機関（中国の人民政府，ヴェトナムの人民委員会）は，同じレベルの地方人民議会（中国の人民代表大会，ヴェトナムの人民評議会）によって選出される。しかし，ラオスの県知事は，首相の提案により国家主席によって任命され，郡長は首相によって任命される。

1991年以前の制度では，実態はともかく，法制度上は，人民の直接選挙によって選出される県人民議会が，地方行政機関である地方人民行政委員会を選出する制度であった。ラオスとの関係が深いヴェトナムにおいては，1986年以降の刷新路線（ドイモイ）の政治制度改革の中で，地方人民議会を活性化する方向で改革を進めてきたとされる。しかし，ラオスでは，それとは反対の方向で改革を行い，1991年に地方人民議会と地方人民行政委員会を廃止し，中央からの任命による首長を設置した。現在のラオスの地方行政で中心となるのは，こうして形成された県知事制，郡長制である。

　本書での分析により，このシステムは，2つの意味を持っていることが明らかになった。第1に，1991年に県知事制が導入されて以降，県知事は原則として党中央執行委員が地方に派遣されて任命されているという点である。党中央執行委員が派遣されるときは，その県の出身者であることが考慮されるが，第1章でみたように，ある県の県知事が人事異動で他の県の県知事へと異動になることもある。つまり，党中央（政治局）との関係が強く，信頼を受けた党中央執行委員を地方に派遣することによって地方を掌握するメカニズムになっている。従って，ラオスの県知事制は，党中央が県知事を県に派遣することで地方を統制する制度であるといえる。

　第2に，本書の第3章で分析したヴィエンチャン県の事例でみられるように，県知事の任命は，地方党大会から直接的には影響されないという点である。1991年に県知事制が実施されて以降，2006年まで，ヴィエンチャン県では2つの方法によって県知事が任命されている。第1に，県党大会が開かれる前に中央から県党書記が派遣され，その後に県党大会を開催して県知事に任命される方法，第2に，県党大会の開催とは関係なく，県知事（県党書記）が派遣されて任命される方法である。しかし，いずれの場合でも，党中央から派遣されて任命されており，県知事の選出は県党大会から直接に影響を受けていない。ヴィエンチャン県では，現在の体制が形成されて以降，1993年に至るまで県党大会が開催されず，また，全国党大会の前に県党大会を開催することができたのは，2005年になってからである。このことから，ラオスの県知事制は，地方の治安が安定せず，地方の党員の教育レベルが低く，地方党組織がまだ十分に発展していない状況の中で，党中央が地方党組織の長と地方行政の長を中央から選任することで，地方を安定的に統治するメカニズムとして機能し，維持されてきたといえる。

②県知事と県党書記の兼任体制 —— 党中央による地方党委員会の統制

　ラオスの県知事制の下では，県知事と県党書記を1人の人物が兼任する兼任体制が採用されていることが重要である。中国，ヴェトナムでは，党組織の長と行政機関の長の間の兼任は，原則となっていない。しかし，ラオスでは，1991年憲法によって県知事制が採用された後，同年の12月に開催された第7回全国組織会議において，県知事と県党書記を1人の人物が兼任する兼任体制が決定された。

　ラオスの兼任体制が持っている意味について，本書の分析から整理すると，次の点が重要である。はじめに，第1章で分析したように，ラオスでは党中央執行委員が県党書記として派遣されて，地方で県知事を兼任している。県党書記は，地方党委員会の意思決定機関である県党常務委員会の中で議長を務め，議論の方向を決定することができる。第6章の計画策定・事業形成過程でもみられたように，県の公共事業予算配分の決定，事業計画の審査と採択など，県内の重要な政策決定は，県党常務委員会において行われている。さらに，第4章でみたように，県知事は地方行政機関の長であり，地方予算の執行命令など，地方行政に関する命令を公布する権限を有する。つまり，党中央によって派遣された党中央執行委員が県党書記として県党委員会を統制し，県党委員会で決定した事項を県知事の立場で命令することになる。さらに県知事は，県国防治安委員長として国防・治安を統括する職責を担当している。したがって，兼任体制によって，党中央が派遣した党中央執行委員が，県党書記として地方党委員会を統制する一方で，県知事としても，地方の行政と治安を掌握するメカニズムが形成されている。

③地方人民議会と地方人民行政委員会の廃止
　—— 地方での意思決定機関の一元化

　次に，党による地方支配のメカニズムを考察するうえでは，県知事制の下で，地方での意思決定機関が地方党委員会に一元化された点が重要である。

　第1章で明らかになったように，ラオスでも，1978年地方行政組織法では，各行政レベルに人民議会が設置され，地方人民行政委員会を選出する権限，地方の予算を採択する権限が付与されていた。また，地方人民行政委員会は，地方経済社会開発計画，地方予算を策定する権限が付与されていた。しかし，1991年憲法の制定によって地方人民議会，地方人民行政委員会が廃止された

結果，地方の意思決定機関は，地方党委員会のみに一元化されたといえる。例えば，第4章でみたように，ラオスでは，国会で国家予算案が採択された後に各県で歳出予算の編成作業が行われるが，地方レベルでは，県党常務委員会によって，財務省によって示された県の予算総額の上限の範囲内で各部局に対する予算配分が決定され，採択が行われていた。ヴェトナムでみられるように，本来，地方予算の編成・採択は，地方人民行政委員会と地方人民議会の職責であるが，1991年に地方人民議会，地方人民行政委員会を廃止したラオスでは，これらの職責を地方党委員会（特に県党常務委員会）が代行している。すなわち，ラオスの地方行政では，規約・法令上はともかく，実態は，県党書記と県知事の兼任，県党委員会による地方人民議会の代行によって，党と国家の関係の区別は曖昧，かつ未分離で，両者は地方レベルで融合してしまっているといえる。

1-2. 県知事制による党の地方支配のメカニズムが形成された背景

　続いて，ラオスにおいて1991年に地方人民議会と地方人民行政委員会が廃止され，党中央が県知事制を通じて地方を支配するメカニズムが形成された背景について，本書の分析から考察すると，次の点が指摘できる。

　まず，ラオスで，1991年に地方人民議会と地方人民行政委員会が廃止された理由として，当時の党指導部によって主張されている点は，地方人民議会議員と地方人民行政委員会委員の能力と予算の問題である。この2つの理由は，1991年の党中央の会議において，当時の党指導者であるカイソーンによって主張されている。カイソーンによれば，かつての地方人民議会は形だけであり，地方人民議員の多くは他の地域から移ってきた人物で，議会が予算と時間の無駄であることを理由に廃止を提案したという。第3章でみたヴィエンチャン県の事例でも，1975年以降，革命闘争時代の革命兵士，革命運動家が行政官に転化していく過程がみられた。1991年時点での県党委員の教育レベルは，1979年の時点でみられたような小学校低学年の教育レベルというほどではないが，高校を卒業し，専門教育を受けている割合は3割程度でしかなく，行政の知識は不足していたといえる。さらに，1990年代は，ソ連をはじめとする社会主義諸国からの援助が停止された時期であり，ラオス政府にとっては，国家予算を縮小しなければならないという課題も大きかったと考えられる。

　その一方で，第3章で考察したヴィエンチャン県での地方行政の形成過程から明らかになった点は，ラオスの党支配においては，地方の治安問題が大きな

影響を与えていたという点である。冷戦期に，ラオスは，体制が異なるタイとメコン河をはさんだだけで長く国境を接する，「東南アジアにおける社会主義陣営の前線基地」であった。特に，ヴィエンチャン県では，首都ヴィエンチャン市に隣接し，平野部という開発に適した位置にあるにも関わらず，1980年代を通じて地方党委員会が混乱し，党組織の形成が遅れていた。県では，1993年まで県党大会を一度も開くことができず，1980年代には党組織が安定していなかった。この理由として，県の指導者たちの質の問題もあるが，より大きな理由は，県内で旧ラオス王国政府の支持者，少数民族による反政府活動が繰り返されていたことが原因であったと考えられる。特に，ラオスの党体制が困難に直面した時期である，体制の形成期（1970年末～1980年代はじめ），社会主義体制の動揺期（1989年～1992年），アジア通貨危機による経済悪化（1999年～2003年）の各時期に，ヴィエンチャン県の山地部では，海外からの支援を受けた反政府勢力の活動が活発化している。党にとってヴィエンチャン県をはじめとする地方の治安の問題は，体制の維持と地方支配の確立のためにも軽視することができない問題であった。

第2章でみたように，ラオスで政治制度改革が議論された1991年党中央執行委員会第10回総会で党が重視していたのは，ラオスの一党支配体制をどのように維持するかという問題であった。そしてソ連・東欧諸国の状況から得た教訓は，党の指導的役割を維持することと，民主主義の導入が民族問題に発展しないことであった。ヴィエンチャン県でみられる1990年代の治安の悪化がラオス全土で発生していたわけではないが，このような地方の治安状況は，1991年の政治制度改革において，党が地方人民議会の役割を拡大する方向ではなく，中央が任命する県知事を中心に地方の治安を統制するメカニズムを選択する要因の1つになったと考えられる。

1-3. ラオスにおける中央集権と地方分権の動態

次に，1991年以降の中央地方関係の中で，党が県知事制を通じて地方を支配するメカニズムの変化について考察する。ラオスの県知事制下での中央地方関係の特徴は，地方の専門部局を地方行政機関の命令系統に置くのではなく，中央省庁の命令系統の下に置く部門別管理制度である。この原則は，1991年憲法の制定後に開催された第7回全国組織会議（1991年）で議論され，1993年に公布された党政治局第21号決議で制度化された。この原則は，次節で概観

するように，現在，変更が検討されているが，1991年憲法制定以後，20年間以上に渡って，運用されてきたメカニズムである。

しかし，第4章から第6章で考察した結果，ラオスでは中央政府が地方を統制する中央集権的な予算，人事，計画管理制度が採用されている一方で，県知事と地方党委員会には，地方の予算，人事，事業の決定と実施において，大きな裁量権が与えられていることが明らかになった。

この分析結果を確認するために，ラオスの中央地方関係の中央集権的な側面と，県知事，地方党委員会に対して裁量権が与えられている地方分権的な側面について考察し，ラオスの地方分権化政策の意図を明らかにする。

①中央集権的な側面 ── 部門別管理制度による地方党委員会の権限縮小

ラオスの中央地方関係で重要な点は，1991年の地方行政改革によって部門別管理制度が導入されたことである。この制度の基本原則は，地方に設置された各部局の職員の任命権，計画策定権，予算計画の認可権が，県知事ではなく中央各省大臣に服することである。

第1に，予算管理については，第4章で分析したように，地方は，中央から歳入の徴収を委託されているのみで，地方で歳出を決定できる独自の財源は認められていない。県が歳入予算を編成する際にも，財務省から職員が派遣されて，県に対して数値設定に関する指導が行われている。さらに，所得税の歳入予算の編成過程でも，県の側からの提案が認められず，財務省の側が数値目標を設定し，関税歳入予算については，県に財務省から計画が通知されるだけである。したがって，歳入予算の策定は，中央集権的に管理されている。

第2に，地方の専門部局の人事管理では，第5章での考察にみられるように，県レベルの局長から郡レベルの課長まで，中央の省大臣によって任命が行われている。全国の財務局の局長人事でも，ヴィエンチャン中央直轄市，サヴァンナケート県など経済発展が進み，税収が多い県については，財務省から県に職員が派遣されて，県レベルの局長に就任していた。つまり，中央各省庁は，全国で統一した専門行政を実施するために，中央から職員を派遣して県レベルの局長に任命することができるシステムが形成されている。

第3に，計画・事業管理については，第6章で考察した通り，ラオスの全国の公共事業の約6割は中央によって管理されている。また，公共事業投資の管理規則では，大規模事業は首相が認可し，中規模事業は中央の計画委員長が認

可することになっており，県知事が認可できる事業は50億キープ（50万ドル）未満の小規模事業に過ぎない。最貧国であるラオスでは，公共事業投資について外国からの援助に依存しているが，外国援助による公共事業は中央省庁がカウンターパートになって実施されているため，地方に管理が委譲される事業は少ない。事業予算も，財務省，計画委員会など中央から上限枠が決定され，予算案が審査を受けるなど，中央によって統制されている。

　以上から，ラオスは，中央集権的な人事管理，事業管理，予算管理制度を採用しており，地方に与えられている政策決定権は，限定されているといえる。

　このように1991年以降に部門別管理という中央集権的な制度が採用された背景をみると，1980年代の地方での経済運営と統制の失敗がある。第2章の分析でみたように，ラオスでは，地方との通信・交通が悪い状況で経済建設を促進するために，1984年から地方の人事，事業管理，財務に関する大幅な地方分権化政策を行った。しかし，結果として，中央が地方の財政を統制できなくなる事態になり，1989年から予算制度と職員管理に関する中央集権化が開始され，1991年の第68号首相令の公布によって財務管理が中央集権化された。そして，全国で統一した行政を実現するために，地方の出先機関が中央省庁の命令系統に置かれるようになった。1991年の第7回全国組織会議での議論にみられるように，1980年代の地方分権化に対する反省が，1991年の部門別管理制度の導入に結び付いたといえる。

　もう1つの側面として，1991年の部門別管理制度の導入は，地方行政の長と地方党委員会の権限の縮小をもたらした。この背景については，ヴィエンチャン県で1980年代後半に生じていた状況から窺い知ることができる。第2章でみたように，1991年までは地方部局は地方人民行政委員会の命令系統に置かれていた。第3章でみたように，ヴィエンチャン県では，1986年には党中央執行委員が中央から派遣されて，県党書記，県人民行政委員長を兼任するようになっていたが，その結果，財務管理が県財務局の会計を通らずに行われるなど，かえって行政の混乱を引き起こしてしまっていた。つまり，地方人民議会が機能しない中で，党中央執行委員が県党書記と県人民行政委員長を兼任し，地方の部局のすべてを統制するメカニズムでは，地方行政に対するチェック機能が働かず，地方の中で行政の長の専横を引き起こす場合があった。この反省から，党中央執行委員を県知事として地方に派遣して地方を統制させながらも，専門行政については中央省庁に付属させることで，県知事と県党委員会の権限

を制限したといえる。

②ラオスの県知事が有する裁量権 ── 部門別管理制度の揺らぎ

　1991年に形成された部門別管理制度の下で，予算・財務管理，職員管理，計画・事業管理について地方に与えられている権限は中央によって統制され，制限されている。しかし，その一方で，地方での政策決定・実施をみると，県知事と地方党委員会には，地方で大きな裁量権が与えられていた。その背景として，他の発展途上国にもみられる法制度の未発達，人材の育成の遅れ，あるいは予算の不足といった制度形成の遅れだけに帰することができない，ラオスの党の地方統制のメカニズムが背景にある。つまり，1991年に導入された県知事制が，党中央による地方の治安統制に重点を置くシステムだったため，1991年に専門行政を中央集権化したにも関わらず，県知事を通じて地方への統制が及ぶように，人事管理，財務管理，計画管理という3つの側面において部門別管理制度が徐々に修正されていく結果になっていた。

　第1に，予算管理については，第4章で分析したように，1994年国家予算法，国家予算法施行に関する首相令192号（1999年）による地方分権化政策によって，中央省庁の地方出先機関の予算が，中央省庁による管理下ではなく，県知事の管理下にある地方予算の中に組み込まれた。さらに，予算の編成過程では，歳入予算が財務省の主導によって作成される一方で，県知事と県党常務委員会には，国会で国家予算が採択された後に，県内の各部局への予算配分を決定する裁量権が認められていた。したがって，本来ならば中央省庁が決定権を有するはずの地方出先機関の予算管理は，県知事と県党委員会に委任されていた。この背景として，地方の各部局の歳出予算の中で重要な費目である公務員給与の問題がある。第5章でみたように，地方で勤務する公務員の給与表は県党委員会の下部機関である県党組織委員会によって管理されているため，党の人事管理システムに連動させるためには地方に予算管理を委譲する必要があったのである。つまり，地方に歳出予算の決定権限が与えられているのは，県知事と地方党委員会が地方の機関と地方で勤務する人員を統制するうえで必要とされているためである。

　第2に，地方での職員管理をみると中央省庁の地方出先機関の職員の管理も，実務上は地方党委員会に委任されていた。第5章で分析したとおり，党の内部規則では，中央省庁の地方出先機関に属する職員の管理権は中央省庁党委

員会に服し，部門別に管理が行われることになっている。しかし，首都にある中央省庁党委員会が，地方で活動する出先機関の職員を監督することは現実には不可能であるため，県にある県党組織委員会に地方職員の名簿が付託されて，地方の職員の管理が委任されていた。具体的には，局長候補の決定において，中央省庁だけでなく県知事の側も自らの候補者を推薦することで中央省庁との間で協議が行われ，郡レベルに置かれた地方出先機関の人事決定にも県党組織委員会が関与することがあった。さらに，首相によって任命され，党中央の管理権に服する役職である郡長については，実質的には，県知事と県党常務委員会によって人事が決定されていた。このように，地方党委員会，特に県党組織委員会に対して職員の管理が委任されている背景には，道路・通信などのインフラストラクチャーが十分整備されておらず，中央と地方の連絡が十分でない状況下で，地方に置かれているすべての職員に対して党の指導を及ぼす必要があるためである。

　第3に，地方での計画・事業管理については，1990年代後半にラオスが東南アジアの地域統合への参加を進める過程で，党により地方分権化政策が実施されている。第6章でみたように，地方分権化政策の中で，県知事に小規模事業の許認可権，事業管理権が委譲されて，地方が開発の主体となることが促進されている。また，県知事は，県の開発重点方針を県に置かれた部局に対して指示し，各部局に対する公共事業予算の配分を決定することができ，さらに，自ら県内の部局に指示を出して事業を形成させることができる。このように，県知事に地方での多くの裁量権が与えられている理由として，地域統合参加のための準備という側面とともに，県知事が地方の治安維持と体制強化を促進する役割が与えられているためでもあることが明らかになった。例えば，中央が管理する公共事業が，外国の援助による全国規模の開発を目的としている一方で，県が国家予算で行う事業，県知事が指導する事業は，少数民族地域，かつての革命根拠地の開発など，治安維持，体制強化と結合した事業であった。さらに，第6章での事業過程の考察では，県内で勤務経験を積んできた県副知事が，県の事業形成に積極的に関与し，事業を推進している様子がみられた。つまり，開発の促進のためには地方が主体的に参加することが必要とされており，1990年代後半以降，県知事制下での地方分権政策では，地方党幹部による政策決定への参加という形で，地方が政策決定に関与することが限定的に認められるようになっているといえる。

③ラオスの地方分権化政策 —— 党内での中央の統制と地方の主体性のバランス

先に分析したように，ラオスの県知事制は，党中央による地方統制という側面を持っているが，1998年のラオスの地方分権化政策は，ラオスがASEAN地域統合に参加する過程で，経済発展と貧困の削減を加速させるために，地方での開発を促進することを意図した政策であった。つまり，本書の分析から，ラオスの地方分権化政策は，党が県知事制の下で地方の開発を促進するために，党が中央集権化（部門別管理制度）を柔軟化して，地方党委員会に政策決定に参加する機会を与えることで，地方の主体性を高める政策であることが明らかになった。

ラオスでは，1996年以降になって東南アジアの地域統合過程に参加し，地方での開発を促進する必要が新たに認識されるようになったが，地方での開発の促進は，人事の統制，あるいは治安維持といった業務とは異なって，中央が地方を統制するだけでなく，政策決定に地方の状況を反映させ，さらに政策実施に地方の主体性を取り込むことができなければ，十分な開発の成果をあげることができない課題である。

一方で，県知事制を採用したことによって，地方において意見を集約し，政策に地方の状況を反映させるチャネルが限定されてしまっていた。1991年の県知事制導入にともなって，地方人民議会，地方人民行政委員会が廃止されてしまったからである。一般に，社会主義体制下での議会は，党が候補者選定から選挙の過程までを統制し，一党支配体制の下で機能するため，自由民主主義体制下での選挙制度，議会制度とは異なった存在である。しかし，ラオスにおいても1970年代から1980年代の後半の時期に，地方人民議会と地方人民行政委員会の活動が促進されていたように，地方人民議会と地方人民行政委員会には，民族代表，あるいは様々な社会団体の代表者を参加させ，意見調整を行うことが可能である。したがって，これらの機関を廃止した後，現在の県知事制の下で，中央から地方への統制と地方での主体性のバランスをどのように形成しているかが問題になる。

ラオスの県知事は，党が党中央委員を地方に派遣して任命するため，県知事に対して権限を委譲したところで，地方の主体性の拡大にはつながらない，という考えもある。しかし，地方による主体性が最も重要となる計画・事業管理について分析した第6章では，プロジェクト形成の過程で，中央から派遣されている県知事（県党書記）が県党常務委員会を主宰し，県内のプロジェクトの

基本方針，事業計画の採択を行うなど県の意思決定を統括する一方で，県内で長く勤務してきた県副知事が県のプロジェクトを発案し，地域の発展状況に合わせて事業計画を見直し，さらに県党常務委員会の中での説明を行うなど，地方党委員が主体的に開発事業の形成に関与する様子をみることができた。

県内での政策決定過程では，中央から派遣される県知事（県党書記）が県党委員会の最終的な意思決定を行い，国防・治安を統括しており，党中央が地方党委員会を統制するメカニズムになっている。しかし，地方での予算管理，人事決定，事業形成に関する政策決定過程でみられたように，県内での意思決定は，県党委員会，特に県党常務委員会での審議を経て決定される。県知事に事業の許認可権が委譲されることで，事業形成・認可の過程において，地方党委員会を経て決定される政策事項が増え，その結果，地方党委員が意思決定に参加する機会が増加することになる。一方で，中央が直接に管理する公共事業プロジェクトでは，中央省庁の職員と外国人専門家によって事業が形成されるため，地方が関与する余地はみられない。

したがって，地方分権化政策により，県知事に権限が委譲されることで，結果的に県知事以外の県党委員が開発で果たす主体性が強化されるメカニズムになっている。第1章でみたように，県知事以外の県党副書記，県副知事は，地方出身者，あるいは地方で長く職務を経験してきた地方党幹部たちである。彼らは，地方の経済状況，社会の特徴について熟知している人物たちである。第6章でみたヴィエンチャン県副知事も，県内で長く勤務し，プロジェクト形成予定地で活動をしたことがある人物であった。

つまり，1998年から実施されている地方分権化政策は，県知事制の下で地方出身の党幹部を政策決定に参加させることで，地方の状況を政策に反映させ，地方の主体性を発揮させる政策であるといえる。地方人民議会，地方人民行政委員会のような地方の代表機関を廃止してしまったラオスでは，地方党委員会の内部において，中央からの統制と地方の主体性のバランスが形成されているといえる。

2．ラオスの地方行政，中央集権・地方分権をめぐる今後の展望

①現在の県知事制下での中央地方関係の限界

本書の執筆を脱稿した2014年11月において，ラオスの地方行政の特徴であ

る県知事制，郡長制は，まだ変更されていない。しかし，憲法改正をともなった，新しい地方行政の制度形成が予定されている。本書の内容を執筆するために行った現地調査から，すでに10年近く経過しているため，その後のラオスの中央集権・地方分権の変化について概観し，今後の制度変化の可能性について展望する。

　本書の分析で明らかになったとおり，ラオスの地方行政は，党中央が党中央執行委員を県知事として地方に派遣することで地方党委員会を統制しながら，専門行政については中央省庁の命令系統に置くことで地方の権限を制約する制度である。したがって，現在のラオスの地方行政では，地方人民議会が存在せず，県党書記が県知事を兼任し，地方党委員会が行政委員会を代行しており，党と国家機関の分担が実際には曖昧で，2つの機関は融合してしまっている。この体制は，国際社会において社会主義体制が大きく動揺し，ラオス国内で地方の治安が悪化していた1991年に形成されたシステムであり，地方における党組織の形成が充分ではない当時の状況下で，党中央が主導して地方を統制し，地方の治安を維持することに重点を置いたメカニズムであった。

　一方で，1996年以降，ラオスは，東南アジア諸国連合（ASEAN）への加盟（1997年），ASEAN自由貿易地域（AFTA）への参加（2008年），世界貿易機関（WTO）への加盟（2013年）など，東南アジアの地域統合，世界的な経済統合（グローバル化）に参加し，自国の経済発展を行っていくことが大きな課題となっている。本書でも分析したとおり，この過程で1998年から行われた地方分権化政策は，従来の県知事制の枠組みの中で，県知事に対して計画・事業形成と財務に関する部分的な権限委譲を行うことで中央の権限を分散し，地方の主体性を高めることで開発を促進する政策であった。

　しかし，このような政策には限界がある。なぜならば，現在のように県知事制の下で地方への権限の分散を強化すれば，結果的に，第2章で考察した1980年代の地方行政と中央地方関係のメカニズムに近くなっていくことになる。1980年代のメカニズムとは，地方人民議会が充分に機能しない中で，中央から任命される県党書記が県人民行政委員長を兼任し，県内の人事，事業形成，財務管理を全面的に指導していくメカニズムであった。しかし，第3章でみたように，1980年代のラオスでの経験から，このメカニズムでは，県人民行政委員長の活動に対するチェック機能が働かず，中央から地方への統制がとれなくなる，という教訓を残している。現在の県知事制も地方人民議会がなく，

中央から県知事を派遣するメカニズムであり，もしも，部門別管理制度による制約を緩めて地方に大きな権限を委譲すれば，県知事の活動に対するチェック機能が働かなくなる可能性が高くなる。

　さらに，これまでの地方分権化政策では，地方に主体性を与えることを目的としながらも，地方の人々による政策決定への参加の範囲は，党内，特に党幹部に限定されている。現在の県レベルの意思決定機関は，党委員会，特に県党常務委員会に一元化されているため，地方に主体性を持たせるといっても，地方出身の県党幹部が政策決定により多く関わるようになったにすぎない。ラオスが経済統合に参加し，地方での国境を越えた交流，海外からの地方への投資がさらに進むようになれば，党幹部だけに限らない，より広範囲の人々の政策決定への参加と地方の主体性が必要になってくるはずである。その意味で，現在の県知事制のシステムの下で，中央集権と地方分権のバランスをとることには，限界があるといえる。

②**地方に設置された財務部局の中央集権化 ── 部門別管理の再強化**
　本書でみたように，ラオスでは，2000年に「県を戦略単位として建設し，郡を計画・予算単位として建設し，並びに村を実施の基礎単位として建設することに関する首相訓令第01号」が公布され，小規模事業の管理に関する地方への権限委譲と，地方での歳入徴収の強化を目指した政策が実施された。本書の第4章で分析した結果，1999年の首相令第192号と2000年の首相訓令第01号による地方歳入の徴収強化に関する政策は，実施上においていくつかの問題点が指摘されていた。つまり，中央の財源として位置づけられているが，地方に徴収が委託されている歳入予算項目について，実際には，各県で徴収が行われた後に中央に移転されず，県内で支出されてしまう状況が生じていた。そして，この問題の背景として，地方レベルにおいて中央予算に属する税の徴収を専門に担当する部局が存在せず，県財務局の各課が中央の管理に属する税収と地方の管理に属する税収の両方を管理しており，担当部局，担当者が明確に分離していないことが原因であると明らかになった（本書191頁）。

　このような地方での税の徴収に関する問題を解消するため，2007年に「関税，所得税および国庫の業務を財務省に直属するように省庁の系統に従って中央集権化することに関する首相命令第35号」が公布され，財務省と財務省の地方出先機関に関する組織改革が行われ，歳入面の予算管理について中央集権

化が行われた（Lao PDR. Nā-nyok-latthamontī 2007）。

　財務省でのインタビューによれば，従来，県財務局に属していた関税課，所得税課，県金庫を県財務局から分離し，財務省の各局に直属するように変更された。関税部局については，全国を5つの区域に分割し，それぞれに区域関税支局が設置された。所得税部局については，各県に新たに県所得税支局が設置され，県レベルの金庫については，各県に県国庫支局が設置された。これらの部局は，県レベルに設置されているが，県財務局と異なって，人事については財務省の管轄局が決定権を持ち[1]，予算の配分についても県財務会議による承認を経ることなく，財務省によって直接に配分される。このような改革が行われた理由は，①これらの3つの部局が財務省に直属することで職員の専門性を保つことができ，②各部局が直接に財務省に報告することで透明性と迅速性が高まり，③地方で徴収した税収を中央に移転することなく地方で支出されてしまう問題を防ぐことによって，税収と歳入の確保を確実にすることであった[2]。

　したがって，これら財務省の3つの部局については，本来，1993年に公布された部門別管理に関する第21号決議に定められていた原則が改めて実施されるとともに，担当機関の分離と職掌分担の明確化が行われた[3]。

③「3つの建設」政策の実施 ── 郡レベルへの権限分散の強化

　2000年に公布された首相訓令第01号に基づく地方分権化政策についての評価会議が，10年後の2010年9月23日にソムサヴァート・レンサヴァット副首相の主催により開催された。会議結果を総括した報告書によれば，同政策の実施で評価されている点は，①国際社会からラオス政府が地方分権化政策を実施していると評価されたことで援助を獲得できたこと，②中央政府が業務を抱え込み，地方に代わって実施する状況が部分的に解消されたこと，③政策によって歳入徴収の目標達成が高まったこと，④中央と地方の権限が明確になったことで投資の管理能力が向上したこと，である。その一方で，政策の限界点として，①首相訓令第01号の意味と内容について認識と理解に混乱があり，多く

---

1) これらの部局の党員と党組織については，従来と同様に，事務所が設置されている県の県党委員会に付属する。
2) 財務省組織局における聞き取り（2014年11月）に基づく。
3) 財務省の歳入担当部局に加えて，2009年以降に，裁判所，検察庁についても中央が地方部局の人事と予算を直接に管理するように中央集権化された。最高人民検察庁における聞き取り（2014年5月）に基づく。

の機関が異なった理解に基づいて実施していた，②首相訓令の内容が明確ではなく，計画・財務など一部の部局しか対象としていなかった，③地方レベルで徴収された歳入が中央に移転されず，関税，所得税の歳入が減少し，県レベルが計画に定められていないプロジェクトを認可し，郡レベル・村レベルが森林伐採，土地の売却，鉱物採掘の認可を与えてしまう，などの問題点が生じた，と総括されている。今後の方針としては，地方分権化政策は国際社会の潮流であり，地方の潜在力の発掘と発展にとって必要であるため，今後も継続されるべきである，と総括された (Lao P. D. R. Tabōūang-kān pokkōng lae khumkhōng-latthakōn. 2010)。

その後，2011年3月に第9回党大会が開催された後に，従来の首相訓令第01号にかわって，「県を戦略単位として建設し，郡を全面的に強固な単位として建設し，並びに村を開発単位として建設することに関する政治局決議第03号 (2012年2月15日)」が公布され，全国の15の省，17の県 (首都)，51の郡，105の村において地方分権化政策が新たに試行されている (以下,「3つの建設」政策，と略称)。この政策の目的は，党の指導的役割の増大と結合させながら，地方行政機関の行政と経済管理における主体性を拡大して責任を強化すること，2020年までに最貧国から脱却すること，である (Lao PDR. Phak pasāson pativat lāo, Kom-kān-mēūang sūn-kāng phak 2012)。

各分野についてみると，予算管理については，歳入面での各レベルの権限の明確化に重点をおいて定められている。例えば，事業体の管理については，中央がエネルギー，鉱物資源などの大規模事業，県レベルが貿易会社，郡レベルが中規模・小規模事業体を管理し，各事業体から徴収した利潤税は，各レベルの歳入になる。そして，付加価値税については，中央が徴収した歳入の20％が地方の歳入となる。関税は，国際関門で中央が徴収した歳入のうち10％が地方に委譲され，そのうち60％が県レベル，40％が郡レベルの歳入になる。地方関門で県が徴収した歳入のうち40％は郡に委譲し，慣習的関門については，100％が郡の歳入になる，と定められている (Lao PDR. Kasūang kān-ngōēn 2012)。

人事管理については，「3つの建設」政策が試行されている県，郡，村について，従来は中央省庁によって任免されていた県レベルの局長・次長以下の職員，郡レベルの課長以下の職員の任免について，県レベルの局長・次長以下の職員は県知事が任免し，郡レベルの課長以下の職員については郡長が任免すること

が定められた (Lao PDR. Nā-nyok-latthamonti 2012)。したがって，1993 年に党政治局第 21 号決議によって定められた部門別管理の原則が変更され，地方党委員会が地方に設置されている部局の人事権を優位的に決定する「地域別管理」に移行する可能性がある[4]。

　計画・事業管理に関しては，公共事業管理について 50 億キープ以下のプロジェクトの管理権を郡レベルに委譲し，郡がプロジェクト予算を支出できるように権限を委譲することが指示されている。国内・外国投資については，県で実施される電力開発のための事業委託について，県レベルが 15MW 以下の投資プロジェクトを認可する権限が認められ，外国からの援助についても，50 万ドル以下のプロジェクトについて県レベルがドナーと合意の署名を行う権限が委譲されている (Lao PDR. Kasūang phaenkān lae kān-longthen 2013a)。さらに，計画策定過程において，従来は，郡内の各部局に対する予算配分は県の各部局によって決定され，郡党委員会，郡行政機関には，郡内の機関に予算を配分する権限が与えられていなかったが，この政策では，計画省によって各県に事業予算の上限枠が分配された後に，県によって各郡に対する予算枠が分配され，その後に郡党委員会，郡行政機関によって郡レベルの各部局に予算が配分されることが定められた。つまり，郡党委員会，郡行政機関による郡内の歳出予算の決定権が強化された (Lao PDR. Kasūang phaenkān lae kān-longthen 2013b)。

　「3 つの建設」政策は，現在も試行が継続しており，2015 年に総括が行われる予定である。したがって，現時点で評価を行うことはできないが，2014 年 9 月の時点でも地方行政機関によって計画外のインフラストラクチャー建設が行われ，それがラオスの財政問題の原因の 1 つになっていることが政府内でも指摘されており (Pasāson 2014)，かつて，首相訓令第 01 号が抱えていた問題点を充分に克服できていない可能性がある。

④地方人民議会の設置に向けた検討 —— 県知事制からの転換

　前述の地方に設置された財務部局の中央集権化，「3 つの建設」政策による地方分権化は，従来の県知事制の下での部分的な制度変更と政策変更に過ぎない。したがって，1991 年憲法の制定によって形成された地方行政の根幹である県知事制，郡長制を通じた党の地方支配のメカニズムは大きく変更されていない。

---

[4] 「3 つの建設」政策によっても，地方に設置される関税部局，所得税部局，金庫部局，裁判所，検察庁，統計部局については，従来通りに中央によって職員が任命されることが指示されている。

その一方で，2006年以降，ラオスでは，地方人民議会を設置する可能性について検討が行われている。2006年に開催された第8回全国組織会議において，2010年以降に地方人民議会を設置するために検討を進めることが決定された。かつて廃止された地方人民議会の再設置が検討されるようになった理由は，現在の地方行政にみられる県知事，郡長と地方党委員会書記の兼任体制では，地方での権限が県知事，郡長に集中しており，地方レベルにおいて行政機関と司法機関の活動に対する検査を充分に行えないためであった[5]。

　2007年からは，設置に向けた具体的な検討・準備が開始された。当時の構想では，県レベルのみに人民議会（県人民議会）を設置し，地方での経済社会開発計画，予算計画の審議・採択，地方の重要な行政規則の審議・採択を行う権限が与えられることが検討されていた。また，地方行政の長（県知事）は，県人民議会常務委員会によって推薦された後に首相によって任命され，地方の各部局の長は，県知事によって県人民議会に推薦され，承認を受けた後に県知事によって任免されることが計画されていた[6]。

　地方人民議会が設置されれば，ラオスの地方行政と中央地方関係は，従来のシステムから大きく変更されることになる。第1に，地方人民議会が設置されることによって，地方への権限委譲が進むといえる。従来は中央によって派遣・任免されていた県知事が，地方人民議会によって選出・推薦されることになる[7]。さらに，地方部局の長は，地方人民議会の承認を得て県知事が任免するため，中央省庁の命令系統（部門別管理）から県知事の命令系統（地域別管理）へと完全に移行することになる。

　第2に，地方レベルでの党と国家機関の職掌分担の明確化と地方行政機関への検査が強化される。本書で指摘したように，これまでのシステムは，本来は地方人民議会が行うべきである地方での計画案・予算案の承認を地方党委員会が代行し，地方党委員会書記である県知事によって決議が実施されるという，地方党委員会に権限が集中した一元的なシステムであった。しかし，地方人民議会が設置されることで，地方での計画案・予算案は，地方人民議会で承認されるため，党機関と国家機関の役割分担はこれまでよりも明確になる。それに

---

5)　党中央組織委員会における聞き取り（2009年9月）に基づく。
6)　行政公務員管理庁における聞き取り（2009年9月）に基づく。
7)　2009年時点では，県知事は，県人民議会の推薦により首相によって任命することが検討されていた。

ともなって，地方行政機関（県知事）の活動に対する検査が従来よりも強化され得る。

　第3に，地方レベルでの行政の活動に対する監視と県内の意思決定への地域住民の参加が拡大される。本書で明らかにしたとおり，従来の地方分権化政策では，地方党委員会に権限が委譲されることによって，地方出身の県副知事，県党幹部が意思決定に参加する機会が増える，という程度にとどまっていた。しかし，地方人民議会が設置されれば，たとえ議員の多くが党員だとしても，より広い範囲の人々が参加できる。特に地方のビジネス代表が地方の意思決定に参加する機会が増えることが期待される。

　地方人民議会の設置は，2009年11月に予算上の問題を理由に見送られたが，その後も準備が進められている。例えば，2010年12月に採択された改正国会法（以下，2010年国会法）では，新たに選挙区常務国会議員が設けられた（第21条）。つまり，従来は地方選出の国会議員のほぼ全員が地方での役職（県副知事，県国家建設戦線議長など）を兼任していたが，2010年国会法では，地方での役職を兼任しない専従の国会議員が置かれることになり，行政機関を監督する役割が期待されている。また，各選挙区（県）に国会選挙区議員団が設置されているが，議員団全体会議が年に2回開催されて，地方経済社会計画案，地方の予算案に関して検討し，採択することになった（第56条，第61条）。これは，地方の計画策定の過程において透明性を持たせ，計画が実情に合うように，国会議員が審査する機会を増大させるためである[8]。

　さらに，本書で指摘したとおり，地方人民議会を設置する環境も整ってきている。1991年の憲法制定において地方人民議会が廃止された原因の一つとなっていたのは，ラオスが置かれていた国際環境と地方の治安状況であったが，現在は，ラオスとASEAN諸国，アメリカ，日本，ヨーロッパなど域外の諸国との友好関係も増大している。また，かつては遅れていた地方の党組織の形成も進んでいる。本書で取り上げたヴィエンチャン県においても，2005年以降は，全国党大会の前に県党大会を組織できるようになった。さらに，治安状況についても，かつて治安が悪かったとされるサイソムブーン特別区が，2013年12月に新たにサイソムブーン県として改組され，投資と開発が促進されるようになっている。従って，地方の統制と治安維持に重点を置いた県知事制によるシ

---

8)　国会事務局における聞き取り（2014年5月）に基づく。

ステムを変更して，地方人民議会を設置し，地方の人々の参加が進むシステムへと移行することが可能になってきているといえる。

　2014年11月の時点において，2003年憲法を改正し，地方（県）人民議会が設立されるための準備が進展しつつある。今後，地方人民議会の設置によって，ラオスの中央集権と地方分権の動きがどのように変化し，ラオスの政治体制に影響を与えていくかは，本書での分析範囲を超えた課題であり，今後の動向に注目したい。

〈付録1〉

資料：ラオスの政策決定過程

　本文中で考察したラオスの地方行政の政策決定過程の流れについて，分野ごとにまとめたものを資料として示す。

第1章
（過程1-1）県知事の任命過程：本文40頁

①県知事が県党大会を経て選出される場合

　はじめに県党常務委員会が，県党大会準備指導委員会を任命する。委員会は，県党常務委員数名，県党組織委員会委員長，県官房長，県軍司令部長，県治安司令部長により構成される。そして，準備委員会は，さらに小委員会に分かれて準備作業を分担する。小委員会は，会議内容検討小委員会，人材小委員会，経済小委員会，動員小委員会および警備小委員会があり，そのうち，県党組織委員会が中心となる人材小委員会が，次期の県党常務委員と県党書記について候補者を検討し，県党常務委員会に提出する。県党常務委員会は，党中央組織委員会から派遣された職員と候補者について協議し，候補者を党政治局に報告する。その後，県党大会を開催し，県党執行委員会を選出する。同時に，県党執行委員会第1回会議を開催し，県党書記および県党常務委員を選出する。県党大会後に，県党常務委員会が，選出結果を党中央組織委員会に提出し，党中央組織委員会が，党政治局に報告する。新しく県党書記になった人物を，党政治局が首相に推薦し，首相が国家主席に推薦して，国家主席が県知事として任命する。

②県知事が異動により任命される場合

　県知事が異動によって任命される場合は，党政治局が，県知事の異動を検討する。そして，党中央執行委員会総会で承認された後に，党中央組織委員会が首相に提案し，首相が国家主席に提案して，国家主席が県知事として任命する。

第4章
（過程4-1）首相令第192号に基づく国家予算編成過程：本文186頁

1. 財務大臣が，国家予算初期計画を準備する。
2. 5月に，<u>財務大臣が，各省大臣，省と同格の機関の長，県知事，中央直轄市長および特別区長と調整して</u>，国家予算歳入・歳出総額，国家予算の財源に

ついて定めた国家予算初期計画を準備し，政府閣議へ提出する。
3. 政府は，国家予算初期計画を検討した後，訓令を公布し，省庁，県，中央直轄市，特別区が予算案を編成するに際して準拠すべき数値目標として，歳入・歳出の増減および大規模支出の目標を定める。
4. 政府閣議の後に，財務大臣が専門的な事項について詳細を定めた通達を公布する。
5. 各省，省と同格の機関，各県，中央直轄市，特別区長が，政府の数値目標，財務省の通達に従って，下級レベルから提出された予算案に基づいて，それぞれの機関の歳入・歳出予算案を編成し，財務省に提出する。
6. 7月に，財務省が，各機関から提出された予算案を総括し，国家経済政策，国家経済社会開発計画の目標，マクロ経済バランスを確実にするため，関係省庁と協議を行い，修正を行った後に，政府に対して国家予算案を提出する。
7. 政府が国家予算案を検討した後，国会の本会議が行われる30日以前，または8月末までに，国会に対して審議・承認を求めるために予算案を提出する。

（過程 4-2）財務省での聞き取りに基づく中央レベルでの国家予算編成の過程：本文 186 頁

1. 3月に，各県の県財務局が，各県の歳入予算案を準備する。このときに，財務省からも予算局と歳入担当各局の職員が県に出向し，各県の歳入徴収の状況に関する資料を収集し，県の職員とともに総括すると同時に，次年度歳入計画数値について増額できないか県と協議する。
2. 6月はじめに，計画委員会が主宰して，「マクロ経済数値予測会議」を開催する（1日）。会議は，計画委員会副委員長（又は，計画局長）が主宰し，計画委員会から，計画局，公共投資局，外国投資局，統計センター，経済研究所の各局長および技官1名が参加し，財務省からは，予算局およびマクロ経済政策研究局の局長および技官1名，並びにラオス銀行から，経済研究・総括局の局長および技官1名が参加する。この会議において，ラオスのGDPおよび国家予算歳入・歳出計画，貿易，インフレ，公共投資支出，公務員給与，行政事務費などの項目について協議する。
3. マクロ経済数値予測会議において，ラオスのマクロ経済の指標数値を得た後に，財務省予算局（計画総括・策定部）が，次年度の歳入予測数値を計測する。同時に，財務省マクロ経済政策研究局は，経済の長期的傾向および市場の状況を分析し，財政政策を検討する。
4. 財務省において，「国家予算初期計画起草会議」を開催する。この会議は，財

務大臣が主催し，歳入管理担当の各局長と歳出管理担当の各局長が参加する．
5. 財務省が，国家予算初期計画を政府閣議に提出し，政府の合意を得る．政府閣議には，各省大臣の他に，計画委員会からは計画局長が参加し，財務省からは予算局長が参加する．
6. <u>政府閣議の後，5月1日に財務大臣が，「昨年度の予算実施総括および次年度の予算編成に関する通達」を，各県と各省に対して公布する．</u>
7. 7月に，各県財務局の付属の各課（所得税課，土地課，財産課，関税課）は，歳入予算案を，県財務局予算課に提出し，県財務局予算課が県の予算案として総括し，<u>県財務局長と県知事の署名を得た後に，財務省予算局に提出する．</u>
8. 同時に，各県財務局の歳入担当の課（所得税課，土地課，財産課，関税課）が，各県の歳入予算案を，財務省の各歳入担当局（所得税局，土地局，財産局，関税局）に提出する．財務省の各歳入担当局は，各県の予算案を総括して全国歳入予算案を作成し，財務省予算局に提出する．
9. <u>財務省予算局および各歳入担当局が，各県から提出された予算案を審査する．</u>地方歳入・歳出予算案については，予算局地方予算課が検討し，中央各省庁が提出した歳入・歳出予算案については，予算局中央予算課が検討し，中央と地方からの歳入予算案については，財務省歳入担当局が検討する．
10. 予算局地方予算課，中央予算課と財務省各歳入担当局が，各予算案を予算局計画総括策定課に提出し，計画総括策定課が総括して国家予算案を編成する．
11. 財務省予算局が，財務省指導部に国家予算案を提出し，さらに財務大臣が検討して，署名をする．
12. 7月末に，財務省は，計画委員会と合同で，「全国財務会議」を開催する．会議は，計画委員長（副首相）が主宰し，中央から各省大臣，各省の計画担当者と財務担当者が参加する．<u>各県からは，県副知事（経済指導担当），県財務局長と県財務局予算課長が参加する．</u>会議では，①副首相が，経済社会開発計画の策定と国家予算の編成における基本方針を周知させる．②各県財務局と県計画局が，今年度の計画・予算達成状況を報告し，次年度の計画・予算案を定める．③財務省の各歳入担当局が歳入徴収について報告する．④財務大臣が，予算編成の方針を指示し，計画委員長が，公共事業投資計画の策定方針を指示する．⑤各県が，県の予算数値と計画策定について検討する．<u>会議では，過去の予算計画達成と次年度の予算案について協議し，財務省の各歳入担当局は，各県からの歳入予算に関する資料を集める．歳入徴収が政府の目標どおりに達成できていない場合は，その局は，各県の歳入担当課長を招集して会合を行い，どのように計画目標を達成するかを協議する．</u>

13. 8月はじめに,「歳入予算案数値審査会議」を開催する。会議は,財務省副大臣（経済指導担当）が主宰し,予算局長および各歳入担当局の局長と技官が参加する（1～2日）。この会議において,県からの歳入と中央からの歳入を総括して,全国の歳入予算を検討する。副大臣は,歳入をさらに増加させるための方策,歳入に関して政府に提案すべき法令について協議する。
14. 会議において歳入計画予測数値が承認された後,予算局が,歳出予算案を修正する。
15. 財務大臣が予算案に署名し,政府に提出する。
16. 8月末または9月はじめに,<u>政府拡大会議を開催する</u>（5日間）。会議は,首相が主催し,党政治局員,党中央執行委員,各省大臣,<u>各県知事</u>,財務省の担当局長（予算局長および各歳入担当局長）が参加する。<u>会議では国家予算案を審議し,歳入を増加させるためにはどのような法令が必要かを説明する</u>。公共事業投資については,新規事業の審査方針（政府の公共事業の優先順位など）について指導が行われる。
17. 会議後に,財務省の各歳入担当局は,歳入予算案を総括し,財務省予算局は,歳出予算案を総括する。
18. 国会に,国家予算案を提出する。国会には,予算案の説明のために,財務大臣,副大臣,財務省の各歳入担当局長および予算局長が参加する。

（過程4-3）国会における国家予算案の審査および承認過程：本文187頁

1. 国会事務局に属する経済計画財務局が,政府から国家予算案が正式に提出される前に,計画委員会と財務省から国家経済社会開発計画案と国家予算案を事前に入手して,昨年度に提出された年次計画と比較しながら,計画の達成の可能性について検討する。
2. 国会経済委員会,国会文化委員会,国会民族委員会,国会法務委員会の委員長および技官,並びに国会事務局研究・総括局の職員によって視察団を形成し,地方視察を行う。1つの視察団が3つの県を担当し,15日間視察する。
3. 国会開会の約2週間前に,政府から国会に対して正式な国家予算案が提出される（実際には2日前に送られてくることもある）。国会事務局内の経済計画財務局が,以前に入手した計画の数値の増減と地方から得た情報を比較しながら予算案を検討する。
4. 経済計画財務局会議を開催し,検討結果を審議し承認する。

5. 国会本会議の開催前に，<u>国会の各専門委員会の会議を開催する（3日間）</u>。会議は，各委員長が主宰し，各委員会に所属する国会議員，各委員会が監督する省庁，経済計画財務局（計画担当）が参加する。会議では，国会議員が国家経済社会開発計画に関して質問する。特に，公共事業投資計画の実施（特に，実績の悪い事業の問題点），国内総生産（GDP），昨年の成長率，インフレ率，商品生産および輸出額の数値の正確さについて質問が行われる。<u>国家予算案に関しては，国家財源の不足分，追加資金の獲得源，経済分野の予算配分の重点について質問が行われる</u>。それに対して関係省庁が説明する。
6. 会議終了後に，経済計画財務局は，国家経済社会開発計画と国家予算の実施と次年度計画に関する国会経済財務委員会の意見書を作成する。
7. 国会本会議を開催する。初日に，国会議長は，国家経済社会開発計画および国家予算案小委員会を任命する。本会議中に，国家経済社会開発計画案と予算案を審議する（1週間）。内訳は，第1日目に，首相が今年度の国家経済社会開発計画と国家予算の実施について概要を報告し，副首相（国家計画委員会委員長）が次年度の国家経済社会開発計画案を提案し，<u>財務大臣が次年度の国家予算案を提案する</u>。2日目に，国会経済財務委員会が，委員会での意見に基づいて見解を述べる。3～5日目に，国会議員が各計画案について意見を述べる。最終日に，小委員会委員長が国会に対して，国家経済社会開発計画と国家予算の決議案を提案する。国会議員が決議案に対する意見を述べる。国会議員からの国会本会議での質問は，国家経済社会開発計画については，国民総生産（GDP）などマクロ経済の動向についての質問が行われ，また，商品生産，インフレ率，焼畑および麻薬栽培の抑制，貧困の削減（少数民族に対する職業奨励）についての意見が出される。<u>国家予算については，歳入をどこから確保するのか（所得税または関税），過去の歳入の実施が計画どおりに行えなかった理由について質問がある場合が多い</u>。その後，国会決議について採択を行い承認する。

（過程4-4）国会での承認後の国家予算公布過程：本文188頁

1. 国会が承認した後に，財務省予算局が，国家予算を編集・印刷し，財務大臣が署名を行う。
2. 首相が，「年度経済社会開発計画および国家予算の公布および実施に関する首相令」を公布する。
3. 財務大臣が，「年度国家予算の実施に関する財務大臣通達」を公布する。

4. 地方に対して予算配分を通知するために，「全国財務会議」を開催する (2～3日)。会議は，財務大臣が主催し，財務省のすべての局長と技官，すべての県の県財務局長と技官が参加する。この会議において，昨年度の予算の実施を総括し，次年度の予算について説明し，<u>各県に対して，国会で承認された次年度の各県予算を通知する</u>。このときに通知される<u>「年度歳入・歳出予算通知」</u>は，1枚のみで，県の歳入に関する各項目（租税，土地税，財産，関税）についての総額および歳出に関する各項目（月給，調整費，公共投資費）の総額のみが定められている。金額については，国会の会議の前に行われた全国財務会議においてすでに合意された数値である。そのため，国会が予算総額について合意した後に，数値の分配についての会議を行うことはない。

（過程 4-5）財務省所得税局の歳入予算の編成および審査過程：本文 189 頁

1. 財務省予算局が，次年度の租税歳入の予測数値について，所得税局に非公式に通知してくる。
2. 6月に，所得税局は，今年度の税徴収の実施が歳入予算と比較してどの程度達成しているか，達成していない場合は，その理由について検討し，予算局が通知してきた予測数値と比較して，次年度の歳入予算数値を準備する。
3. <u>所得税局管理課が，各県財務局から毎月提出される定例報告および所得税局職員による各県への一週間の調査によって，各県の情報を収集し，所得税局資料情報課が全国の所得税歳入予算案を総括する</u>。そして，全国所得税会議において各県に予測数値を示すために，各県に対する歳入数値の配分計画案を起草する。
4. 各歳入計画の数値について，所得税局幹部会に提出し，所得税局長が承認する。
5. 財務省内において，所得税局会議を開催する。会議は所得税局長が主宰し，局次長，局内の各部長が参加する。この会議において，所得税収入に関する年次総括報告書および次年度の所得税歳入予算案について検討する。
6. <u>7月に，「全国所得税会議」を開催する</u>。会議は，財務省所得税局長が主宰し，租税局次長，所得税局の各部長，財務省の各局の代表，<u>すべての県の県財務局所得税課長が参加する</u>。会議では，今年度の所得税歳入予算計画の達成状況を総括し，次年度の歳入予算案について，各県に初期配分数値を通知する。そして，それに対して県の所得税課長が意見を述べる。<u>割り当てられた数値について各県は意見を述べることができるが，実際には割り当てた数値が変更されることはほとんどない</u>。
7. 会議後に，所得税局が歳入予算案を編纂し，所得税局幹部会に提出する。

8. 所得税局幹部会を開催する。会議には，所得税局内の法令・所得税政策課と収入管理課が参加する。会議で合意された後，所得税局長が承認の署名を行う。
9. 所得税歳入予算案を，財務省予算局，財務大臣（政府への報告のため），各県財務局長（県知事への報告のため）に送付する。
10. 財務省によって開催される全国財務会議，予算に関する政府の会議に，所得税局長および技官（部長）が参加をする。

（過程 4-6）所得税局による各県への歳入予算数値の配分過程：本文 189 頁

1. 国会が国家予算を承認した後に，財務省予算局が，財務省内の各歳入局に対して次年度の歳入予算数値を通知する。
2. <u>所得税局が，所得税の種類と各県に対する歳入数値配分を起草する。</u>
3. 財務省が，財務省会議を開催する。会議は，財務大臣が主宰し，副大臣，財務省指導部，各局長が参加する。会議の後，財務省予算局が，各局の配分計画を総括する。
4. 財務大臣が承認し，署名を行う。
5. <u>財務省が，各県に歳入予算を通知し，所得税局が所得税歳入予算数値を各県所得税課に通知する。</u>

（過程 4-7）財務省関税局による関税歳入予算編成の過程：本文 189 頁

1. <u>県財務局関税課は，毎月の定例報告，3ヶ月報告，6ヶ月，年度報告を総括し，定期的に財務省関税局に報告する。また，県の関税徴収計画を，財務省関税局に提出する。</u>
2. 財務省関税局統計計画課が，各県の数値を総括する。
3. 関税局幹部会で，全国の関税歳入の数値を検討する。昨年度に比較して，関税収入がどの程度増加するかを研究し，次年度の関税収入の予測数値を検討する。
4. 関税局が，次年度の関税収入の予測数値を財務省予算局に提出する。
5. <u>次年度の歳入予算案の数値は，計画委員会が主宰するマクロ経済会議の決定に従う。</u>
6. 関税の予測数値を全国財務会議に提出する。会議においては，昨年度の実施から得られた教訓，計画を達成できなかった理由について協議する。
7. 全国財務会議の後で，全国歳入予算案が，国会に提出される。

(過程 4-8) 関税局による各県への関税歳入予算数値の配分過程：本文 189 頁

1. 財務省予算局が，財務省の各局に各税目の歳入予算を送付する。
2. 関税局内では，歳入計画数値を得た後，関税局次長（計画指導担当）の指導の下に，統計・計画課が，各県に対する数値の配分計画を起草する。
3. 「全国関税会議」を開催する（2～3日）。会議は，関税局長が主宰し，関税局委員会，関税局の各部長，並びに各県の財務局関税課長が参加する。会議では，昨年度の関税徴収の達成について評価し，今年度の歳入予算数値について各県に分配し，関税徴収における対策について相談する。
4. 会議における決定に従い，関税局長が署名をする。各県財務局関税課長は，県に予算を持ち帰って実施する。

(過程 4-9) ヴィエンチャン県の予算編成過程：本文 193 頁

1. 各郡財務課の各班が，歳入および歳出に関する資料を収集する。
2. 4月または5月に，財務省が「次年度の予算編成に関する財務省通達」を県財務局に対して送付する。
3. 県財務局は，「次年度の予算編成に関する県財務局通達」を作成して，各郡に送付する。
4. 郡財務課の歳入担当各班が，郡内の歳入予算案を起草する。
5. 郡財務課内で，歳入予算案を総括した後に，郡財務課長が署名する。
6. 郡財務課が，郡の歳入予算案について郡官房に報告し，郡長が署名する。
7. 郡財務課が，郡の歳入予算案を県財務局に送付すると同時に，郡財務課の歳入担当各班が，県財務局の歳入担当各課に，各税目の歳入予算案を提出する。
8. 4月に，県財務局に付属する歳入担当各課（所得税課，土地課，財産課，関税課）が，県の歳入予算案を編成する。
9. 県に所在する各部局が，各局内の歳出予算案を編成して，県財務局に提出する。
10. 県財務局予算課が，各郡から提出された歳入・歳出予算案，県財務局の歳入担当課が編成した県の歳入予算案および各局が提出した歳出予算案を総括して，県の歳入・歳出予算案を編成する。
11. 県財務局予算課が県財務局幹部会に予算案を提出し，承認を受ける。
12. 5月に，県財務局が，「県財務会議（前期6ヶ月財務実施総括および後期6ヶ月実施予測会議）」を開催する。この会議は，県財務局長が主催し，県副知事（経済指導担当），県財務局付属の各課，郡財務課長，郡財務課各班長が

参加する。会議において，今年度の予算の達成状況を審査し，次年度の歳入・歳出予算案について協議を行い，次年度の予算方針を定める。会議では，特に歳入の数値について，どの資料から得られた数値か，歳入予算の目標数値が達成可能かについて検討する。
13. 県財務局予算課が，会議の結果に従って県の予算案を総括する。
14. 県財務局党組会議での承認を経て，県財務局長が署名をする。
15. 県財務局が，県知事に予算案を提出する。
16. 6月はじめに，県知事が，県党常務委員会を招集する。会議には，県党常務員のほかに，県財務局長および県財務局の関係課長が参加する。会議では，歳入予算案の数値について正確なものであるか，資料はどこで得られたものか，数値の増減が可能かについて検討する。
17. 県党常務委員会の承認を得た後に，県知事が署名を行う。
18. 県で承認された後，県の歳入・歳出予算案については，県財務局が財務省予算局に提出する。同時に，歳入予算案については，県財務局の歳入担当各課が，財務省の歳入担当局（所得税局，土地局，財産局，関税局）に，各自の予算案を提出する。

（過程4-10）国家予算計画承認後の県予算の配分過程：本文 194 頁

1. 国会閉会後に，財務省が，「前年度の歳入・歳出予算実施の総括および次年度の歳入・歳出予算会議」を開催する。会議は，首相（または副首相）が会議を主催し，各省大臣，県知事，各県の財務局長と技官，並びに各県の計画局長および技官が参加する。そして，財務大臣が，中央の各省庁と各県に対して，国会で採択された各県の歳入・歳出予算の総額について通知する。会議では，前年度予算の実施について総括し，次年度の予算について説明を行った後に，各県が割り当てられた歳入数値について意見を述べる。県が自らの資料の数値に基づいて，割り当てられた歳入数値が高すぎると判断した時は交渉を行うこともあり，その場合は他の県との間で歳入割当数値が調整される場合もあるが，実際には大きく変更されることはない。
2. 会議後に，財務大臣が予算計画に署名し，各県に対して通知する。
3. 各県が中央から予算の数値を得た後に，県財務局の歳入担当の各課は，各郡に対する歳入数値の配分案を起草し，県財務局予算課に配分案を送付する。県財務局予算課は，県内の各部局に対する歳出予算の数値配分案を起草する。そして，県財務局歳入担当課から送付された歳入予算の配分案と合わせて，県内の歳入・歳出配分案を起草する。
4. 県財務局が，県知事に予算配分案を提出する。

5. 県知事が，県党常務委員会を招集する。この会議には，県財務局長と技官（予算課長および各歳入担当課長）が参加する。会議では，各郡に対する歳入予算数値の配分と県内の各部局に対する歳出予算数値の配分を決定する。特に，歳入数値の配分については，中央が割り当てた数値よりも多く歳入を確保することができないかを検討する。歳出予算案については，給与費については多くの変更を行うことができないが，職員の研修費用に充てる奨励費および事務費の費目については県に決定裁量権があり，配分の優先分野を決定する（例えば，県内の教育開発を促進するために，県教育局に対する予算配分を優先する，などである）。
6. 11月に，県内で，「前年度の県歳入・歳出予算実施の総括および次年度の歳入・歳出予算編成会議」を開催する。会議は，県知事が主宰し，県内の各郡長，各部局の長，各郡の財務課長と技官が参加する。会議において，前年度予算の達成実績と次年度の予算数値を，各郡および各部局に通知する。また，歳出について，各部局が節約し，歳出予算に従って実施するように指導を行い，歳入について，中央から県に対して割り当てられた歳入予算の数値を上回るための対策を相談する。
7. 会議後に，各郡および各部局が，予算に従って実施する。

（過程4-11）計画超過報奨金の支出計画の策定過程：本文198頁
1. 第4四半期に，県財務局が，各郡の歳入予算実施に関する数値を総括する。
2. 県の歳入が歳入予算計画を超過することを予測した場合，県財務局予算課が計画超過報奨金を得るための申請書を起草する。
3. 県財務局長が，申請書案に承認の署名を行い，県知事に提出する。
4. 県知事の署名を得た後に，県財務局が財務省予算局に，計画超過報奨金の申請書を提出する。
5. 財務省が検討した後，県財務局に対して，計画超過報奨金として認可した歳出数値を通知する。
6. 財務省から認可を得た後に，県財務局長が県知事に対して財務省が認可した数値を報告し，計画超過報奨金の支出計画方針について指導を求める。
7. 県財務局が，計画超過報奨金の各郡への配分案を作成する。県官房長が意見を加えた後に，県知事に提出する。
8. 県知事が県党常務委員会の会議を開催し，計画超過報奨金をどの目的に支出すべきか，県の各部局と各郡にどのように予算を配分すべきかを検討し，決定する。

9. 県党常務委員会の後に，県財務局予算課と県計画局が，詳細な支出計画案を作成する。
10. 報奨金支出計画に県財務局長が署名して県知事に提出し，県知事が承認の署名を行う。
11. 県知事が，報奨金支出計画を政府に申請する。財務省が検査し，承認した後に，首相が決定を公布して支出される。

第5章
（過程5-1）郡長の任命過程（郡党大会を経る場合）：本文215頁

1. 県党常務委員会の指導の下で，郡党執行委員会が郡党大会の準備を行う。
2. 郡党大会準備小委員会を設置する。準備小委員会は，内容小委員会，経済小委員会，規則小委員会，治安小委員会，人材小委員会の5つの小委員会から構成される。各小委員会は，郡党執行委員，郡職員と県が派遣した職員により構成される。
3. 人事については，人材小委員会が次期の郡党執行委員候補者を検討する。検討過程では，人材小委員会に対して県党組織委員会および県党検査委員会が指導する。人材小委員会と県党組織委員会が，郡党執行委員の候補者について相談し，候補者を想定する（投票結果について複数の場合を考えて想定を行う）。
4. 候補者を選抜するために予備投票を行い（2～3回），候補者を確定する。
5. 各分野で大会開催の準備が完了した後に，郡党執行委員会は，県党常務委員会に報告を行う。県党常務委員会は，郡党大会の開催を承認する。
6. 郡党大会において投票を行い，郡党執行委員を選出する。
7. 県党書記または県党常務委員が主宰して，郡党執行委員会第1回総会を開催する。会議には，県党組織委員会，県党検査委員会と県党宣伝委員会から代表が参加する。会議において，投票によって郡党書記と郡党常務委員を選出する（多くは県党組織委員会が想定した候補者が選出されるが，予想が外れる場合もある）。
8. 会議後，人材小委員会委員長が，会議の結果について県党常務委員会に報告する。そして，県党常務委員会が，県党大会と郡党執行委員会第1回会議の結果について認証する。
9. 県党常務委員会が，党政治局に対して郡党書記の任命を推薦し，党政治局が任命する。
10. 同時に，県知事が首相に郡長の任命を推薦し，首相が郡長として任命する。

(過程 5-2) 郡長の任命過程 (郡党大会を経ない場合)：本文 215 頁

1. 県党組織委員会が，経歴，知識，能力，年齢と経験を考慮して，候補者を検討する。
2. 県党組織委員会が県知事に候補者を推薦し，県知事は県党常務委員会の会議に事案を提出して検討する。
3. 県党常務委員会の合意を得た後に，県党組織委員会が県知事の推薦書を起草する。
4. 県知事が署名した後に，首相宛の推薦書を党中央組織委員会に提出する。
5. 党中央組織委員会が検討した後に，首相府に対して推薦書を作成し，首相に提出する。
6. 首相が任命する (党政治局の審査を経ない)。

(過程 5-3) 副郡長の任命過程：本文 216 頁

1. 県党組織委員会が候補者を検討し，郡長に諮問する。候補者は，郡内から選抜する場合もあるが，県党組織委員会が他の郡・部局から候補者を選抜することもある。
2. 県党組織委員会と郡長の間で協議し，合意が得られた後に，郡長が県知事に推薦書を提出する。
3. 県党組織委員会が任命書を起草し，県知事に提出する。
4. 県知事が検討した後に，県党常務委員会で審査する。もしも，合意が得られないときは，別の人物を検討する。
5. 県党常務委員会の合意が得られた後，県知事が任命を行う。

(過程 5-4) 県官房長の任命過程：本文 220 頁

1. 県党組織委員会が候補者を選抜し，県知事に推薦する。
2. 県知事が検討した後に，県党常務委員会の会議において検討する。
3. 県党常務委員会の合意が得られた後に，県党組織委員会が任命書を起草する。
4. 県知事が署名して任命を行う。
5. 任命を行った後で，首相府官房と党政治局に報告する。

(過程 5-5) 県官房次長の任命過程：本文 220 頁

1. 県党組織委員会が，県官房長と協議して候補者を選抜する。
2. 県党常務委員会に提出して意見を得る。
3. 県党常務委員会の合意が得られた後に，県党組織委員会が任命書を起草する。

4. 県知事が署名して任命する。
5. 任命を行った後で，首相府官房および党政治局に報告する。

(過程5-6) 県官房内の各課長の任命過程：本文221頁
1. 県官房幹部会が，候補者を検討する。
2. 県官房内の党組の会議で候補者を検討する。
3. 党組の合意を得た後に，県官房長が，県党組織委員会に候補者を推薦する。
4. 県党組織委員会が検討した後に県知事に推薦する。
5. 県知事が検討した後に，任命する。

(過程5-7) 郡官房長の任命過程：本文221頁
1. 郡党組織委員会が候補者を選抜し，郡長に提案する。
2. 郡長が検討した後に，郡党常務委員会の会議において検討する。
3. 郡党常務委員会の合意を得た後に，県党組織委員会に推薦する。
4. 県党組織委員会が検討した後に，県知事に推薦する。
5. 県知事が検討し，合意した後に任命する。
6. 任命後に，県官房に通知する。

(過程5-8) 県財務局長の任命過程：本文226頁
1. 県財務局長と次長の人事を変更するかについて，財務大臣と県知事の間で協議する。
2. 財務省組織局が，省内の人材から県財務局長候補者を探し，県党組織委員会との（または，直接に県知事との）協議に行く。
3. 県党組織委員会は，財務省組織局と相談する前に，県党常務委員会と県党組織委員会の職員による会議を行い，県財務局長を誰に変更するかについて相談し，県内の職員の中から新たに県財務局長となるべき候補者を探して財務省組織局に推薦する。（1人の候補者を推薦することもあれば，2～3人の候補者を推薦する場合もある。）
4. 財務省組織局の職員が県に出向き，県党組織委員会を訪れる。候補者の選定では，財務省組織局の職員が県党組織委員会の職員と協議して候補者を決定する場合と，財務省組織局の職員と県党組織委員会の職員が県知事を訪れて，県知事の意見を聞く場合がある。協議では，財務省と県の間の意見がまとまりにくい場合がある。理由は，県の側では，県内部で幹部を育成したいと考えており，将来的に県副知事にしたいと考えている人材を県財務局長に就任

させたいと望む。一方で，財務省組織局の側は，専門的知識を多く持っている財務省職員を派遣したいと望んでいるために，双方の意見が一致しないためである。
5. 財務省組織局と県党組織委員会の間で，候補者について合意が得られた後，県知事は，財務大臣に対して候補者の推薦書を作成し，財務省官房に提出する。
6. 財務省官房が財務大臣に文書を提出し，財務大臣が推薦書の内容を読んだ後に意見を付加して，財務省組織局に送付する。
7. 財務省組織局が任命書を起草し，財務大臣が署名を行う。
8. 財務省組織局は，財務大臣が署名した任命書を携えて県財務局に行き，新しい局長の就任式を行う。

（過程 5-9）県財務局次長の任命過程：本文 226 頁
1. 県財務局長が，県財務局内の課長の中から候補者を選抜する。
2. 県財務局長が，選出した候補者について県党組織委員会から意見を求める。
3. 県党組織委員会から合意が得られた後に，県知事と県副知事から意見を求める。
4. 県知事から合意が得られた後に，県党組織委員会が，財務省組織局に推薦する。
5. 財務省組織局と県党組織委員会の間での合意が得られた後，県知事は，財務大臣に対して候補者の推薦書を作成し，財務省官房を通じて財務大臣に提出する。
6. 財務大臣は，推薦書に意見を付加して，財務省組織局に書類を送付する。財務省組織局が任命書を起草し，財務大臣が署名を行う。

（過程 5-10）県財務局内各課長・副課長の任命過程：本文 227 頁
1. 県財務局幹部会（局長と次長）が，課内で勤務している職員から候補者を選抜する。
2. 選出した候補者について県党組織委員会から意見を求める。
3. 県党組織委員会から合意が得られた後に，県財務局長が候補者の推薦書を作成し，財務大臣に送付する。（いくつかの県では，事前に県知事から承認を得る。）
4. 財務大臣は，財務省組織局に任命書を起草させる。財務省組織局は任命書の起草を行うのみであり，候補者が適任であるかを審査することはなく，県が推薦した人物を任命する。

5. 財務大臣が署名した後，財務省組織局は，県財務局に任命書を送付する。県財務局長は，県党組織委員会代表，県党検査委員会代表，県大衆団体代表および県財務局職員を招いて課長の就任式を行う。(課長と副課長は同時に任命されることが多い。)

第6章
(過程6-1) 法令に規定されている公共事業投資計画の策定過程：本文256頁

1. 毎年5月はじめに，計画委員会委員長が，経済社会開発計画の作成に関する指導要綱を公布し，年度の公共事業投資予算上限数値を各省と地方に通知する。
2. 6月15日までに，各省と各県は，通知された上限に従って事業の優先を決定し，計画協力委員会に計画案を提出する。
3. 計画協力委員会は，提出された計画案を総括して，7月に政府の会議に提出する。
4. 政府は，計画案を検討し，合意した後に，国会の会議に提出する。
5. 国会において計画を採択する。
6. 国会決議に基づいて，10月に首相が経済社会計画を公布し，計画協力委員会委員長が実施指導要綱を公布する。

(過程6-2) 計画委員会での聞き取りに基づく公共事業投資計画策定過程：本文256頁

1. 6月はじめに，計画委員会が主宰して，「マクロ数値予測会議」を開催する(1日)。会議では，GDP，国家の歳入・歳出，貿易，インフレ，公共投資支出，公務員給与および事務費の予測について協議される。この会議は，計画委員会副委員長(又は，計画総括局長)が主宰し，計画委員会から，計画総括局，外国投資局，統計センターおよび経済研究所，財務省からは，予算局および経済研究局，並びにラオス銀行の経済研究・総括局から，局長と技官が1名ずつ参加する。
2. 計画総括局が公共事業投資支出の概算を総括し，計画委員長に報告する。
3. 6月末に，計画委員長が，概算予測を政府に提出する。
4. 政府閣議において，GDP，外国投資，貿易などのマクロ経済指標予測に関する合意を得る。閣議においては，過去6ヶ月の国家経済社会開発計画の実施報告および後半6ヶ月の修正計画，次年度においてGDP全体の何パーセン

トの公共投資を行うか，公共投資の財源をどこから捻出するかについて協議される。閣議には閣僚のほかに，計画委員会から計画総括局長が参加し，財務省から予算局長が参加する。

5. 政府閣議の後に，<u>首相は，経済社会開発計画策定に関する訓令を公布し，計画委員長は，経済社会開発計画策定に関する通達を各省庁および各県に対して公布する</u>。通達には，昨年度の実施総括，次年度の政策方針，実施対策および提案が含まれている。
6. <u>各県が公共事業投資計画案を計画委員会に提出する</u>。期限は6月15日であるが，多くの県は，6月末から7月に送ってくる。
7. 計画委員会計画総括局の各課が分担して，各県および各省の公共投資計画案を総括する。計画総括局内には，マクロ経済分析総括課，経済開発課，社会開発課，地域開発計画課および貧困削減課が設置されており，経済開発課は農林省など経済開発関連の省庁の計画を総括し，社会開発課は教育省など社会開発関連の省庁の計画を総括し，地域開発計画課は，各県の開発計画を総括し，貧困削減課は貧困削減計画を総括する。マクロ経済分析総括課は，各計画を総括して国家経済開発計画案を起案する。
8. 6～7月に，計画総括局内各課が会議（2～3日）を開催し審議を行う。会議には，各課の課長が主宰し，課の技官全員が参加するほか，多額の事業費用を申請している県の職員を参加させる。会議では，<u>県が提案した計画案と局内で起草した計画案を比較し，各事業が政府が定めた予算方針に適合しているか，政府が定めた優先順位に適合しているかを検討する</u>。政府の定める優先順位は，第1に外国の資金を受けた事業，第2に継続事業，第3に負債返済事業，第4に新規事業である。そして，担当の副局長に問題点と事業計画表を報告する。
9. 計画総括局マクロ経済分析総括課が，全国の公共投資計画案を総括する。
10. 7～9月に，<u>計画総括局幹部の会議を開催する（会議は，複数回行われる）。会議においては，各県の公共事業投資予算の上限枠（県別に作成）を起草・検討し，全体の事業数と費用額を総括する</u>。
11. 計画委員会副委員長（公共投資統括担当）に計画案を提出し，各県と各省に対する投資上限予算枠の配分案を検討する。
12. 7～8月に，計画委員会が主宰して数県ごとの地方会議を開催する（2日）。地方会議は，北部，中部，南部で開催する。地方会議の議長は計画委員会が任命し，計画委員会副委員長と計画委員会内の局長が分担して各地方会議の議長を務める。会議の内容は，県に対して政府の方針を伝えると同時に，県からの要望を受理することである。各県に，過去の年度の経済社会開発計画

の実施状況を報告させ，政府の方針および政策の通知を行い，対策を提示する。また，まだ次年度の計画案を提出していない県の計画局に対して，計画案を提出するように催促する。
13. 会議の後，計画総括局が計画案を総括し，計画委員長が政府に提出する。
14. <u>8月の中頃に，副首相（計画委員長を兼務）と財務大臣が，共同で議長を務める「全国計画・財務業務年次会議」を開催する（2日間）</u>。県からは，各県の県知事，副県知事，県計画局長，県財務局長と技官が参加し，各省からは，各省副大臣，計画・財務担当長と技官が参加をする。1日目は，公共事業投資について協議し，県が昨年度の公共事業投資の実施を報告するとともに，次年度の方針と大規模事業について説明する。2日目は，<u>計画委員長が，1）次年度の事業投資の方針（経済構成についての規則）を提示される</u>。例えば，県の公共事業投資総額の中で，教育関連事業費が最低何パーセントを占めなければならないかが指示される。<u>2）各県および各省に対して，公共事業予算上限枠を通知する</u>（通知は，封筒に入れて各県に通知される）。
15. 会議の終了後に，大規模事業および重要な事業については，事業に関係する県の県計画局を呼んで，各事業の費用について説明を求める。会議の終了後に，県は予算の増額要望書を作成して，計画委員会に申請する。また，県知事または県副知事が，投資の増額の要望を行うために，計画委員長または副委員長に陳情に来ることがある。
16. <u>県知事と副知事が県に戻り，公共事業投資計画案を修正した後に，再度提出する（2～3日）</u>。計画委員会が計画案の総括を行い，政府に計画案を提出する。
17. 8月中頃または8月末に政府閣議で計画案を審議する。緊急の場合は，首相と副首相による幹部会議で検討する場合もある。閣議には，計画委員会から委員長の他に計画委員会投資局の職員が参加し，大規模事業について検討する。
18. 党中央執行委員会の会議に計画案を提出する。
19. 国会に計画案を提出する。

（過程 6-3）県内の公共事業投資計画の策定過程：本文 261 頁

1. 計画委員会が，各県に対して経済社会開発計画案を策定するように通達を公布する。
2. 県計画局が，公共事業投資計画について県の通達と事業申請用紙を準備する。
3. 6月に，県知事が主宰して，「部局間および県指導部会議」を開催する（1日）。会議には，県内にある25の部局の長が参加するほか，各部局の計画技官が

参加する。また，この会議は，県党執行委員会拡大会議として，県党執行委員会と合同で開催することもある。会議では，県計画局が昨年度の県の開発状況と次年度の県の開発方針を提案する（前期6ヶ月の経済社会開発計画実施総括および後期6ヶ月の計画，次年度の計画策定準備）。この会議では，経済社会開発計画と公共事業投資計画の両方を検討する。また，県財務局も県の予算計画案について提案を行う。<u>会議では，県知事が，①県内の状況（県内への少数民族の移住に対する対応など），②県の基本方針の設定（県全体の開発方針），③県の優先部門（ヴィエンチャン県の場合は農業開発）について指示する。</u>

4. 県内の各部局および各郡（郡計画投資課）が，自らの部門の経済社会開発計画案と公共事業投資計画案を策定し，県計画局に送付する。
5. 県計画局（計画総括課）が各部局の提出した計画を総括し，県計画局内の会議で草案を検討する。県計画局長が事業数の多い部局（県農林局，県通信運輸郵便建設局，県工業局，県教育局）の職員を呼び，年度の予算枠内に納めなければならないことを説明する。
6. 県計画局計画総括課が県の経済構成数値および県予算の予測数値について検討し，起草する。
7. <u>6月末の県党常務委員会の会議において，県知事が，県知事指導の事業について指示を行い，各部局に対して事業の優先を見直させる。</u>この会議には，県党常務委員のほかに，県計画局長，多くの事業を持つ部局（県農林局，県通信運輸郵便建設局，県教育局，県保健局，県工業局）と県財務局の職員が参加する。また，<u>会議では，県計画局が提案した県の経済構成計画案（公共事業予算配分割合）について検討し，決定する。</u>
8. 県副知事（経済統括担当）が主宰して，県の会議「次年度事業投資計画策定および数値検討会議」を開催する（1日）。会議には，県内の各部局の長および各部局の計画担当技官が参加する。会議では，県計画局長が予算数値初期予想と県の経済構成について各部局に通知し，3〜4日で各部局の計画を修正させる。また，各部局の提案した大規模事業について説明させる。
9. 会議が終了した後に，県計画局計画総括課が，会議の結果に従って計画案を修正する。そして，県知事が承認の署名を行う。
10. 県計画局が，県の経済社会開発計画と公共事業投資計画案（初期）を，計画委員会に提出する。この段階では，まだ予算上限枠がわからないため，県は事業数の削減を行わず，各部局から提出された事業案すべてを計画委員会に申請する。
11. 計画委員会が，地方会議（北部，中部，南部）を開催する。

12. 計画委員会が，全国の計画案を総括し，計画委員会の会議（中央の会議）を開催する。会議において，県の公共事業投資の予算上限枠が通知される。
13. 中央の会議で県の予算上限枠を通知された後，県計画局は，県副知事（経済統括担当）に対して中央から通知された予算上限枠を報告し，次年度の予算数値の修正に関する指示を求め，計画修正会議の招集を要請する。一方，<u>各部局への事業の上限予算の配分については，6月の県常務委員会で決定した配分割合に従って行う</u>。
14. 7月に，<u>県副知事（経済統括担当）が主宰する県の会議「次年度公共事業投資計画に関する修正検討会議」</u>を開催する（半日）。この会議は，県内の各部局の長および各部局の計画技官が参加する。<u>この会議において，県内の各部局に事業予算枠の上限が通知され，各部局に予算上限に合うように公共事業投資計画案を修正させる</u>。このときの修正は短期間で行わなければならないため，会議の場で各部局の長の判断により修正が行われる。
15. 会議の終了後に，県計画局計画総括課が，会議の結果に従って再度計画案を修正する。県知事に対して計画案を提出し，報告を行う。このときに，県知事の指導により事業の優先順位が変更されることもある。
16. 県知事が承認の署名を行った後に，計画委員会に対して県の計画案を提出する。
17. 政府閣議が開催される。会議には，閣僚だけでなく各県から県知事，県計画局長，県計画局技官，県財務局長，県予算課長が参加する。会議の1日目は閣僚および県知事の合同会議が行われ，その後2日間は技官レベル会議が行われる。このときの計画案の修正は，県知事，県計画局長および県財務局長の判断で行われる。

（過程6-4）ヴィエンチャン県工業局の公共事業投資計画策定過程：本文267頁

1. 各郡工業課が，県工業局に事業提案を行う（例えば，村における電線網の拡大など）。
2. 県工業局電力課職員が，郡工業課と協力して事業予定地を視察する。
3. 5月に，県工業局電力課が，各郡の電力関連事業を総括して電力分野の公共事業投資計画案を策定し，県工業局官房に提出する。このときは，公共事業投資計画案を策定するのみであり，事業が認可されてから事業計画書を作成する。事業書類の作成において，郡全体に関係する広域の事業については，事業設計調査のための費用を改めて申請する。しかし，2～3の村にまたが

る小規模な事業の場合は，電力課が自ら事業費用計算を行う。事業の形成過程において，工業省電力局と相談することはほとんどない。
4. 県工業局官房に属する統計計画班が，県工業局の各課から提案された公共事業計画案を総括する。
5. 県工業局長が主宰して，県工業局内での会議を開催する。(会議は1度でなく，3～5回開催する)。会議には，県工業局次長，県工業局付属各課長と技官が参加する。<u>会議において，県工業局に属する各郡の事業の優先順位を決定する</u>。しかし，この時点では，事業の数を削減しない。
6. 6月はじめの県の会議において，県計画局より公共事業形成に関する規則と公共事業投資予算の予測について説明がある。これに基いて，次年度の県工業局の事業予算額を予測する。
7. <u>県工業局内での最後の会議において，どの事業を県に申請し，どの事業を中央の工業省電力局に申請するかを決定する</u>。
8. 県工業局長（または次長）が署名をした後に，6月15日までに県計画局に公共事業投資計画案を送付する。
9. 7月に，中央から事業予算の上限枠が通知された後，<u>県副知事（経済統括担当）が県投資計画審査会議を開催し，県工業局長が，県工業局の申請した規模の大きい事業について説明する。県工業局が提出した計画が，県の定めた予算の上限を超えている時には，会議の期間中に，県工業局長が，県工業局内の会議で決めた事業の優先順位に従って削減する事業を決定し，県計画局に対して事業計画案を再提出する</u>。
10. 県計画局が，県の各部局の事業計画案を総括し，計画委員会に再度提出する。

（過程6-5）ヴァンヴィエン郡─メート郡送電線網建設プロジェクト形成過程：本文276頁

1. 事業形成を開始したのは1996年である。ヴィエンチャン県指導部は，メート郡の貧困を解決するための手段として道路建設と電力の導入を検討していた。そのため，県の方針に基づき，県工業局が事業を立案した。郡レベルまたは村レベルからの事業の申請があったわけではない。県工業局が事業の策定を行うにおいては，<u>全国の郡の中心部において電力が使えるようにするという政府の基本方針と工業省のマスタープラン（1995-2000年）に基づいていた</u>。当初の計画では，郡内のナム・パーン川に小規模発電ダムを建設して，メート郡の中心部に電力を供給する計画であった。
2. 1995-1996年に，県工業局が県に対して調査・設計事業を申請した。

3. 1996-1997年に，政府から調査・設計事業が認可された（200万キープ）。そのため，パランナム社に，調査・設計を依頼した。
4. 1997-1998年に，設計に基づき，小規模ダム建設事業予算を県に対して申請した。
5. 1998-1999年に，政府から小規模ダム建設費用として，6,000万キープの予算が認可された。
6. 県副知事（経済統括担当）が，従来の計画では発電能力が小さいため，小規模水力発電ダムを建設する場合と，ヴァンヴィエン郡からメート郡にミドル・レベル送電線を建設する場合の比較検討を行うように県工業局に指示した。県副知事の指示は，県工業局が，①小規模発電ダムの性能について，メート郡の開発を行うために十分であるか検討すること，②ヴァンヴィエン郡から電線網を建設する場合の性能について検討すること，であった。この指示の理由は，1997-1998年にアジア通貨危機があり，キープの価値が下がったために資材の購入費が増加し，6,000万キープでは建設資金として不足したためである。また，水力発電では発電できる電力が少なく，需要の増大に対応するとすれば，より多くの資金を投資しなければならなかった。また，水力発電所は維持管理が難しいためであった。
7. 県工業局では，県副知事からの指示を受けて，局次長（電力分野担当）が電力課を指揮して事業の効果を再検討し，結果について県工業局会議（局長，次長，各課長，副課長，熟練技官）で審議承認した後，県知事に回答を提出した。県工業局の回答は，小規模発電ダムの発電量10キロワットでは，町の街灯に利用できる程度であり，郡の産業開発に用いるには不十分である。そのため，代案として，①中間点に変電所を建設することによって，ヴァンヴィエン郡からメート郡に送電する場合，②カーシー郡に変電所を建設してメート郡に送電する場合，の2つの送電能力と費用を提案した。
8. 県党常務委員会において，県工業局からの回答を検討し，建設事業費として許可された6,000万キープを，ヴァンヴィエン郡からメート郡への送電線網を建設するための事業調査費に充てることを決定した。この会議には，県工業局の職員は参加しておらず，県副知事（経済統括担当）自身が，事業の説明を行った。というのも，県副知事は事業変更の事情をよく把握しているためである。決定理由は，もしヴァンヴィエン郡から22kVと4kVの送電線を設置すれば，メート郡の街灯だけでなく，工業目的にも電力を使用することができ，さらにメート郡で27村に電力を供給できるだけでなく，ヴァンヴィエン郡で11村，カーシー郡で14村に新たに電力を供給できるためであった。

9. 県党常務委員会が，県工業局に委員会の決定を通知し，県は，3月の予算補正において計画委員会に計画の修正を申請し，国会において計画修正が承認された。
10. 県工業局は，ラオス電力公社（事業調査部）に対して事業の設計を委託した。
11. ラオス電力公社は，3ヶ月かけて事業価格見積書と，詳細な建設設計計画を作成した。
12. 事業設計を作成した後，県知事が主宰する県の事業審査会議において，事業内容の説明を行った。会議に参加したのは，県副知事，県工業局の職員，ラオス電力公社の技官（設計担当），メート郡，ヴァンヴィエン郡およびカーシー郡の郡長のほかに，県官房，県財務局，県通信運輸郵便建設局，県計画局，県農林局，県軍司令部および県治安司令部の長であった。会議は午前中半日で，県工業局が議題を述べた後に各部局が質問し，ラオス電力公社が説明を行った。参加者の質問は，県財務局は予算面について，県通信運輸郵便建設局は，電線と並行して建設する道路の予定について，県計画局は，事業投資計画について，県農林局は，建設ルートの森林について，県軍・治安司令部は，建設ルートが戦略地域を横断しないかについて意見を述べた。県官房は，県知事を補佐するために参加し，郡長は，建設において村民を動員する必要があるために参加した。事業の基本方針については，すでに県党常務委員会で決定されているため，会議で県知事は特に意見を述べなかった。会議が終了した後に，参加者が署名をした。
13. 会議後，県工業局が建設事業申請書を作成し，政府に申請した。申請の過程は，通常の事業申請過程と同じである。計画委員会からの提案に従い政府が事業を認可した。
14. 政府は事業を認可したが，事業資金についてはヴィエンチャン県が事業に対して先行投資が可能な事業者を選定して建設を行い，その後で各年度に事業債務返済計画を国会に申請するように方針を指示した。
15. 県工業局が，事業費の先行投資を行う会社として，センサヴァン電力会社（民間）を選定した。
16. センサヴァン電力会社と県の協議により，2001年から2003年の3年間で建設を行って，2002年から2005年の4年間で事業費用を返済することが決定された後，1999–2000年に県工業局は事業契約書（ヴァンヴィエン郡からメート郡への送電線事業建設受注契約書）と事業設計書を再度作成した。そして，2000–2001年度に事業契約書と事業設計書を県に提出し，政府の合意を得て，国会で検討し承認された。

17. 国会での認可を受けた後，県工業局は事業契約審査会議を開催した。会議は，県工業局長が主催し，県工業局電力課が説明を行った。会議に参加するメンバーは，県の事業審査の会議と同じであるが，県知事，県軍司令部，県治安司令部は参加しなかった。会議の後，県工業局が県を代表して，事業主としてプロジェクト契約を行った。また，県計画局および会社が建設委託契約書に署名を行った。
18. 県工業局が業務命令書を公布した。これによって，会社は建設を開始することができることになった。同時に，県工業局は，事業管理委員会の任命を県知事に依頼し，県知事が任命した。事業管理委員会は，県工業局が委員長となり，県計画局，県財務局，県通信運輸郵政建設局，県農林局，県農村開発事務所，電力技官，計画技官，並びにメート郡，ヴァンヴィエン郡およびカーシー郡の郡工業課の職員によって構成されている。

〈付録2〉

ラオス人民革命党
党政治局

第21号／党政治局

部門別管理の方針および原則に関する党政治局決議

　政治制度改革に関する第5回党大会決議，並びに中央レベルおよび地方レベルの行政機関の機構改善に関する第7回全国組織会議決議に従い実施する。

　これまでに，いくつかの省および部門は，部門別管理へと転換する方針に従って，自らの部門の改善に配慮してきた。しかし，認識および理解，並びに実際の実施は，まだ，多くの点で統一されておらず，いくつかの省では，かなり良く実施できているが，その一方で，いくつかの省および部門では，党委員会および地方行政首長との間で調整および協議を行っておらず，地方に対して，少なからぬ困難および混乱をもたらしている。

　上記の理由により，党委員会，地方行政首長，各省および様々な機関が，新しいメカニズムに適合するように組織機構を改善するための準拠規則として，党政治局は，次のように決定する。

1. 縦の系統に属する部局に対する，県党委員会，中央直轄市党委員会および郡党委員会による指導

(1) 各レベルの党委員会は，党の路線および政策計画，並びに党委員会の諸決議を実現するための活動および実施について，方針，職責および方法を決定する。

(2) 自らの地方で業務活動を行う職員および公務員が，党の政策路線および国家の法令を熟知し，把握するように，これらの職員および公務員に対して，政治思想の訓練および指導を行う職責を有する。

(3) 党委員会は，自らの管理下にある職員，例えば，幹部職員の配属を検討・決定し，党の路線および政策計画の実施を検査し，党員を管理し，党員の模範的および前衛的役割を拡大させ，並びに，諸民族人民が，自発的に行政機関の建設，経済社会計画の実施および国家の法令の厳格な実施に参加するように動員し，教育訓練する。

(4) 各レベルの党委員会は，自らの地方において，政治，経済，文化社会，

国防治安および国際交流の業務など，すべての面において指導し，検査する役割を実施する。党委員会は，地方での政治的職責の遂行について，党中央執行委員会，または上級の党委員会に対して直接に責任を負う。
　(5)　自らの責任の範囲内において，党の改善および建設業務，並びに党組織および党員による指導的役割の向上に対して直接に責任を負い，並びに地方での大衆団体の活動に対して直接に指導し，指揮する。
　(6)　中央が地方に設置した部局，部隊および作業班に所在するすべての党組織は，その地方の党委員会に従属する。（特別な決定がある場合は，この限りではない。）

2. 部門別管理における省および各機関の職責および責任

　(1)　大臣および国家機関の長は，地方に設置した自らの部門の員数を含む組織機構を，各地方の状況，特徴および長所に適合するように定める。ただし，簡素，合理的および高い効率性を実現するという方針に適格に従うことを確実にしなければならない。
　(2)　大臣および各機関の長は，地方に所在する自らの職員および公務員を，任命し，異動させ，罷免し，配属し，懲戒を行い，賞与を決定し，並びに，その他の扶助を実施する。
　(3)　省または各機関は，全国の自らの部門のために，各専門職員の養成計画を策定する。同時に，省および様々な機関は，全国の地方に所在する自らの部門のために，様々な手段および機材を提供することを含め，専門の業務について直接に指揮する。
　(4)　省は，全国の自らの組織に従属する部局および作業班の策定した計画に基づいて，全国計画を策定する。
　(5)　省および各機関は，政府から認可された計画および各事業の実施のために，地方に所在する自らの部局のための歳出予算を検討し，認可する。
　(6)　省および各機関は，省または各機関が各部門について定めた通達の実施を検査する職責を有する。省および各機関は，財務を検査し，並びに地方に所在する職員および公務員の資質および能力を検査し，評価する。

3. 地方に所在する部局に対する行政首長の職責および責任

　県知事，中央直轄市および郡長は，地方での最高行政責任者であり，党の路線および政策計画，並びに国家の定めた様々な法律，規則および規律の実施において，

政府および各省大臣を代理し，並びに党委員会の全体的な方針および職責を，自らの地方で実施するための具体的な計画に転換する責任を負う。

　地方行政首長の職責については，憲法第63条に従って実施しなければならず，部門別管理での指揮，指導および調整を確実にするために，次の職責を実施しなければならない。

(1) 自らの地方に所在するために派遣されてきた，各省および機関の職員および公務員を管理する職責を有し，並びに，省大臣または機関の長に対して，各部局の職員および公務員の活動の長所および欠点について定期的に報告し，意見を述べる職責を有する。

(2) 法律の実施を検査し，並びに自らの地方に所在する部局の決定およびその他の文書が，法令に反している，上級機関の命令に適合していない，または地方内部の国防治安業務に抵触しているとみなすときに，その決定およびその他文書の実施の停止を命令し，または廃止を提案する権限を有する。

(3) 地方行政首長は，地方のあらゆる部局が経済社会開発計画を策定する際に，政府および自らの部門に計画を送付する前に，相互に適合し，統一するために調整を行う中心となり，並びに，中央と地方の間の統一を確実にするために，自らの地方に所在する省および機関の様々な部局の職責業務の遂行および相互扶助において，各部局の間の調整を指揮する。

4．党委員会，地方行政首長と省および中央レベルの各機関との関係

　党委員会，地方行政首長と，省および中央レベルの各機関との関係では，職責業務の遂行を，調和的かつ効果的にするために，相互尊重に基づいて実施し，並びに党の規則に厳格に従って適格に遂行しなければならない。そのため，次の方針に従って遂行しなければならない。

(A) 計画策定および事業形成における調整

(1) 地方レベルの様々な計画策定および事業形成において，地方に所在する省の局，課および作業班は，自らの業務分野での具体的な計画を研究総括し，策定する責任を負い，県官房は，各部局から提出された計画を総括して，県の短期および長期計画を策定する責任を負う。各自の命令系統に従って，上級機関に（計画案を）提出する前に協議を行い，統一しなければならない。計画策定および事業形成について意見の統一ができない場合は，意見の相違点を総括し，計画と共に首相府に提出して，検

討を求めなければならない。
- (2) 省および様々な機関は，自らの計画，例えば，年次計画，6ヶ月計画および3ヶ月計画など，全国的な計画を策定する際に，地方に所在する自らの局，課および作業班が策定し，党委員会および地方行政首長と意見を統一した計画案に基づいて策定しなければならない。
- (3) 省および機関のあらゆる計画および事業は，政府が採択し，正式に認可した後に，地方行政首長に対して送付し，実施を監督し，促進させなければならない。また，計画および事業の実施のために，省および機関が自らの部局に対して公布した全体的な指揮に関するすべての文書は，統一的に実施するために，党委員会および地方行政首長に対して通知しなければならない。
- (4) 党委員会および地方行政首長は，関係省庁および機関に，各計画および事業の実施成果を定期的に報告し，保証する職責を有する。問題が生じた場合は，上級機関に報告する前に，まず自らの地方に所在する部局および作業班と意見を統一しなければならず，個別に対応して統一性を失う事態を避けなければならない。

(B) 職員に関する事項
- (1) 省および各機関は，上級機関と下級機関との間で意見を統一するために，県レベルの局長および次長，郡レベルの課長，副課長および班長，並びに技官の任命，異動，罷免，昇進，および懲戒を行う前に，党委員会および県行政首長と調整し，協議を行わなければならない。大臣および中央の各機関の長と，党委員会，県知事および中央直轄市長の間で意見が統一できないときは，首相府に問題を提出し，検討および決定を求めなければならない。党委員会および地方行政首長は，省が県に所在させるために派遣した職員および公務員のあらゆる活動を検査する職責を有し，地方に所在する省の部局に所属する職員または公務員の活動が法律に反している，または地方の慣習および準則を尊重していないとみなす場合は，地方行政首長は，関係省庁に対して，懲戒の実施，罷免，または異動を検討するように提案し，並びに，悪質な場合は，法律の適用を検討するように提案する権限を有する。
- (2) 省および中央レベルの様々な機関の職員は，地方において職責を実施する際に，実施方針について報告し，協議を行って意見を統一するために，自らの活動計画を関係する党委員会および県知事に対して提出しなければならない。活動計画が，十分な理由により地方行政首長から同意を得

られないときは，実施を停止し，首相府に報告しなければならない。
(3) 地方に所在する省の局，課および作業班は，省または機関の代理機関であるが，省大臣に代わって各問題について同意し，または決定する権限を有しない。（省大臣が承認している場合はこの限りではない。）また，自らの部門に関係する，党および国家のあらゆる命令の実施について，地方レベル党委員会および地方行政首長を補佐する責任を負う。
(4) 省党委員会および中央レベルの機関の党委員会は，地方に所在するために派遣される党員である職員および公務員に対して書類を提供し，地方レベルの党委員会が訓練を行うために，地方レベルの党委員会に対して，職員および公務員の長所，短所および発展傾向に関する状況を報告する責任を有する。省党委員会および中央レベルの機関の党委員会は，地方に所在する党員の様々な活動を継続的に監督する職責を有する。

(C) 年次歳入・歳出予算の実施

県知事および中央直轄市長は，様々な計画および事業を実施して成果をあげるために，地方に所在する局，課および作業班のあらゆる歳入・歳出予算について，省および政府からの承認を得た後に，省および中央レベルの機関が定めた予算に従って支出を命令する責任を有する。必要であるとみなしたときは，県知事および中央直轄市長は，関係する部局の長に適切に支出命令権限を委譲することができる。

5. 会議制度および報告

(1) 地方に所在する縦の系統の局および課は，省および中央レベルの機関に従属している一方で，党委員会および地方行政機関の管理保護の下に置かれている。そのため，局および課は，定められている制度に従って，自らのあらゆる種類の業務および活動を，省大臣，並びに自らが所属する地方の党委員会および行政首長に対して報告する責任を負う。
(2) 党委員会および地方行政首長は，必要であるとみなしたときに，県全体の戦略計画を研究するために，自らの地方に所在する各局長および各課長を会議に参加するように招集しなければならない。同時に，党委員会および地方行政首長は，自らの地方に所在する省または各機関の職員および公務員に対して，党の政策および計画路線に関する普及研修またはセミナーを組織する。
(3) 縦の系統の部局と地方行政首長の間での業務の統一性を確実にするため，並びに各部門に自らの業務を報告させるために，月例会議を開催しなけ

ればならない。同時に，党委員会および地方行政首長は，各局および各課に認識させ，実施に参加させるために，地方の状況および政治職責を，各局および各課に通知しなければならない。
(4) 県に所在する局および課の職員および公務員は，党および県行政首長が主催する，あらゆる社会的活動および政治運動に厳格に参加しなければならない。

　この決議の実施を確実にするために，政治局は，党中央組織委員会，首相府および行政局に委任して，実施を監視，促進，および成果の総括をさせ，定期的に政治局に報告させる。

　省，中央レベルの機関，党委員会および地方行政首長は，この決議の精神および内容を熟知し，および把握させるための研究会を組織し，並びに，実際に実施のための具体的な計画を策定しなければならない。

　この決議は，署名が行われて以降，効力を有する。

ヴィエンチャン　1993年5月8日
党政治局代表
党中央執行委員長

カムタイ・シーパンドーン

〈付録3〉

首相

第 01 号／首相

県を戦略単位として建設し，郡を計画・予算単位として建設し，並びに村を実施の基礎単位として建設することに関する首相訓令

大臣，省と同格の機関の長，全国の県知事，中央直轄市長，並びに特別区長に宛てて公布する。

　我が国が 20 年以上にわたって経済社会開発を行う中で，政府は，計画と予算を開発の管理と修正のための主要な手段として用いてきた。例えば，党が定める政策路線を各時期における方針，業務計画および開発事業へと転換し，これらを実施し，確実に成果をあげるために，計画と予算の制度を用いてきた。
　上記の期間において，計画と予算は，経済と社会を定められた計画に従って継続的に発展させ，各時期に開発プロジェクトを重点的に実施し，並びに各業務に予算を合理的に分配することにより，工業とサービス業に結合した農林経済と祖国の文化社会の基礎を形成することに貢献してきた。
　これまでに政府は，県を戦略単位として建設し，郡を計画・予算単位として建設する業務に配慮してきた。その結果，各県と各郡は，徐々に発展してきた。
　しかし，このような成果の一方で，計画・予算業務では，いくつかの欠点・欠陥がみられる。例えば，計画と予算に各時期の経済と社会の発展状況が充分に反映されていないために，定められた計画と予算目標が達成されていない。また，各地方と各基層レベルが持つ長所と潜在能力が充分に発掘されておらず，党が定めた経済社会政策路線が，各郡，各村の実施者および各家族に，充分かつ迅速に伝達されていない。さらに，計画と予算を通じたマクロ経済の管理と調整が充分に行なわれておらず，中央，県，郡，村および家族の間において，計画と予算の策定・実施に関する管理と責任の分担が明確に定められていない。これらの原因により，各経済セクターが現場で持っている力が祖国の発展のために充分に動員されていない。

　このような欠陥を解消し，第 4 期党中央執行委員会第 6 回総会および第 8 回総会の決議に定められた党の路線を実施し，並びに党政治局第 21 号決議の内容を実現するために，予算法，並びに予算法の実施に関する首相令第 192 号に基づいて；

ラオス人民民主共和国首相は，訓令を次のとおりに公布する。

I. 県を戦略単位として建設し，郡を計画・予算単位として建設することの重要性および目的

　党による指導と国家による管理をともなった市場のメカニズムにしたがって経済社会開発を行う，という党の改革路線の実施条件の下で，計画と予算の管理メカニズムの改善は，国家による管理メカニズムを効果的かつ我が国の実情に適合したものへと改善するための基本条件の1つである。

　県を開発の戦略単位として建設し，郡を計画・予算単位として建設し，並びに村を真の計画・予算の実施単位として建設することは，次の目標を達成するために，我が国の計画・予算管理メカニズムを改善する重要な過程である。

1) 地方と基層が主体的，自立的，かつ自らの力で自らを強化し，中央に対する依存を減少させる，という精神に基づいて地方と基層の持つ長所と潜在力を発掘し，並びに経済社会開発に寄与させるために，地方と基層の権限を拡大し，責任を増大させる。地方と基層の行政能力を育成し，継続的に向上させる。
2) 各地方と各地域の経済と社会を継続的に発展させて農林業，工業，サービス業から成る経済構成を形成し，並びに国内需要を満たし，または海外に輸出するための商品生産が国の各地で拡大するように促進する。職員，兵士，警察官および諸民族人民の生活レベルを向上させ，人々の貧困と欠乏，特に農村地域と遠隔地に居住する人々の貧困と欠乏を徐々に改善する。各地方が従来よりも迅速に開発できるように，各地方と地域の間の分業と協業を促進する。
3) 生産・サービス提供を行っている人々と家族が，計画と予算案の策定と実施に，より一層主体的に参加することによって，計画と予算を従来よりも実情に適合させ，各地方と基層の持つ長所と潜在力を発掘する。この方法により，基層レベルの実施者に党が定めた政策路線，並びに国が定めた計画を普及させると同時に，地方レベルから計画策定と予算編成を行わせる。

II. 県を戦略単位として建設し，郡を計画・予算単位として建設する方針と内容

1. 方針

県を戦略単位として建設し，郡を計画・予算単位として建設する方針は，次のとおりである。

1) 県と郡による計画と予算の管理を法令に適合させるために，第6回党大会決議，第6期党中央執行委員会第6回総会および第8回総会の決議，党政治局第21号決議，並びに政府が定めた法令の内容を充分に理解しなければならない。各地方と基層が法令に反する条例を制定することは認められない。

2) 県を開発の戦略単位として建設する活動は，計画と予算の管理について定める規則と手続きに従い，実施されなければならない。また，地方の持つ様々な資源と潜在力を発掘し，利用するために，党の様々な決議，国が定める経済社会開発計画，並びに各地域の開発計画に基づいて，各地方の特徴と現状に適合するように活動が実施されなければならない。

3) 郡を計画・予算単位へと転換する活動では，定められた方針に従って，郡が郡内の計画と予算案を策定し，効果的に実施し，並びに法令に従って厳格に実施できるように，既存の資源利用と結合させながら，すべての経済セクターと諸民族人民による総合力を可能な限り動員し，発掘できるようにしなければならない。

4) 県を戦略単位として建設し，郡を計画・予算単位として建設し，並びに村を実施の基礎単位として建設する活動は，市場と結合した商品生産事業の形成，既存の長所と能力に合わせた予算財源の発掘，政治基層の建設，並びに総合的な農村開発と密接に結合しなければならない。これらの業務は，中央直轄市，県および特別区の党委員会，郡党委員会，並びに村党組による直接的な指導と責任の下で実施されなければならない。

2. 内容

2-1. 県を開発の戦略単位として建設する活動とは，中央直轄市，県および特別区を，地方レベルにおけるマクロ管理機関として位置づけ，国防，治安，経済開発，並びに文化・社会の発展など，すべての分野における権能を与えることである。特に，各時期の計画・予算の策定，実施，監督および評価において，県レベルに設置されている各部局と各郡を指導し，業務を調整することができるように，県に計画・予算管理を実施する能力を形成することである。この活動は，県が継続的に商品生産を拡大し，経済構成を形成し，経済を開発し，社会を発展させ，県が予算面で自

立できるように予算歳入を徴収し，並びに法律にしたがって中央に歳入を提供できるようにすることを目的とする。

県によるマクロ管理と実施に関する職務の内容は，次のとおりである。
1) 県内の治安と秩序を維持すること。
2) 政府が許可する権限と職務の範囲内で外国と交流すること。
3) 国によって定められた法令と政策を厳格に実施すること。
4) 国会において承認された国家経済社会開発戦略計画と国家予算，特にマクロ数値目標達成のために奮闘し，これらの計画に基づいて，各県がより詳細な計画を策定すること。
5) 政府からの委任または責任の委譲に基づいて，県内で行われる国の活動を管理すること。
6) 県内の遺跡を修復し，自然を回復させ，並びに環境を保護すること。
7) 資金額が10億キープ未満で（特別な場合はこの限りではない），複雑な技術を用いず，国家レベルの政治問題に関係しない国内民間投資と海外からの民間投資を認可し，活動を管理すること。
8) 国会で承認された予算に従って，県内の予算の歳入を発掘し，並びに歳出の管理に責任を負うこと。国家予算法と国家予算法の実施に関する首相令第192号の定めにしたがって，厳格に財務規律を適用すること。
9) 各地方の特長と慣習に適合するように，県内の管理規則を定めること。これらの規則は，政府が定めた法律および規則に反して定めてはならない。
10) 法律および公務員管理規則の定めにしたがい，県の管理下にある職員に対する研修，管理，使用，並びに社会保障の実施に責任を負うこと。

県は，長期の経済社会総合開発計画を策定しなければならならない。県は，経済社会開発5カ年計画および年次計画を策定しなければならない。

県の予算については，国家予算法，並びに首相令第192号によって定められている県の責任と職務にしたがって編成し，実施されなければならない。県は，各郡を，①県に歳入を上納する郡，②給与費と事務費について自立する郡，③歳入が不足しており県が補助しなければならない郡，の3つの種類に区分し，自らが管理する生産・事業単位の一部を郡に委譲し，歳入を徴収させなければならない。県は，歳入が不足している郡を支援し，これらの郡が，2003年から2005年までに給与費と事務費について自立する郡に移行できるように努めなければならない。

2-2. 郡を計画・予算単位として建設する活動とは，各郡が，職責と規則の範囲

内で，規定されている計画と予算の管理手続きにしたがって，各時期の計画と予算案の策定，実施および評価を行うために必要な能力を備え，これらを郡が主体的に実施できるように育成することである。

郡は，各郡の持つ特徴，資源などの長所と潜在能力に基づいて，郡レベルの経済社会開発5カ年計画と年次計画を検討し，策定しなければならない。郡レベル経済社会開発計画は，郡の役割と職責に適合した，方針，職責，奮闘目標および投資プロジェクトにより構成されなければならない。

郡は，首相令第192号の付録1および付録2に定める予算の歳入・歳出に関する権限委譲政策にしたがって，郡レベルの予算案を編成し，実施しなければならない。

郡を計画・予算単位として建設する活動は，各郡・各地区の政治基層建設，総合農村開発，並びに貧困削減の各業務と緊密に結合されなければならない。これらの業務は，村と家族での計画と予算案の策定・実施，並びに村に権限，責任，利益を委譲する活動と，緊密に結合されなければならない。

2-3. 村を実施の基礎単位として建設する活動とは，村が，村レベルの開発計画，並びに村レベルの歳入発掘計画を策定できるように育成することである。これらの計画は，市場経済と結合し，各家族，生産グループおよびサービスグループの策定した生産・サービス計画に基づいて策定されなければならない。

村レベルの計画策定は，村と各家族の生活状況に関する資料収集から開始しなければならない。資料収集においては，裕福な家族，自足できる家族，並びに収入が不足し貧困な家族，の3種類に区分される。村は，村レベルの経済社会開発を実施し，経済的に裕福で，文明化し，並びに平穏な村を共同で形成するために，収入が不足して貧困な家族の問題を解決して自足できる家族にし，並びに自足できる家族と裕福な家族をより豊かな生活状況にするとともに，これらに収入が不足して貧困な家族を支援する義務を負わせる。そのために，各村は，村の長所に基づいて生産・サービス計画を策定しなければならない。

各村は，各計画が実施されるように，各時期に計画の実施を監督しなければならない。

III. 実施方法

関係機関は，本訓令の内容を実現するために，各自の役割と職責を果たさなければならない。

1. 国家計画委員会と財務省は，中央直轄市，各県および特別区に対して，県を戦略単位として建設し，郡を計画・予算単位として建設し，並びに村を実施の基礎単位として建設する政策の内容と方法について通知するために，各分野に関する詳細な指導文書を策定しなければならない。さらに，各県といくつかの郡に職員を定期的に派遣することで実施について助言し，促進しなければならない。重要な点として，県レベルと郡レベルの計画分野と財務分野の職員を養成し，本活動を正しく認識・理解させるための研修を行うことに配慮しなければならない。

2. 中央レベルの各省，省と同格の各機関は，県レベルと郡レベルに置かれている出先機関に対して各専門分野に関する指導を緊密に行い，地方と基層が役割に従って業務を実施できるように，必要となる人員と機材を提供しなければならない。

3. 中央直轄市，各県，特別区は，管理命令系統を改善しなければならない。例えば，郡を計画・予算単位へと転換させるために，郡に対する政治思想と専門分野に関する指導と研修を強化し，並びに郡レベルと村レベルの生産運動と歳入予算の徴収運動を促進しなければならない。県は，必要となる職員と予算について，郡を支援しなければならない。

4. 実施手続きは，次のとおりである。
1) 3月はじめに，中央直轄市，全国の各県および特別区に，本訓令，並びに国家計画委員会と財務省の専門分野に関する詳細な指導通達を普及・宣伝する。
2) 各県は，中央から派遣された技官と協力して，各郡に対する普及宣伝と研修を実施する。条件を備えるいくつかの郡をモデルに選び，活動を試行する。
3) 1999–2000年度末に教訓を総括し，その後に全国に拡大して実施する。

5. 各省大臣，省と同格の各機関の長，中央直轄市長，各県の県知事および特別区長は，本訓令の内容を充分に理解し，厳格に実施しなければならない。業務を実施した結果については，4半期ごとに政府に報告しなければならない。

ヴィエンチャン，2000年3月11日

首相
シーサヴァート・ケーオブンパン

参考文献

〈日本語文献〉

安部達也・小藪仁. 2003.「電力事情」. 西澤信善・古川久継・木内行雄（編）『ラオスの開発と国際協力』めこん：271-290.

磯部靖. 2008.『現代中国の中央・地方関係―広東省における地方分権と省指導者』慶応義塾大学出版会.

奥村一郎. 2008.「国家社会経済計画と公共投資プログラムの役割」. 鈴木基義・山田紀彦（編）『内陸国ラオスの現状と課題』JICAラオス事務所, ラオス日本人材開発センター：303-327.

菊地陽子. 2003.「第6章 現代の歴史」. ラオス文化研究所（編）.『ラオス概説』めこん：149-170.

木村哲三郎. 2000.「1999年のラオス：強力な引き締め策でインフレ鎮静」『アジア動向年報2000年』アジア経済研究所：245-260.

国連開発計画. 2005.『人間開発報告書 2005―岐路に立つ国際協力：不平等な世界での援助, 貿易, 安全保障―』国際協力出版会.

樹神成. 1987.「ソ連における国民経済の管理と地方自治（1）―ペレストロイカ前夜―」『法政論集』（名古屋大学法学部紀要）117：77-122.

樹神成. 1991.「民主主義的中央集権」社会主義法研究会編『変動する社会主義法―基本的概念の再検討―』（社会主義法研究会年報 No.10）法律文化社：57-63.

五島文雄. 1994.「ドイモイ下における国会の変容」五島文雄・竹内郁雄（編）『社会主義ベトナムとドイモイ』（研究双書 No.446）. アジア経済研究所：3-36.

金嘉章・足立堯彦. 2003.「第3章 運輸通信インフラの整備」. 西澤信善・古川久継・木内行雄（編）『ラオスの開発と国際協力』めこん：81-114.

齋藤友之・佐藤進. 1998.「ベトナム」. 森田朗編『アジアの地方行政』東京大学出版会：225-247.

白石昌也. 1993.『ベトナム―革命と建設のはざま』東京大学出版会.

鈴木志づほ. 2000.『CLAIR REPORT―ラオスの行政制度―』自治体国際化協会.

鈴木基義. 2001.「ラオスは社会主義に回帰するか―IMF主導市場経済化とアジア通貨危機の影響―」『世界経済評論』8月号：21-31.

鈴木基義. 2002.「ラオス―新経済体制下の模索」池端雪浦＝石井米雄＝石澤良昭＝後藤乾一＝斎藤照子＝桜井由躬雄＝末廣昭＝山本達郎（編）『岩波講座 東南アジア史9：「開発」の時代と「模索」の時代』岩波書店：257-279.

瀬戸裕之. 2003.「第4章 政治」. ラオス文化研究所編.『ラオス概説』めこん：93-124.

瀬戸裕之. 2005a.「ラオス1991年憲法体制における県党・行政制度に関する一考察：ヴィエンチャン県を事例に」『国際開発研究フォーラム』28：181-199.

瀬戸裕之. 2005b.「ラオスの政治制度改革における部門別管理体制に関する一考察：ヴィエンチャン県財務部の人事管理を事例に」天川直子・山田紀彦（編）『ラオス 一党支配体制下の市場経済化』（研究双書No.545）. アジア経済研究所：71-114.

瀬戸裕之. 2007.「ラオス人民民主共和国」荻野芳夫・畑博行・畑中和夫（編）『アジア憲法集（第2版）』明石書店：345-388.

高原明生. 1998.「中国」. 森田朗編『アジアの地方行政』東京大学出版会：25-57.

寺本実. 2004.「ベトナムにおける地方行政改革―ハノイ市の取り組み―」. 石田暁恵・五島文雄（編）『国際経済参入期のベトナム』（研究双書 No.540）. アジア経済研究所：337-385.

唐亮. 1997.『現代中国の党政関係』慶応義塾大学出版会.
富田洋行. 2008.「ラオスの行財政をめぐる課題とドナー協力」. 鈴木基義・山田紀彦（編）『内陸国ラオスの現状と課題』JICAラオス事務所，ラオス日本人材開発センター：279-302.
生江明. 1995.「ラオスの地方制度」『アジア諸国の地方制度（Ⅳ）：アジア諸国における地方行財政制度に関する調査研究報告書』地方自治協会：151-174.
野本啓介. 2000.「地方行政組織」. 白石昌也編著『ベトナムの国家機構』明石書店：249-267.
橋本卓. 1998.「タイ」. 森田朗編『アジアの地方行政』東京大学出版会：195-223.
本田幸恵. 2004.「予算制度改革からみる中央・地方関係—分権化の進展—」. 石田暁恵・五島文雄（編）『国際経済参入期のベトナム』（研究双書 No.540）. アジア経済研究所：297-335.
安井清子. 2003.「第7章　民族」. ラオス文化研究所編.『ラオス概説』めこん：171-205.
山田紀彦. 2001.「2000年のラオス：揺らぐ「安定神話」」『アジア動向年報2001年』アジア経済研究所：247-262.
山田紀彦. 2011a.「ラオス人民革命党支配の確立—地方管理体制の構築過程から—」山田紀彦編『ラオスにおける国民国家建設』アジア経済研究所：48-90.
山田紀彦. 2011b.「党政関係の実態—経済・社会開発計画作成過程の事例から—」山田紀彦編『ラオスにおける国民国家建設』アジア経済研究所：91-141.
山田紀彦・天川直子. 2004.「2003年のラオス：着実に前進」『アジア動向年報2004年』アジア経済研究所：253-268.
渡辺肇. 2003.「開発援助受入体制」西澤信善・古川久継・木内行雄（編）『ラオスの開発と国際協力』めこん：309-324.

〈英語文献〉

Bourdet, Yves. 2000. The Economics of Transition in Laos: From Socialism to ASEAN Intergration. USA: Edward Elgar Publishing Limited.
Brown, MacAlister; Zasloff, Joseph J. 1986. Apprentice Revolutionaries: The Communist Movement in Laos, 1930-1985. California: Hoover Institution Press.
Cohen, John M.; Peterson, Stephen B. 1999. Administrative Decentralization: Strategies for Developing Countries. West Hartford: Kumarian Press.
Department of Public Administration and Civil Service. 1996. Organization of the Government of the Lao P. D. R. Vientiane: UNDP.
Evans, Grant. 1991. Planning Problems in Peripheral Socialism: The Case of Laos. Jpseph J. Zasloff & Leonard Unger. (eds.) Laos: Beyond the Revolution. New York: St. Martin Press: 84-130.
Evans, Grant. 1999. Introduction: What is Lao Culture and Society?. Grant Evans. Laos: Culture and Society. Thailand: Silkworm Books: 1-34.
Evans, Grant. 2002. A Short History of Laos. Bangkok: Silkworm Books.
Funck, Bernard. 1993. Laos: Decentralization and Economic Control. Börje Ljunggren ed. The Challenge of Reform in Indochina. Cambridge: Harvard University Press: 123-148.
Kerr, Allen D. 1972. Municipal Government in Laos. Asian Survey. Vol. 7. No. 6. June. 1972: 510-517.
Keuleers, Patrick; Sibounheuang, Langsy. 1999. Central-Local Relations in the Lao People's Democratic Republic: Historic Overview, Current Situation and Trends. Mard Turner (ed.). Central-Local Relations in Asia-Pacific: Convergence or Divergence?. New York: Palgrave: 196-235.

Lao P. D. R. Committee for Planning and Investment, National Statistical Center. 2006. Statistical Year Book 2005. Vientiane: Committee for Planning and Investment, National Statistical Center.
Lao P. D. R. Committee for Planning and Investment, National Statistical Center. 2007. Statistical Year Book 2006. Vientiane: Committee for Planning and Investment, National Statistical Center.
Lao P. D. R. Electricité Du Laos. 2004. EDL Power Development Plan 2004–13. paper.
Lao P. D. R. Ministry of Foreign Affairs. 2005. Foreign Aid Report 2003–2004. Vientiane: Ministry of Foreign Affairs.
Lao P. D. R. National Assembly of the Lao P. D. R. 2001. The National Assembly of the Lao People's Democratic Republic, directory. Vientiane: UNDP.
Lao P. D. R. Vientiane Province. 2000. 25 years of Vientiane Province. Vientiane Province: Vientiane Province Administration Bureau.
Norindr, Chou. 1982. Political Institutions of the Lao People's Democratic Republic. Martin Stuart-Fox (ed.). Contemporary Laos: Studies in Politics and Society of the Lao People's Democratic Republic. London: University of Queensland Press: 39–61.
Pannhasith, Daopheng; Soulinthone, Bounhpone. 2000. Decentralized Planning for the National Rural Programme in the Lao P. D. R. Hans Detlef Kammeier and Harvey Demaine (eds.). Decentralization, Local Goernance and Rural Development. Thailand: Asian Institute of Technology: 240–260.
Rondinelli, Dennis A.; Cheema, G. Shabbier. 1983. Inplementing Decentralization Policies: An Introduction. G. Shabbir Chedema and Dennis A. Rondinelli (eds.). Decentralization and Development: Policy Implementation in Developing Countries. California: United Nations Center for Regional Development: 9–34.
Saignasith, Chanthavong. 1997. Lao-style New Economic Mechanism. Mya Than and Joseph L. H. Tan (eds.) Laos' Dilemmas and Options: The Challenge of Economic Transition in the 1990s. Singapore: Institute of Southeast Asian Studies: 23–47.
Stuart-Fox, Martin. 1986. Laos: Politics, Economics and Society. London: Frances Pinter.
Zasloff, Joseph J. 1973. The Pathet Lao: Leadership and Organization. Lexington: Lexington Books.

〈ラオス語文献〉
Kaisōn Phomvihān 1976. Det-dīēō kāo-keun samlet vīāk-ngān thāi-pī 1976. (Vīengchan: 1976).（1976年末の業務を達成するように断固として前進する）.
Kaisōn Phomvihān 1977. Tat-sin-chai dat-sāng lae kōsāng phēun-thān sētthakit sangkhom-ni-nyom yāng mīsai. (Vīengchan: 1976).（勝利が得られるように社会主義経済の基礎を改造し，建設することを決意する）.
Kaisōn Phomvihān 1979a. Tat-sin-chai samlet phāēn-kān pī 1979 kīām hai bāt-kāo kha-nyāi-tua mai (Lāi-ngān khong thān Kaisōn Phomvihān nā-nyok-latthamontī kīēōkap saphāpkān hāēng kān-kōsāng labōp pasāthipatai pasāson lāo nai 3 pī thī phānmā, lae nāthī, thit-thāng pī 1979). (Vīengchan: 1 kumphā 1979)（1979年計画の達成を決心し，新たな成長への一歩を準備する（カイソーン・ポムヴィハーン首相による過去3年のラオス人民民主体制の建設の状況，並びに1979年の任務および方針に関する報告）1979年2月1日）.
Kaisōn Phomvihān 1979b. Bot-lāi-ngān laīat tō Kōngpasum khop-khana khang-thī 7 khōng Khana-bōlihānngān sūnkāng Phak pasāson pativat lāo (samai- thī II). (Vīengchan: 29 phachik 1979).（ラオス人民革命党中央執行委員会第7回会議（第2期）に対する詳細報告）.

Kaisōn Phomvihān 1980. Bot-lāi-ngān laīat tō Kōngpasum khop-khana khang-thī 8 khōng Khana-bōlihānngān sūnkāng Phak pasāson pativat lāo (samai-thī II). (Vīengchan: 1980). (ラオス人民革命党中央執行委員会第 8 回会議 (第 2 期) に対する詳細報告).

Lao P. D. R. Kasūang kān-ngōēn. 2000. Bot-nae-nam vā-dūai Khang-hāē Latthabān lae Khang-hāē thōng-thin. lēk-thī 1803. (17 phachik 2000). (政府および地方の予備費に関する財務省通達第 1803 号, 2000 年 11 月 17 日).

Lao P. D. R. Kasūang kān-ngōēn. 2001. Bot-nae-nam chattang-patibat Damlat khōng Nā-nyok-latthamontī vā-dūai kān-pakāt-sai phāēn-ngop-pamān hāēng-lat sokpī 2001–2002. lēk-thī 1707. (22 tulā 2001). (2001–2002 年度国家予算計画公布に関する首相令の実施に関する財務省通達第 1707 号, 2001 年 10 月 22 日).

Lao P. D. R. Kasūang kān-ngōēn. 2004. Chotmāihēt thāng-lat-tha-kān, pīthī 11 van-thī 12 kōlakot 2004, sabap phisēt I. (官報 ; 11 周年, 2004 年 7 月 12 日, 特別号 I)

Lao PDR. Kasūang kān-ngōēn. 2012. Kham-nae-nam kīeo-kap kān het thot-lōng sām sāng khōng kha-nāēng kān-ngōēn. lēk-thī 2202. (15 singhā 2012). (財務部門における 3 つの建設の試行に関する通達第 2202 号, 2012 年 8 月 15 日).

Lao PDR. Kasūang phaenkān lae kān-longthen. 2013a. Khū-mēū-nae-nam het thot-lōng sām sāng khōng kha-nāēng kān pāēnkān lae kān-longtheun (Samlap khan-khwaeng). (22 mangkōn 2013). (計画投資部門における 3 つの建設の試行 (県レベル) の手引書, 2013 年 1 月 22 日).

Lao PDR. Kasūang phaenkān lae kān-longthen. 2013b. Khū-mēū-nae-nam het thot-lōng sām sāng khōng kha-nāēng kān pāēnkān lae kān-longtheun (Samlap khan-khwaeng). (22 mangkōn 2013). (計画投資部門における 3 つの建設の試行 (郡レベル) の手引書, 2013 年 1 月 22 日).

Lao P. D. R. Khana-bōlihān-ngān sūn-kāng phak. 1989. Hanpai-sū-sonnabot lae pōēt-kwāng kān phua-phan kap tāngpathēt, (Āēkkasān khōng Kōngpasum khop-khana khang-thī 7 khōng Khana-bōlihānngān sūnkāng phak (samai- thī IV) thī dam-nōēn tāē van-thī 25 mangkōn toeng van-thī 7 kumphā 1989). (農村部への転換および対外関係の拡大 (第 4 期党中央執行委員会第 7 回総会の文書 (1989 年 1 月 25 日から 2 月 7 日に開催)).

Lao P. D. R. Khana-bōlihān-ngān sūn-kāng phak. 1991. Sūn-thōn-phot khōng sahāi lēkhā-thi-kān nyai Kaisōn Phomvihān kāo khai Kōngpasum sūnkāng pōēt-kwāng khang-thī 10 samai- thī IV. (Vīengchan, van- thī 3 mangkōn 1991) (第 4 期党中央執行委員会第 10 回拡大会議におけるカイソーン・ポムヴィハーン書記長の開会演説, 1991 年 1 月 3 日).

Lao P. D. R. Khana-bōlihān-ngān sūn-kāng phak. 1998. Mati Kōngpasum khop-khana khōng Khana-bōlihānngān sūnkāng phak khang-thī 6 (samai-thī VI). (Vīengchan: 18 kunphā 1998) (第 6 期党中央執行委員会第 6 回総会決議, 1998 年 2 月 18 日).

Lao P. D. R. Khana-bōlihān-ngān sūn-kāng phak. 2000a. Mati Kōngpasum khop-khana khōng Khana-bōlihānngān sūnkāng phak khang-thī 10 (samai-thī VI). (Vīengchan: 11 mīna 2000) (第 6 期党中央執行委員会第 10 回総会決議, 2000 年 3 月 11 日).

Lao P. D. R. Khana-bōlihān-ngān sūn-kāng phak. 2000b. Mati Kōngpasum khop-khana khōng Khana-bōlihānngān sūnkāng phak khang-thī 12 (samai-thī VI). (Vīengchan: 20 kannyā 2000) (第 6 期党中央執行委員会第 12 回総会決議, 2000 年 9 月 20 日).

Lao P. D. R. Khana-chattang sūn-kāng phak. 1984. Mati Kōngpasum chattang thua pathēt khan-thī 6 (Vīengchan: 1984). (第 6 回全国組織会議における決議).

Lao P. D. R. Khana-chattang sūn-kāng phak. 2001. Kham-ōlom khōng pathān Kaisōn Phomvihān, nai

Kōngpasum chattang thua pathēt khan-thī 7 (17–26 thanvā 1991). (第7回全国組織会議におけるカイソーン・ポムヴィハーン書記長の発言，1991年12月17–26日). Vīangchan: Khana-chattang sūnkāng phak.

Lao P. D. R. Khana-kammakān-phāēnkān hāēng lat. 1998. Pum-nae-nam kān-sāng phāēnkān lae kīang bot-lāi-ngān khan khwāēng. lem-thī 1: khwām-hū phēūn-thān kīeo-kap kān-sāng phāēnkān, kīang khōng kān lae bot-lāi-ngān. (kumphā 1998). (県レベルにおける計画策定および報告書作成の手引き　第1巻：計画策定，並びにプロジェクト文書および報告書作成に関する基礎知識，1998年2月).

Lao P. D. R. Khana-kammakān-phāēnkān hāēng lat. 2000a. Bot-nae-nam kīeo-kap kān-sāng khwāēng pen hūa-nūai nyut-tha-sāt, mēuang pen hūa-nūai phāēnkan-ngoppamān lae sāng bān pen hūa-nūai phēūn-thān chattang-patibat. lēk-thī 128. (11 mīnā 2000). (県を戦略単位として建設し，郡を計画・予算単位として建設し，並びに村を実施の基礎単位として建設することに関する国家計画委員長通達第128号，2000年3月11日).

Lao P. D. R. Khana-kammakān-phāēnkān hāēng lat. 2000b. Chotmāi-tōp. lēk-thī 753. (15 thanvā 2000). (国家計画委員会の回答書第753号，2000年12月15日).

Lao P. D. R. Khana-kammakān-phāēnkān lae kānhūam-mēū. 2002. Khō-kamnot vā-dūai kān-chattang lae kān-khēūan-vai khōng Pha-nāēk phāēnkan lae kānhūam-mēū pacham khwāēng, kamphāēng-na-khōng lae khēt-phi-sēt. lēk-thī 1133. (22 kōla-kot 2002). (県，中央直轄市および特別区計画協力局の組織および活動に関する規則第1133号，2002年7月22日).

Lao P. D. R. Khana-kammakān-phāēnkān lae kānhūam-mēū, Khom khumkhōng khōngkān long-theun khōng lat. 2003. Phāēnkān long-theun khōng lat sok pī 2003–2004 khōng bandā khwāēng tāng-tāng（各県の2003–2004年度の公共事業投資計画）. Vīengchan: Khana-kammakān-phāēnkān lae kānhūam-mēū.

Lao P. D. R. Khana pappung kongchak khan sūn-kāng. 1993. Bot-nae-nam kīeo-kap kān-pappung kongchak kān-chattang yū khan thōng-thin. lēk-thī 29. (9 tulā 1993). (地方レベル機構組織改革に関する中央レベル機構改善委員会通達第29号，1993年10月9日).

Lao P. D. R. Khana pappung kongchak khan sūn-kāng. 1994. Bot-nae-nam bān banhā kīeo-kap kān-chattang-patibat mati-toklong lēk-thī 21 khōng Kom-kān-mēuang sūn-kāng phak vā-dūai thit-nam lae lak-kān nai kān-khumkhōng tām kha-nāēngkān. lēk-thī 08. (19 mangkōn 1994). (部門別管理の方針および原則に関する党政治局決議第21号の実施に関するいくつかの問題に対する中央レベル機構改善委員会通達第08号，1994年1月19日).

Lao P. D. R. Khana-sī-nam kon-kwā tit-sadī lae peut-ti-kam sūn-kāng phak. 1997. Pavat-sat Phak pasāson pativat lāo (dōi sangkēp). (ラオス人民革命党史（概説）). Vīangchan: Khana-sī-nam kon-kwā tit-sadī lae peut-ti-kam sūnkāng phak.

Lao P. D. R. Khana-sī-nam samlūat Phonla-mēūang thūa-pathēt. 2005. Phon kānsamlūat phonla-mēūang lae thī-yū-āsai 2005. (国勢調査結果 2005 年). Vīangchan: Khana-sī-nam samlūat Phonla-mēūang thūa-pathēt.

Lao P. D. R. Khwāēng Vīangchan. 1998. Kōngpasum-nyai khang-thī II khōng ongkhana-phak Khwāēng Vīangchan. (ヴィエンチャン県党委員会第2回大会). Vīangchan: Khwāēng Vīangchan.

Lao P. D. R. Nā-nyok-latthamontī. 1991. Damlat vā-dūai lakkān-phēūnthān kān-lūamsūn kān-ngun, ngoppamān lae khang-ngun hāēnglat. lēk-thī 68. (28 singhā 1991). (国家財政，予算，国庫の中央集権化基本原則に関する首相令第68号，1991年8月28日).

Lao P. D. R. Nā-nyok-latthamontī. 1993. Damlat vā-dūai kān-chattang lae bōlihān bān. lēk-thī 102. (5 kō-la-kot 1993). (村の組織および行政に関する首相令第102号, 1993年7月5日).

Lao P. D. R. Nā-nyok-latthamontī. 1999b. Damlat kīau-kap kān-chattang-patibat Kotmāi vā-dūai ngoppamān hāēng-lat. lēk-thī 192. (2 pha-chik 1999). (国家予算法施行に関する首相令第192号, 1999年11月2日).

Lao P. D. R. Nā-nyok-latthamontī. 2000a. Damlat vā-dūai kān-chattang lae kān-khēuan-vai khōng Kasūang kān-ngōēn. lēk-thī 127. (3 tulā 2000). (財務省の組織および活動に関する首相令第127号, 2000年10月3日).

Lao P. D. R. Nā-nyok-latthamontī. 2000b. Khamsang-nae-nam khōng nā-nyok-latthamontī vā-dūai kān-sāng khwāēng pen hūa-nūai nyut-tha-sāt, mēuang pen hūa-nūai phāēnkan-ngoppamān lae sāng bān pen hūa-nūai phēun-thān chattang-patibat. lēk-thī 01. (11 mīnā 2000). (県を戦略単位として建設し, 郡を計画・予算単位として建設し, 並びに村を実施の基礎単位として建設することに関する首相訓令第01号, 2000年3月11日).

Lao P. D. R. Nā-nyok-latthamontī. 2001. Damlat khōng Nā-nyok-latthamontī vā-dūai kān-pa-kāt-sai lae chattang-patibat phāēn-phattanā-sētthakit-sangkhom lae ngop-pamān hāēng-lat sokpī 2001–2002. lēk-thī 215. (24 tulā 2001). (2001–2002年度経済社会開発計画および国家予算の公布および実施に関する首相令第215号, 2001年10月24日).

Lao P. D. R. Nā-nyok-latthamontī. 2002a. Damlat vā-dūai kān-khumkhōng kān-longtheun khōng lat. lēk-thī 58. (22 pheut-saphā 2002). (公共事業管理に関する首相令第58号2002年5月22日).

Lao P. D. R. Nā-nyok-latthamontī. 2002b. Damlat vā-dūai kān-sāng lae kān-khumkhōng phāēn-phattanā-sētthakit-sangkhom. lēk-thī 135. (7 singhā 2002). (経済社会開発計画の策定および管理に関する首相令第135号, 2002年8月7日).

Lao P. D. R. Nā-nyok-latthamontī. 2003. Damlat vā-dūai Labīap latthakōn hāēng sā-thā-lana-lat pasā-thipatai pasāson lāo. lēk-thī 82. (19 pheut-saphā 2003). (ラオス人民民主共和国公務員規則に関する首相令第82号, 2003年5月19日).

Lao PDR. Nā-nyok-latthamontī. 2007. Khamsang khōng Nā-nyok-latthamontī vā-dūai kān han vīak-ngān phāsī, sūaisā-ākōn lae khan-ngōēn hāēng sāt lūam sūn tām sāi-tang kheun dōi-kong kap kasūāng kān-ngōēn. lēk-thī 35. (6 kannyā 2007). (関税, 所得税および国庫の業務を財務省に直属するように省庁の系統に従って中央集権化することに関する首相命令第35号, 2007年9月6日).

Lao PDR. Nā-nyok-latthamontī. 2012. Khō-toklong vā-dūai kān-khumkhōng pha-nak-ngān-latthakōn tām kha-nāēngkān yū thōng-thin. lēk-thī 104. (4 kannyā 2012). (地方における部門別の職員・公務員管理に関する決定第104号, 2012年9月4日).

Lao P. D. R. Nēo-lāo-hak-sāt. 1976. Āēkkasān Kōngpasum-nyai phū-thāēn pasāson thūa pathēt. (全国人民代表大会文書).

Lao P. D. R. Nēo-lāo-sāng-sāt Khwāēng Vīangchan. 2001. Sang-lūam Sathi-ti bandā sankhon tāng-tāng khōng tāēla mēuang sok-pī 1999–2000. (1999–2000年度各郡の民族統計総括) chāk Sathi-ti Pasākōn tāēla mēuang khōng Khwāēng Vīangchan. Khwāēng Vīangchan: Nēo-lāo-sāng-sāt Khwāēng Vīangchan.

Lao P. D. R. Ongkān thit-sadī lae kān-mēuang khōng Phak pasāson pativat lāo. 1991. Vālasān Alunmai, sabap-phisēt Kōngpasum-nyai khang-thī 5 khōng Phak, 4/1991. (アルンマイ (曙), 第5回党大会特別号, 1991年4月, 第2号).

Lao P. D. R. Phak pasāson pativat lāo. 1978. Mati Kōngpasum sūn-kāng phak khang-thī 5 vā-dūai sa-phāpkān nāthī lae thit-thāng vīāk-ngān nai lāi pī sapho-nā lae nai pī 1978. (25 kumphā 1978). (当面の数年および1978年の任務状況および業務方針に関する第5回党中央会議決議，1978年2月25日).

Lao P. D. R. Phak pasāson pativat lāo. 1982. Āēkkasān khōng Kōngpasum-nyai khang-thī 3 khōng Phak pasāson pativat lāo. (ラオス人民革命党第3回党大会文書). Vīangchan.

Lao P. D. R. Phak pasāson pativat lāo. 1986. Āēkkasān Kōngpasum-nyai khang-thī 4 khōng Phak pasāson pativat lāo. (ラオス人民革命党第4回党大会文書). Vīangchan.

Lao P. D. R. Phak pasāson pativat lāo. 1996. Āēkkasān Kōngpasum-nyai khang-thī 6 khōng Phak pasāson pativat lāo. (ラオス人民革命党第6回党大会文書). Vīangchan.

Lao P. D. R. Phak pasāson pativat lāo. 2001a. Āēkkasān Kōngpasum-nyai khang-thī 7 khōng Phak pasāson pativat lāo. (ラオス人民革命党第7回党大会文書). Vīangchan: Khana khōsanā ophom sūn kāng phak.

Lao P. D. R. Phak pasāson pativat lāo. 2001b. Kot-labīap khōng Phak pasāson pativat lāo samai-thī 7. (ラオス人民革命党第7期党規約).

Lao P. D. R. Phak pasāson pativat lāo, Khana bōlihān-ngān phak khwāēng Vīangchan. 1996. Labīapkān hetvīak khōng khana-phak khwāēng Vīangchan, lēk-thī 24. (6, minā, 1996). (ヴィエンチャン県党委員会の業務規則第24号，1996年3月6日).

Lao P. D. R. Phak pasāson pativat lāo, Khana bōlihān-ngān phak khwāēng Vīangchan. 2005. Bot-lāi-ngān kān-mēuang khōng Khana bōlihān-ngān phak khwāēng Vīangchan tō Kōngpasum-nyai Ong-khana phak khwāēng Vīangchan khang-thī III. Khana-kammakān kakīam Kōngpasum-nyai khang-thī III khōng Ong-khana phak khwāēng Vīangchan. (pha-chik, 2005). (ヴィエンチャン県第3回党大会に対するヴィエンチャン県党執行委員会による政治報告，2005年11月).

Lao P. D. R. Phak pasāson pativat lāo, Kom-kān-mēuang sūn-kāng phak. 1993. Mati-tok-long khōng Kom-kān-mēuang sūn-kāng phak vā-dūai thit-nam lae lak-kān nai kān-khumkhōng tām kha-nāēngkān. (8 pheut-saphā 1993). (部門別管理の方針および原則に関する党中央政治局決議第21号，1993年5月8日).

Lao P. D. R. Phak pasāson pativat lāo, Kom-kān-mēuang sūn-kāng phak. 2003. Khō-kamnot khōng Kom-kān-mēuang sūn-kāng phak vā-dūai vīāk-ngān khumkhōng pha-nak-ngān. lēk-thī 03. (22 kō-la-kot 2003). (職員管理業務に関する党政治局規則第03号，2003年7月22日).

Lao P. D. R. Phak pasāson pativat lāo, Kom-kān-mēuang sūnkāng phak. 2004. Khamsang nae-nam lēk-thī 09 vā-dūai kān sāng bān lae kum-bān phatthanā. (08, mīthunā, 2004). (村および村グループの設置に関する党政治局指導通達第09号，2004年7月8日).

Lao PDR. Phak pasāson pativat lāo, Kom-kān-mēuang sūn-kāng phak. 2012. Mati khōng Kom-kān-mēuang sūn-kāng phak vā- duai kān sāng khwāēng pen hūa-nūai nyutthasāt, sāng mēuang pen hūa-nūai khemkāēng hōpdan, sāng bān pen hūa-nūai phatthanā. lēk-thī 03 . (15 kumphā 2012). (県を戦略単位として建設し，郡を全面的に強固な単位として建設し，並びに村を開発単位として建設することに関する政治局決議第03号，2012年2月15日).

Lao P. D. R. Phanāēk-kān-ngōēn pacham khwāēng Vīangchan 2004. Sathiti Phanakgān khōng Phanāēk-kān-ngōēn pacham khwāēng Vīangchan, sang-lūam khang vanthī 10/03/2004. (2004年3月10日におけるヴィエンチャン県財務局の職員統計).

Lao P. D. R. Phanāēk-ut-sāhakam lae hatthakam pacham Khwāēng Vīangchan. 2001. Sannyā hapmao kōsāng khōngkān kha-nyāi tākhāi faifā 22 KV, 0,4 KV lae tit-tang mō-pāēng chāk Mēūang Vanviang hā Mēūang Māēt, Khwāēng Vīangchan. lēk-thī 452. (27 kō-la-kot 2001).
(22KV, 0.4KV 送電線網拡大およびヴィエンチャン県ヴァンヴィエン郡からメート郡までの送電所設置プロジェクトの建設受注契約書第 452 号, 2001 年 7 月 21 日).

Lao P. D. R. Saphā-pasāson sūng-sut. 1978a. Kotmāi vā-dūai kān-chattang Saphā-latthamonthī sā-thā-lana-lat pasā-thipatai pasāson lāo. (30 kō-la-kot 1978). (ラオス人民民主共和国閣僚会議組織法).

Lao P. D. R. Saphā-pasāson sūng-sut. 1978b. Kotmāi vā-dūai kān-chattang Saphā pasāson lae Khana-kammakān pokkhōng pasāson khan tāng-tāng. (30 kō-la-kot 1978). (各級人民議会および人民行政委員会組織法).

Lao P. D. R. Saphā-pasāson sūng-sut. 1991. Lat-tha-thammanūn hāēng sā-thā-lana-lat pasā-thipatai pasāson lāo. (14 sing-hā 1991). (ラオス人民民主共和国憲法).

Lao P. D. R. Saphā-hāēng-sāt. 2001. Kotmāi vā-dūai kān-lēūak-tang samāsik saphā-hāēng-sāt, Sabap pap-pung. (11 tulā 2001). (改正国会議員選挙法).

Lao P. D. R. Saphā-hāēng-sāt. 1994. Kotmāi vā-dūai ngop-pamān hāēng-lat. (18 kōla-kot 1994). (国家予算法).

Lao P. D. R. Saphā-hāēng-sāt. 2003a. Lat-tha-thammanūn hāēng sā-thā-lana-lat pasā-thipatai pasāson lāo, Sabap pap-pung. (6 peut-saphā 2003). (改正ラオス人民民主共和国憲法).

Lao P. D. R. Saphā-hāēng-sāt. 2003b. Kotmāi vā-dūai Latthabān hāēng sā-thā-lana-lat pasā-thipatai pasāson lāo, Sabap pap-pung. (6 peut-saphā 2003). (改正ラオス人民民主共和国政府法).

Lao P. D. R. Saphā-hāēng-sāt 2003c. Kotmāi vā-dūai kān-pokkhōng-thōng-thin. (21 tulā 2003). (地方行政法)

Lao PDR. Saphā-hāēng-sāt. 2010. Kotmāi vā-dūai saphā-hāēng-sāt, Sabap pap-pung. (20 thanva 2010). (2010 年改正国会法)

Lao P. D. R. Saphā-latthamonthī. 1978a. Mati khōng Saphā-latthamonthī vā-dūai nāthī, sit lae kwām happhit-sōp khōng amnāt kān-pokkhōng khan khwāēng nai khong-khēt khumkhōng sētthakit. (31 kōla-kot 1978). (経済管理分野における県行政機関の職責, 権限および責任に関する閣僚会議決議, 1978 年 7 月 31 日).

Lao P. D. R. Saphā-latthamonthī. 1978b. Mati khōng Saphā-latthamonthī vā-dūai nāthī, sit lae kwām happhit-sōp khōng amnāt kān-pokkhōng khan mēūang nai khong-khēt khumkhōng sētthakit. (31 kōla-kot 1978). (経済管理分野における郡行政機関の職責, 権限および責任に関する閣僚会議決議, 1978 年 7 月 31 日).

Lao P. D. R. Saphā-latthamonthī. 1984a. Āēkkasān khōng Kōngpasum Khana-bōlihānngān sūnkāng phak khang-thī 5 (samai- thī III), Khō-kamnot khōng Saphā-latthamonthī vā-dūai kān bāēng nā-thī, sit cham-nūan neung kīeo-kap kān khum-khōng sēttha-kit la-vāng sūnkāng lae khwāēng. (第 3 期党中央執行委員会第 5 回会議文書；中央と県の間における経済管理に関するいくつかの職責および権限分担に関する閣僚会議規則).

Lao P. D. R. Saphā-latthamonthī. 1984b. Khōkamnot khōng Saphā-latthamonthī vā-dūai kān bāēng nā-thī, sit cham-nūan neung kīeo-kap kān khum-khōng sēttha-kit la-vāng sūnkāng lae khwāēng. lēk-thī 30. (9 mangkōn 1984). (中央と県の間における経済管理に関するいくつかの職責および権限分担に関する閣僚会議規則第 30 号, 1984 年 1 月 9 日).

Lao P. D. R. Tabōūang-kān pokkōng lae khumkhōng-latthakōn. 2010. Bot lai-ngān kīeo-kap kān bāēng-khan khumkhōng lavāng sūnkāng lae thōngthin. (7 thanvā 2010).（中央と地方の間における権限の分散に関する報告書，2010 年 12 月 7 日）. Vīengchan.

Naovarat, Souraphonh. 1998. Pavatsāt Khwāēng Vīangchan.（ヴィエンチャン県の歴史）. Vīangchan: Khwāēng Vīangchan.

〈新聞〉

Pathēt Lāo. 2006. (12 mēsā 2006).（パテート・ラーオ（ラオス国家）紙，2006 年 4 月 12 日）.
Pasāson. 2002. (10 mēsā 2002).（パサーソン（人民）紙，2002 年 4 月 10 日）.
Pasāson. 2004. (26 singhā 2004).（パサーソン（人民）紙，2004 年 8 月 26 日）.
Pasāson.2014. (26 kannya 2014).（パサーソン（人民）紙，2014 年 9 月 26 日）.

あとがき

 本書は，2009年3月に名古屋大学大学院国際開発研究科に提出した博士論文がもとになっている。そのうち，第1章は，『国際開発研究フォーラム』28号（2005年），第5章は，天川直子・山田紀彦編『ラオス 一党支配体制下の市場経済化』研究双書No.545，アジア経済研究所（2005年），第6章は，『東南アジア研究』46巻1号（2008年）に掲載した拙稿を大幅に書き改めたものである。第3章は，2013年6月に開催された東南アジア学会第89回研究大会（鹿児島）での筆者の研究報告をまとめたものである。また，本研究は，文科省科学研究費助成金基盤研究C「ラオスの土地・森林政策をめぐる中央地方関係」（研究代表者：瀬戸）の成果である。

 本研究を行うきっかけとなったのは，1998年10月から2001年8月まで行ったラオス国立大学法律政治学部への留学である。この留学に際して，平和中島財団の日本人留学生奨学生制度により，1998年10月から2000年9月まで奨学金をご支援いただいた。このような支援がなければ，筆者の研究も開始することすらできなかった。心から感謝します。

 本書の刊行にあたっては，平成25年度名古屋大学学術図書出版助成金からご支援をいただきました。若手研究者による研究成果の公開を推奨するための助成金を創設していただいた濱口道成名古屋大学総長と，助成金に関する審査委員としてご審査をいただいた先生方に，心から感謝します。

 東南アジア研究所には，地域研究叢書の匿名レフェリーの先生方に，草稿全体に目を通していただき，的確なコメントと建設的なご助言をいただいたことに心から感謝します。また，出版助成金についてもご支援を賜りました。厚く御礼を申し上げます。編集段階では京都大学学術出版会の鈴木哲也さんと高垣重和さんにお世話になりました。また，京都大学東南アジア研究所編集室の設楽成実さんとスタッフの皆様からも，出版に向けた多くのご助言をいただきました。心から感謝します。

 筆者がラオスに関わるようになったきっかけは，開発途上国を支援するため

の市民ボランティアグループである，新潟国際ボランティアセンター（NVC）が主宰して実施されたラオスへのスタディーツアーに参加したことである。1992年7月に，はじめてラオスを訪問した時の印象は，現在でも忘れることができない。当時，大学生としてNVCの活動に参加していた筆者が，アジアの最貧国と位置付けられているラオスに対して持っていたイメージは，「飢えた子どもたちが地べたに座り込み，涙を流しながら，食べ物を求めて手を差し伸べている」という図であった。しかし，実際にラオスに来てみると実情はまったく異なっていた。当時，ヴィエンチャン空港の出口でも水牛が水浴びをしており，市内の道も舗装されておらず，電化製品も少なかったが，ヴィエンチャン市内の人たちも，地方の農村の人たちも，穏やかに，ほほ笑みを持って暮らしており，あまり困っている様子はみえなかった。この時にはじめて，統計だけをみて支援対象国の状況を決めつけている自らの視点に気がつき，開発途上国，開発援助について勉強する必要性を痛感した。新潟大学時代は，多賀秀敏先生（現在，早稲田大学社会科学院教授）のゼミに参加し，開発途上国と開発援助の問題，東南アジア各国の政治状況などについて幅広い視点から学ばせていただいた。また，ゼミの仲間，ボランティアグループの仲間と交流することで，人間的にも多くの点を学ぶことができた。感謝します。

　名古屋大学大学院国際開発研究科に進学後は，自分が関わりを持ったラオスについて地域研究を行うことを志した。博士課程に進学してから博士論文を提出するまでに，13年という年月がかかってしまったが，この間に多くの方々にご支援をいただいた。特に，鮎京正訓先生（現在，名古屋大学理事・副総長）には，大学院博士後期課程の指導教官として，1997年から2009年まで論文執筆のご指導をいただいた。鮎京ゼミでは，中国法，ヴェトナム法，ソ連法などと比較する作業の重要性を繰り返しご指摘いただいた。先生のご指導によって，ラオスの政治体制が持っている特徴と分析の視点を見出すことができた。心から感謝を申し上げます。また，先生に師事した時期は，1990年代後半から開始された名古屋大学大学院法学研究科によるアジア地域の法研究，法整備支援研究が発展した時期と重なっており，筆者も1998年9月に開催された国際シンポジウム「アジアにおける社会変動と法整備」に参加し，2001年から2005年まで実施された文科省科学研究費補助金『アジア法整備支援－体制移行国に対する法整備支援のパラダイム構築－』（代表：鮎京正訓教授）に参加する機会を得たことで，杉浦一孝先生（名古屋大学大学院法学研究科元教授）をはじめ，

多くの先生方から知見を学ばせていただいた。特に，樹神成先生（三重大学人文学部法律経済学科長）には，研究計画についてご助言をいただいた。また，名古屋大学大学院法学研究科の先生方には，多大なご指導とご支援をいただいた。特に，定形衛先生（名古屋大学大学院法学研究科教授）には，研究が進まずに悩んでいた時に温かい励ましのお言葉をいただいただけでなく，今回の出版においてもご相談に乗っていただいた。先生方に心から感謝します。

木村宏恒先生（名古屋大学大学院国際開発研究科元教授）には，2001年以降，指導教官として論文執筆のご指導をいただいた。木村先生が主宰する論文指導ゼミで報告する機会をいただき，研究に対する多くのアドバイスとコメントをいただいたほか，なかなか最終論文を提出しない著者を何度も叱咤激励していただいた。木村先生の懐の広いご指導がなければ，博士論文の執筆は挫折してしまっていたのではないか，と感謝しています。ゼミ仲間の東江日出郎さん，中島健太さん，櫻井雅俊さんからも，多くのコメントをいただきました。また，櫻井さんには，本書の校正をお手伝いしていただいた。感謝します。

名古屋で非常勤講師をしながら論文を執筆するなかで，川畑博昭先生（愛知県立大学日本文化学部准教授）には，温かい励ましの言葉をいただいた。博士論文を早く完成させるように叱咤してくれた先生のお言葉のおかげで提出に至ることができた。また，修士時代からの友人で鮎京ゼミ仲間である中村真咲さん（名古屋大学PhDプロフェッショナル登龍門プログラム准教授）には，論文執筆時に研究室がなかった筆者に，研究場所を提供していただいた。感謝します。

博士論文の提出後は，2010年から2013年まで京都大学東南アジア研究所に移籍し，機関研究員としてこれまでの研究を深める機会をいただいた。特に，河野泰之先生（京都大学東南アジア研究所長）が主宰する生業研究会に参加をさせていただき，政治研究，法学研究を超えた東南アジア地域研究という，より学際的な視点から研究を発展させることの重要性について，厳しく，かつ的確なアドバイスをいただいた。研究所の特徴である文理融合と地域研究という学際的な視点を重視する学風にふれたことで，本書の内容も博士論文から大きく発展できたと感じている。本書で示した，ラオスの政治体制が国際社会の変化から受けてきた影響と，1991年の地方行政が形成された背景に関する考察は，研究所で研究を続けるなかで得られた知見である。心から感謝します。

京都大学では，玉田芳史先生（大学院アジア・アフリカ地域研究研究科教授），岡本正明先生（東南アジア研究所准教授）にも出版原稿を通読していただき，貴

重なコメントをいただいた。また，鬼丸武士先生（九州大学比較社会文化研究院・地球社会統合科学府・准教授）が主宰する研究会の先生方からも多くのコメントをいただいた。心から感謝します。東南アジア研究所時代は，よい同僚との出会いがありました。同時期に研究員だった佐藤奈穂さん，ジャファール・スリヤメンゴロさん，研究室で同室だった増田和也さん，渡辺一生さんには，本書の出版が進まず悩んでいた時に何度も相談にのっていただいた。感謝します。

　筆者がラオス研究を行ううえで，最も感謝をしなければならないのは，ラオスの専門家，先生方のご助力とご協力である。筆者の留学時代に，義理の父親のように接し，研究だけでなく生活面についても指導をしてくれたのが，フイ・ポンセーナー博士（Professor, Dr. Houy Pholsena）である。フイ先生は，司法省元官房長であり，ラオス法の専門家として筆者の論文執筆にご助力をいただいただけでなく，筆者が研究に行き詰まり悩んでいる時にも，ご自身の経験を踏まえて励ましていただいた。先生の奥様にも，本当の息子のように可愛がっていただいたご恩を忘れることができません。先生の親戚であり，友人として，ラオス社会，文化について多くの事を教えてくれたソムポーン・ムンティーヴォン（Mr. Sompong Mountyvong）さんにも，感謝します。

　また，ラオスでの研究指導教官を務めていただいているブンミー・シーチャン先生（Assoc. Professor, Mr. Bounmy Sichanh；ラオス国家政治行政学院・元行政学科長）には，これまでのご指導とご協力に心から感謝を申し上げたい。1999年に先生の授業を聴講させていただいて以降，現在に至るまで，ブンミー先生には，著者の研究を全面的に指導していただいている。先生の豊富な実務経験と幅広い知識は，ラオス政治・行政について右も左も分からなかった著者にとって，大きな研究上の柱を提供していただいた。本書に提示したラオスの政治と地方行政をみる視点の多くは，ブンミー先生から教えていただいた知識と先生との議論によって得られたものであり，先生のご指導がなければ本書は日の目をみることはありませんでした。心から感謝を申し上げます。その他に，行政学院に勤務するヴァンラティー・カムヴァーンヴォンサー（Mr. Vanlaty Khamvanvongsa）さん，パイチット・スヴァンナプーム（Mr. Phaychith Souvannaphoum）さん，ソムケーオ・スティダーヴォン（Mr. Somkeo Sutthidavong）さんにも，研究上のご助力をいただいた。感謝を申し上げます。

　本書の内容を構成する情報を提供していただいた，ラオスの国家機関，行政機関の職員の方々には，多大なご支援に感謝します。内務省地方行政局長のスー

アット・スーリーニャデート先生（Mr. Seuat Soulignadeth; 内務省地方行政局長），ブンパック・ソムバンディット先生（Mr. Bounphak Sombandith; 内務省地方行政局次長），ヴィエンチャン県のスラポン・ナオヴァラート先生（Mr. Souraphonh Naovarat; 県国家建設戦線元副議長）には，多くの情報をご提供いただきました。心から感謝します。これまでにご協力をいただいたすべての方のお名前を挙げることができませんが，政府官房，内務省，財務省，計画投資省，党中央組織委員会，ヴィエンチャン県の各機関の多くの方々のご協力がなければ，本書は完成することがありませんでした。深くお礼を申し上げます。

現在，ラオス国立大学内のラオス・日本法教育研究センターで勤務する中で，名古屋大学法政国際教育協力研究センターの皆様からいただいたご協力に感謝します。特に，市橋克哉・前センター長（現在，名古屋大学副総長），小畑郁・センター長，牧野絵美講師，柴田真木子さん，同僚である森脇三智子講師には，筆者が現地で調査・研究を行う上で，寛容なご理解とご助力をいただきました。また，日々，センターの活動と筆者の研究をご支援いただいている，ヴィエンヴィライ・ティエンチャンサイ先生（Assoc. Professor, Mr. Viengvilay Thiengchanhxay; ラオス国立大学法律政治学部長）にも心から感謝します。

これまでの筆者の長期の研究を支えてくれてきた両親には，本当に感謝しています。電話をかけるたびに「体に気をつけろ，事故に気をつけろ」と心配をしれくれる父親，ラオスに渡航してばかりで心配をかけているにも関わらず，「自分の目標に挑戦しろ」と力強く励ましてくれる母に，改めて感謝したい。いつまでも親孝行ができずにいることをお許しください。

最後に，妻のヴィライ・ランカヴォン（Ms. Vilay Langkavong）に感謝をしたい。彼女の前向きな明るさとたくましさに，多くの力を与えられました。心からの感謝を込めて，本書をささげます。

2014 年 11 月　ヴィエンチャン
瀬 戸 裕 之

索　引

※本文中で多く使われている用語，キーワードについては，重要個所のみを掲載した。その他の用語は，本文中で記載されている頁を示す。

[1-]
1991年憲法　9, 12, 15, 17, 19, 20, 63, 89, 96, 97, 103, 107, 108, 146, 158, 164, 204, 285, 288
「2001-2002年度国家予算公布に関する首相令の実施に関する財務省通達第1707号」（2001年）　172
「2001-2002年度の経済社会開発計画および国家予算の公布および執行に関する首相令第215号」（2001年）　172
2003年改正憲法　i, 6, 7, 11, 23, 32, 104, 107, 108, 301
2003年改正政府法　225

[あ行]
愛国中立派　123
アジア開発銀行（ADB）　266, 268, 270
アジア通貨危機　15, 154, 241, 249, 250, 254, 275, 279, 287
アメリカ　6, 7, 73, 74, 120, 300
ASEAN共同体　15, 105, 168, 241
ASEAN自由貿易地域（AFTA）　15, 107, 183, 294
一党支配体制　iii, 3, 7, 13, 15, 17, 19, 88, 91, 99, 110, 111, 112, 147, 158, 181, 203, 204, 206, 241, 287, 292
インドシナ共産党　ii, 13, 116, 117
インドシナ戦争　ii, 5
インドシナ連邦　5
ヴァンヴィエン郡　130, 132, 133, 137, 146, 217, 273, 274, 275
ヴァンヴィエン郡-メート郡送電線建設プロジェクト　271, 273, 274
ヴァンパーオ　73, 121, 153
ヴィエンチャン県　7, 22, 45, 46
「ヴィエンチャン県党委員会の活動規則第24号」　213, 220, 260
ヴェトナム共産党　ii, 89
ヴェトナム社会主義共和国（ヴェトナム）　i, 37, 63, 65, 66, 68, 73, 76, 78, 79, 81, 82, 93, 110, 128, 135, 151, 157, 163, 194, 195, 232, 233, 284, 285, 286

ヴェトナム戦争　ii, 5, 65

[か行]
カーシー郡　57, 121, 130, 132, 146, 217, 233, 274
改革路線（ネオターン・ピアンペーンマイ），改革事業　i, 10, 13, 14, 17, 75, 81, 84, 86, 110, 138, 145
改革開放路線　9, 10
カイソーン・ポムヴィハーン（カイソーン）　69, 70, 75, 85, 90, 92, 94, 95, 97, 100, 117, 165, 286
開発途上国　4
革命勢力　5, 18, 64, 65, 119, 120
基層（レベル）　36
工業手工芸省（工業省）　25, 266
「各級人民議会および人民行政委員会組織法」（1978年地方行政組織法）（1978年）　65, 67, 97, 100, 110, 285
カムタイ・シーパンドーン　144
カムパーン・ピラーヴォン　147
カムパイ・ウンダーラー　119, 123, 127, 135, 138
カムペン・シンナヴォン　56, 128, 154
カムボット・シースヴォン　128, 138
カムムーン・ポンタディー　57, 232, 233, 278
「関税，所得税および国庫の業務を財務省に直属させるように省庁の系統に従って中央集権化することに関する首相命令第35号」（2007年）　295
行政・公務員管理庁（内務省）　24, 35, 221
行政首長制　88, 93, 95
クーレールス & シーブンフーアン（Keuleers & Sibounheuang）　18, 20, 21
グローバル化　16, 294
郡長　8, 9, 12, 33, 34, 96, 97
郡長制　8, 92, 94, 96, 108
郡党執行委員会　36
郡党常務委員会　36
郡党書記　36
計画協力委員会（計画委員会），国家計画委員会，計画投資省　25, 246, 247

計画経済　18, 245, 246
計画超過報奨金（制度）　171, 172, 173, 195, 197, 198
「経済管理分野における郡行政機関の職責，権限および責任に関する閣僚会議決議」（1978年）　82
「経済管理分野における県行政機関の職責，権限および責任に関する閣僚会議決議」（1978年）　82
経済社会開発計画　254
「経済社会開発計画の策定および管理に関する首相令第135号」　255, 258
県官房　47, 98, 219
県計画局　25, 47, 261
県工業局　25, 47, 267
県国防治安委員長　50, 52, 285
県財務局　231
県知事　7, 8, 9, 31, 33, 34, 35, 36, 37, 39, 40, 44, 50, 54, 96, 97
県知事制　7, 8, 94, 96, 111, 112
県党委員会　35, 44, 52, 102
県党執行委員会　36, 48
県党常務委員会　36, 48, 49, 50, 51, 213
県党書記　9, 35, 36, 39, 48, 50, 51, 52, 97, 99
県党組織委員会　47, 98, 211, 212, 214
兼任体制　7, 9, 78, 91, 97, 98, 285
県副知事　34, 49, 50, 52, 54, 57, 59
「県，中央直轄市および特別区計画協力局の組織および活動に関する規則第1133号」（2002年）　261
「県を経済・国防単位として建設し，郡を経済・計画レベルおよび工芸・工業単位として建設する政策」（1978年）　82
「県を戦略単位として建設し，郡を計画・予算単位として建設し，並びに村を実施の基礎単位として建設することに関する指導通達第128号」（2000年）　252
「県を戦略単位として建設し，郡を計画・予算単位として建設し，並びに村を実施の基礎単位として建設することに関する首相訓令第01号」（首相訓令第01号）（2000年）　15, 169, 172, 173, 181, 182, 199, 200, 250, 251, 252, 295, 296, 297, 298
「県を戦略単位として建設し，郡を全面的に強固な単位として建設し，並びに村を開発単位として建設することに関する政治局決議第03号」（2012年）　297
コーエン＆ピーターソン（Cohen & Peterson）　10

「公共事業投資規則に関する首相令第58号」（2002年）　253, 256, 257, 258
公共事業投資計画　254
国王　3, 73
国民統合　6
国会　187, 256
国家建設　i, 3, 13, 124
「国家財政，予算，国庫の中央集権化原則に関する首相令第68号」（首相令第68号）（1991年）　99, 100, 103, 163, 164, 165, 166, 167, 173, 199, 289
国家主席（大統領）　34, 36, 39, 90, 97, 108
国家統合　5, 247
国家予算法　166, 167, 168, 170, 171, 181, 193, 199, 290
「国家予算法施行に関する首相令第192号」（首相令第192号）　168, 169, 170, 171, 173, 174, 180, 181, 184, 186, 199, 290, 295
国境　5, 6, 7, 22, 64, 70, 77, 124, 130, 134, 135, 137, 138, 151, 156, 158, 177, 183, 191, 295

[さ行]
サーリー・ヴォンカムサーオ　125
サイソムブーン特別区，サイソムブーン郡，サイソムブーン県　16, 32, 45, 153, 154, 156, 217, 300
最貧国　4, 289, 297
財務省　225
「財務省の組織および活動に関する首相令第127号」（2000年）　225
ザスロフ（Zasloff）　64
刷新路線（ドイモイ）　10, 63, 78, 89, 284
シーサヴァート・ケーオブンパン　125, 126
シーホー・バンナヴォン　55, 151, 152, 154, 233
シーポーン・パーリーカン　138, 140, 141, 144, 145, 149
次年度公共事業投資計画に関する修正検討会議　262
次年度事業投資計画策定および数値検討会議　262
JICA　20
社会主義　i, ii, 13, 16, 69, 70, 71, 76, 89, 127, 134, 135, 246, 247
社会主義体制　ii, 8, 11, 13, 14, 17, 19, 63, 69, 88, 89, 90, 91, 99, 103, 108, 110, 111, 129, 142, 287, 292
自由ラオス（ラーオ・イッサラ）　116
自由ラオス政府　116
自由ラオス戦線　5, 117

首相　34, 35, 36, 39, 97, 108
「職員管理業務に関する党政治局規則第03号」（党政治局規則第03号）　207, 208, 214, 219, 221, 224
人民委員会　iii, 8, 9, 68
人民政府　8, 68
人民代表大会　8, 66
人民評議会　iii, 8, 9, 66
スヴァンナプーマー　119
スチュアート-フォックス（Stuart-Fox）　17
スパーヌヴォン　117
政治制度改革　88, 90, 91
政府開発援助（ODA）　i, 4
「政府および地方の予備費に関する財務省通達第1803号」(2000年)　171
世界銀行　266
世界貿易機関（WTO）　107, 241, 280, 294
全国計画・財務業務年次会議　257
全国財務会議　187, 188
ソヴィエト社会主義共和国連邦（ソ連）　iii, 14, 17, 19, 73, 76, 78, 79, 88, 89, 90, 91, 99, 110, 111, 246, 286, 287
ソムペット・ティップマーラー　154

[た行]
タイ王国（タイ）　5, 6, 7, 22, 35, 73, 74, 77, 80, 115, 124, 125, 130, 134, 137, 138, 151, 156, 158, 177, 191
第2回党大会（1972年）　75, 122
第2期党中央執行委員会第4回総会（1977年）　69, 81, 127
第2期党中央執行委員会第5回総会（1978年）　70, 81
第2期党中央執行委員会第7回総会（1979年）　14, 71, 83, 89, 132
第2期党中央執行委員会第8回総会（1980年）　73
第3回党大会（1982年）　69, 75, 80, 134, 135
第4回党大会（1986年）　18, 19, 78, 85, 86, 88, 138
第4期党中央執行委員会第5回総会（1988年）　141
第4期党中央執行委員会第7回総会（1989年）　79, 86, 89
第4期党中央執行委員会第8回総会（1989年）　15, 89
第4期党中央執行委員会第10回総会（1991年）　15, 90, 92, 95, 96, 97, 287
第5回党大会（1991年）　88, 89, 90, 92, 96

第6回全国組織会議（1984年）　76
第6回党大会（1996年）　104, 168
第6期党中央執行委員会第6回総会（1998年）　15, 104, 105, 168, 248
第6期党中央執行委員会第10回総会（2000年）　249
第6期党中央執行委員会第12回総会（2000年）　250
第7回全国組織会議（1991年）　9, 95, 97, 100, 285, 287, 289
第7回党大会（2001年）　16, 35
第8回全国組織会議（2006年）　299
第8回党大会（2006年）　35
第9回党大会（2011年）　44, 297
「第21号決議の施行に関する指導通達第08号」(1994年)　103
地域別管理（制度）　11, 12, 101, 298, 299
地方行政　iii, 3, 7, 13, 16, 31, 33
地方行政首長　9, 23, 97, 102
地方行政法　8, 24, 31, 32, 34, 104, 213, 220, 252
地方人民議会，地方ソヴィエト　iii, 8, 9, 65, 66, 70, 71, 78, 92, 93, 94, 95, 298, 299, 300, 301
地方人民行政委員会　iii, 8, 9, 67, 68, 69, 71, 72, 73, 92, 93, 94, 95, 97
地方分権，地方分権化　10, 11, 12, 81, 84
行政的分権化（administrative decentralization）　10, 11
分散（deconcentration）　11, 12
委譲（devolution）　11, 12
委任（delegation）　11
空間的分権化（spatial decentralization）　10
市場的分権化（market decentralization）　10
政治的分権化（political decentralization）　10, 11
地方分権化政策　11, 12, 14, 15, 83, 84, 85, 104, 105, 106, 168, 169, 180, 248, 249, 250, 251, 252, 278, 279, 280, 291, 292, 293, 296, 297
地方自治　11
地方党委員会　9, 102
地方予備費　171, 172, 195, 196, 197
「地方レベル組織機構改革機構改革に関する指導通達第29号」(1993年)　98
中越戦争　14, 63, 69, 73, 75, 110
中央集権，中央集権化　10, 20, 86, 87, 88, 99, 100, 103, 112, 164, 165, 204, 205, 289, 295
中央地方関係　7, 10, 11, 13, 19, 81, 100, 287, 288, 293
「中央と県の間における経済管理の職責分担に関する閣僚会議規則第30号」(1984年)

84
中華人民共和国（中国） i, 37, 63, 68, 73, 74, 80, 89, 93, 115, 151, 163, 285
ティッムアン・サーオチャンタラー 119, 125
天安門事件 63, 89
党規約 35
党政治局（党中央） 36, 40, 44, 59, 60
党中央執行委員会（党中央委員会） 9, 36, 37
党中央組織委員会 211
東南アジア諸国連合（ASEAN） i, 15, 104, 105, 110, 168, 280, 292, 294, 300
「東南アジアにおける社会主義陣営の前線基地」 7, 69, 124, 287
党の指導的役割 7, 8, 15, 79, 88, 90, 91, 97, 98, 99, 106, 111, 203, 204, 287, 297
トーンシン・タムマヴォン 101
トーンダム・マニーヴァン 128, 132, 135, 138, 141

[な行]
内戦 5, 18, 64, 65, 116, 124, 157
内陸国 6
難民 5
ヌーハック・プームサヴァン 117, 144
ネーン・パンタヴォン 137, 145
農業合作社（サハコーン） 18, 68, 70, 130, 137

[は行]
パテート・ラーオ 18, 64
パンナシット & スリントーン（Pannhasith & Solinthone） 21
反政府勢力，反政府グループ 7, 23, 125, 130, 133, 138, 142, 145, 146, 147, 154, 156, 157, 250, 273, 274, 287
フーアン郡 117, 121, 125, 130, 133, 138, 146, 150, 259, 274
ブーミー・ノーサヴァン 119
ブーミー・ヴォンヴィチット 117
ブールデット（Bourdet） 19
「部局間および県党指導部会議」 262
複数政党制 91
部門別管理（制度） 11, 12, 15, 19, 99, 100, 102, 103, 111, 112, 158, 165, 199, 205, 206, 287, 288, 289, 290, 292, 295, 299
「部門別管理の方針および原則に関する党政治局決議第 21 号」（第 21 号決議）（1993 年） 35, 102, 103, 104, 165, 173, 205, 206, 208,
209, 210, 212, 225, 259, 260, 287, 296, 298
ブラウン & ザスロフ（Brown & Zasloff） ii, 14
フランス=シャム条約 5
フランス植民地 4, 5
フランス電力公社（EDF） 268
フランス=ラオス連合友好条約 5
フンク（Funck） 18
法整備 14, 78, 79

[ま行]
マルクス=レーニン主義 ii, 16, 89
「3 つの建設」政策 296, 298
「見習いの革命家たち（Apprentice Revolutionaries）」 ii, 14
民主集中制（民主主義的中央集権制） ii, 3, 11, 89
ムーンケーオ・オーラブーン 147, 149, 151, 152
ムーン・ソムヴィチット 116, 117, 118, 122, 125, 126, 274
「村および村グループの設置に関する党政治局指導通達第 09 号」（指導通達第 09 号）（2004 年） 16, 104, 109
メート郡 57, 121, 130, 132, 150, 198, 273, 274, 275, 278
メコン河 6, 130, 177
モン族 6, 15, 74, 75, 121, 132, 153, 265

[ら行]
ラーンサーン王国 5
ラオス愛国戦線 63, 64, 119
ラオス王国 5, 118
ラオス王国政府 3, 5, 14, 64, 65, 69, 72, 73, 75, 110, 116, 120, 122, 123, 124, 127, 133, 137, 141, 157, 287
ラオス人民革命党 i, ii, 3, 7, 13, 64, 116, 117, 122
ラオス人民党 13, 64, 117
ラオス人民民主共和国 i, 3, 63, 65
「ラオス人民民主共和国の公務員規則に関する首相令第 82 号」（首相令第 82 号） 203, 204, 206, 207
ラオス電力公社 266, 268, 270, 272
ラオス=フランス独立協定 5
冷戦 iii, 13, 14, 17, 112, 246, 287
ロンディネリ & シーマ（Rondinelli & Cheema） 11

著者紹介
瀬戸　裕之（せと　ひろゆき）
名古屋大学大学院法学研究科　特任講師
ラオス・日本法教育研究センター勤務
1970 年　埼玉県生まれ
1994 年　新潟大学法学部卒
2009 年　名古屋大学大学院国際開発研究科より博士（学術）取得
京都大学東南アジア研究所機関研究員（2010 年〜2011 年），同研究所
研究員（2012 年〜2013 年）を経て，2013 年より現職

現代ラオスの中央地方関係
　——県知事制を通じたラオス人民革命党の地方支配
（地域研究叢書 28）　　　　　　　　　　　　　　　© Hiroyuki SETO 2015

平成 27（2015）年 3 月 26 日　初版第一刷発行

著　者　　瀬戸　裕之
発行人　　檜山爲次郎

発行所　**京都大学学術出版会**
京都市左京区吉田近衛町 69 番地
京都大学吉田南構内（〒606-8315）
電　話（075）761-6182
ＦＡＸ（075）761-6190
Home page http://www.kyoto-up.or.jp
振　替　01000-8-64677

ISBN 978-4-87698-323-0　　　　　　印刷・製本　㈱クイックス
Printed in Japan　　　　　　　　　　定価はカバーに表示してあります

本書のコピー，スキャン，デジタル化等の無断複製は著作権法上での例外を除
き禁じられています。本書を代行業者等の第三者に依頼してスキャンやデジタル
化することは，たとえ個人や家庭内での利用でも著作権法違反です。